● 本书获中国社会科学院出版基金资助

中国社会科学院创新工程学术出版资助项目

马克思主义视阈下的时代问题研究

—— 资本主义危机论、自由主义衰落论与社会主义信仰论

谭扬芳 著

中国社会科学出版社

图书在版编目(CIP)数据

马克思主义视阈下的时代问题研究／谭扬芳著．—北京：中国社会科学出版社，2012.10

ISBN 978-7-5161-1545-9

Ⅰ.①马… Ⅱ.①谭… Ⅲ.①马克思主义—社会发展—理论研究 Ⅳ.①A811.64

中国版本图书馆 CIP 数据核字(2012)第 235735 号

出 版 人	赵剑英	
责任编辑	田　文	
责任校对	刘　俊	
责任印制	李　建	

出　　版	中国社会科学出版社	
社　　址	北京鼓楼西大街甲158号（邮编100720）	
网　　址	http://www.csspw.cn	
	中文域名：中国社科网　010-64070619	
发 行 部	010-84083685	
门 市 部	010-84029450	
经　　销	新华书店及其他书店	
印刷装订	北京一二零一印刷厂	
版　　次	2012年10月第1版	
印　　次	2012年10月第1次印刷	
开　　本	710×1000　1/16	
印　　张	23	
插　　页	2	
字　　数	393 千字	
定　　价	65.00 元	

凡购买中国社会科学出版社图书，如有质量问题请与本社联系调换
电话：010-64009791

版权所有　侵权必究

目　　录

导言 ………………………………………………………………… (1)

第一篇　资本主义危机论

第一章　当代国际金融危机 ……………………………………… (7)
　　第一节　金融危机的根源 ……………………………………… (7)
　　第二节　金融危机的后果 ……………………………………… (20)
　　第三节　西方马克思主义学者对金融危机的分析 …………… (28)
　　第四节　重温马克思的观点 …………………………………… (34)
第二章　美国主权信用危机 ……………………………………… (38)
　　第一节　美国主权信用降级的性质 …………………………… (38)
　　第二节　美国主权信用降级的影响 …………………………… (42)
　　第三节　对策建议 ……………………………………………… (46)
第三章　从气候危机看全球性生态危机 ………………………… (51)
　　第一节　气候危机现状 ………………………………………… (51)
　　第二节　研究气候危机的理论资源 …………………………… (55)
　　第三节　人类的应对之策 ……………………………………… (65)

第二篇　自由主义衰落论

第四章　对新自由主义的批判 …………………………………… (89)
　　第一节　自由主义产生的历史条件探源 ……………………… (89)
　　第二节　新自由主义及其危害 ………………………………… (107)
　　第三节　新自由主义的历史命运 ……………………………… (116)
第五章　新自由主义历史观的贫困 ……………………………… (122)
　　第一节　历史非决定论对历史规律的非难及辨析 ………… (122)

第二节　历史非决定论对历史预测的否定及辨析……………（138）
　　第三节　历史非决定论对历史意义的批判及辨析……………（153）
第六章　新自由主义自由观批判……………………………………（170）
　　第一节　哈耶克自由观的五大特征……………………………（170）
　　第二节　马克思科学社会主义自由观的基本内容……………（181）
　　第三节　马克思与哈耶克在自由观问题上的分歧……………（192）
第七章　新自由主义的社会主义观批判……………………………（197）
　　第一节　哈耶克对社会主义的批判……………………………（197）
　　第二节　马克思的科学社会主义思想…………………………（211）
　　第三节　马克思与哈耶克社会主义观的分歧…………………（219）
　　第四节　社会主义与民主——转轨后的德国东部
　　　　　　状况及反思……………………………………………（227）

第三篇　社会主义信仰论

第八章　走向科学发展的基本问题…………………………………（247）
　　第一节　发展哲学的前沿问题思考……………………………（247）
　　第二节　科学发展观对唯物史观的继承和发展………………（252）
　　第三节　中国特色社会主义发展目标的科学内涵……………（265）
第九章　中国改革开放新起点………………………………………（276）
　　第一节　新的历史起点上中国改革必须牢记基本国情………（276）
　　第二节　中国特色社会主义公平与效率关系的反思…………（285）
第十章　改革新起点上的新开放观…………………………………（294）
　　第一节　新开放观的四大源头活水……………………………（294）
　　第二节　对外开放走向新阶段的内外契机……………………（301）
　　第三节　新开放观的五个生长点………………………………（306）
第十一章　互联网与社会主义的历史命运…………………………（313）
　　第一节　互联网对马克思主义的传播与发展的利弊分析……（313）
　　第二节　高度关注网络媒体在群体性事件中的影响…………（321）
　　第三节　互联网企业海外上市的利弊分析……………………（336）
参考文献…………………………………………………………………（348）
后记………………………………………………………………………（357）

导　言

本书的主题是坚持与发展马克思主义时代观。以马克思主义世界观、方法论为指导，从世界历史高度，力图阐明当今时代的本质，尤其是世纪之交世界历史发展的新趋势、新问题、新特点。"资本主义危机论—自由主义衰落论—社会主义信仰论"，构成了本书的基本内容。全书也因此谋篇布局，分成三篇、十一章。

第一篇"资本主义危机论"，分析了当代资本主义国家遭受的普遍危机，重点分析了金融危机、信用危机和气候危机。

第一章"当代国际金融危机"，分析了当前正在经历的国际金融危机的深层理论根源，指出当前国际金融危机应归因于新自由主义理论的失灵。诊断当代国际金融危机，新自由主义有其自身的理论盲点。《资本论》中关于"资本追逐利润的本性"、"利润率有一种越来越降低的趋势"以及"虚拟经济、虚拟资本的过分膨胀和过分扩张"的理论观点仍然具有深刻的理论魅力，不仅为我们看清当前危机提供了丰富的理论和方法论启迪，而且为我们分析国际金融危机的深层根源——新自由主义导致美国国内外的两极分化，加剧了资本主义的基本矛盾，提供了丰富的思想财富。同时介绍了西方马克思主义学者对金融危机的分析：福斯特的"资本主义金融化"原因论和哈曼的"资本主义的经济制度"原因论。

第二章"美国主权信用危机"，从"怎么看美国主权信用降级"入手，分析了标普、美国、中国以及国际社会对美国主权信用评级被降性质的界定——2008年9月开始的国家金融危机的深化。针对美国主权信用降级对美国乃至世界经济和金融市场的影响，提出了应对之策：冷静观察，正视现实；沉着应对，做好防范风险的准备；继续采取综合措施稳定金融市场，维护我国经济和金融安全；把握机遇，推动建立国际金融新秩序。

第三章"从气候危机看全球性生态危机"，分析了全球气候现状，一方面,全球变暖已成共识;另一方面,极端寒冷时有出现。发掘了研究气候危机的理论资源:马克思主义出现以前有关气候危机的论述,马克思、恩格斯的生态理论以及生态马克思主义的观点。试图阐明气候危机的深层根源在于资本主义制度造成的全球生态危机、人类困境,已经严重地从根本上危及人类文明存在的生态前提,必须从制度上进行改变。最后梳理了历届联合国气候峰会的发展轨迹,重点分析了2010年哥本哈根气候峰会的基本议题与激烈争论。

第二篇"自由主义衰落论",进一步分析了当代资本主义普遍危机证明自由主义已经衰落,原因在于它无法解决当代资本主义的制度危机。本篇包括四章,对新自由主义及其历史观、自由观以及社会主义观进行了批判。

第四章"对新自由主义的批判",分析了自由主义产生的历史条件、新自由主义兴起的历史背景、新自由主义及其危害:新自由主义孕育了当前的国际金融危机和新自由主义导致两极分化。最后指出了新自由主义的历史命运:新自由主义救不了当前的国际金融危机,新自由主义走向终结。

第五章"新自由主义历史观的贫困",对波普尔《历史决定论的贫困》进行了再批判。新自由主义非历史决定论的历史观认为,历史领域中并不具有普遍的因果关系,即使有,也并不构成历史的必然性和规律性,因而不能成为人们预见历史发展的前提和基础;历史过程不受客观决定性的制约,因而具有不确定性、随意性和主观性。其代表人物波普尔以自然规律的普适性、重复性、历史过程的偶然性否定历史规律的存在;其忽略了历史的可预测性与不可预测、人的主体能动性和历史预测的客观性之间的辩证关系,无视自然科学和社会科学在方法上的异同,否定历史预测;以历史描述的选择性、历史理解的主观性、历史解释的多样性否定历史意义的存在。新自由主义历史观的贫困在于无法为走出资本主义危机指出一条可行之道。

第六章"新自由主义自由观批判",剖析了新自由主义代表人物哈耶克的自由观,指出了哈耶克的新自由主义自由观是个人主义的、否定性的、消极性的、自发性的和有限性的自由观。马克思的科学社会主义自由观,在肯定自由具有上述五大特征外,更加强调自由是集体主义的、肯定性的、积极的、自觉性的和有限与无限统一的特征。显然,在理论上,马克思的科学社会主义自由观解决了理性在人类自由中的作用问题,使自由获得了完整的内涵。

第七章"新自由主义的社会主义观批判",分析了新自由主义代表人物哈耶克的社会主义观,哈耶克被誉为"反社会主义"的领袖。在《通往奴役之路》、《致命的自负》等著作中，系统地批判了他所谓的"社会主义"。哈耶克把社会主义目标和为实现这一目标的手段（或者方法）剥离开来，他把"社会主义"肢解为目标和方法两个层次：社会主义的目标是实现社会正义、更大程度上的平等和保障等理想；社会主义的方法是为实现这一目标而必然采取的经济高度计划的方法，即实行生产资料等的国有化，生产、交换和分配等生产活动高度服从国家综合计划等。在分析哈耶克与马克思社会观分歧的基础上，阐明了马克思的社会主义观是科学的。马克思关于社会主义区别于资本主义的特征的看法，不像空想社会主义那样表现为从理性、从人的头脑中构造出来的东西，不是主观的设计；而是运用辩证唯物主义和历史唯物主义的方法研究资本主义，揭示资本主义的基本矛盾，进而紧紧抓住资本剥削雇佣劳动这个基本事实，抓住资本主义基本矛盾逐步激化这个基本过程，从理论上阐明了资本主义灭亡的必然性，阐明了社会主义制度的基本特征。最后以转轨后的德国东部状况为典型案例分析了社会主义实践过程中的经验教训，指出新自由主义不足以为广大劳动群众指出真正的出路。

第三篇"社会主义信仰论"，集中阐明在当代资本主义危机、自由主义衰落的世界历史背景下，只有社会主义才能为人类和平发展、可持续发展，开辟一条新道路，中国特色社会主义道路正是这样一条康庄大道。这一篇分四章：

第八章"走向科学发展的基本问题"，提出以科学发展观为指导，更好地解决中国转变发展方式，走向科学发展的三大基本问题：一是发展目标是什么——克服单一的GDP目标，更加突出以人为本的价值目标；二是发展的途径是什么——不仅要求数量增长的量变，更要求结构更新的质变飞跃；三是发展的动力是什么——不仅注重国家投入，出口增长，更加注重增加收入、扩大老百姓的需要并给予满足。

第九章"中国改革开放新起点"，提出了改革开放30年标志着中国发展正在走向一个新阶段，一个坚实可靠的出发点、新起点，还是中国社会主义初级阶段的基本国情。其突出特点、突出矛盾是分配不公，两极分化趋势明显，这是影响社会稳定的主要因素，也是内需乏力的症结所在。以马克思主义的基本理论为指导，对于如何处理效率与公平的关系这个重大问题，作出了三点理论探索：一是针对存在的社会公平失衡、两极分化严重的现象，强调应在科学发展的基础上进行重大政策创新，从"效率优先、兼顾公平"转向"公平与效率的有机统一"；二是运用历史唯物主义实践观、辩证法从哲学高度，论证了公平与效率有机统一的理论基础；三是理论与实践相结合，提出了中国特色社会主义实践创新的科学发展方向，是更加注重教育、就业、分配、社会保障的四大公平。

第十章"改革新起点上的新开放观"，分析了新开放观的四大源头活水——毛泽东思想中的自主开放观，邓小平理论中的安全开放观，"三个代表"重要思想中的双向开放观，科学发展观中的科学开放观——的基础上，分析了创新开放观的内外契机——传统粗放型开放模式带来的某些负面效应，引发了一些经济社会矛盾，以及在国际金融危机影响下，对外开放领域累积的一系列矛盾与问题。强调我们迫切需要以科学发展观为指导，创新开放观，把握五大生长点——巧妙处理质量关系，从以量为主的粗放式开放，走向以质为主的精益型开放；巧妙处理内外关系，从满足外需为主，走向扩大内需为主；巧妙处理开放性与主体性的关系，更好地借助开放性，增强主体性；巧妙处理"引进来"与"走出去"的关系，在"引进来"的基础上，更好地"走出去"；巧妙处理开放引进与自主创新的关系，以开放引进促进自主创新，在更高水平上实现对外开放的科学发展。

第十一章"互联网与社会主义的历史命运"，分析了互联网与马克思主义的传播与发展新走势，互联网给马克思主义的传播与发展带来机遇的同时，也带来了挑战：一是给资本主义的发展注入了新的活力，使社会主义在取得对资本主义的优势并最终战胜资本主义的斗争中面临更为严峻的考验；二是国际互联网的发展促进了资本所有者阶级在世界范围内的数量增长和力量联合。这种联合力量的形成，无疑给无产阶级实现一国到多国到全世界社会主义革命的胜利造成了新的困难；三是国际互联网的发展有利于"文化帝国主义"的扩张，给国外马克思主义思潮的传播带来困难；四是国际互联网的发展为西方发达国家的意识形态扩张大开方便之门，使马克思主义在意识形态领域中的主导地位受到冲击，加大了社会主义国家维护文化安全的难度。提出了互联网条件下马克思主义的传播与发展的对策思考：一是建设马克思主义传播的网络平台，壮大马克思主义宣传的网络阵地；二是深化马克思主义的科学内涵，吸收新的科技成果，新的文化观念，不断推进马克思主义的当代化；三是抵御文化入侵和意识形态渗透，维护马克思主义在意识形态领域的主导地位。接着以网络媒体在群体性事件中的影响为例，强调了提高对虚拟社会的管理水平，健全网上舆论引导机制的重要性。最后分析了互联网企业海外上市对我国意识形态和文化安全的潜在威胁。

第一篇
资本主义危机论

第一章 当代国际金融危机

当前正在经历的国际金融危机,使世界经济陷入20世纪大萧条以来最困难的境地,危机的原因成为马克思主义研究关注的焦点。诊断当前愈演愈烈的金融危机,"市场失灵"论有根据,"政府失灵"观有市场,但从理论的深层根源看,当前国际金融危机应归因于新自由主义理论的失灵。20世纪80年代以后,新自由主义取代凯恩斯主义成为资本主义世界的主流意识形态,是当前国际金融危机的世界历史背景,危机的政策根源是新自由主义的政策范式——华盛顿共识。诊断当代国际金融危机,新自由主义有其自身的理论盲点。《资本论》仍然具有深刻的理论魅力,不仅为我们看清当前危机提供了丰富的理论和方法论启迪,而且为我们分析国际金融危机的深层根源——新自由主义导致美国国内外的两极分化,加剧了资本主义的基本矛盾,提供了丰富的思想财富。

第一节 金融危机的根源

2009年1月28日,中国国务院总理温家宝在瑞士达沃斯世界经济论坛年会上发表的特别致辞中指出:"我们正在经历的这场国际金融危机,使世界经济陷入上世纪大萧条以来最困难的境地。"同时指出:"这场危机的原因是多方面的。主要有:有关经济体宏观经济政策不当、长期低储蓄高消费的发展模式难以为继;金融机构片面追逐利润而过度扩张;金融及评级机构缺乏自律,导致风险信息和资产定价失真;金融监管能力与金融创新不匹配,金融衍生品风险不断积聚和扩散。"[①] 毋庸置疑,这些原因分析都很准确,但是要真正从理论与实践相统一的角度从根本上找到化解危机之策,理论界必

---

① http://politics.people.com.cn/GB/8198/144504/index.html。

须要探究当前国际金融危机产生的深层根源。2010年3月29日,中国社会科学院世界社会主义研究中心、社会科学文献出版社在京联合举办了"国际金融危机对西方思想理论的冲击及资本主义走向研讨会"。这里摘要几位专家学者的观点共享。

中国社会科学院常务副院长王伟光认为,金融资本的独立性、逐利性和贪婪性是形成金融危机的直接原因,资本主义私有制是形成金融危机的深层制度原因。资本主义危机产生的根本原因在于私有化制度,一方面生产力发展到高度社会化,资本也高度社会化,另一方面生产资料和成果越来越为一小撮垄断寡头所有,这种生产的社会性同生产资料私有性的资本主义基本矛盾,使商品经济内含的危机可能性转变成必然性。商品经济内在二重性矛盾只构成产生危机的可能,而资本主义私有制使危机的产生成为现实。

中国社会科学院副院长李慎明认为,这场危机的直接和根本原因,决不仅仅是金融家的贪婪、银行监管制度的缺失和公众消费信心不足,更不是诺贝尔经济学奖得主、美国普林斯顿大学教授保罗·克鲁格曼所说的美国消费方式和中国汇率与外贸政策的联姻。这场国际金融危机的直接原因是20世纪90年代苏联解体、东欧剧变之后,以美国为首的西方世界为主导的新一轮的经济全球化。从一定意义上说,目前这场正在深化的国际金融危机,不仅是对美国这种强权政治和霸权主义特别是其中金融霸权肆意泛滥的绝地"报复",更是对美国所谓"民主制度"的根本挑战。这场国际金融危机的根本原因是生产社会化甚至生产全球化与生产资料私人占有之间的矛盾、生产无限扩张与社会有限需求之间的矛盾在经济全球化条件下深入发展的必然结果。

中国社会科学院马克思主义研究院院长程恩富认为,西方金融危机不是信心危机,而是由资本主义基本矛盾决定的周期性经济危机。新自由主义的资本主义更容易导致金融危机的关联性体现在两个方面:一方面,解除对金融的管制;另一方面,贫富分化日益严重。可以说,这次金融危机是1980年以来新自由主义在全世界泛滥所导致的一个非常符合逻辑的结果。

中国社会科学院马克思主义研究院研究员杨斌从微观基础、经济结构、经济调节、分配消费四个方面,分析了与马克思和列宁所处的时代相比,当今世界资本主义经济的基本矛盾何以更加容易导致次贷危机、金融危机和经济危机的机理。他认为,当今世界资本主义经济的基本矛盾是扩展了的全球基本经济矛盾,是经济不断社会化和全球化,与生产要素的私人所有、集体所有和国家所有的矛盾，与国民经济的无政府状态或无秩序状态的矛盾。

中国社会科学院马克思主义研究院研究员余斌认为，当前正在进行着的美国金融危机与世界货币体系有着密切的关系。美国金融大亨们的贪婪是布雷顿森林体系崩溃的根本原因，也是此次美国发生金融危机的根本原因。①

西方马克思主义代表人物福斯特以美国为主要研究对象，对资本主义新的发展现象——资本主义金融化（The Financialization of Capitalism）进行了研究，指出当前资本主义社会依靠快速膨胀的金融资本进行资本积累不但无助于解决资本主义社会的内在矛盾，反而加速了资本主义社会内部各种矛盾的发展，把资本主义引向了持续的危机。

笔者企图弄清楚金融危机究竟是市场、政府、新自由主义谁真的失灵了？

一 市场失灵

市场是高效的资源配置和经济调节机制，其理论渊源可追溯到英国经济学家亚当·斯密。1776年，亚当·斯密在他的《国富论》一书中，对市场机制这只"看不见的手"的作用极力推崇，他认为，要增加一国财富，最好的经济政策就是给人们的经济活动以完全的自由，没有自由，就没有市场经济的存在和发展。20世纪30年代，英国伦敦学派的主要代表人物哈耶克，在批评当时的苏联社会主义计划经济的同时，进一步阐明了自由主义在现代市场经济发展中的意义。他在1944年的《通往奴役之路》和1969年的《自由宪章》中，大力推崇亚当·斯密的自由市场经济理论，认为只有自由放任，才能实现人的本性，通过个人自由提高效率，并用斯密提出的"看不见的手"合理配置经济资源。以米塞斯为代表的前西德自由主义学派特别推崇自由放任的思想，他和哈耶克一起，对前苏联"集中计划经济"模式进行了最早的批评。但是市场这只"看不见的手"也并不是万能的。在一定条件下，主要是在不完全竞争和非竞争环境下，市场不能有效地配置资源，引导供求平衡，这就是市场失灵，也叫市场缺陷。市场失灵主要表现在：

1. 总量平衡，市场无能

市场不能消除现实中可能产生的社会难以接受的总量和结构不平衡现

---

① 谭扬芳：《"国际金融危机对西方思想理论的冲击及资本主义走向"研讨会综述》，《马克思主义研究》2010年第4期。

象。马克思在分析再生产过程中社会总产品实现的条件时，特别强调了总量和结构的平衡。例如，马克思在分析简单再生产的实现条件时指出："在简单再生产中，第Ⅰ部类的商品资本中的 v+m 价值额（也就是第Ⅰ部类的总商品产品与此相应的比例部分），必须等于不变资本Ⅱc，也就是第Ⅱ部类的总商品产品中分出来的与此相应的部分；或者说Ⅰ（v+m）=Ⅱc。"① 这个公式可以说是社会总供给和社会总需求的最基本平衡式，它从结构平衡的层面反映了社会总供给和总需求之间的总量平衡。它表明，要使简单再生产正常地进行，第一部类生产资料的生产和第二部类对生产资料的需要之间，以及第二部类消费资料的生产和第一部类对消费资料的需求之间，都必须保持一定的比例关系，只有生产资料和消费资料各自保持供求的结构平衡，才能实现社会总供给和总需求的总量平衡。

一般说来，市场的主要功能通过价格等调节参数实现从非均衡向均衡的过渡。其价格参数虽然可以在一定程度上调节供求关系，缓解供求非均衡程度，但市场的这种价格调节作用是非常有限的，尤其是在宏观层面上，价格调节难以起作用。在国民经济总量中产生的不平衡，如通货膨胀和通货紧缩、失业、有效需求不足和过剩以及贸易赤字等，都不能依靠市场本身来解决，只能借助政府的宏观调控来缓解。

2. 经济波动，市场难平

经济运行呈现出波动性是经济发展的客观规律。马克思在《资本论》第1卷中指出："正如天体一经投入一定的运动就会不断地重复这种运动一样，社会经济一经进入交替发生膨胀和收缩的运动，也会不断重复这种运动。"② 社会经济活动中，这一膨胀和收缩的交替运动就形成了经济波动周期。其波动幅度的高低则是由经济体系的物质技术基础和增长机制所内在决定的。对这种周期性波动，市场的价格调节也是无能为力的。市场不能消除经济的周期性波动，只能靠政府运用财政、货币政策来缓解。

3. 公共物品，市场不供

市场难以解决社会生产中出现的"短期化"和"利己"行为。在市场经济条件下，人们的生产经营活动是以赢利为主要目的，这就导致企业和个人的投资动机服从利润最大化原则，因而使那些短期不赢利和长期利润预期

---

① 马克思：《资本论》第 2 卷，人民出版社 1975 年版，第 446 页。
② 马克思：《资本论》第 1 卷，人民出版社 1975 年版，第 694 页。

不高的产业、行业和产品投入资金不足,发展滞后,在产业成长过程中出现结构性矛盾。一方面是一般性工业制成品供给过剩,另一方面诸如交通运输基础设施、森林水利、环境保护、公用事业等公共物品明显短缺。这种"私人物品"过剩和"公共物品"短缺的结构性矛盾,依靠市场是无法解决的,它要靠政府财政加大以公共投资为基本内容的直接投资的力量来解决。

4. 信息不对称,市场失真

分析市场经济的大多数交易,可以发现交易的信息在交易双方间的分布是不对称的,即一方比另一方占有较多的有关信息,这就是经济学中说的"信息不对称"①。

信息不对称导致市场失灵体现在:一是信息不对称导致拥有信息多的一方以自己的信息优势侵犯拥有信息少的一方的利益。二是信息不对称影响市场交易效率,交易双方为了各自的经济利益不停进行心理较量,这大大延长了成交时间,导致市场交易效率低下。三是信息不对称增大了交易成本。四是信息不对称导致优质市场的萎缩,伪劣产品充斥了大量市场。

从以上四个方面可以看出,市场不是万能的,市场运行中的许多问题依靠市场自身是不能解决的,市场不能有效地配置资源,一个单位的生产经营活动对其他单位造成影响的外部效应很难内部化;经济周期波动使其运行不稳定;市场不能提供或有效提供满足社会公共需要的公共产品;交易双方获取信息的地位不平等,掌握的信息不平衡。市场解决不了的这些问题,正是政府应该而且必须解决的。

市场失灵在金融危机中的表现:一是金融机构片面追逐利润而过度扩张,杠杆率过高,也就是以很小比例的自有资金通过负债融资实现规模扩张,例如,次级房贷比重逐年增加,仅付利息型房贷比重由 2001 年的 0 上升到 2006 年的 22.8%。二是金融及评级机构缺乏自律,资产定价失真。例如,次级按揭贷款门槛不断降低,一些按揭银行甚至在贷款时不考察借款人的信用评级,甚至不要求提供收入证明。2004 年开始,全球流动性泛滥,美国进入加息周期,到 2006 年 10 月连续加息 17 次,房价明显回落,当房屋的价格开始下跌,人们需要对资产进行会计处理。在会计处理中,需要市价重估。而市价重估的前提是存在市场价格,但当市场价格不存在时,便无法重估资产、负债和损益,等等。三是衍生金融工具增加了交易过程的风险信息

---

① 蓝叶瑾:《"信息不对称"对市场交易的影响及对策》,《北方经济》2007 年第 4 期。

导致道德风险。从事衍生品交易的利益方存在做假账动机（巴菲特，2002年），因为交易员报酬通常是基于模型计算收益，而报告赢利则基于乐观的估算。这些乐观的估算通常获得CEO们的支持。因为衍生品交易员获得高额奖金的同时，CEO就从认购股权激励中获得巨额收益。当模型假设不成立或市场环境变化使得假设参数有误时，模型运算结果将会出现模型错误。公司股东们多年后才能发现那些"报告的"收益不过是骗局。诚信责任是市场经济的基础。次债危机中暴露出的衍生品交易员及相关从业机构和人员的贪婪毁灭了市场经济的诚信基础。①

二 政府失灵

市场失灵是市场经济固有的现象，其负面效应不能由市场机制本身自动解决，只能由政府机制来解决。市场失灵为政府干预提供了现实依据，在西方经济学中，其理论依据可追溯到英国经济学家凯恩斯，1936年，他发表了《就业、利息和货币通论》，该书批评了自由放任的政策，积极主张政府对经济生活的干预，提出了政府调控总需求水平主张，把政府作用与经济理论联系起来。

在凯恩斯积极主张政府对经济生活干预的同时，美国罗斯福政府为克服经济危机于1933—1939年间实行"罗斯福新政"，采取一系列措施，大力加强政府对社会经济生活的干预。"新政"通过政府对财政、货币、金融、产业等部门的干预和调节，对缓和危机，促进经济复苏，限制垄断资本，减少失业，调和社会矛盾起到了一定的作用，为此后美国的社会经济打下了基础。罗斯福"新政"的成功实践表明，政府干预理论在一定时期内是可以成为政府行为的理论基础的。从此之后，西方各主要资本主义国家在以私有制为基础的市场经济条件下，不同程度地进行了政府干预，使政府在社会经济生活中的作用逐渐扩张，这对推动经济发展起到了明显的效果，使西方市场经济持续增长了20年左右。

政府干预也非万能，同样存在着政府失灵的可能性。所谓政府失灵，是指政府干预经济不当，未能有效克服市场失灵，却阻碍和限制了市场功能的正常发挥，从而导致经济关系扭曲，市场缺陷和混乱加重，以致社会资源最优配置难以实现。政府失灵表现为以下几种情形：

---

① 参见刘青松《美国次债危机观察和启示》，《天津日报》2008年10月27日。

1. 公共决策失误导致政府失灵，达不到政府干预经济活动的预期目标

公共决策失误的原因是多方面的，主要有：一是政府干预的对象复杂多变，难以有的放矢。政府干预的范围和力度过大，超出了矫正市场失灵、维护市场机制顺畅运行的合理界限从而达不到预期目标。二是政府依据非对称信息，对经济的认识难以完全符合经济规律，加之规律本身是发展变化的，因而不可能穷尽，从而使政府的决策不可能完全正确。三是政策效应的滞后性、政策效应的不平衡性和政策效力的递减性，都将导致政府决策的无所适从。四是资本主义社会实际不存在作为政府公共政策追求目标的所谓公共利益，布坎南指出："在公共决策中实际并不存在根据公共利益进行选择的过程，只存在各种特殊利益之间的缔约过程。"[①] 国家的目标到底是使统治者租金最大化还是使社会产出最大化，是不可兼得的两难选择问题，选择一个皆大欢喜的均衡点十分困难。

2. 政府扩张导致政府失灵，虽然政府干预达到了预期目标但成本高昂

其表现有二：一是干预的间接性导致低效。政府为弥补市场失灵而直接干预的领域往往是那些投资大、收益慢且少的公共产品，缺乏竞争，其供给一般是以非价格为特征的，政府不能通过明确价格的交换从供给对象那里直接收取费用，而主要是依靠财政支出维持其生产和经营，很难计较其成本，因此缺乏降低成本提高效益的直接利益驱动。二是政府扩张导致成本高昂。政府组织规模增长过快是难以治愈的全球性通病。政府的多重角色是其扩张的根本原因，政府既是公共物品的供给者，又是外部效应的消除者，还是收入和财富的再分配者，这些都是政府扩张的原因。政府权利和职能的无限制扩张，助长其对国家财富的巧取豪夺，形成了政府组织的专横，与此同时，行政权力和公共预算最大化倾向，导致大政府、大公共开支和高行政成本。政府规模扩张包括政府部门组成人员的增加和政府部门支出的增长。政府扩张导致社会资源浪费，经济效益降低，社会福利减少。因此，政府扩张最终导致干预经济活动的成本高昂。

3. 政府干预达到目标且有较高效率，但由于寻租活动带来极坏的社会负面效应，此种情况同样可看做政府失灵

寻租是个人或团体为了争取自身经济利益而对政府决策或政府施加影

---

① James Buchanan, "A Contraction Paradigam for Applying Economics", *American Economic Review*, No. 5, 1975.

响，以争取有利于自身的再分配的一种非生产性活动。所谓寻租活动，就是指利用行政手段阻碍生产要素在不同产业之间自由竞争，以维护和攫取既得利益的行为。其形式多样，如有的向政府寻求优惠特惠，有的寻求政府特许或政治庇护，有的寻求垄断性地使用某种市场紧缺物资，等等，无论采取什么形式，寻租活动都不增加任何社会财富和福利。相反，寻租会造成严重的社会危害，带来诸多负面效应。其主要危害在于：一是使生产经营者提高经济效率的动力消失；二是容易导致整个社会资源配置遭到扭曲、破坏和浪费；三是通过非法提供金钱或其他报酬引诱政府官员的腐败行为——贪污、受贿、渎职，并诱使官员化公为私、权钱交易，制定和出台只保护少数人和少数地区利益的政策，从而使公共物品的供给更加恶化。总之，寻租活动的存在破坏了市场竞争规则，妨碍了市场优越性的发挥，容易使人们对市场机制的合理性和效率产生怀疑，为政府干预以消弭普遍的社会不公现象带来很大困难，其社会效应的负面性说明了政府干预的失灵。

政府失灵在当前金融危机中的表现是有关经济体宏观经济政策不当、长期低储蓄高消费的发展模式难以为继；金融监管能力与金融创新不匹配，金融衍生品风险不断积聚和扩散。美联储遵循"低积累下促进消费的稳健增长"原则，不可能奉行"鼓励积累抑制消费"的货币政策，因此，政府干预最多只能弱化经济周期的峰谷。原美联储主席格林斯潘面对金融危机的悔悟——没有积极监管金融衍生品市场，只说出了问题的一半，事实上，面对长时段繁荣后的增长乏力，货币政策的效用相当有限，加上互联网泡沫的破灭与"9·11"事件对美国经济的冲击，美联储采取了一系列刺激经济增长的货币政策。比如，连续性地降低利率与贴现率，默许乃至鼓励金融业在促进消费上采取各种各样的措施。为了刺激投资与消费，美联储在2001年一年内就降息11次，力度之大，非同一般。[①]

2008年12月16日，美联储下调联邦基金基准利率至0—0.25%区间，同时下调贴现率75个基点至0.5%。美联储表示，经济前景进一步恶化，低利率将持续一段时间，美联储将支持金融市场功能化，通过公开市场操作，以及其他扩张美联储资产负债表的方式来刺激经济增长。但是即便美联储采取零利率措施救市其效果仍然非常有限。因为流动性恐慌控制的程度、市场资金缺口补充的程度、去杠杆化收敛的程度等不确定因素都影响救市效果。

---

① 何秉孟、高翔：《理论热点百家争鸣12题》，社会科学文献出版社2007年版，第43页。

而随着美国政府所能使用的政策手段空间的缩小，其将更多地使用量化式货币政策——印刷美元、发行债券、资产置换等，这将为美国将来的通胀埋下更大隐患。美国政府采取的救市措施不但没能挽救美国经济，反而使其在金融危机中不能自拔，这不能不让人把金融危机的原因归罪于政府干预的失灵。正如巴基斯坦计划委员会副主席 M. Akram Sheikh 博士于 2008 年 11 月在北京国际金融论坛（IFF）第五届全球年会上慷慨陈词："金融危机爆发的根源在于贪婪腐败以及政府职责的失灵"，"我们看到私营部门的这种失灵，以及银行在预见复杂性的失灵，因此政府也没有设计出一个好的监管机制——美国开始的金融危机，对整个金融体系带来了负面的影响。由于贪婪、由于腐败，以及利益的追逐，还有美国政府职责的失灵"①。

三　新自由主义失灵

诊断当前美国愈演愈烈的金融危机，"市场失灵"论有根据，"政府失灵"观有市场，但从理论的深层根源看，当前国际金融危机应归因于新自由主义理论的失灵。新自由主义曾允诺给人民带来稳定与幸福，给经济带来效率和繁荣，给世界带来和平与发展。新自由主义的幸福诺言为什么没有兑现？相反，新自由主义主导的金融理论，不仅给实体经济带来了贫富分化、消费不足、生产停滞，而且在虚拟经济上积聚了巨大的金融风险，给全球经济带来百年不遇的金融大海啸。探讨新自由主义与当前国际金融危机之间的利害关系是理论工作者责无旁贷的任务。

1. 历史背景：新自由主义得势

当前国际金融危机的世界历史背景是 20 世纪 80 年代以后新自由主义取代凯恩斯主义成为资本主义世界的主流意识形态。新自由主义得势的主要原因有三：一是凯恩斯主义走向衰落是新自由主义产生的理论因素。20 世纪 70 年代，西方经历了两次战后最深重的经济危机，整个西方经济长期陷入"滞胀"，而当时人们所奉行的凯恩斯主义②却提不出有效对策，凯恩斯主义由此走向衰落。公司利益集团者们努力寻找支持削减政府计划的理论依据，以哈耶克为代表的新自由主义应运而生。二是资本主义全球性扩张是新自由

---

① http://business.sohu.com/20081118/n260698095.shtml.
② 凯恩斯的需求管理理论是一种宏观经济理论，其实质是在资本主义制度框架内，对资本主义的生产关系和经济关系进行调节，以实现社会总供给和总需求的均衡。凯恩斯理论的宏观目标与微观基础存在着不可克服的矛盾。

主义产生的经济基础。两次能源危机①都是在石油供需基本稳定的背景下，石油供给突然人为减少，导致石油供需骤然失衡而造成的。在危机中，西方工业国家的经济动力源被切断，各国经济停滞、物价飞涨、股市暴跌，这暴露了资本主义经济的脆弱性，而要克服这种脆弱性就必须进行全球范围内的生产要素的整合和经济结构的调整。三是社会主义受到挫折是新自由主义得势的政治环境。苏联和东欧国家高度集权的计划经济体制使社会主义优越性没能充分发挥出来，经济效率低下，中央指令性计划经济的弊端日益暴露。20世纪90年代初期，苏东剧变后，社会主义的挫折和计划经济的失败使广大发展中国家无所适从，出现了意识形态真空，迫切需要一种新的思想和改革思路引导广大发展中国家摆脱贫困，走上经济繁荣之路。新自由主义恰好填补了这一"真空"而大行其道。

2. 政策根源：华盛顿共识

当前国际金融危机的政策根源是新自由主义的政策范式——华盛顿共识。②热衷于批判美国时事政治的诺姆·乔姆斯基指出，所谓"新自由主义的华盛顿共识指的是以市场经济为导向的一系列理论，它们由美国政府及其控制的国际经济组织所制定，并由它们通过各种方式进行实施……其基本原则简单地说就是：贸易经济自由化、市场定价（'使价格合理'）、消除通货膨胀（'宏观经济稳定'）和私有化。……国际商报已经把那些经济组织看成是'新帝国主义时期'的'事实上的世界政府'的核心"③。在新自由主义理论指导下产生的华盛顿共识是专为应对拉美金融危机而设计的，被认为

---

① 20世纪70—80年代初，世界范围内发生过两次能源危机。第一次危机发生于1973—1974年。在这场危机中，原油价格从每桶3.011美元提高到每桶10.651美元，使国际市场上的石油价格因此而上涨了4倍，从每桶3美元涨到每桶12美元，从而引发了第二次世界大战之后最为严重的全球性经济危机。持续近三年的能源危机给发达国家的经济造成了严重的冲击。美国的工业生产下降了14%，GDP下降了4.7%；日本的工业生产下降了20%以上，GDP下降了7%；欧洲的GDP下降了2.5%。第二次石油危机发生于1979—1980年。危机中石油产量从每天580万桶骤降到100万桶以下，全球石油市场上每天都有560万桶的缺口。油价在1979年开始暴涨，从当时每桶13美元猛增至1980年的每桶35美元。此次危机成为20世纪70年代末西方经济全面衰退的一个重要原因。

② 1989年，拉美国家仍然处于债务危机之中，国内经济急需改革。针对拉美国家存在的问题，美国国际经济研究所邀请了拉美国家代表，世界银行、国际货币基金会、美洲开发银行和美国财政部的研究人员，在华盛顿召开了一个以拉美国家经济调整和改革为主题的研讨会。会议后期，美国国际经济研究所的高级研究员约翰·威廉姆森对拉美国家的改革提出了10条政策措施，并声称就此已与上述总部设在华盛顿的国际机构和美国财政部达成一致，因此命名为华盛顿共识。

③ [美]诺姆·乔姆斯基：《新自由主义和全球秩序》，徐海铭、季海宏译，江苏人民出版社2000年版，第4页。

是促进发展中国家经济增长之良方的一系列政策的通称。尽管这些政策对于当时的拉美国家走出危机、恢复经济起到了一定的积极作用，但华盛顿共识潜伏着导致全球金融危机的隐患。

第一，在国际经济和金融秩序上，华盛顿共识主张减少政府的干预和管制，提倡自由贸易和资本在国际间尽可能不受限制地自由流动，为金融自由化铺平了道路。而金融自由化直接威胁着拉美国家、东亚和东南亚国家等转轨国家的经济稳定。这些国家推进金融自由化改革和金融开放政策的初衷在为了加快市场化步伐的总目标下，有的是为了得到国际经济组织和西方国家的援助以摆脱债务危机，有的是为了更好地实施出口导向战略。尽管改革初期拉美国家的宏观经济形势曾一度好转，通货膨胀得到控制，经济结构开始调整。但随着金融自由化的推进，拉美国家在金融监管和防范金融风险方面的缺陷日趋严重，终于导致了1994年的墨西哥金融危机、1999年的巴西货币危机和2001年的阿根廷经济危机。与拉美地区不同，东亚地区国家以出口导向为主，经济开放程度高，具有储蓄率高的传统。在新自由主义的影响下，东亚国家在90年代先后实行金融自由化政策，取消对外国资本流动的政府管制，开放金融市场，放松外资进入证券、保险和租赁等行业的限制。随着金融自由化，国际投机资本大量涌入，房地产和证券市场的投机热潮推动了泡沫经济的形成，终于酿成了1997年由泰国开始并波及整个东亚地区的亚洲金融危机。在如何处理危机问题上，国际货币基金会和世界银行继续推行华盛顿共识，结果导致失业率居高不下，两极分化和贫困化更为严重，民族企业陷入困境，政局动荡等。总之，这些国家实施金融自由化的结果不但违背初衷而且使本国经济陷入衰退。

第二，在所有制问题上，新自由主义主导下的华盛顿共识认为，国有企业是低效率的根源，因此私有化是其重要的改革措施。从实践看，将国有企业出售给私人资本是发展中国家实施私有化的主要途径。实际上，当一个国家缺少有效率的资本市场和金融监管体制以及公司治理结构时，私有化往往会产生严重的腐败和国有资产的流失，导致财富迅速转移到少数暴富阶层手中，俄罗斯和东欧地区的改革就是例证。在我国国有企业改革过程中也出现过偏差，曾出现过诸如"不私有化解决不了国有企业的问题"等论调，把"放开、搞活国有小企业"简单地理解为一个"卖"字，采取行政办法和搞运动的方式强制出售和变相出售国有小企业甚至大中型企业，搞"一卖了之"。"卖企业"之风直接误导了国有企业改革，已经造成了不良后果。社会主义必须以公有制经济为主体的基本原则被忽视、淡忘了，人们的思想被搞乱，企业的正常生产经营秩序被打乱，国有资产大量流失，银行债权被随意冲销，职工的合法权益失去保障，影响了社会的安定。①

第三，在意识形态领域，华盛顿共识极力鼓吹个人主义，认为只有私有制能够保证个人的自由，而受到严格保护的私有财产是个人自由的基础。在美国国内，为了允诺自由主义保障个人有私有财产比如房产的理念，布什总统上台后，为解决少数穷人住房，从2000年到2004年，美联储连续25次降息，还实行无担保、无首付、不论贷款对象的贷款。美国政府这种对房地产业的自由放任，给炒作、投机、贪婪带来商机，有房子的用自己的房子抵押贷款实行多套房屋按揭，无购房能力的也要通过次级贷款去买房，房产泡沫高达20%以上，房价高攀自然引起布什政府的关注，为防止市场过热，2005年到2006年间，美联储连续加息17次，利率从1%逐步提高到5.25%，次贷利息高涨到8%。加息效应逐渐显现，房地产泡沫开始破灭。2008年美国房价下降为20多年来最大降幅，美国标准普尔公司最新公布的数据显示，美国20座主要城市的房价与去年同期相比下跌了10.7%，房地产泡沫情况更加突出。泡沫挤干了，美国次贷危机开始显现，没有哪个市场能够完全逃脱房市危机的影响。而次贷危机的爆发加剧了全球金融动荡。这是因为构筑在次贷上面的债券信用及银行信用瞬间顿失，由此引起大面积的投资信心恐慌，规避风险的本能加速了投资者的抛售和取兑。

3. 诊断危机，新自由主义有盲点

诊断当代国际金融危机，新自由主义有其自身的理论盲点。这种理论盲点是指以新自由主义为指导预见和研究国际金融危机存在着无知或偏见，以及美国政府的不负责任。

第一，在新自由主义意识主导下的美国金融机构和民众对金融危机的无知，近年来，由于持续数年的美国房地产市场繁荣，美国金融机构坐享次贷及其衍生品带来的高额利润，美国民众对其房产投资收益津津乐道，双方不约而同地选择对风险"理性地忽视"。

第二，在新自由主义意识主导下的金融理论界对金融危机的偏见。在金融危机发生前，风险已经不断积聚，但金融理论界却没有深入研究和足够重视，更没有及时提出风险警告，以致在危机爆发后措手不及。金融危机发生

---

① 《人民日报》特约评论员文章，1998年11月20日第1版。

后，理论界对危机的原因阐述和理论解释并不深入透彻，不少预测甚至是错误的，例如，美联储前任主席格林斯潘（Alan Greenspan）对房价弹性的预测成了关键的预判错误，这种预测带来了更多的按揭承销交易，因为贷款机构认为，如果捉襟见肘的借贷人陷入困境，总可以获得再融资或者卖房子获利。然而随着房价的不断下跌，有数十万贷款购房者面临止赎。格林斯潘也没料到房市繁荣的戛然而止以及紧随其后的金融灾难。在早期，主要国际金融组织、包括国际货币基金组织坚持认为美国市场发达、经济弹性大、美联储及其政策得到市场信任，美国经济不会进入衰退；即使进入衰退，也将是较浅的和短期的。但从实际情况看，危机的影响程度已经超过多数研究人员的预期，这充分暴露出金融理论界在揭示现代经济和金融发展规律方面的偏见。

第三，在新自由主义意识主导下的美国政府的不负责任，错失干预的最好时机。华尔街金融危机以来，美国政界、财界玩起了推手游戏。对于金融危机的责任，党派之间互相指责，政客和华尔街的金融寡头们想尽办法证明自己的清白。当雷曼兄弟岌岌可危时，美国政府认为不能用纳税人的钱拯救一家投资银行，因而坐视不管，结果导致第一块多米诺骨牌倒塌。当美国决策当局认识到问题极为严重，并决定使用财政、货币及其他政策全力应对危机时，美国经济实际已经进入负增长，已形成经济衰退、失业增加与偿付能力不足的恶性循环。

4. 深层根源：两极分化加剧了基本矛盾

当代国际金融危机的深层根源是新自由主义导致美国国内外的两极分化，加剧了资本主义的基本矛盾。新自由主义主流学者曾告诉人们，自由市场经济是通向最优效率、快速经济增长和创新，使所有那些愿意勤奋工作并利用机遇的人享有繁荣富裕的坦途。然而实际情况是，新自由主义的幸福诺言没有实现，反而导致美国国内外的两极分化，使全球性的金融危机不可避免。

第一，新自由主义导致美国等发达国家与发展中国家的两极分化。新自由主义主导下的金融垄断资本建立了金融专制统治，成为加强和扩大国内国际剥削的工具。金融垄断资本通过国家战略，利用在国际金融市场和国际货币体系中的控制权或主动权，大力推动各国金融自由化，对别国货币政策、汇率政策、中央银行的行动乃至整个金融体系施加影响，进而影响到该国的实体经济。作为世界上经济最为强大的国家，美国不仅要通过金融机制在全球配置资源,还要通过金融霸权在全球争夺资源。尽管金融垄断资本主义作为资本主义发展的新阶段,全球金融垄断的跨国发展在一定程度上实现了生产和资本的高度集中,适应了生产社会化发展的客观规律,创造了更先进、更高效的生产力,给资本主义经济注入了新的活力,延长了资本主义的生命周期。但由于现实的全球化本质上是资本主义经济关系在世界范围的扩展,因此金融全球化并没有也不可能从根本上消除资本主义的固有矛盾,没有改变垄断资本主义的本质。相反,随着经济全球化进程的迅猛推进,资本主义基本矛盾以复杂且多变的形式被激化。美国在世界范围内推行新自由主义金融全球化使世界贫富差距越来越大,财富越来越流向美国等发达资本主义国家。特别是20世纪90年代美国之外爆发了一连串严重的经济危机,导致越来越多的国外资本逃到美国,1997年亚洲金融危机使巨量资金流入美国,其中大部分流入美国股市,为股市泡沫推波助澜。1997年国外购买美国有价证券猛增52%就是明证。金融全球化进程把一国资本主义经济政治发展的不平衡扩展到世界范围,即在促进世界经济发展和社会财富不断增加的同时,扩大了世界范围的贫富差距,使一些国家和一部分人走向贫穷化。2006年2月15日,联合国下属的世界发展经济学研究院发布报告称,全球家庭财富分布:2%的最富人群占有全球50%的财富,并且财富高度集中在北美、欧洲和亚太地区高收入国家,这些国家拥有全球超过90%的财富。[1]

第二,新自由主义导致美国国内两极分化。新自由主义辩护士引以为豪的是自由市场经济提高了利润率,马克思的"利润率有一种越来越降低的趋势"论不灵了。然而,他们忘了,新自由主义为企业提高了利润,但却把税收负担从资本家身上转移到劳动者身上。没有像许诺的那样为工人提高工资和税收收入,反而正是以损害工人的工资和税收收入为前提的。新自由主义制度以各种方式削弱了工人的谈判权利,例如,对工会进行法律和政治上的攻击,对工商企业解除调控,减少国际贸易和投资的障碍,等等。

第二节 金融危机的后果

这场危机是资本主义世界的危机总爆发还是资本主义危机的局部反映?资本主义世界是否经过不断调整能够克服资本主义内部自身的矛盾?金融危

---

[1] http://news.xinhuanet.com/fortune/2006-12/07/content_5447552.htm。

机的后果是什么？

王伟光认为，美国金融危机是资本主义制度性危机，最终是无法克服的。美国金融危机引发的全球性危机既是一场严重的金融危机，又是一场深度的经济危机、思想危机、社会危机和资本主义制度危机，是资本主义的全面危机。危机伴随社会的深刻变化。历史上，资本主义几次带有全球性的危机都曾引起时代和世界格局的重大变化。从长期来看，美国金融危机的结局将使世界经济进入一个大调整、大动荡时期。这次危机具有颠覆性、全面性、深度性和长期性的负面效应，将给世界经济社会发展带来重大和持续的破坏性影响，世界局势乃至格局将发生重大变化，世界发展进程和历史也将发生重大转折。经济危机是资本主义经济制度本身所造成的，是资本主义生产方式内在矛盾的产物。要消灭危机就必须消灭资本主义制度。

李慎明认为，目前这场国际金融危机，已经给西方的经济社会生活造成巨大的困难，并对西方思想理论界以及资本主义走向和世界社会主义及左翼思潮都已经并将产生深刻的影响。可以说，从这次金融危机爆发开始直到21世纪前二三十年，乃至前半个世纪的世界格局都可能处于一种激烈动荡、变动甚至跳跃的状态。经济全球化正在深入发展，当前世界性的金融危机仍未见底，世界经济看似走出低谷，但新一轮更大的金融乃至经济危机极有可能就在这看似走出低谷中酝酿与集聚。全球经济在近两三年内稍有反弹之后有可能步入更大的低谷。从历史唯物主义和辩证唯物主义更广阔的角度讲，从历史学和政治经济学更广阔的时空观上讲，这场灾难还没有完，还在演进中，甚至极可能是刚刚开始，在世界范围内的更深刻更全面的经济社会危机极可能还在后头。

程恩富认为，这次西方国家的金融和经济危机具有与以前危机相比显著不同的特点，金融资本进行金融衍生品赌博时完全丧失了自控能力，催生全球金融衍生品泡沫膨胀到 680 万亿美元的巨大规模，相当于 50 万亿美元全球国内生产总值的十多倍，这就意味着这次危机具有摧毁西方资本主义经济的巨大能量。[①]

西方马克思主义学者通过与以前资本主义经济危机相比较，也在一定程度上洞察到这次危机的严重程度。首先，他们将欧美金融危机与新自由主义

---

① 谭扬芳：《"国际金融危机对西方思想理论的冲击及资本主义走向"研讨会综述》，《马克思主义研究》2010 年第 4 期。

时代发生的危机进行比较。罗伯特·沃德（Robert Wade）认为，西方资本主义自 1945 年以来经历了"体制转型"（regime changes），从 1945 年到 1975 年是以凯恩斯主义和布雷顿森林体系为特征的体制，"后来的新自由主义体制，特别是与里根和撒切尔夫人联系在一起，回到古典自由主义所倡导的自由竞争规则，因此提出国家'干预'要后退，扩大市场配置在经济生活中的作用"①。"国际社会主义趋势"组织发表的"声明"认为："与新自由主义的金融危机——1994 年墨西哥，1997 年东亚和东南亚，1998 年俄罗斯，2001 年阿根廷危机不同——当前的危机首先在资本主义体制的核心爆发，在美国爆发。它传播并影响到整个世界经济。"② 其次，他们将欧美金融危机与 20 世纪 30 年代的大萧条进行比较。西方左派学者认为，这次欧美金融危机是 20 世纪 30 年代以来最重要的危机。福斯特认为："以发达资本主义国家为核心的世界经济正在经历自大萧条以来最严重的经济危机。自 20 世纪 30 年代以来在美国和其他发达资本主义国家从来没有见过的巨大金融危机正在导致世界经济增长的下降，正在指向可能的世界萧条。"③ 乔尔·盖尔（Joel Geier）认为："美国和世界正处在自 20 世纪 30 年代大萧条以来最严重的经济危机的开始阶段。这次危机代表自第二次世界大战以来自由市场的最大失败。……这次危机已经导致国际银行体制面临挑战，证券市场大幅度下跌，已经为第二次世界大战以后时间最长、幅度最深的衰退打开了大门。"④ 哈曼将大萧条与这次金融危机进行了详细比较，这两次危机具有一些共同特点："在两种情况下，储蓄和投资之间的差异导致衰退的压力，并且由非生产投资和投资支出来弥补。""但是，当前的形势与 1929 年之间也存在显著的差异。"哈曼将这种差异主要概括为两个方面：一方面是国家支出在近 20 年里已经成为资本主义经济运行的中心。"政府趋向于干预经济的速度和热情已经比那个时代大了。"另一方面是"金融和工业公司比两战期间的运作的规模更大，政府将他们救出的负担也就不成比例地更大了"⑤。此外，西方马克思主义学者认为，金融危机对世界不同国家的影响不尽相同。拉玛·瓦萨德

---

① Robert Wade, Financial Regime Change? The New Left.
② International Socialist Tendency statement on the global economic crisis. International Socialism.
③ John Bellamy Foster, A Failed System: The World Crisis of Capitalist Globalization and its Impact on China. Monthly Review.
④ Joel Geier, Capitalism's worst crisis since the 1930s. International Socialist Review.
⑤ Chris Harman, The slump of the 1930s and the crisis today. International Socialism.

沃（Ramaa Vasudevan）认为，美元在国际货币中的特殊地位是美国帝国主义霸权的关键，"这种循环模式的建立关键在于美元作为国际货币对美国经济帝国主义的固化起着重要作用"。但是，"当前的危机也潜在的是美元霸权的危机"，从而威胁到美国帝国主义在世界经济体系中的地位。欧美金融危机也对外围的发展中国家产生重要影响，"发展中国家的商品泡沫也破灭了，因为投资者从所有风险领域中逃走，出口需求随着美国、英国和欧洲衰退的冲击而下降"[1]。西方马克思主义学者总体上认为，发展中国家由于经济基础薄弱受到金融危机的影响会更大。[2]

以上专家学者的分析精辟而深刻。笔者想从具体层面谈点粗浅看法，当前的国际金融危机正在严重冲击世界各国，其中包括最为强势的经济体。金融危机的影响突出表现为经济增速急剧下滑，失业急速增长，贫富分化进一步加剧。

一 经济增速急剧下滑

国际金融危机导致世界经济急剧下滑。据国际货币基金组织有关统计，2008年第四季度全球经济降幅超过6%，发达国家经济降幅高达7.5%，全球工业生产平均降幅高达15%—20%，全球商品贸易降幅超过30%。2009年第一季度，全球经济、工业生产和贸易继续大幅度下滑，降幅与2008年第四季度相仿。

2010年前三个季度，随着各国刺激政策效应明显减弱，库存回补接近尾声，加上主权债务危机等新生不确定性因素的影响，世界经济增长持续减缓。

1. GDP增长下滑

发达国家GDP环比增长呈放缓之势。2010年第三季度，经济合作与发展组织（OECD）成员国总体GDP环比增速为0.6%，比第一季度回落0.2个百分点；美国2010年数据显示，第二季度美国经济增速明显低于2009年第四季度的5.6%和2010年第一季度的3.7%，也低于经济学家此前预期的2.5%。与此同时，美国经济增长主要受企业投资和出口提振，消费支出对

---

[1] Ramaa Vasudevan, Finance, Imperialism, and the Hegemony of the Dollar. Monthly Review.
[2] 郑吉伟：《评西方左派学者对欧美金融危机的认识》（http://www.cctb.net/topic/7thlt/digest/201011/t20101109_24584.htm）。

经济增长的贡献相对较小。① 美国 2010 年第三季度环比折年率增长 2.5%，回落 1.2 个百分点；日本 2010 年第三季度环比增长 0.9%，回落 0.7 个百分点，第四季度实际 GDP 较上一季度下滑 0.3%，换算成年率为下滑 1.1%，五个季度以来再次出现负增长。受环保车购车补贴制度结束、家电环保积分制度适用范围缩小等影响，政策提振效果明显减弱，个人消费急剧下滑。加之全球经济增速放缓导致出口低迷，日本经济陷入停滞状态。② 欧元区 2010 年第三季度 GDP 环比增长 0.4%，与第一季度持平，但比第二季度放缓 0.6 个百分点，欧洲各国 2011 年经济增速将降至 1.5%，德国银行协会宣称，由于全球经济增长刺激政策面临全面退出，预计德国 2011 年经济增长率将从今年的 2% 下滑至 1.5%。欧元区各国政府都在积极削减支出以控制财政预算赤字，但是这引起了全球金融市场的恐慌。2010 年 5 月以来，德国投资者的信心连连受挫。③ 英国 2010 年第三季度增长 0.8%，比 2010 年第一季度加快 0.4 个百分点，但比第二季度放缓 0.4 个百分点。主要发展中经济体 GDP 同比增速大多回落。2010 年第三季度，中国 GDP 同比增长 9.6%，比第一季度放缓 2.3 个百分点；巴西同比增速预计为 5.8%，放缓 3.2 个百分点；韩国、中国香港、中国台湾和马来西亚 GDP 同比分别增长 4.5%、5.8%、9.8% 和 5.3%，分别放缓 2.7、1.2、3.8 和 4.8 个百分点。此外，印度和印度尼西亚第三季度 GDP 同比分别增长 8.9% 和 5.8%，比第一季度小幅加快 0.3 和 0.1 个百分点。

2. 工业生产增长下滑

2010 年前三个季度，全球工业生产增长总体上在波动中持续减速。2010 年第一季度环比增长 3.2%，第二季度和第三季度分别放缓至 2.1% 和 0.6%。从月环比来看，增速从 1 月份的 1.5% 降至 9 月份的 -0.2%；反映工业生产发展趋势的 3 个月环比折年率增速则从 2 月份的 13.5% 降至 9 月份的 2.3%。中国工业生产增速急剧下滑。2010 年第二季度比第一季度，规模以上工业增加值环比增长年率估计为 9.3%。但 6 月比 3 月的工业环比增长

---

① 《美国经济增速继续放缓 "无就业复苏"成常态》（http：//finance. stockstar.com/SS2010080230030290. shtml）。

② 《日本经济 5 个季度来再现负增长 经济陷入停滞》（http：//www. chinanews. com/cj/2011/02-14/2841672. shtml）。

③ （欧洲）德国银行协会：《2011 年经济增速将降至 1.5%》（http：//finance. stockstar.com/IG2010072230004060. shtml）。

年率估计为 4.3%，相当于 GDP 环比增长年率约为 5.5%（假定其他产业正常增长）。工业同比增长率今年 1—2 月为 20.7%，到 6 月为 13.7%，也就是说，在 4—5 个月跌掉了 7 个百分点，工业下滑的速度直逼 2008 年下半年。[1]

3. 全球贸易增长下滑

2010 年前三个季度，全球贸易量增长总体上在波动中持续减速。第一季度环比增长 5.2%，第二季度和第三季度分别放缓至 3.2% 和 0.9%。从月环比来看，增速从 1 月份的 3.8% 降至 9 月份的 0.6%，4 月份和 7 月份同样为负增长，分别下降 1.6% 和 1.1%；反映贸易量趋势的 3 个月环比折年率增速则从 1 月份的 27% 降至 9 月份的 3.7%。

4. 全球 CPI 水平走低

尽管国际市场大商品价格明显上涨，但由于需求增长乏力，全球 CPI 水平在波动中走低：3 月份同比涨幅为 3.3%，为 2010 年前三个季度的最高点；9 月份回落至 3.1%，比 2008 年全年涨幅大幅度回落 5.6 个百分点。发达国家 4 月份 CPI 同比上涨 2.3%，为年内高点；10 月份回落到 1.9%，比 2008 年全年涨幅回落 2.4 个百分点。发展中国家 3 月份和 4 月份 CPI 同为上涨 4.9%，为年内高点；9 月份回落到 3.7%，比 2008 年全年涨幅大幅度回落 6.7 个百分点。[2]

二　失业急速增长

联合国国际劳工组织（ILO）2010 年 1 月 27 日发布的《2010 年全球就业趋势》报告显示，"受经济危机影响，2009 年全球失业率达 6.6%，失业者总数近 2.12 亿人，其中有 2700 万新增失业者。该组织预计，2010 年全球失业率仍将居高不下，世界经济正面临无就业增长型复苏"[3]。区域差距较大，美国失业率已攀升至 10.2%，为 26 年来最高水平，失业人数高达 1500 万人左右；欧元区失业率高达 9.8%，个别国家如西班牙高达 17%，并且就业岗位仍在减少；日本失业率超过 5%，为近十年来的高位；新兴市场和发展中国家就业压力依旧较大。

---

[1] 宋国青：《短期需求疲软引起经济增速下滑》（http://finance.sina.com.cn/g/20100725/19258359817.shtml）。

[2] 《世界经济复苏艰难增长速度持续减缓》（http://finance.stockstar.com/SS2010121130009904.shtml）。

[3] 《2009 年全球失业率达 6.6%》（http://www.ck100.com/zixun/201001/80561.html）。

联合国国际劳工组织秘书长胡安·索玛维亚称:"当今,刺激就业、抗击失业率已成为各国首要的政治问题。我们需要像拯救金融机构那样的坚定政策来提高就业,解决民生问题。"① 联合国国际劳工组织还建议,各国政府应采取创造就业和提高失业保障双管齐下的方案。

2010年,主要经济体失业率居高不下。美国失业率在波动中略有回落,2010年的最高点为4月份的9.9%,6月份和7月份一度降至9.5%,但11月份又回升至9.8%,接近2009年10月份10.1%的历史最高水平。"无就业复苏"已经成为本轮美国经济复苏的显著特征。美国经济咨商局首席经济学家范阿克表示,高失业率不可能在短期内迅速消失,增加就业才能使美国经济继续向前。

欧元区失业率逐步攀升,从2010年1月份的9.9%上升到10月份的10.1%,为1998年以来最高水平。2010年上半年日本失业率逐步攀升,从1月份的4.9%上升到6月份的5.3%;下半年在波动中略有回落,10月份为5.1%,仍处于历史较高水平。②

三 贫富分化进一步加剧

当前国际金融危机给穷人、穷国的打击更为深重。思想界有良知的政治家、学者发文呼吁关注金融危机中受损最严重的穷人及穷国,遏制贫富差距扩大,批判社会不公。

中国社会科学院世界经济与政治研究所谷源洋认为,金融危机和经济危机导致全球9000万人再度陷入赤贫困境,主要集中在发展中国家,"联合国千年发展目标"如期实现的可能性不大;发达国家仍通过各种途径向发展中国家转嫁危机,金融危机充分暴露了美国金融体系的"利润私人化、损失社会化、危机全球化"的弊端。

在回答德国《时代》周报记者关于危机后果的提问时,哈贝马斯指出,国际金融体系已经虚弱不堪,正面临一场世界金融危机。他忧心忡忡地说:"最让我担忧的,是骇人听闻的社会不公:制度失灵所产生的社会成本对最脆弱的社会群体的打击最为无情。普通大众本来就不是新自由主义主导的全

---

① 《2009年全球失业率达6.6%》(http://www.ck100.com/zixun/201001/80561.html)。
② 《世界经济复苏艰难增长速度持续减缓》(http://finance.stockstar.com/SS2010121130009904.shtml)。

球化的受益者，但是面对金融体系可预见的功能失灵给实体经济带来的后果，现在他们却被再次要求买单。而且这不像股票持有者那样以票面价值支付，而是以他们日常赖以生活的硬通货来支付。从全球范围来看，经济上最虚弱的国家也难逃这种被惩罚的命运。"①

巴西共产党分管国际关系问题的书记卡瓦略说："这次危机给劳动者和穷人造成了严重影响，是对资本主义的控诉。它形成的氛围有利于揭露资本主义制度的罪恶并提供另外一种选择。"②

联合国前秘书长安南认为，当前国际金融危机的全面影响还有待评估，但将包括全球经济放缓、贸易减少、贷款竞争加剧，以及投资者转向安全资产。公共支出和援助额度将面临更大的压力，二者都可能会减少。他强调"金融危机时莫忘穷人"，指出："当危机爆发时，最不应负责的人群受到的影响通常最严重，应对能力也最差。目前，全球政治的焦点是保护工业化国家的消费者和纳税人。但很快，穷人和穷国可能会为这场危机付出最沉重的代价，而这场危机并非由它们制造。"③

索罗斯也表达了他对新自由主义主导的资本主义世界的不公正的批评。他说："当前危机起源于美国，对周边国家的损害却更大，这表明了国际金融系统是如此不公平。"④

西方马克思主义学者指责美国政府不负责任，错失救市的最好时机。华尔街金融危机以来，美国政界、财界玩起了推手游戏。对于金融危机的责任，党派之间互相指责，政客和华尔街的金融寡头们想尽办法证明自己的清白。当雷曼兄弟岌岌可危时，美国政府认为不能用纳税人的钱拯救一家投资银行，因而坐视不管，结果导致第一块多米诺骨牌倒塌。当美国决策当局认识到问题极为严重，并决定使用财政、货币及其他政策全力应对危机时，美国经济实际已经进入负增长，已形成经济衰退、失业增加与偿付能力不足的恶性循环。⑤

---

① 《哈贝马斯谈新自由主义破产后的世界秩序》，赵光锐译，《国外理论动态》2009年第3期。
② 王建礼：《资本主义经济和金融危机与世界社会主义前景——2008年第十次世界共产党和工人党国际会议综述》，《国外社会科学》2009年第3期。
③ 安南：《金融危机时莫忘穷人》（http：//www.ftchinese.com/story/001023048）。
④ 索罗斯：《谁改变了金融游戏规则？》（http：//www.ftchinese.com/story/001024480?page=3）。
⑤ 谭扬芳：《新自由主义与国际金融危机——西方国家思想界的反思与评析》，《北京行政学院学报》2010年第4期。

第三节 西方马克思主义学者对金融危机的分析

西方马克思主义学者对金融危机的分析主要发表在一些左派杂志如《新左派评论》、《资本与阶级》、《每月评论》上。有的左派杂志专门呼吁理论界加强对欧美金融危机的研究。2009 年春,《资本与阶级》发表未署名文章《当前危机与社会主义者的反应》认为:"在这种形势下,马克思主义者具有特殊的使命:分析危机的原因和它的演变形式,对世界范围内的工人阶级的生活水平进行保护和建立它们之间的相互团结的战略进行讨论。"该杂志表示要"在分析危机并形成替代的战略中起着巨大的作用"[①]。一些著名的西方马克思主义学者出版著作对这次危机进行深入剖析,如约翰·伯南梅·福斯特(John Bellanmy Foster)和弗雷德·麦杰道夫(Fred Magdoff)在 2009 年年初出版了《大金融危机:原因及后果》一书。[②]

西方马克思主义学者普遍认为欧美资本主义金融危机的根源在于资本主义经济制度,但是,他们对这次危机的具体原因的分析又有不同的视角,有的从资本主义"金融化"的角度分析,有的从利润率下降规律的角度分析。

一 福斯特的"资本主义金融化"原因论

越来越多的西方马克思主义学者承认,当前资本主义经济活动的重心正在从传统产业部门(甚至从诸多的正在扩大中的服务业部门)转向金融部门,而这种从发达资本主义国家开始的转变正在随着新自由主义经济与政治主张在全球的散布而逐渐推进着金融化的垄断资本在全球的扩张。[③]

第一,福斯特对近年来美国的金融爆炸现象进行了分析,提出了"资本主义金融化"的观点。他认为,美国经济自"福特制"以来正经历着长期的停滞,这种停滞催生了美国金融业的大发展,而这种资本主义的日益金融化却内含着资本主义灭亡的危机。他认为,资本主义金融化——经济活动的重心从生产(以及甚至从不断增长的服务部门)转向金融——是我们时代的

---

① Anonymous, The current crisis and the response of socialists. Capital & Class.
② 参见 John Bellanmy Foster and Fred Magdoff, The Great Financial Crisis: Causes and Consequences, Monthly Review Press, 2009.
③ [美] 约翰·贝拉米·福斯特:《资本主义的金融化》,王年咏等译,《国外理论动态》2007 年第 7 期。

主要问题之一。① 在资本主义越来越"金融化"的条件下,金融动荡不仅会引起经济波动,而且容易诱发整个经济爆发危机。金融化虽然导致了资本主义经济体制的深刻变化,但由于生产中的积累这一根本问题不变,资本主义尚未进入全新的发展阶段,并且由于资本在实体领域的投资没能取得重大的进展,从而使当今资本主义世界"陷入了似乎永无止境的经济停滞和金融膨胀的循环中"②。

实体经济的停滞催生了金融业的发展,而金融业的快速膨胀又把资本从实体经济领域挤出,进一步侵占了实体经济的生存空间。理论上,福斯特并不孤单,罗宾·布莱克本(Robin Blackburn)与福斯特持相同观点,布莱克本也指出,"信贷危机就是金融化的危机——或者说是杠杆化、放松管制和'金融创新'的充满风险的'新世界'危机"③。

第二,《大金融危机:原因及后果》评论扫描。从西方马克思主义学者及刊物对福斯特和麦杰道夫的《大金融危机:原因及后果》的评价中,我们可以窥见其对金融危机的关注程度。

比尔·莫耶斯(Bill Moyers)指出,鉴于社会主义者对奥巴马的所有指控都来自喧嚣的普通议员,他认为是时候获悉一些真正的社会主义者如何评价垄断资本主义的危机。这本书微言大义(言简意赅)。

《出版家周刊》(Publishers Weekly)指出,福斯特和麦杰道夫及时、全面地分析了当前的金融危机,探索其根源和政府可能采取的根本措施。对于继续考察目前的债务危机,该书作出了有价值的贡献,值得我们充分注意。

《卫报》的经济编辑拉里·埃利奥特(Larry Elliot)指出,那些对马克思主义的观点感兴趣的人应该购买《大金融危机:原因及后果》,这是一本有吸引力的读物。

《挑战》杂志的迈克尔·米洛普(Michael Meeropol)指出:"我希望经济界人士、一些需要例行公事地为公众解释经济学的记者,甚至(我们才有希望?)一些不怕考虑以前认为是不可想象的(即激进的左派对美国的经济和经济政策有一些有用的看法)政府官员,将拥有这本书并被吸引。在我们

---

① John Bellamy Foster , The Financialization of Capitalism. Monthly Review.
② [美] 约翰·贝拉米·福斯特:《资本主义的金融化》,王年咏等译,《国外理论动态》2007年第7期。
③ 郑吉伟:《评西方左派学者对欧美金融危机的认识》(http://www.cctb.net/topic/7thlt/digest/201011/t20101109_ 24584. htm)。

危险的时候,我们忽略了这本书和其他意见分歧的经济学家的论据。"

《晨星》(Morning Star)指出,左翼的挑战在于用通俗的表达方式区分资本主义在困境中的表象与资本主义固有的本质。对那些企图作出这种区分的人,《大金融危机:原因及后果》可谓一有用的利器。

耶鲁大学的伊曼纽尔·沃勒斯坦(Immanuel Wallerstein)认为,每个人最终都会明白,我们正处于一个大金融危机中。但是福斯特和麦杰道夫已经看到这种危机已经来了一段时间。如果你希望看到对我们债务危机的现状有个明确和有说服力的解释,以及可能对此采取什么措施,《大金融危机:原因及后果》值得一读。

美国大学经济学教授罗宾·汉内尔(Robin Hahnel)指出,对于那些想从80年来,美国和全球资本主义所面临的危机中辨别出最严重的危机来的人们,《大金融危机:原因及后果》是非常有用的。如今很少有人既能够洞见现代金融系统从可预见的美国房地产泡沫的破灭演变成了全面金融危机的全部细节,又能够有历史的纵深感,从凯恩斯、汉森、斯坦德尔、卡莱茨基、明斯基、加尔布雷恩、当然还有马克思、斯威齐、哈里格多夫的著作中探寻金融危机的起源。由于作者能够动用自己牵头的、有优秀覆盖面的《每月评论》杂志的数页版面讨论危机,否则,这本宝贵的书不可能这么快就面世了。

邓肯·弗利(Duncan K. Foley)指出,2008年的金融经济崩溃的原因部分归于金融机构、监管机构,或政策的制定者的失误,而这种失误是容易矫正的。如果我们当中有人不满足于这种分析,那么可以从《大金融危机:原因及后果》中获益匪浅。福斯特和麦杰道夫继承了保罗·斯威齐、保罗·巴兰、哈里格多夫的思想,他们认为,美国资本主义长期停滞的趋势的结构性问题根源于对企业投资的不足,以及导致的增长缓慢,劳动力失业和资本的低利用。本书认为,过度的金融化和收入分配不平等的扩大本身是实体经济停滞的间接影响。作者冷静清晰地解释了为什么这场危机的根源可能深化,使用传统的政策措施对付危机为什么变得困难。

诺米·普林斯(Nomi Prins)指出,大部分最新的经济危机分析"只限于对房地产泡沫和萧条的解释"。在《大金融危机:原因及后果》中,福斯特和麦杰道夫从更广的角度,对资本主义体制失控呈现出了一种严谨的、很有历史感和前瞻性的观点。福斯特和麦杰道夫通过复杂的细节,把住房债务和投机泡沫放在一个资本的金融化加速时期的背景下,雄辩地解释清楚了为什么以人为本，或者社会主义是走出危机，稳定经济发展的最合乎逻辑的道路。

马萨诸塞州大学波士顿分校的托马斯·弗格森（Thomas Ferguson）在《黄金法则：政党竞争的投资理论和货币逻辑驱动的政治制度》中指出，福斯特和麦杰道夫对危机的分析可读性极强，值得引起密切的和广泛的关注。他们对消费者债务负担的分析，对听累了我们是怎样进行消费狂欢的每一个人是完美的解毒剂，其对危机的根源富有历史感的讨论具有创新性和煽动性。

柏林自由大学的阿尔特瓦特（Elmar Altvater）指出，福斯特和麦杰道夫出版的《大金融危机：原因及后果》，是效仿马克思的著作和其他马克思主义的政治经济学家，例如：保罗·M. 斯威齐和哈里格多夫的著作实用性的典型例子，便于更好地把握金融风暴的动态和矛盾以及它对社会冲突的影响。灾难性的现代金融危机不能被理解为金融界的一个可修正错误的结果。这使金融化的垄断资本的现实积累过程元气大伤。

科罗拉多州立大学的拉马·瓦苏德万（Ramaa Vasudevan）指出，福斯特和麦杰道夫的新书介绍了目前金融危机的历史渊源和结构性根源，其分析是辛辣的、富有启发性的。作者认为，集中爆发是垄断金融资本诸矛盾发展的合乎逻辑的结果，这些矛盾反映在已经主宰了近几十年来美国经济发展的金融化和停滞化的双重过程中。

马萨诸塞州大学政治经济研究所经济学教授罗伯特·波林（Robert Pollin）指出，2007—2008年的金融危机，更确切地说会波及2009年甚至更远，是现代新自由主义资本主义的巨大灾难之一。但是，过去几年在《每月评论》中读过约翰·福斯特和弗雷德·麦杰道夫著作的读者应该不会惊讶。在一系列便于获取并有说服力的文章中，他们一直都在解释危机产生的原因和后果。《大金融危机：原因及后果》使他们的思想集中在一起。对于寻求理解和改变我们今天生活的世界的任何人，《大金融危机：原因及后果》都是扣人心弦的读物。

二 哈曼的"资本主义的经济制度"原因论

关于金融危机的原因，西方马克思主义学者与西方主流观点明显存在着差异。西方主流的观点从金融市场的运作来解释欧美金融危机，因此将危机的根本原因归于银行家和投机者。西方马克思主义学者认为这些将欧美金融危机归为金融家的错误只是看到表面现象，并没有看到这次危机的深层原因在于资本主义的经济制度。

第一，克里斯·哈曼（Chris Harman）运用利润率下降规律来解释经济危机。他详细考察了自第二次世界大战以来欧美国家公司利润率的趋势。利润率从20世纪60年代末到80年代初是下降的。哈曼认为，近些年，"官方所使用的新自由主义的幌子，并不能阻碍国家资本主义在实际政府政策中发挥持续有力的影响"。本来通过"危机进行重组"的周期性过程受到一定的抑制，"这里仍然有很多通过国家干预力挺巨型公司或对银行系统施压以支持企业的例子"。"每一次由经济、社会和政治不稳定的恐慌所引起的救援行动，都阻止了利用危机从制度中清除无竞争力的资本。"由于资本主义的利润率下降，"目前，这个制度或许并没有进入永久性危机，但是它处在不能逃脱不断重复出现的危机的阶段"①。

对于运用利润率下降规律来解释经济危机，也有一些左派学者提出质疑。首先，一些左派学者对"利润率下降规律"本身提出疑问。安德鲁·克里曼（Andrew Kliman）认为，有一个利润率的周期性运动，并由重组中强烈的危机所打断，不是不可避免地长期下降。所以，马克思的规律应该称为"利润率下降的趋势及其相反趋势的规律"②。

其次，一些左派学者对近年来欧美国家的利润率发展态势提出相反的观点。2008年6月，莫斯利提出的看法与哈曼的观点存在"不一致的地方"，"我认为美国经济中的利润率有一个巨大的复苏，尽管不是完全复苏"。如果我们加上国外利润和高级管理人员的薪水，这个复苏会更大。"哈曼对利润数据进行的批判并不适用于'国民收入与产品核算表'（Nipa）的估计，因为这些估计都是建立在实际利润基础上的，忽视了资本的收益与损失。"③

第二，《僵尸资本主义：全球危机与马克思的相关理论》从资本主义制度层面深入分析了金融危机的原因。2009年，哈曼出版了一本重要著作——《僵尸资本主义：全球危机与马克思的相关理论》，对当前世界金融危机的原因从资本主义制度层面进行了深入分析。哈曼认为："仅仅指责银行家的贪婪和短视并不能解释他们如何轻而易举地得到他们下赌注的资金。"欧美国家只有通过金融泡沫才能阻止衰退的产生，"这意味着，这个制度总体上存

---

① Chris Harman, The rate of profit and the world today. International Socialism.

② Andrew Kliman, Reclaiming Marx's "Capital": A Refutation of the Myth of Inconsistency. Lexington, 2007.

③ Fred Moseley, Some notes on the crunch and the crisis. International Socialism.

在一个危机，它不可能通过规范金融家来解决"①。哈曼指出，危机是资本主义积累规律的必然结果，通过对金融部门更强的监管或者调整实体经济与金融部门之间的关系并不能避免危机的发生。哈曼指出，那些尚未打破资本主义意识形态禁锢的人必须努力打破它的束缚，他们把危机归因于外在的东西，而不是资本主义制度本身。他们只在自由市场经济和国家干预之间选来选去。20世纪30年代的大萧条表现为自由市场经济的危机，他们转向采用各种形式的国家主义干预措施；当20世纪70年代的全球危机表现为国家干预的危机时，他们又转而求助于自由市场经济。而且，当苏联解体、东欧剧变时，他们认为是国家干预的资本主义的进一步破产，进而强调实行更加自由化的政策。现在，他们又转向国家主义。

《僵尸资本主义：全球危机与马克思的相关理论》一书的最大优点就是哈曼并没有这样分析问题和解决问题。他把危机的原因归结于资本主义制度本身。与华而不实的结论不同的是，哈曼的结论是通过对资本主义制度的分析得出的。在分析过去90年间世界经济发展轨迹与兴衰变迁时，他分析的原始对象是资本主义制度本身，而不是某一特定的制度安排或财产组织形式。换句话说，在哈曼看来，制度不能简化为某一特定的制度安排或法律形式。特定的制度安排或法律形式会不停地变动，因时因地而异。但是，在各种各样的变动之中，资本主义的目标和进程是恒久不变的，这就是：资本积累的冲动；系统性的规律的运作，尤其是马克思所说的"价值规律"和"劳动价值论"；以及资本主义国家之间的市场竞争（和军备竞赛），它促使每一个单个资本都增加资本积累，遵从经济规律，否则就会被淘汰出局。所有这一切的结果，迫使他们采用更能节省劳动的技术创新以降低成本和价格，使利润率呈现下降趋势，由此经济危机和经济衰退周而复始地出现。②

哈曼通过认真研究马克思的"商品拜物教"理论，把资本主义的特征定义为停滞性和垂死性。资本主义表现为庞大的商品堆积，在这样的社会制度里，那些由工人生产的物品却已经摆脱了工人的控制并逐渐成为控制工人的力量。资本是异化了的劳动产品，它唯一的目的就是实现自身的增殖。"自身"这个词至关重要。那种认为资本的唯一目的是实现自身增殖的主张与那

---

① Chris Harman, From the credit crunch to the spectre of global crisis. International socialism.
② 《从资本主义制度层面探究世界金融危机的根源——介绍克里斯·哈曼新著〈僵尸资本主义〉》，《国外理论动态》2010年第2期。

种认为资本的唯一目的是"使拥有它的资本家更富有"的主张截然不同。后者认为,"他们(资本家)自己……受制于一种制度,这种制度不断追求自己想要的东西而不顾每个人的感受"。价值规律的作用促使他们尽可能多地剥削工人,否则,会使他们的成本增加,市场竞争力下降,甚至无利可图。而且,资本主义自身的动力机制会把世界抛向一种境遇——几乎没有一个心智正常的人愿意生活在这样的境遇里。这种境遇的一个例子就是世界气候的恶化;另一个例子就是当前危机,它不仅伤害了劳动者,而且极大地损害了大资本家。资本家所遭受的损失或者破产甚至是政府有意决策的结果。正如《国际社会主义》杂志安德鲁·克莱曼(Andrew Kliman)所阐述的那样,美国政府阻止了贝尔斯登、房利美、房地美等公司破产以后,却使得股东们被彻底毁灭。这些事件表明,政府不仅干预了私人利益的领域,而且正在干预这个制度本身。这样一种偏离人们利益的经济制度清楚地表明,这个制度注定要死亡,并被一种更高级的社会秩序所代替。[①]

第四节　重温马克思的观点

马克思关于金融垄断资本主义并没有改变资本追逐利润的本性,资本家从事资本主义经营的目的就是追逐利润;在资本主义条件下,利润率有一种越来越降低的趋势;虚拟经济、虚拟资本的过分膨胀、过分扩张,其要害问题就是现实买卖的扩大远远超过社会的需要等观点对于我们当前分析国际金融危机仍然具有指导意义。

一　资本追逐利润的本性

金融垄断资本主义并没有改变资本追逐利润的本性,资本家从事资本主义经营的目的就是追逐利润,或者说赚钱发财。他们总是力图用最小的资本取得最大限度的利润。为了揭露资本家对利润的贪欲,马克思在《资本论》注释中曾引用过这样一段话,"资本害怕没有利润或利润太少,就像自然界害怕真空一样。一旦有适当的利润,资本家就胆大起来。如果有10%的利润,它就保证到处被使用;有20%的利润,就活泼起来;有50%的利润,

---

[①] 《从资本主义制度层面探究世界金融危机的根源——介绍克里斯·哈曼新著〈僵尸资本主义〉》,《国外理论动态》2010年第2期。

它铤而走险；为了100%的利润，它敢践踏一切人间法律；有300%的利润，它就敢犯任何罪行，甚至冒绞首的危险"①。竞争产生的压力驱使每一个资本家只能进行扩张，否则死路一条。

二 利润率有一种越来越降低的趋势

利润率的高低主要取决于下列一些因素：剩余价值率的高低；资本有机构成的高低；生产资料即不变资本的节省；资本周转的速度；等等。在资本主义制度下，利润率有一种越来越降低的趋势。这是因为，随着资本主义大工业的发展，资本的有机构成是不断提高的，这种提高必然要引起利润率的下降。与此同时，存在阻碍和延缓利润率下降的因素：资本家加强对工人的剥削；由于劳动生产率的提高，机器、设备、原料等生产资料的价值也在不断地下降；资本主义国家通过对外贸易的不等价交换；等等。因此，马克思说："造成利润下降趋势的同一些原因，在这里又会产生一种和这种趋势相反的对抗力量，或多或少地抵消这种趋势的作用。"② 尽管利润率有逐渐下降的趋势，但这绝不等于说资本家所获得的利润量越来越少，更不等于说工人的处境可以越来越得到改善。实际情况是，在新自由主义主导下的金融垄断资本主义阶段，由于投机因素和股市泡沫推动，股票价格飙升，增加了股民对股票价格将提供丰厚收益的预期，同时，股市的表面繁荣大大刺激了美国公司证券投资。其结果是收入中越来越大的部分向利润转移，收入的不平等急剧扩大，转移到处于美国收入金字塔顶端的那部分人手中的收入在总收入中所占的比例越来越大。这个阶层把花不完的巨额财产储蓄起来，机构投资基金和个人投资基金不断增长，将其大部分投资基金都用于购买股票。③ 股市泡沫创造出一种对经济未来极为乐观的氛围，引发家庭消费热潮，鼓励大多数人的借贷和消费行为，尽管他们并没有从股价上升中受益。在新自由主义夸耀的90年代扩张期之末，尽管各阶层家庭债务都增加了，但低收入阶层和中等收入阶层的家庭债务负担远远重于富人的债务负担。可见，从工资降低中获得的利润率上升对资本积累率具有两面性，在刺激资本家投资和扩张的同时，又产生因工资降低出现对产品需求不足的问题，从而为生产过剩

---

① 马克思：《资本论》第1卷，人民出版社1975年版，第829页注250。
② 马克思：《资本论》第3卷，人民出版社1975年版，第263—264页。
③ [美]大卫·科茨：《新自由主义和20世纪90年代美国的经济扩张》，徐洋译，参见李其庆主编《全球化与新自由主义》，广西师范大学出版社2003年版，第186页。

危机埋下隐患。正是由于利润率倾向下降的规律的作用,使资本对雇佣劳动的剥削日益加强,并使资本主义社会所固有的对抗性矛盾日益尖锐。当然,正如马克思所说:"必然有某些反作用的影响在发生作用来阻挠和抵消这个一般规律的作用使它只有趋势的性质,因此,我们也就把一般利润率的下降叫作趋向下降。"①

三 虚拟经济、虚拟资本的过分膨胀和过分扩张

马克思在《资本论》中揭示的"金融资本、虚拟资本走向过分膨胀的泡沫化倾向,是其发展过程中的必然趋势;其泡沫的破灭则导致金融危机,及至普遍危机"。马克思指出,虚拟经济、虚拟资本运动的显著特点和发展趋势,就是日趋走向扩大化、膨胀化、泡沫化,数量成倍于实体经济、产业资本,造成的必然后果是现实买卖的扩大远远超过了社会需要的限度。马克思把形形色色的虚拟资本,看成是必然会吹起来的肥皂泡:"只要这种贬值不表示生产以及铁路和运河运输的实际停滞,不表示已开始经营的企业的停闭,不表示资本在毫无价值的企业上的白白浪费,一个国家就决不会因为名义倾向资本这种肥皂泡的破裂而减少分文。所有这些证券实际上都只是代表已积累的对于未来生产的索取权或权利证书,它们的货币价值或资本价值,或者像国债那样不代表任何资本,或者完全不决定于它们所代表的现实资本的价值。在一切进行资本主义生产的国家,巨额的所谓生息资本或货币资本(moneyde capital)都采取这种形式。货币资本的积累,大部分不外是对生产的索取权的积累,是这种索取权的市场价格即幻想资本价值的积累。"② 虚拟资本的发展趋势,就是脱离现实的成倍增长日益虚拟化、扩大化、膨胀化、泡沫化。"随着生息资本和信用制度的发展,一切资本好像都会增加一倍,有时甚至增加两倍,因为有各种方式使用同一资本,甚至同一债权在不同的人手里以不同的形式出现。这种货币资本的最大部分纯粹是虚拟的。"③

这种虚拟资本的发展趋势特点,不仅是日益扩大,惊人的扩大,而且几乎是无限扩大:"由这种所有权证书的价格变动而造成的盈亏,以及这种证书在铁路大王等人手里的集中,就其本质来说,越来越成为赌博的结果。赌

---

① 马克思:《资本论》第3卷,人民出版社1975年版,第258页。
② 同上书,第531—532页。
③ 同上书,第533页。

博已经代替劳动，并且也代替了直接的暴力，而表现为夺取资本财产的原始方法。这种想象的货币财产，不仅构成私人货币财产的很大的部分，并且正如我们讲过的，也构成银行家资本的很大部分。为了尽快地解决问题，我们不妨把货币资本的积累，理解为银行家（职业贷款人）手中的，即私人货币资本家和国家、团体以及从事再生产的借款人之间的中介人手中的财富的积累，因为整个信用制度的惊人的扩大，总之，全部信用，都被他们当作自己的私有资本来利用。"①

最后，马克思一针见血地指出，虚拟经济、虚拟资本、过分膨胀、过分扩张、过分疯长、要害问题，症结所在就是这种现实买卖的扩大远远超过社会需要的胀度。

既然在信用经济普遍发展的发达资本主义经济中，资本化、证券化、膨胀化、泡沫化的趋势不可避免，那么信用中断、造成危机同样不可避免："在再生产过程的全部联系都是以信用为基础的生产制度中，只要信用突然停止，只有现金支付才有效，危机显然就会发生，对支付手段的激烈追求必然会出现。"所以，乍看起来，好像整个危机只表现为信用危机和货币危机。而且，事实上问题只是在于汇票能否兑换为货币。但是这种汇票多数是代表现实买卖的，而这种现实买卖的扩大远远超过社会需要的限度这一事实，归根结底是整个危机的基础。

以美国为例，金融业打着金融创新旗号，炮制了种种金融衍生品，据说有1500种之多，每种金融衍生品背后都有巨大利益的巨大风险，例如，他们推出的金融衍生品 CDS（credit default swap，意思是信用违约掉期合约）2008年市值达50万亿美元。CDS不仅是导致雷曼兄弟破产的直接杀手，还是金融海啸从美国波及欧洲乃至全球的一个重要助推器：那些和雷曼兄弟签订了CDS合约的对家，包括全球几百家银行、基金公司以及保险公司等，在雷曼兄弟破产后的最初阶段需要面临高达60亿—80亿美元的赔付。雷曼等投资银行破产导致华尔街金融危机，投资者对未来经济增长担忧影响了全球投资者信心，金融市场人人自危，互不信任，流动性迅速萎缩乃至囤积现金，投资者抛售投资的金融产品，世界上其他国家也爆发金融危机。②

---

① 马克思：《资本论》第3卷，人民出版社1975年版，第541页。
② 谭扬芳：《新自由主义的困境与马克思的观点——当前国际金融危机根源探析》，《四川大学学报》（哲学社会科学版）2009年第3期。

第二章　美国主权信用危机[①]

美国当地时间2011年8月5日晚间，美国三大评级公司[②]之一的标准普尔公司（以下简称标普）宣布下调美国主权信用评级AAA至AA+，评级展望为负面。其理由是美国政府与国会达成的债务上限协议，缺少标普所预期的举措以维持中期债务稳定。美国近百年来首次失去AAA评级是全球金融市场的一件大事。利空消息引起全球金融市场震动，导致世界各大股市下跌。美国主权信用降级说明了什么？其发展趋势及影响如何？我们该怎么办？本书试图探讨这些问题。

第一节　美国主权信用降级的性质

一　标普为什么给美国主权信用降级

其原因来自两个方面：被评客体美国方面，债台高筑，其未来的违约风险确实在上升。标普指出，鉴于美国负债14.3万亿美元和未来的赤字情况，不再有理由维持对美国作出的最高评级。同时，美国的政治环境使美国能否立即就减少赤字达成协议的前景不明朗。事实上，评级机构是在批评美国提高联邦债务上限过程的混乱，质疑美国政治体系是否有能力就棘手的预算与债务问题作出决策。标普认为，美国国会和政府最近达成一致的预算协议，不足以稳定美国政府中期债务局面。在财政状况的挑战日益加剧之际，美国

[①] 本章是根据2011年9月8日在中国社会科学院当代理论思潮研究中心和《中国社会科学院要报》编辑部举行的"美国主权信用降级—美国金融危机发展趋势座谈会"上的发言稿扩写的。

[②] 标准普尔（S&P）：1860年在美国创建，总部位于纽约，标准普尔为投资者提供信用评级、独立分析研究、投资咨询等服务；穆迪（Moody）：1909年在美国创建，总部位于纽约，目前在全球有800名分析专家，在17个国家和地区设有机构；惠誉国际（Fitch Ratings）：1913年在美国创建，目前两个总部分别位于纽约和伦敦，是唯一的欧资国际评级机构，公司97%的股权由法国FIMALAC公司控制；在全球范围内设有51个办公机构。

决策和政治机构的有效性、稳定性和可预测性减弱。尽管美国总统奥巴马于2011年8月2日才签署了提高美国债务上限和削减政府开支的法案，决定在未来十年内削减政府开支 2.1 万亿—2.4 万亿美元，但这一目标与标普之前预期的 4 万亿美元相差甚远。

评价主体标普方面，是世界权威的信用评级机构，实行公司化运营。它必须是公正的，且具有公信力的，如果自身因为某些原因而有失偏颇的话，国际各个方面将不再信任这个公司所出具的任何信用评级，那么它再也将难以生存。从长远角度来说，给美国降级，还可以避免美国发生更大的金融灾难。

二 美国怎么看其主权信用评级被降

美国白宫回应称，标普对美国主权信用评级下降的分析报告中存在"严重且根本性的错误"①。美国财政部发言人表示，标普的评估中有 2 万亿美元的错误，"一份有着 2 万亿美元错误评估的决定显然是错误的"②。

美国舆论将标普的此次降级行动形容为是"出乎意料"的。《华尔街日报》分析指出，在一个健康的股市，投资者不需要关心政府行为，关心的应该是自己所购买股票的公司实力是否雄厚。可笑的是，现在美股和美国经济都依赖于政府支持。这次美股暴跌的根源，就是人们担心政府不能控制局势。

美国堪萨斯州资产管理公司行政总裁赫尔曼认为，人们质疑美国经济还有多少前进的动力，所以现在的问题是美联储还能做些什么，或者是美国经济是否正在走向更加可怕的衰退。

美国总统奥巴马 2011 年 8 月 8 日就标普下调美国债务信用评级发表讲话时表示，"美国将永远是 3A 国家主权评级"，"无论一些评级机构说什么，美国一直而且将始终是 3A 国家"。"市场依然确认我们的信用是世界上最安全的，我们面临的挑战是需要解决长期的赤字。"奥巴马还引用了世界知名投资者沃伦·巴菲特的观点："如果有 4A 级，我会把它给美国。"③但奥巴马的讲话对股市并未产生效果，道琼斯工业平均指数当日下跌 635 点，为

---

① 《美主权信用评级首次被降》，《北京晚报》2011 年 8 月 6 日。
② 同上。
③ 《金融在线》（http://www.finance-ol.com/2011/08/obama-america-will-always-3a-state-sovereign-rating/）。

2008年经济危机以来最大跌幅。

就在2011年8月5日,美国信用评级被降的当天,美国财政部前副部长罗杰·奥特曼还在《英国金融时报》发文说,"美国信用评级不应被下调",其理由是"一向微乎其微的违约风险如今已经消除"。当今世上,一共有17个国家拥有AAA评级,美国国债比其他16个国家更可靠。①

国际货币基金组织前首席经济学家、哈佛大学教授肯尼思·罗戈夫认为,真正的问题在于灾难性的负债:它不仅涉及全球经济,而且其唯一的解决方式是通过不付款、金融压制或通货膨胀等手段,在债权人与债务人之间建立起财富转移机制。②

三 中国以及国际社会怎么看美国主权信用评级被降

2011年8月9日,温家宝主持召开国务院常务会议,分析当前国际金融形势及其影响,研究制定应对措施,对美国主权信用评级被下调作出官方回应。会议指出,当前国际金融市场出现急剧动荡,世界经济复苏的不确定性、不稳定性上升。③

大公国际资信评估有限公司总裁关建中认为,下调美国信用评级在目前看来,对市场的影响主要是心理上的。这种心理影响迅疾传递到股市。④

中金公司的最新报告则表示,未来很长一段时间内,美国国债仍是不可取代的避险资产和吸收发展中国家巨额贸易顺差的工具,且其地位还会因为欧债危机的逐渐恶化而上升。⑤

国务院参事夏斌认为,美债危机潜藏中国机遇。美国国债违约应当视为小概率事件,因此不必在这一点上过于担忧。若真违约,不仅会对全球金融市场带来大动荡,而且会直接使美国金融体系陷入"巨大的混乱",国债及与此挂钩的一系列金融工具利率上升,民众的房贷、车贷利率增加,直接抵

---

① [美]罗杰·奥特曼:《美国信用评级不应被下调》,《英国金融时报》2011年8月5日(http://www.ftchinese.com/story/001039973)。
② 《美国这场危机不只是衰退》,法国《回声报》2011年8月4日。
③ 温家宝主持召开国务院常务会议,分析当前国际金融形势研究制定应对措施,《大理日报》2011年8月10日。
④ 《美欧国债震荡波 美债风波再逼中国汇率》(http://finance.eastmoney.com/news/1351,20110814155834824.html)。
⑤ 同上。

消并严重损害正艰难复苏中的美国经济与就业。①

中国人民银行行长周小川称，美国国债是全球债券市场最主要的投资与交易品种，美国国债市场的大幅度波动和不确定性将影响国际货币金融体系稳定，拖累全球经济复苏。②

中国社会科学院副院长李慎明认为，更大的金融灾难可能还在后头。2008年9月由美国次贷危机蔓延至全球的国际金融危机，已给世界各国人民造成巨大灾难并且尚未见底。从这次国际金融危机爆发开始直到21世纪前二三十年乃至上半个世纪的世界格局，都可能处于一种激烈动荡甚至跳跃的状态，这是世界各种各类重大矛盾累积冲突的必然结果。持有美国债务及其各种衍生品和储备美元的所有国家，都应该高度警惕。③

欧元集团主席、卢森堡首相容克（Jean–Claude Juncker）称，美国评级遭下调将损害全世界。世界其他经济体将无法避免受到影响，尤其是欧元区更是如此。④

瑞士信贷集团（CSGN）驻新加坡的澳大利亚和新西兰利率策略部门负责人贾罗德–克尔（Jarrod Kerr）称："标普下调美国信用评级令市场感到震惊，尤其是股票市场，我们已在这一市场上看到了一场纯粹的'血腥大屠杀'。"⑤

英国《独立报》评论认为，世界上的每一个银行、国库、退休基金几乎都购买美国国债。即使稍稍降级，也将影响地球上的每一个人。这意味着美国人购买韩国电视、德国汽车、中国玩具、苏格兰威士忌和其他产品的能力下降。美国作为达到"最终消费者"的角色将渐行渐止，反过来意味着其他国家的增长放缓。大宗商品市场也会因此而出现波动。⑥

韩国《每日经济》说，这是1941年以来世界评级史上影响最大的事件，

---

① 夏斌：《美债危机潜藏中国机遇》，《财经》2011年8月1日。
② 周小川：《我国外储管理将继续坚持多元化投资原则》（http://news.xinhuanet.com/fortune/2011–08/03/c_121761371.htm）。
③ 李慎明：《更大金融灾难可能还在后头》，《环球时报》2011年8月15日。
④ 欧元集团主席容克：《美国评级遭下调将损害全世界》（http://finance.sina.com.cn/stock/usstock/c/20110802/043510243763.shtml）。
⑤ 《标普下调美国评级促全球债券市场价值创历史新高》（http://stock.eastmoney.com/news/1406,20110809154708311.html）。
⑥ 《如何看待美国主权信用降级？》，《英国金融时报》2011年8月8日（http://www.ftchinese.com/story/001040013）。

很可能发生美国国债价格猛跌、美元持续贬值、全球股市下降等全球性冲击波。①

第二节 美国主权信用降级的影响

美国信用评级下调对美国乃至世界经济和金融市场的影响是多方面的。在美国主权信用降级之前,伴随着欧债危机升温、美债危机的持续发酵,进入 2011 年 8 月份以来,全球股市一片惨淡,国际油价领衔大宗商品暴跌。仅 8 月的第一周,亚洲股市的市值便跌去十分之一。显然,全球经济的缓慢衰退已是趋势所在,中国也难以独善其身。

一 对美国的影响

其负面影响是将可能导致美国融资成本上升。评级下调可能导致美国国债收益率上升,美国政府每年将支付更多的利息开支。摩根大通(JPM)表示,标普的举动将会损害美国经济,因为失去 AAA 评级将会令融资(抵押贷款、汽车贷款和其他借贷)成本上升。摩根大通预计,降级将会令美国一年的融资成本上升 1000 亿美元。② 美国总统奥巴马曾对国民解释,评级下降意味着美国国内房屋抵押贷款和信用卡等各种金融产品的利率升高,这等于每个美国人都被迫加税。

诺贝尔经济学奖获得者克鲁格曼(Paul Krugman)于 2011 年 8 月 25 日在《纽约时报》撰文指出,扩张性货币政策或引发政治矛盾。政治反对已大幅度削弱财政政策的效力;联邦政府没有帮助创造就业岗位,反而在拖后腿,成为生产和就业的阻碍。由于美联储也受到威胁而无所作为,人们很难看到目前经济灾难的结束。③

其有利影响是为美国金融资本家趁机打劫全球金融市场创造了机会。美国信用降级引起了国际金融市场的大地震,这正好可以为操控虚拟经济的顶

---

① 《美债危机引发全球股市暴跌 我们的钱该如何保值》,《重庆晚报》2011 年 8 月 9 日,又见 http://finance.ifeng.com/money/wealth/consume/20110809/4368719.shtml。

② 《摩根大通:降级将会令美国一年的融资成本上升 1000 亿美元》(http://finance.qq.com/a/20110808/002441.htm)。

③ 《纽约时报》(http://www.nytimes.com/2011/08/26/opinion/bernankes-perry-problem.html?_r=1)。

级高手和具有影响全球股市能量的美国金融资本趁机进场制造难得机会。在经济全球化甚至可以叫做金融全球化的今天，美国如同是全球金融之心脏，几乎世界各国、各个城市都布满美国吞吸其血液的大小血管。股市、期货、汇率、国际大宗商品等的价格总会涨涨落落，因为水位落差愈大，发电所得能量便愈多。而背后的关键，是美国垄断大资本的操纵。金融资本家通过各种金融衍生品把其盘剥的触角伸往世界各个角落直至家庭直接攫取金钱。①全球股市暴跌，但财富不会无故湮没。逃离亚太等新兴经济体地区股市的巨额资金只会再次乾坤大挪移到美欧发达国家。其中一部分资金在无其他选择之下，唯有投资到相对安全的美国资产上。2011年8月8日，全球股票市场大幅度下挫，导致全球股票价值一天蒸发了大约2.5万亿美元，从而将2011年7月26日以来的总损失提高到了7.8万亿美元。这7.8万亿美元无疑主要是悄悄被"那些干金融勾当的'天才'拿去了"②。

另一部分逃离股市的资金投资到黄金一类贵金属上，致使开采成本不到400美元一盎司的黄金到2011年8月中旬冲破1900美元一盎司。由于美国手中持有全球60%以上的黄金储备，黄金价格飙涨的最大受益者是美国。以原油为首的国际大宗商品价格暴跌，2011年8月8日，原油期货跌幅达6.4%。③这将有效调降原油输入大国美国的输入型通胀和消费者物价指数，而消费者购买力的提高，可以为美联储继续推出第三轮量化货币宽松政策扫除部分障碍。

二　对信用降级的担忧波及多国

2011年8月，"降级"成了一个敏感词，美国降级引起了市场对其他较弱的AAA级国家的担心。8月10日，欧元区核心成员国法国的第二大银行法兴银行暴跌14.74%。④市场有关法国将失去AAA主权信贷评级的消息传得沸沸扬扬。布朗兄弟哈里曼银行（BBH）在最新出炉的研究报告中，也将法国、比利时、英国和日本列为降级风险最大的国家。BBH主权评级专家

---

① 李慎明：《更大金融灾难可能还在后头》，《环球时报》2011年8月15日。
② 同上。
③ 《欧美股市受挫，全球大宗商品价格跟风回落》（http://www.qianzhan.com/detail/86/20110820-04f74e00149a4589/1.html）。
④ 《法兴银行破产传言震动欧洲》（http://www.cs.com.cn/hw/04_1/201108/t20110811_3005377.html）。

温·辛在给客户的报告中写道,从多数指标来看,法国的信用都低于美国,法国已经滑入 AA+/Aa1/AA+ 区域。近期评级机构因部分法国银行严重的希腊敞口而下调其评级,可能是警告,此后主权信用将会面临压力。

加拿大皇家银行资本市场(RBC Capital Markets)的一位战略分析师认为,法国的金融机构持有大量希腊等国问题债券,令法国金融系统充满不稳定性;而法国 5 年期 CDS(信用违约掉期)价格也已升至创纪录新高;在标普评定的 17 个 AAA 级国家中,法国负债率最高,财政赤字居高不下。[1]

标普主权评级委员会主席约翰·钱伯斯在 2011 年 8 月 8 日同投资者举行的电话会议中称,当前法国的一些财政指标比美国更加脆弱一些,特别是债务水平。事实上,2011 年 8 月 8 日法国主权债务违约成本升至新高。当地时间 8 日晚些时候,法国的 5 年期 CDS 从原先的 160 基点,跃升 15.5,创历史新高。这意味着,法国债券的每 1000 万欧元风险敞口,每年将增加 16 万欧元的保险成本。

法国经济、财政与工业部长弗朗索瓦·巴鲁安在 2011 年 8 月 8 日承诺,政府将努力减少赤字。巴鲁安表示,本着对各个伙伴国家负责的态度,力争在 2013 年将赤字降到 2008 年金融危机前的水平。[2]

为平息市场传言,法国总统萨科齐提前结束假期,回到巴黎与部长们商讨应对潜在危机与经济衰退的对策。为保住法国的 AAA 评级,萨科齐 2011 年 8 月 10 日强调了法国在应对欧洲债务危机时的强大能力,并承诺采取新措施,以达到削减赤字的目标。萨科齐政府承诺将法国赤字率从今年预计的占国内生产总值(GDP)的 5.7%,在 2012 年和 2013 年逐步降低到 4.6% 和 3%,并预计法国债务占 GDP 比重在 2012 年减少到 86.9%。

紧接着,法国央行(Bank of France)行长诺亚(Christian Noyer)2011 年 8 月 11 日表示,法国银行业财务状况良好,近期有关该国银行业的负面传闻是没有根据的。显然诺亚的上述言论未发挥作用,因法国股市最近依旧大幅度下挫,法国 CAC 40 指数大跌 2.5% 至 2925.97 点,法国银行股领跌欧洲股市,其中,法国兴业银行(Societe Generale)跌 9%,法国巴黎银行(BNP Paribas)跌 6.8%。[3]

---

[1] http://www.forex-news.co/downgrade-guess-the-next-one-is-france.html.

[2] 同上。

[3] http://finance.qq.com/a/20110811/007315.htm.

2011年8月下旬，市场又传出德国的评级会被下调，德国综合指数（DAX）在30分钟内急跌4%，拖累整个欧洲股市。国际评级机构标普、穆迪和惠誉都在周四重申了德国"AAA"的主权信用评级。①

尽管法国、德国主权信用评级将降只是谣言，三大评级机构及法国政府也出面澄清了谣言，但这一切声明已无法阻止欧美银行股遭疯狂抛售，欧美股市继续全线下挫。

2011年8月24日，国际三大评级机构之一的穆迪将日本主权信用从Aa2下调一档至Aa3。其主要理由是该国财政赤字巨大以及债务负担不断增加。穆迪同时警告，日本首相更迭过于频繁，使得政策缺乏一贯性。日本已经是财政状况最为糟糕的工业国，评级下调给日本政界领导人带来更大压力。日本时事社报道，日本原首相菅直人称，穆迪调降日本主权信用评级的举动"令人遗憾"。②

三 对最大债权国中国的影响

中国将遭受巨大的经济损失。尽管我们相信，标普的降级虽然不意味着美国会实质违约，但毫无疑问，在美国主权的信用评级降低之后，中国持有的美国国债的价值将大幅度贬值。中国外汇储备截至2011年6月底，达到31974.91亿美元。③ 其中约有2/3以美元资产形式持有。中国现在是美国国债最大的海外持有国，截止到2011年5月，持有1.16万亿美元；此外还有超过3000亿美元的两房债券。美国信用评级被调降，中国购买的美国国债将遭遇损失，外汇储备面临缩水风险。假如中国持有的美债账面资产缩水1%，中国的账面损失就达150亿美元。

美国主权信用降级以来，中国A股市场受到不小冲击，上证指数从2011年8月5日开盘价的2697.57跌倒2011年9月2日收盘价的2528.28，净跌近170点；同期，深圳成指从11975.27跌至11228.30，净跌近750点；沪深300从2969.11跌至2803.85，净跌近170点。④

---

① http://www.aastocks.com.cn/news/2011/8/26/bce9f44f－ddf3－4b2d－be84－237456adf358.shtml。
② 《步美后尘　日本信用降级》（http：//epaper.qingdaonews.com/html/qdzb/20110825/qdzb301497.html）。
③ 中国外汇局官方网站（http：//www.safe.gov.cn/model_safe/tjsj/tjsj_detail.jsp？ID＝110400000000000，22&id＝5）。
④ 凤凰网财经频道（http：//finance.ifeng.com/app/hq/stock/sz399001/）。

美国主权信用降级增加了人民币升值的压力。2011年8月8日,中国央行大幅度上调人民币兑美元中间价,涨幅为近一年来的最高水平,人民币兑美元汇率创下新高,并连续三日突破汇率关口。从8月5日,人民币汇率中间价1美元兑人民币6.4451元到9月2日1美元兑人民币6.3870元,人民币升值近0.9%。今年迄今为止,人民币对美元已升值3.3%,自2005年年初以来已升值近30%。但国际社会普遍认为,人民币兑美元的汇率被低估了。网络上出现的热词"拜登吃面",意思是"太便宜了",其政治解读是促使人民币升值。众所周知,人民币升值会承受出口受损和经济增长放缓的后果,与冒险继续快速积攒美国和欧洲国债相比,只能是两害相权取其轻了。

社会心理方面,考虑到美国目前的财政状况,未来美国政府上调债务上限将会成为常态,最大债权国中国必须继续饱受美国债务随时崩溃的煎熬,并且不得不帮助美国继续这种"借旧债,还新债"的方式。政府相关部门备受煎熬的无奈情绪在金融市场上弥漫开来,就导致投资者的心理恐慌,质疑政府相关部门管理者的无能,甚至影响社会稳定。

第三节　对策建议

美国主权信用被降级已引起国际资本市场恐慌,国际大宗商品价格暴跌,美国拥有的黄金资产实际升值,继而造成国际财富向美国的转移,并为美国实施进一步量化宽松货币政策扫清了障碍。受损失最大的债权国中国该怎么办?

一　冷静观察,正视现实

诺贝尔经济学奖得主保罗·克鲁格曼认为,美国消费方式和中国汇率与外贸政策的联姻是国际金融危机的根本原因。虽然克鲁格曼的原因分析结论是荒谬的,但是我们不得不反思美国消费方式和中国汇率与外贸政策方面存在的问题。冷静观察美国主权信用被降级对美国乃至世界政治经济所造成的巨大影响再一次告诉我们:已给世界各国人民造成巨大灾难的2008年9月由美国次贷危机蔓延至全球的国际金融危机尚未见底。我们必须正视以下现实:

1. 美国主权信用被降级意味着美国经济的短期复苏前景堪忧

无论是失业率,还是经济增长的表现而言,2011年一季度美国经济增长只有1.8%,二季度经济增长更是降至1.3%,而失业率却依然维持在9.2%以上的高位。美国的公共债务问题也给美国经济复苏增添了新麻烦。美国公共部门入不敷出的情况越来越严重,未来只有通过痛苦地削减财政开支,才能摆脱困境。但削减开支至少对短期经济增长会有冲击。从美国目前的所有宏观经济政策来看,似乎没有解决之道。

2. 美国是全世界的最大老赖

美国目前债务高达14万亿多美元,但由于美国头号经济大国的地位以及美国拥有独一无二的全球储币的地位,尽管财政赤字在10%以上,要不是标普的降级,全球对美国偿还债务的能力几乎深信不疑。事实上,缺乏储蓄和投资的美国经济发展模式已经让美国缺乏自有的造血功能,唯一维持美国债务运转的就是美元的储币地位。因为美元的储币地位,它可以随时开动机器"恶性孳生",全球经济都在为美国巨额的债务背书,美国也借此通过美元的一再贬值,维持最廉价的融资方式。2011年8月8日,大卫·格雷戈里,美国全国广播公司(NBC)新闻发布会主持人问美联储前主席格林斯潘:"美国国债仍然是安全的投资吗?"格林斯潘指出:"当然是,美国国债的安全不是一个信用评级的问题,美国可以支付任何债务,因为我们总是可以印钞票。因此,有违约的概率为零。"① 美元作为国际货币,美国当局放出"高额国债"和"高额赤字"这两只老虎,带来的必然是美元大幅度的贬值和全球急遽的通货膨胀。这在本质上是采用变相违约的办法赖债不还。② 美国的霸权主义和强权政治已发展到国际金融垄断的新阶段。俄罗斯总理普京一语中的:"美国就是依附世界经济的寄生虫。"③

二 沉着应对,做好防范风险的准备

当前最大的风险就是应对美联储可能推出的第三轮量化宽松的货币政策。美联储曾在2009年3月实行了第一轮量化宽松货币政策,购买了11000亿美元的国债,在2010年10月到2011年6月,实行了第二轮量化宽松货币政策,购买6000亿美元的国债。其第二轮量化宽松货币政策受到了G20其他国家严厉的批评。美国采取量化宽松货币政策主要目的是压低利率,促进

---

① http://michellemalkin.com/2011/08/08/moore-obama-arrest/。
② 李慎明:《更大金融灾难可能还在后头》,《环球时报》2011年8月15日。
③ 路透社(http://www.reuters.com/article/2011/08/01/us-russia-putin-usa-idUSTRE77052R20110801)。

投资，通过连带的财富效应增强消费信心，扩大支出，最终通过刺激经济来解决美国严重的失业问题和降低失业率。其实质一是转嫁美国的债务风险，其债务中相当大的部分是其他国家以美元持有的外汇储备，显然，美国增发货币之后，造成美元的购买力下降、美元的贬值，相应使得美国的债务减轻了，其他国家拥有的资产显然就缩水了。二是转嫁国内的经济危机，通过诱导美元贬值增强美国的商品经济竞争力。通过这种竞争力的增强替代大量的国外进口，提高与进口商产品竞争的优势，为美国国内的制造业发展创造更大的市场空间。美国仅从自己的国家利益出发，出台的量化宽松货币政策，对世界经济会造成诸多负面影响，其突出问题是加大了全球通货膨胀的压力。

应对美国可能出台的第三轮量化宽松货币政策，促进我国国际收支趋向基本平衡，是一项系统工程，需要国内宏观经济政策共同发力。特别是在当前国内外复杂经济环境下，实施"扩内需、调结构、减顺差、促平衡"的一揽子应对政策措施刻不容缓。扩内需，就是要扩大内需特别是消费需求，充分挖掘我国内需的巨大潜力。调结构，就是要促进经济增长方式向依靠消费、投资、出口协调拉动转变。减顺差，就是要坚持进口和出口并重，充分发挥进口对宏观经济平衡和结构调整的重要作用。促平衡，就是要在均衡管理的框架下，充分运用经济杠杆和市场化手段，加强资本流入管理，开拓资本流出渠道，稳妥有序地推进资本项目可兑换。只有这样，才能有效应对发达国家的"量化宽松"货币政策，统筹解决国际收支不平衡和外汇储备较快增长的问题，落实"十二五"规划中提出的"国际收支趋向基本平衡"的要求，这也是贯彻落实科学发展观的必然要求。①

三 继续采取综合措施稳定金融市场，维护我国经济和金融安全

为维护我国经济和金融安全，必须继续采取综合措施稳定金融市场。一是谨慎购买欧美的金融衍生品。欧美大量的有价证券，实际上都是一种有毒资产，它们的总量已有当年欧美 GDP 总量的好几倍，所以有毒资产也并不是真实财富，要真实地看待这些虚拟财富与真实财富的关系。股市等虚拟经

---

① 周小川：《外汇储备热点问答》（http：//www.safe.gov.cn/model_ safe/news/new_ detail. jsp？ID＝90000000000000000，919&id＝3&type＝1，2）。

济不创造真实财富。① 二是加强对货币流量的总量调控，走出放松银根会导致虚拟资产价格飞涨而实体经济滞胀，收紧银根又会导致社会经济衰退，失业率上升的两难困境。货币只有投放到生产性投资上，才能跨越国内资本规模的制约，实现经济的长期成长。② 应谨慎利用人民币升值以抗击通胀，因为人民币过快升值将伤害出口企业并大幅度削弱经济。三是调整中国外汇储备管理体制。中国过去的外汇储备投资政策已遭到国内空前的批评，甚至会影响到今后的外汇储备运用政策。尽管我国是一个发展中大国，保持充足的外汇储备对于确保国际清偿能力、提高风险应对能力、维护国家经济金融安全等具有重大意义。但是有媒体报道"外汇储备已经超过了我国需要的合理水平"，我们应该综合考虑国家的宏观经济条件、经济开放程度、利用外资和国际融资能力、经济金融体系的成熟程度等多方面因素制定出符合科学发展的外汇储备投资政策。加速外汇储备多元化。扩大海外投资，把部分外汇储备和美国国债储备转为能源资源矿藏等物质储备。只有这样才能有效避免美元贬值的风险。有了投资性的部分，在国际市场上的投资选择就很大，比如股权投资、大宗商品等。

四 把握机遇，推动建立国际金融新秩序

美国的国债也已逼近自身无力支撑的地步。整个欧洲也面临结构性、系统性债务危机，只有举债来保持高的消费水平，但从长期来看难以持续，目前，希腊、意大利等欧洲国家已经面临无力偿还主权债务的困境。显然，欧美这轮政府债务危机是结构性和系统性的。与多个西方国家的主权债务危机相伴随的美国主权信用降级预示着建立公正、合理的国际金融新秩序的机遇到来了。

我们要抓住机遇，推动公开、有序、透明和规范的国际金融新秩序的建立。

1. 建立国际金融组织新体系

因为美国在现有的国际货币基金组织的权重使其成为唯一具有一票否决权的国家，这是不公平、不合理的，现有表决权分配方式应当改变。现有的

---

① 程恩富：《虚拟经济并不创造真实财富》，《中国社会科学报》2011年2月22日（第165期）第3版；又见马克思主义研究网（http：//mkszy.cass.cn/file/2011022337585.html）。

② 杨继：《正确应对热钱冲击，积极维护国家经济安全》，载何秉孟主编《金融改革与经济安全》，社会科学文献出版社2007年版，第275页。

国际货币基金组织没有体现新兴经济体的话语权，已不符合时代要求。新的国际金融组织体系应该进一步提高发展中国家的代表性和发言权，实现决策过程的公平和公正，建立起快速反应、行之有效的国际金融救援机制。

2. 建立国际金融监管新体系

现有的监管体系对全球资本流动的监测力度不够，难以防范金融风险跨境传递。新的体系要扩大国际金融监管的覆盖面，特别要增强对主要储备货币国家经济政策和金融市场的监管，建立及时高效的危机早期预警系统。制定合理有效的金融监管标准，完善会计准则、资本充足要求等各类监管制度，加强对金融机构和中介组织的监管，增强金融市场和各类金融产品的透明度。在信息披露方面应持严肃谨慎的态度，积极稳妥地逐步提高透明度。

3. 要建立多元化的国际货币新体系

中国应联合有共同利益的世界力量，来捍卫中国作为美国最大债权国应有的利益，发出改革美元主导的国际货币体系的"中国声音"。新的国际货币体系必须努力发挥多种货币的作用，共同支撑国际货币体系的稳定。同时，各国应加强汇率政策协调，保持主要货币汇率的相对稳定。

总之，面对美国主权信用被降级给全球政治经济带来的负面影响和可能进一步恶化的国际金融危机，只有国际社会采取综合措施，推动建立国际金融新秩序，加强宏观经济政策沟通协调，才能推动实现世界经济强劲、可持续、平衡增长。

第三章 从气候危机看全球性生态危机

气候是地球上某一地区多年时段大气的一般状态，是该时段各种天气过程的综合表现。气象要素（温度、降水、风等）的各种统计量（均值、极值、概率等）是表述气候的基本依据。气候一词源自古希腊文，意为倾斜，指各地气候的冷暖同太阳光线的倾斜程度有关。气候危机是指气候变化使正常的气候平衡被破坏给人类带来的祸害或危险。

"全球环境已经遭到严重的破坏，人类文明赖以存在的正常气候平衡已经被扰乱，意识到这点后，无奈无助的绝望情绪开始弥漫。这种绝望使人无力及时重新把握自身命运，世人若不迅速改弦更张，地球将大难临头，这场超乎人类想象的灾难将无法扭转。"阿尔·戈尔在其著作《我们的选择：气候危机的解决方案》的《序言》中曾这样警告世人。气候危机不仅是政治家关心的焦点，而且也是西方马克思主义研究所关注的热点。

第一节 气候危机现状

气候危机对人类与自然系统有重要影响。由于生态系统和人类社会已经适应今天以及最近过去的气候，因此，如果气候危机带来的变化太快使得生态系统和人类社会不能适应的话，人们将很难应付这些变化。对于许多发展中国家，这可能会对基本的人类生活标准（居住、食物、饮水、健康）产生非常有害的影响。对于所有的国家，极端天气气候事件发生频率的增加将会增加天气灾害的风险。短时间的气候变化，特别是极端的异常气候现象，如干旱、洪涝、冻害、冰雹、沙尘暴等等，往往会造成严重的自然灾害，足以给人类社会带来毁灭性的打击。比如，1943—1954 年孟加拉地区的暴雨灾害，引起了 20 世纪最大的饥荒，饿死人口达 300 万—400 万人；1968—1973 年非洲干旱是非洲人民的一次大灾难，使得乍得、尼日尔、埃塞俄比亚的牲口损失70%—90%，仅在埃塞俄比亚的沃洛省就饿死20万人。当然，这种打击往往是短暂的、局部的，虽然不至于影响生态系统，但是对人类造成的灾害却十分大。长期的气候变化，即使变化比较缓慢，也会使生态系统发生本质性的改变，使生产布局和生产方式完全改观，从而影响人类社会的经济生活。①

大部分气候危机专家认为，我们可能还有时间来防止气候变化出现最坏的结局，我们还有时间来为气候平衡和最终成功恢复生态系统完整性确定行动步骤。这个恢复过程很漫长，但是气候平衡和生态完整性对于人类文明的存续至关重要。气候变化仍在加剧。酷暑、暖冬、飓风与暴雨、海平面上升，已经让地球变得一半是海水，一半是火焰。气候危机的严峻性超过了以往预计。

一 全球变暖已成共识

极端气候不断出现，温室气体持续增加，全球变暖已是不争的事实。其表现在：南极冰盖加速消融，海平面上升超过预测，濒临物种将灭绝，气候变化或致供水危机，等等。

地球越来越暖，南极冰盖正在消融。覆盖北半球的冰盖早在7000多年前就消失殆尽了，但在南半球，长达万年的冰盖自然消融趋势至今仍然在南极西部持续。科学家们在公布这一研究结果时表示，该地区冰盖消融对未来全球海平面造成的影响值得关注。

美国华盛顿大学斯通等人在最新一期美国《科学》杂志上报告说，他们利用同位素年代测定技术对南极西部山脉冰川消融后的岩石遗迹进行分析后发现，南极西部冰盖在过去1万年中一直在消融，目前仍没有停止迹象。他们指出，如果照目前速率（平均每年约0.6米）持续下去，该地区所有冰盖大约会在未来7000年中全部融化，这将导致全球海平面平均上升4.8米左右。如果该地区冰盖消融未来几十年内突然加速，那么将有可能给全球一些沿海地区带来"灾难性后果"②。

21世纪海平面上升达到163厘米。气候变暖是海平面上升的主要原因之一，英国《自然—地球科学》杂志报告说，21世纪内海平面上升的幅度，

---

① http://baike.baidu.com/view/19879.htm.
② http://www.why.com.cn/epublish/gb/paper1/1282/class000100020/hwz141829.htm.

可能比联合国气候专家先前预测的 81 厘米要高一倍，达到 163 厘米。[1]

濒危物种将灭绝。气候变暖使一些濒危物种特别是濒危两栖动物将逐渐减少直至灭绝。居首位的是中国的娃娃鱼。因为这些物种对气候变化高度敏感。濒危物种的灭绝可能对依靠其而生的其他种类带来多米诺效应。据估计，如果当前所列出的近 12200 种世界濒危动植物消失的话，另外 6300 种物种也可能随之灭绝。原因在于：很多动物和植物是许多不同的昆虫、真菌和其他生物体精选的"住所"，有些还是唯一适应的"住所"，一旦这些主物种灭亡，这种特殊性就会使依附物种随之灭亡。[2]

气候变化或致供水危机。美国《科学》杂志曾刊登报告称，气候变暖已经极大地改变水循环系统，这些变化预示着供水危机正在迫近。报告说，由于气候变暖，世界各地水循环系统将发生巨大变化。气候变暖已经对降水、河流产生影响，并对一些地区构成更大的洪水威胁。此外，气候变暖导致海平面上升，而这将威胁沿海地区的淡水供应。科学家在报告中说，即使人们采取应对措施，但鉴于大气层中的二氧化碳和地球系统热惯量的存在，全球气候变暖的趋势很可能继续下去。

二 极端寒冷时有出现

气候专家指出，气候变暖总会在某一个时候在某一个地方以极端寒冷的形式表现。

放眼全球：巴格达迎来百年首次降雪，印尼多个地方暴雨成灾，引发洪水和土石流，至少 12 人在洪灾中丧生……宛如《后天》中的场景一幕幕上演，再次敲响气候警钟。

2008 年 2 月 2 日的《东方早报》报道，雪灾天气席卷了北半球，雪花甚至飘向了北回归线以南地区。很多地区都出现了多年甚至百年未遇的雨雪天气。大雪在全球多个国家形成了危害，致使众多人员死亡。大雪带来的灾难让各国措手不及，即使有抗雪经验的国家也不例外。美国经历了地狱般的严冬。其西部的加利福尼亚州的降雪量一周内就超过了前一年全年的总量；内华达山脉的积雪达 1.8—2.5 米；在华盛顿州，一场雪崩将行驶中的两辆汽车掩埋，并一度造成 9 条州际公路交通中断；在俄勒冈州，5 名游客因大雪

---

[1] http://www.why.com.cn/epublish/gb/paper1/1282/class000100020/hwz141829.htm.

[2] http://www.people.com.cn/GB/keji/1059/2798123.html.

被困在一辆旅行车中,后被警方解救。美国东北部地区也遭遇了严寒和大风袭击。纽约州许多学校因此停课,大风还掀翻路上行驶的拖车,刮倒树木、电线杆和建筑工地上的脚手架,导致一名建筑工人死亡、另一人严重受伤;在俄亥俄州,狂风致使一列火车出轨,十多节货运车厢翻入水中,但目前尚无人员伤亡的报道。此外,由于大风和路面结冰,美国东北部和中部的许多州际高速公路已关闭。俄罗斯常温零下40摄氏度;多个地区的中小学停课十多天。在欧洲其他地区,西班牙罕见的大雪导致路面交通堵塞、海上交通中断;罗马尼亚部分地区积雪达50厘米,该国东南部交通严重瘫痪;土耳其随处可见汽车在湿滑的路面上进退两难。加拿大最低降至零下60摄氏度;多个省份公路关闭、部分地区断水断电、几百个航班被取消;连续多日,强风伴随冻雨和大雪从西至东横扫加拿大全境,导致大部分地区气温急剧下降。

据新加坡《联合早报》报道,印尼首都雅加达很多地方,车子被困在路上,人们只好跋涉在没膝深的泥水里。有1400万人口的雅加达,每年这个时候都会遭洪水袭击。①

环视华夏:2008年农历新年前,一场百年不遇的大雪席卷了中国南方多个省份。2月2日,3900多万贵州人在经历了他们人生中未曾经历过的最寒冷的一个月后,终天看见了一缕微弱的阳光;湖南郴州冰雪压倒电塔,断电停水多日;重庆、上海供电紧张,关闭了主城区景观灯饰。

"2008年中国雪灾"(2008年中国南方雪灾)已作为专有名词写进了自由的百科全书《维基百科》,其内涵是指自2008年1月10日起在中国发生的大范围低温、雨雪、冰冻等自然灾害。中国的上海、浙江、江苏、安徽、江西、河南、湖北、湖南、广东、广西、重庆、四川、贵州、云南、陕西、甘肃、青海、宁夏、新疆和新疆生产建设兵团等20个省(区、市)均不同程度受到低温、雨雪、冰冻灾害影响。截至2月24日,因灾死亡129人,失踪4人,紧急转移安置166万人;农作物受灾面积1.78亿亩,成灾8764万亩,绝收2536万亩;倒塌房屋48.5万间,损坏房屋168.6万间;因灾直接经济损失1516.5亿元人民币。森林受损面积近2.79亿亩,3万只国家重点保护野生动物在雪灾中冻死或冻伤;受灾人口已超过1亿。其中湖南、湖北、贵州、广西、江西、安徽、四川等7个省

---

① http://discover.163.com/08/0202/16/43N71BQR000125LI.html.

份受灾最为严重。暴风雪造成多处铁路、公路、民航交通中断。由于正逢春运期间，大量旅客滞留站场港埠。另外，电力受损、煤炭运输受阻，不少地区用电中断，电信、通信、供水、取暖均受到不同程度影响，某些重灾区甚至面临断粮危险。而融雪流入海中，对海洋生态亦造成浩劫，台湾海峡即传出大量鱼群暴毙事件。[1]

我们要更加关注气候变化对我国经济社会的负面影响。据统计，1950年到2000年，特别是1990年以后气象灾害造成的经济损失急剧增加。原因有两个：一方面极端天气事件的增多，另一方面我国总体经济体量增加，因此经济损失绝对值大幅度升高。气候变化对农业的影响是负面的。预计到2030年，我国三大作物，即稻米、玉米、小麦，除了浇灌冬小麦以外，均以减产为主。气候变化对重大工程也有影响，如长江上游降水量的增加，导致地质灾害的频率增加，对三峡水库的安全运营也会造成一定的影响。另外，气候变化也会影响青藏铁路和公路，大大增加铁路和公路运行维护的投资。同全球一样，我国的气候与环境已经发生了巨大的变化。气候变暖远远超出一般意义上的气候问题和环境问题，对我国经济社会发展已经带来十分严峻的威胁，这种威胁仍将持续并不断加剧。科技界应当特别关注气候变化问题，积极采取适应和减缓措施，不断提升气候系统、生态、环境保护的层次和水平，这是全面落实科学发展观，建立社会主义和谐社会的重要内容，是政府、公众和科学家的共同愿望。

第二节 研究气候危机的理论资源

气候与人类社会有密切关系，许多国家很早就有关于气候现象的记载。

一 马克思主义出现以前有关气候危机的论述

中国春秋时代用圭表测日影以确定季节，秦汉时期就有二十四节气的完整记载。中华民族从远古时代就对气候现象有着一种神秘而崇拜的畏敬。在中国历史上，关于气候条件与经济社会发展之关系的撰述是很丰富的。例如，在公元前3000—前1000年的温暖时期，竹类在黄河流域直到东部沿海

---

[1] http://zh.wikipedia.org/wiki/2008%E5%B9%B4%E4%B8%AD%E5%9B%BD%E9%9B%AA%E7%81%BE。

地区都有广泛分布；安阳殷墟发现有水牛和野猪等热带亚热带动物；甲骨文记载打猎时获得一象，表明殷墟的化石象是土产的，河南原称豫州就是一个人牵着大象的标志。商、周时代，梅子是北方人民重要的日常食品。《诗经》说："若作和羹，尔唯盐梅"，可见当时梅子是和盐一样重要的食品，是做菜不可缺少的佐料。《诗经》说："终南何有，有条有梅。"终南山在西安之南，宋代以来就无梅了。陕西、山西等地人民只好用醋代替梅。

《诗经》中多次提到自然气候。《诗经·豳风》所反映的是豳地一带的气候。《豳风·七月》："七月流火，九月授衣。"表明当地气温变化快，年温差大。当然也有寒冷的情况。《豳风·七月》大约是西周初期作品："八月剥枣，十月获稻。为此春酒，以介眉寿。"反映了当时气候的严寒。《邶风·北风》"北风其凉，雨雪其雱"，也反映寒冷。事实上，西周时期同样是我国历史上的一个干旱期。《大雅·旱麓》："瞻彼旱麓，榛楛济济。"《诗经·大雅·云汉》也提到了很严重的旱灾。① 《大雅·云汉》对这次持久难弭的灾祸从旱象、旱情、造成的惨重损失及所引起的心理恐慌等方面作了充分的描写。这首诗在写宣王忧旱的同时，也写了他的事天之敬及事神之诚。另有《小雅》中的一篇也记述了载歌载舞求雨的场面。在同时期的其他著作里也能看到旱灾的记载：《山海经·大荒北经》就有记载："焚巫乞雨"，除旱魃的程序规则是由女巫身穿青衣，扮作女魃模样，坐在山顶之上，口里念咒语；《礼记·月令》也说："大雩帝，用盛示"，郑玄注："雩，吁嗟求雨之祭也"，即歌唱着哭号着求雨。从"习习谷风，以阴以雨"到旱灾的不断，《邶风·终风》："终风且霾，惠然肯来。"这进一步说明西周时期的气候在某种程度上是较为干旱的。

《诗经》中通过对气候的描写体现了当时的社会关系。尽管先秦人类已经作为具有自我意识、自我能动性的主体呈现在自然界面前，但由于缺乏强大的物质和精神手段，对自然界开发和支配的能力相当有限，人类的生活也完全依赖于自然环境，受未知的大自然力量的统治，慑服于大自然威力之

---

① 据竺可桢先生的研究，先秦时期，我们的气候经历了几次冷暖的交替。自第四纪大理冰期结束后，进入了全球性的温暖期，我国将这一温暖期称为"仰韶温暖期"，即正处于仰韶时期。时间约在公元前3000年到公元前1000年左右。仰韶温暖期结束后，随之而来的是一个寒冷期，时间约在公元前1000年到公元前850年，西周时期的寒冷情况没有延续多久，大约只有一、二个世纪，到春秋时又暖和起来。温暖气候一直持续到西汉。竺可桢：《中国五千年来气候变迁的初步研究》，《考古学报》1972年第1期，第29—38页。

下。像干旱等气候的形成,我们可以从自然和人为两个角度来看。自然方面:距今3100年前后开始的季风突变造成我国黄河流域长期严重干旱,导致环境恶化、水土生物资源退化,从而出现了大量的描写旱灾的诗歌;人为角度:当人口稀少,生产力低,生态环境遭受破坏程度就较轻;反之,人口增加,生产力提高,破坏程度就重,也就出现了水土流失、大旱大涝等自然灾害。① 在《诗经》所处的那个时代,由于生产力低下,人们意识中的大自然一切都是有灵性的,是可以主宰人的命运的。在自然面前,他们的个体显得是那么软弱无力,他们便将自己认识不了的所有事物都交给天,祈求通过天的保护给自己带来幸福和快乐。在人们抵御自然灾害的能力还极其有限的西周末期,面对无法战胜的灾害,对虚无缥缈的上帝和神灵产生敬畏乞求心理。

《诗经》中的某些描写还表现了古人对生态的保护的蒙昧意识。《诗经·周颂·时迈》有"怀柔百神,及河乔岳"的说法,即要求人们对百神、河川和大山都要善待。《诗经》中还有"是飨是宜,降福既多"的说法,九洲山川河湖,生产物质资源,所以要保护和祭祀。这些都是古代人可持续发展思想的雏形。经过漫长的演进,人们对生态资源的保护由自发的、模糊的阶段发展为自觉的、清晰的阶段。

司马迁"究天人之际",其实就包含了探索自然的气候条件和人事之间的相互关系。《史记》记载秦汉时期气候比较温暖,当时经济作物的地理分布是"桔之在江陵,桑之在齐鲁,竹之在渭川,漆之在陈夏"。可知当时亚热带植物的地界比现在更加偏北。《孟子》和《荀子》记载了气候变迁对农业耕作也有影响,孟子(公元前372—前289)和荀子(公元前313—前238)都说,他们那个时候,齐、鲁(河北、山东一带)农业种植可以一年两熟。《蛮书》(约成书于862年)记载了唐朝的生长季也比现在长,曲靖以南,滇池以西,一年收获两季作物,9月收稻,4月小麦或大麦。而现代由于生长季缩短,不得不种豌豆和蚕豆,以代替小麦和大麦。这种历史经验仍有现实意义。例如,如果气候变暖,就可以考虑双季稻向高纬度、向高海拔扩展;若气候变冷,就得采取措施,缩短水稻的生长时间。

在西方,关于气候危机对人类及其社会之影响的解释,早在古希腊就开

---

① 文郁:《华夏文明与先秦时代的生态环境》,《陕西师范大学学报》1998年第3期,第56—62页。

始了。"医学之父"希波克拉底（约公元前460—前377）在题为《论风、水和地方》的医学著作中，论证了气候对人体健康的影响；哲学家柏拉图认为，学习天文、观测气候、探索宇宙十分重要；亚里士多德相信气候决定着人们的政治命运，希腊的天气不冷也不热，对希腊人的体力和智力发展都有好处。气候条件决定论是一种流行观点。其主要观点认为，人类的身心特征、民族特性、社会组织、文化发展等人文现象受自然环境，特别是气候条件的支配。强调气候对社会发展的决定性作用。其错误是过分强调气候的决定性作用，忽视了各种因素间复杂的关系，不同地域的人类社会不仅受到气候环境的影响，而且还会受到社会、历史诸多因素的影响。

近代以来，法国学者博丹提出了更为详备的地理史观，认为地理环境对历史发展具有决定作用。这一论断直接影响了18世纪法国启蒙思想家孟德斯鸠的有关理论的产生。孟氏从论证法律与气候和土壤性质的关系出发，广泛地探讨了气候、地形、土壤等与国家政体、法律制度和社会发展的关系，所得出的具体结论既有合理的，也有荒谬的。

19世纪，德国哲学家黑格尔从历史哲学的高度阐述了地理条件在人类历史发展中的作用，明确提出了"历史的地理基础"这个概念，指出"地理的基础"与"各民族在世界上出现和发生的方式和形式以及采取的地位"有密切的联系，以全球眼光来看待寒带、热带和温带在世界历史上的不同作用，认为温带比寒带和热带具有更大的优越性。黑格尔还把地形条件分为"干燥的高地，同广阔的草原和平原"、"大河大江流过的平原流域"以及"与大海相连接的海岸区域"这三类，认为它们分别是游牧民族的舞台、农业民族的故乡和航海与商业民族的祖国。

在马克思主义产生以前，人们对于气候条件和人类社会发展关系的看法，其积极的方面在于，它们在不同程度上肯定了气候的因素对社会发展的影响，这无疑是很有价值的。但是，这些看法或者过分地夸大了气候条件的作用，或者最终还是对气候条件做了唯心主义的解释。

二 马克思、恩格斯对人与自然关系的论述

马克思认为，人、环境、教育是互相影响的。马克思在《关于费尔巴哈的提纲》中指出："有一种唯物主义学说，认为人是环境和教育的产物，因而认为改变了的人是另一种环境和改变了的教育的产物，——这种学说忘记

了：环境正是由人来改变的，而教育者本人一定是受教育的。"① 马克思站在实践唯物主义的立场上，看到了环境与人的生存发展的辩证关系，明确了"人创造环境，环境也创造人"的思想，并主张依靠积极的、革命的实践活动来实现"环境的改变和人的活动的一致"的社会理想。

马克思驳斥了自 18 世纪以来法国唯物主义一直盛行的"环境决定论"和"教育万能论"：环境尤其自然环境与教育对人类的存在与发展起着决定性的作用。这些观点过分夸大了环境与教育作用，并且提到决定性的高度；他们只看到了环境与教育对人的单向作用而没有认识到人也作用于环境与教育。把环境与教育视为决定性因素，其结果是"必然会把社会分成两部分，其中一部分凌驾于社会之上"②。

那么，对广大劳动人民甚至整个人类来说永远都只有受动性，只能被动地适应环境而生存下来。这无疑将人降到动物的水平。

环境与教育和人的作用是相互的。自然环境对于人类来说，自诞生之日起就是一个陌生的世界，对于人类自身来说只有受动性。后来在社会生产中慢慢凭借自身的感觉器官逐渐地由感性上升到理性的认识，从而在自然中逐渐地获得了自由，人的能动性也得到越来越大的发挥，在自然中的自由空间也越来越广泛。这个过程就是人的实践的过程，不断将人从受动性中解放出来，将受动性转化为人的能动性：通过实践逐渐地认识了自然并且利用了自然，使人类在自然中的主体性地位越来越突出。虽然自然一开始就影响着人类的实践，但是人类的实践又一直改变着这种影响。这也就是人的能动性与受动性统一的表现。对社会环境（包括教育）也是如此。社会环境是随人类的诞生一起诞生的，人类社会与自然一样充满诸多规律。当人们没有意识和认识清楚时，社会规律对于人类来说无疑是个巨大的制约，人的受动性占据着主导地位，只有当人们通过实践慢慢地认识和利用了其中的规律，人的能动性才逐渐表现出来。其实认识和利用环境的过程就是人的能动性的发挥过程即利用人的受动性的过程。人类社会要不断地发展下去，人对环境的作用就更显出决定性的意义。因此，在环境与人的关系上，"环境的改变和人的活动的一致，只能被看作并合理地理解为革命的实践"③。理解为革命的实践

---

① 《马克思恩格斯选集》第 1 卷，人民出版社 1995 年版，第 59 页。
② 同上。
③ 同上。

不但改造了客观世界，而且也影响了主观世界；不断的实践使人的能动性与受动性达到统一。

恩格斯认为，人与自然的关系是主动性与被动性相统一。

1. 人对自然的胜利

恩格斯指出："人，一切动物中最社会化的动物……随着手的发展、随着劳动而开始的人对自然的统治，在每一个新的进展中扩大了人的眼界。""手的专门化意味着工具的出现，而工具意味着人所特有的活动，意味着人对自然界进行改造的反作用，意味着生产。"① 人类一旦开始生产自身生存所必需的生活资料，也就开始把自己从动物界提升出来，从而也在一定程度上把自己同自然界区别开来。这种区别表现在：一是从工具来看，狭义的动物的工具只是它们躯体的四肢，蚂蚁、蜜蜂、海狸就是这样；而人由于手的发展能够制造工具。二是从生产对自然的影响来看，动物的生产对周围自然界的作用在自然界面前只等于零；只有人才给自然界打上自己的印记，因为他们不仅变更了植物和动物的位置，而且也改变了他们所居住的地方的面貌、气候，甚至还改变了植物和动物本身，使他们活动的结果只能和地球的普遍死亡一起消失。"一句话，动物仅仅利用外部自然界，单纯地以自己的存在来使自然界改变；而人则通过他所作出的改变来使自然界为自己的目的服务，来支配自然界。"②

与动物相比，人之所以能改变自然、支配自然，首先和主要的是由于手。就是改造自然界的最强有力的工具的蒸汽机，归根结底只是工具，仍然需要人手对其进行改造。恩格斯指出："随着手的发展，头脑也一步一步地发展起来，首先产生了对个别实际效益的条件的意识，而后来在处境较好的民族中间，则由此产生了对制约着这些效益的自然规律的理解。随着对自然规律的知识的迅速增加，人对自然界施加反作用的手段也增加了；如果人的脑不随着手、不和手一起、不部分地借助于手相应地发展起来的话，那单靠手是永远造不出蒸汽机来的。"③ 因此，有了人，我们就开始有了支配自然的历史。

人类为了生存，就必须能够生活，为了生活，就必须进行物质生产劳

---

① 《马克思恩格斯全集》第20卷，人民出版社1971年版，第373页。
② 同上书，第518页。
③ 同上书，第374页。

动,从自然界获取生存所需的生活资料,故生产劳动是维持人类生存所需的第一个历史活动。在劳动过程中,人的能动性得到了巨大的发展,并进而能够进行更加复杂的活动,提出和达到越来越高的目的。在不断增长的需要与满足这种需要的能力的相互促进过程中,人越来越显示出其对自然的主动的、支配性的地位和作用。恩格斯指出:"我们在最先进的工业国家中已经降服了自然力,迫使它为人们服务;这样我们就无限地增加了生产,使得一个小孩在今天所生产的东西,比以前的一百个成年人所生产的还要多。"①

2. 自然对人的报复

人的能动性和受动性总是相伴而生的。当不能预见的作用、不能控制的力量对人自己创造自己的历史的影响越小,历史的结果和预定的目的就越加符合。但是,"预定的目的和达到的结果之间还总是存在着非常大的出入,不能预见的作用占了优势,不能控制的力量比有计划发动的力量强得多"②。也就是说,当人对自然的支配活动还被盲目的力量所支配的时候,活动的目的性越强,结果对预期目的的偏离可能就越大,活动的强度越大,对自然的破坏性可能就越大。过度劳动的结果是"群众日益贫困,每十年一次大崩溃"③。

自然应对这种破坏性的反应,便是自然对我们的报复。恩格斯提醒,"我们不要过分陶醉于我们对自然界的胜利。对于每一次这样的胜利,自然界都报复了我们。每一次胜利,在第一步都确实取得了我们预期的结果,但在第二步和第三步却有了完全不同的、出乎预料的影响,常常把第一个结果又取消了"④。恩格斯举了乱砍滥伐和盲目栽种的例子来说明自然界对人类的报复:美索不达米亚、希腊、小亚细亚以及其他各地的居民,为了想得到耕地,把森林都砍完了,但是他们梦想不到,这些地方今天竟因此成为荒芜不毛之地,因为他们使这些地方失去了森林,也失去了积聚和贮存水分的中心。阿尔卑斯山的意大利人,在山南坡砍光了在北坡被十分细心地保护的松林,他们没有预料到,这样一来,他们把他们区域里的高山牧畜业的基础给摧毁了;他们更没有预料到,他们这样做,竟使山泉在一年中的大部分时间内枯竭了,而在雨季又使更加凶猛的洪水倾泻到平原上。在欧洲传播栽种马

---

① 《马克思恩格斯全集》第20卷,人民出版社1971年版,第374—375页。
② 同上书,第374页。
③ 同上书,第375页。
④ 同上书,第519页。

铃薯的人,并不知道他们也把瘰疬症和多粉的块根一起传播过来了。

3. 正确运用自然规律,与自然和谐共处

面对自然界的报复,恩格斯告诫我们:"必须时时记住:我们统治自然界,决不像征服者统治异民族一样,决不像站在自然界以外的人一样,——相反地,我们连同我们的肉、血和头脑都是属于自然界,存在于自然界的;我们对自然界的整个统治,是在于我们比其他一切动物强,能够认识和正确运用自然规律。"① 人对自然的改造是人的能动性的重要体现,但这种改造作用是有一定限制性的,即必须以自然界的内在必然性为基础,必须正确认识和运用自然规律,而不能仅仅把自然看成被动的对象。

人对自然界的胜利,不仅取决于人的能动性的发挥,同时还取决于人对自身的受动性的认识程度和控制能力。随着实践的深入,人是可以越来越正确地认识自然规律的。恩格斯指出:"事实上,我们一天天地学会更加正确地理解自然规律,学会认识我们对自然界的惯常行程的干涉所引起的比较近或比较远的影响。特别从本世纪自然科学大踏步前进以来,我们就越来越能够认识到,因而也学会支配至少是我们最普通的生产行为所引起的比较远的自然影响。但是这种事情发生得愈多,人们愈会重新地不仅感觉到,而且也认识到自身和自然界的一致,而那种把精神和物质、人类和自然、灵魂和肉体对立起来的荒谬的、反自然的观点,也就愈不可能存在了。"② 要认识到比较远的社会影响,需要更长的社会实践,有时甚至是要经历痛苦。恩格斯指出:"经过长期的常常是痛苦的经验,经过对历史材料的比较和分析,我们在这一领域中,也渐渐学会了认清我们的生产活动的间接的、比较远的社会影响,因而我们就有可能也去支配和调节这种影响。"③ 仅仅只有认识还不够,最终需要变革生产方式的实践。恩格斯指出:"要实行这种调节,单是依靠认识是不够的。这还需要对我们现有的生产方式,以及和这种生产方式连在一起的我们今天的整个社会制度实行完全的变革。"④ 显然,只有消除不合理的社会关系,才可能实现人与自然的和谐相处。

总之,在马克思主义出现以前,人们对这个问题的认识尽管已经有了比较丰富的思想资料的积累,但并没有达到对这个问题的科学的认识,马克思

---

① 《马克思恩格斯全集》第 20 卷,人民出版社 1971 年版,第 519 页。
② 同上书,第 519—520 页。
③ 同上书,第 520 页。
④ 同上书,第 521 页。

主义的出现，才改变了这种局面。马克思主义关于地理条件和社会发展之关系的理论，是唯物辩证法的重要组成部分，它不同于任何唯心主义的和自然主义的历史观在这个问题上的看法，第一次科学地、辩证地阐明了人类历史发展与自然界的关系这个古老而又有现实意义的课题。说它是科学的，是因为马克思主义唯物史观正确说明了历史发展的终极原因，纠正了唯心史观本末倒置的缺点，为探究历史运动的规律找到了可靠的基石。说它是辩证的，是因为马克思主义承认地理条件对社会发展的影响，但并不认为作为社会的人在地理条件面前是被动的，因而并不认为自然主义的历史观是正确的。

三 生态马克思主义的观点

在近代学术史上，第一次将马克思和恩格斯与生态学联系在一起的学派应当属于生态马克思主义学派。加拿大著名的"生态学马克思主义"学者威廉·莱易斯（W. Leiss）和阿格尔是生态马克思主义的创立者，他们在20世纪70年代发现，经历了两次世界大战的资本主义已经克服了经济危机；但是，资本主义通过异化消费而维持的经济繁荣则遭遇到自然环境的制约，资本主义必然发生生态危机。莱易斯指出，工业社会的生态危机是历史的必然，环境问题最深刻的根源是资本主义社会"控制自然"的意识形态。在深刻分析了生态危机的根源和实质后，他指出，人类要想走出目前的生态困境，就必须在意识形态上放弃"控制自然"的错误观念，普遍树立"解放自然"的观念；进而实行稳态经济模式，注重质的标准，在生产活动中获得满足，形成一种和谐的生态关系。阿格尔的生态学马克思主义将充分反映当代资本主义现实的生态危机模式与马克思的异化理论、资本主义"内在矛盾"理论统一起来，希望马克思主义在当代西方社会能够重新发挥政治功能；将充分反映时代特征的"自然的解放"概念纳入马克思主义"人的解放"的传统视阈之中，探寻人与自然双重解放的社会主义变革道路。当然，由于其理论本身的不彻底性，其"零增长"的稳态经济模式也只能是一个无法实现的美好愿望而已。

詹姆斯·奥康纳（James O'Connor）和约珥·克沃尔（Joel Kovel）则经历了20世纪80年代资本主义的经济滞胀期和全球性生态危机的萌发期，因此，20世纪90年代之后，奥康纳提出了经济危机和生态危机并存的资本主义危机理论，生态学马克思主义是当代西方马克思主义中最有影响的思潮之一。奥康纳认为，"自然"在历史唯物主义理论体系中地位缺失，马克思主义存在"理论空场"。他通过重新解读自然的观念,力图赋予自然以历史和文化的内涵,并以这样理解的自然和文化概念来改造传统的生产力和生产关系理论,重新理解自然、文化、社会劳动之间的关系,以此重构历史唯物主义。他还对生态学马克思主义的制度理想——生态社会主义的可能性进行了探讨。克沃尔则提出了后资本主义时期的生态社会主义理论。他从资本主义制度上找到了生态危机发生的根源,指出交换价值至上与资本的逻辑使资本主义对生态系统的破坏扩张到全球。各种生态主义思潮通过体制内的方法对资本主义的技术修补不但没有抓住生态危机的根源,而且无法找到根治生态危机的良方。在此基础上,克沃尔构建了自己的生态社会主义理论,倡导用生态社会主义来消解当前日益严重的生态危机。克沃尔的生态社会主义理论对增强社会主义的信念、生态文明建设具有重要启示意义。然而,其理论又因存在太多的空想成分而沦为乌托邦的构想。

21世纪前后,约翰·贝拉米·福斯特(John Bellamy Foster)和保罗·伯克特(Paul Burkett)开始认真思考全球性生态危机的解决之策,他们把目光再一次投向曾经对资本主义作出彻底批判的马克思主义,从而开始系统地发掘马克思主义的生态学思想。福斯特的生态危机理论,既坚持了生态社会主义的基本立场和观点,又坚持了马克思的生态思想,尤其是历史唯物主义的基本立场,深刻阐述了资本主义与生态相悖的根本原因。福斯特认为,资本主义制度的反生态本质体现在三个方面:一是永无休止的资本积累;二是不惜任何代价追求经济增长;三是短期投资行为。生态危机是资本主义追逐资本积累和经济增长的本性造成的,要解决生态危机,只有抛弃资本主义制度,从这个意义上说,生态危机也是资本主义制度的危机。资本主义投资商在投资决策中的短期行为的痼疾便成为影响整体环境的致命因素。他提出了走出生态危机的制度替换之路——主张通过生态革命改变发展方向,建立基于合理的生态原则基础上的社会主义制度。同时,福斯特重视阶级斗争等革命斗争形式,并尝试进行生态社会主义与马克思主义之间的沟通。伯克特在1998年出版的《马克思与自然》一书中认为,马克思主义的劳动价值论是对现代生态学关于人类和自然进行新陈代谢关系的具体阐述。马克思把劳动作为财富生产的必要条件,而不是充分条件。劳动不是人类物质财富和使用价值的唯一来源,劳动和自然共同构成了人类财富和使用价值的基础。财富或者使用价值的生产同时包含自然和劳动两个方面的要素,虽然人类的生产劳动产生了使用价值,但是人类的生产劳动必须作用于自然并从自然获取物质资料。生产劳动只能从人类和自然之间的新陈代谢过程中产生财富，人类的劳动脱离了自然和感性世界将不可能产生任何东西。

总之，生态马克思主义将生态学与马克思主义相结合，不断发掘马克思主义的生态思想，从资本和资本主义市场的运行机制以及资本主义社会的基本矛盾两个方面入手，揭示了资本主义社会产生生态危机的社会根源，为人类解决资本主义全球化背景下的全球性生态危机提供了一种理论选择。我国在经历了改革开放30多年的经济快速发展之后，"十二五"期间中国的发展进程面临来自气候环境的严峻制约。在科学发展观和建设和谐社会思想的指导下，我国社会科学工作者特别是西方马克思主义研究者从生态马克思主义理论中发掘应对气候危机的理论资源，责无旁贷。

第三节 人类的应对之策

全球化的人类社会已经越来越重视全球合作的意识，在"变暖"的大敌面前，人类唯有紧密团结起来，减少碳排放，重视环保，改变生活方式，才是积极的做法。自1995年3月28日首次《联合国气候变化框架公约》缔约方大会在柏林举行以来，缔约方每年都召开会议，现已成功举办16届。

一 历届联合国气候峰会回顾

1995年4月，《联合国气候变化框架公约》第一次缔约方大会在德国柏林国际会议中心闭幕，会议通过了《柏林授权书》等文件。文件认为，现有《联合国气候变化框架公约》所规定的义务是不充分的，同意立即开始谈判，就2000年后应该采取何种适当的行动来保护气候进行磋商，以期最迟于1997年签订一项议定书，议定书应明确规定在一定期限内发达国家所应限制和减少的温室气体排放量。授权书说，新的谈判不应增加发展中国家的义务。公约规定，2000年发达国家应将其影响气候变化的温室气体排放量降至1990年的水平，但尚未规定2000年后应该如何行动。会议决定，将《联合国气候变化框架公约》的办事机构——常设秘书处设在德国波恩。包括中国代表团在内的116个公约缔约方的代表出席了会议。

1996年7月，《联合国气候变化框架公约》第二次缔约方大会在瑞士日内瓦闭幕，会议就"柏林授权"所涉及的"议定书"起草问题进行了讨论，未获一致意见，决定由全体缔约方参加的"特设小组"继续讨论，并向第三届会议报告结果。通过的其他决定涉及发展中国家准备开始信息通报、技术转让、共同执行活动等。

1997年12月，《联合国气候变化框架公约》第三次缔约方大会在日本京都召开。149个国家和地区的代表通过了《京都议定书》，规定从2008—2012年期间，主要工业发达国家的温室气体排放量要在1990年的基础上平均减少5.2%，其中欧盟将六种温室气体的排放量削减8%，美国削减7%，日本削减6%。

1998年11月，《联合国气候变化框架公约》第四次缔约方大会在阿根廷布宜诺斯艾利斯召开。大会上，一直以整体出现的发展中国家集团分化为三个集团：一是环境脆弱、易受气候变化影响，自身排放量很小的小岛国联盟（AOSIS），他们自愿承担减排目标；二是期待CDM的国家，期望以此获取外汇收入，如墨西哥、巴西和最不发达的非洲国家；三是中国和印度，坚持目前不承诺减排义务。

1999年10月，《联合国气候变化框架公约》第五次缔约方大会在德国波恩召开。通过了《公约》附件一所列缔约方国家信息通报编制指南、温室气体清单技术审查指南、全球气候观测系统报告编写指南，并就技术开发与转让、发展中国家及经济转型期国家的能力建设问题进行了协商。

2000年11月，《联合国气候变化框架公约》第六次缔约方大会在荷兰海牙召开。谈判形成欧盟—美国等—发展中大国（中国、印度）的三足鼎立之势。美、日、加等少数发达国家执意推销"抵消排放"和"换取排放"方案，并试图以此代替减排；欧盟凭借其人口和能源等优越条件，强调履行京都协议，试图通过减排取得与美国的相对优势；中国和印度则坚持目前不承诺减排义务。

2001年11月，《联合国气候变化框架公约》第七次缔约方大会在摩洛哥的马拉喀什召开，通过了有关《京都议定书》履约问题（尤其是CDM）的一揽子高级别政治决定，形成马拉喀什协议文件。该协议为《京都议定书》附件一缔约方批准《京都议定书》并使其生效铺平了道路。

2002年10月，《联合国气候变化框架公约》第八次缔约方大会在印度新德里举行。会议通过的《新德里宣言》强调抑制气候变化必须在可持续发展的框架内进行，这表明减少温室气体的排放与可持续发展仍然是各缔约国今后履约的重要任务。"宣言"重申了《京都议定书》的要求，敦促工业化国家在2012年年底以前把温室气体的排放量在1990年的基础上减少5.2%。

2003年12月，《联合国气候变化框架公约》第九次缔约方大会在意大利米兰举行。在二氧化碳第一排放大户美国两年前退出《京都议定书》的情况下，二氧化碳排放大户俄罗斯不顾许多与会代表的劝说，仍然拒绝批准其议定书，致使该议定书不能生效。然而，为了抑制气候变化，减少由此带来的经济损失，会议通过了约20条具有法律约束力的环保决议。

2004年12月，《联合国气候变化框架公约》第十次缔约方大会在阿根廷布宜诺斯艾利斯举行。来自150多个国家和地区的政府、政府间组织、非政府组织的与会代表围绕《联合国气候变化框架公约》生效10周年来取得的成就和未来面临的挑战、气候变化带来的影响、温室气体减排政策以及在公约框架下的技术转让、资金机制、能力建设等重要问题进行了讨论。

2005年11月，《联合国气候变化框架公约》第十一次缔约方大会在加拿大蒙特利尔市举行。来自全世界189个国家的近万名代表参加了此次会议，并最终达成了40多项重要决定。其中包括启动《京都议定书》第二阶段温室气体减排谈判，以进一步推动和强化各国的共同行动，切实遏制全球气候变暖的势头。本次大会取得的重要成果被称为"控制气候变化的蒙特利尔路线图"。

2006年11月，《联合国气候变化框架公约》第十二次缔约方大会在肯尼亚首都内罗毕举行。这次大会取得了两项重要成果：一是达成包括"内罗毕工作计划"在内的几十项决定，以帮助发展中国家提高应对气候变化的能力；二是在管理"适应基金"的问题上取得一致，基金将用于支持发展中国家具体的适应气候变化活动。

2007年12月，《联合国气候变化框架公约》第十三次缔约方大会在印度尼西亚巴厘岛举行，会议着重讨论了"后京都"问题，即《京都议定书》第一承诺期在2012年到期后如何进一步降低温室气体的排放。大会通过了"巴厘岛路线图"，启动了加强《联合国气候变化框架公约》和《京都议定书》全面实施的谈判进程，致力于在2009年年底前完成《京都议定书》第一承诺期2012年到期后全球应对气候变化新安排的谈判并签署有关协议。

2008年12月，《联合国气候变化框架公约》第十四次缔约方大会在波兰波兹南市举行。2008年7月8日，八国集团领导人在八国集团首脑会议上就温室气体长期减排目标达成一致。八国集团领导人在一份声明中说，八国寻求与《联合国气候变化框架公约》其他缔约国共同实现到2050年将全球温室气体排放量减少至少一半的长期目标，并在公约相关谈判中与这些国家讨论并通过这一目标。

2009年12月,《联合国气候变化框架公约》第十五次缔约方大会在丹麦哥本哈根举行,192个国家的环境部长和其他官员们参加会议,商讨了《京都议定书》一期承诺到期后的后续方案,就未来应对气候变化的全球行动签署新的协议。这是继《京都议定书》后又一具有划时代意义的全球气候协议书,毫无疑问,对地球今后的气候变化走向产生了决定性的影响。这是一次被喻为"拯救人类的最后一次机会"的会议。[①]

2010年12月,《联合国气候变化框架公约》第十六次缔约方大会在墨西哥坎昆举行。会议通过了两项应对气候变化决议,为推动气候谈判进程继续向前迈出了坚实一步。在应对气候变化方面,决议认为《联合国气候变化框架公约》各缔约方应该合作,促使全球和各自的温室气体排放尽快达到峰值。决议认可发展中国家达到峰值的时间稍长,经济和社会发展以及减贫是发展中国家最重要的优先事务。决议还关注到发达国家集体承诺提供新的和额外的资金,这些资金将优先用于生态最脆弱的发展中国家。决议还决定设立绿色气候基金,帮助发展中国家适应气候变化。与此同时,坎昆气候大会未能完成"巴厘岛路线图"的谈判。这意味着,2011年的谈判任务将十分艰巨。

气候变化行动的基石是1997年12月在日本通过的《联合国气候变化框架公约》和《京都议定书》,它也是迄今所采取的最具影响力的气候变化行动。该议定书旨在减少工业化国家的二氧化碳和其他温室气体的总排放量,在承诺期2008年到2012年间,至少须在1990年的基础上降低5%。1998年3月议定书开放供签署,经160多个国家谈判七年后,到2005年2月16日正式生效。

二 哥本哈根气候峰会争议及问题[②]

哥本哈根世界气候峰会全称《联合国气候变化框架公约》第十五次缔约方会议暨《京都议定书》第五次缔约方会议,于2009年12月7—19日在丹麦首都哥本哈根召开。来自192个国家的谈判代表参会,商讨《京都议定书》一期承诺到期后的后续方案,即2012—2020年的全球减排协议。会议期间,发达国家与发展中国家出现了激烈对抗,并最终因意见分歧严重未能

---

① http://discover.news.163.com/09/1111/19/5NS64V1H000125LI_15.html。
② 谭扬芳:《哥本哈根峰会的较量——评发展中国家对发达资本主义国家的批评》,《马克思主义研究》2010年第2期。

达成具有实际操作价值和法律约束力的协议,仅由美国、中国、印度等五国签署发表了一份未获大会全面通过的备忘录《哥本哈根协议》,所有相关问题不得不延至 2010 年的墨西哥会议再做讨论。在这次峰会上,发展中国家齐声谴责以美国为首的发达资本主义国家是全球气候变暖的罪魁祸首。指责他们在承诺减排目标和提供资金援助上的消极态度以及企图推卸责任、操纵会议的斑斑劣迹。

1. 罪魁祸首——资本主义制度是气候变暖的根源

在此次会议期间,发展中国家首次紧密团结在一起与发达国家进行了较量,双方分歧难以弥合,迟迟达不成协议,以致会场外的抗议声一浪高于一浪。然而,究竟减排的障碍在哪里?全球变暖的罪魁祸首是谁?我们拿什么来拯救人类?委内瑞拉总统查韦斯(Hugo Rafael Chávez Frías)、玻利维亚总统莫拉莱斯(Juan Evo Morales Aym)、津巴布韦总统穆加贝(Robert Gabriel Mugabe)等发展中国家领导人给出了响亮的回答——资本主义是全球变暖的"罪魁祸首",只有通过社会主义来拯救人类。此答案被法新社称为具有"煽动性",但正是这煽动性的答案博得了阵阵掌声。

在贝拉中心举行的拉美人民玻利瓦尔联盟会议记者招待会上,查韦斯说:"虽然这次会议失败了,但是它至少使更多的人认识到这个问题对于全人类的重大影响。现在,为拯救人类而斗争的一个新阶段已经开始了,即通过社会主义来拯救人类。我们的问题不仅仅是气候问题,而且还有贫困、苦难、儿童不必要的死亡、歧视和种族压迫等问题,这些都与资本主义密切相关。"[①] 查韦斯说:"套用马克思的一句名言,一个幽灵在哥本哈根的上空徘徊……几乎没有人愿意提及它,这个幽灵就是资本主义。"查韦斯呼吁从制度上的改变去拯救地球,"让我们改变这个制度!这是我们开始拯救地球的前提。资本主义是破坏性的发展模式,它使生灵涂炭,人类面临绝种的威胁"。他大声疾呼:"历史要求世界人民与资本主义斗争,否则,地球上的物种将灭绝。"[②]

---

① 罗恩·赖德诺尔:《〈联合国气候变化框架公约〉第 15 次缔约方会议后话:揉碎现成的框架》(Ron Ridenour: COP 15 After-word: Smashing Success Sketches)(http://www.ronridenour.com/articles/2009/1220-rr.htm)。

② 基拉兹简尼克:《查韦斯在哥本哈根谴责发达国家,呼吁通过改变制度来拯救地球》(Kiraz Janicke: Chavez Slams Rich Nations at Copenhagen, Calls for Systemic Change to Save Planet)(http://www.venezuelanalysis.com/news/5012)。

据英国《卫报》报道，玻利维亚总统莫拉莱斯指出："气候变化的真正原因是资本主义体制。如果我们要拯救地球，那么我们就要终结这个经济模式。资本主义要用碳市场去解决气候变化。我们谴责这些市场以及鼓吹碳市场的国家。是停止赚肮脏钱的时候了。"① 莫拉莱斯呼吁："让我们消除贫穷并带来气候正义。如果资本主义反抗，我们就必须跟它作战。如果我们不这么做，那么宇宙中最伟大的杰作——人类将会消失。"② 莫拉莱斯还质疑了资本主义的生活方式，提倡改变食物结构，建立人与自然和谐相处的关系。他说："富国试图用施舍少得可怜的钱来分裂我们。单靠金钱不能保护地球母亲。欧洲的食品几乎完全依赖石油。若没有石油的话，情况会是怎样的呢？这样依赖石化燃料是对人类的一种危害，因此我们必须改变食物的结构。这是两种生活方式的一个结构性问题：一种是过度消费和浪费、奢华、自私自利、个人主义的资本主义生活方式。而资本主义的这种生活方式是毁灭地球的生活方式。另一种方式是生活得很好，所有人都有充足的食物，相互之间和谐相处，并与地球母亲建立和谐的关系，相互团结，相互帮助。"③

津巴布韦总统穆加贝的讲话也以反对资本主义为主题，指出"当那些排碳最多的资本主义国家排放危险气体时，喘不过气，日渐虚弱的是我们这些排碳并不太多的发展中国家。北半球那些对全球变暖负有历史责任的工业化国家在惩罚破坏环境者方面丝毫没有表现出热情"④。他在谈到美国拒绝签署减排协议时说："当一个国家对《京都议定书》不屑一顾，试图逃避协议所规定的义务或直接拒绝加入时，难道它不是在破坏全球法制吗？"⑤

古巴副总统埃斯特万拉索（Esteban Lazo）说："与资本主义相比，社会主义能提供更大的保护给地球。在我们改革之前，资本主义几乎耗尽了我们

---

① 翰维达尔：《莫拉莱斯提出限制温度上升到1℃的要求震惊哥本哈根》（Morales stuns Copenhagen with demand to limit temperature rise to 1℃）（http：//www.guardian.co.uk/environment/2009/dec/16/evo‑morales‑hugo‑chavez）。
② 同上。
③ 罗恩·赖德诺尔：《〈联合国气候变化框架公约〉第15次缔约方会议后话：揉碎现成的框架》（Ron Ridenour：COP 15 After‑word：Smashing Success Sketches）（http：//www.ronridenour.com/articles/2009/1220‑rr.htm）。
④ 帕特里克古迪纳夫：《查韦斯、穆加贝在哥本哈根谴责西方资本主义》（Patrick Goodenough：Chavez，Mugabe Attack Capitalism and the West at Copenhagen Climate Conference）（http：//www.peepsierraleone.com/editorials/230‑chavez‑mugabe‑attack‑capitalism‑and‑the‑west‑at‑copenhagen‑climate‑conference）。
⑤ 同上。

所有的森林。我们集中精力重新植树，现在已有20%的土地被森林覆盖。我们教育学生人与自然要和睦共处。"①

除了上述发展中国家政要代表谴责资本主义是气候危机的祸根以外，在由丹麦及国际环保运动和公民社会团体所主办的"人民气候大会"上，来自世界各地的人民和社运团体也加入了谴责资本主义的行列。有分析人士指出："气候变化的问题，就像经济危机、粮食危机、战争等全球性问题一样，只有社会主义制度才能根本解决。资本主义是一个以赢利至上，不惜一切将劳动人民与生态环境剥削到底的体制。我们不要痴心妄想资本主义可以拯救人类和地球，我们不能让资本主义继续摧毁我们的地球。'拯救人类的最后一次机会'，是世界各地人民群众跟资本主义的最后决战！"②

"国际地球之友"组织主席巴希也认为："气候急剧恶化，富国拖延行动已迫使世界最穷困的人们陷入饥饿、苦难甚至死亡，这个灾难性结果完全是发达资本主义国家造成的。"③ 国际人民斗争协会主席何塞·玛丽亚·西松（Jose Maria Sison）撰文呼吁，"遏制气候变化，我们必须制止在工业化国家以破坏环境为代价换取公司的超额利润的行为；遏制气候变化，保护我们的未来，我们需要抵御寄生、垂死的资本主义制度；遏制气候变化，我们必须终结垄断资本主义的统治，建设社会主义的未来"④。

世界人民对资本主义的谴责有其理论根据。马克思在《资本论》中就批判过资本主义不断产生的现代工业生产的悖论——新技术应用于工业生产依赖于良好的生态环境但同时破坏着生态环境，马克思剖析了导致这种社会现象的本质，即资本家疯狂追求利润的欲望和由此带来的异化劳动的普遍化造成了资本主义的社会危机，并由此引发了生态危机。"资本主义生产发展了社会生产过程的技术和结合，只是由于它同时破坏了一切财富的源泉——土

---

① 转引自古巴哈瓦那电台《古巴副总统在哥本哈根》（Cuban Vice - President at penhagen.）(http：//www. cadenagramonte. cubaweb. cu/english/index. php? option = com_ content&view = article&id =1270；cuban - vice - president - at - copenhagen - &catid = 2；cuba&Itemid = 14）。

② 罗恩·赖德诺尔、朱进佳：《要改变的是资本主义制度，而非气候》（http：//economy. guoxue. com/article. php/22197/2）。

③ 转引自张海滨《应对气候变化，联合国过时了？》（http：//epaper. bjnews. com. cn/html/2009 -12/26/content_ 48145. htm? div = -1）。

④ 何塞·玛丽亚·西松：《结束垄断资本主义对气候变化的遏制方式》（Jose Maria Sison：End Monopoly CapitalismTo Arrest Climate Change）（http：//www. countercurrents. org/sison111209. htm）。

地和工人。"①

美国学者约翰·贝拉米·福斯特指出，人们应该从资本主义制度的扩张主义逻辑中寻找生态危机的根源。他认为资本主义反生态的本质是资本主义制度的必然。因为资本主义本质上是一种积累制度，非常适应资本和利润的生产，目前在世界的各个角落都处于支配地位。而资本主义不会是静止的，其资本积累也是不会停止的。福斯特指出："资本主义作为一种制度需要专心致志、永无休止地积累，不可能与资本和能源密集型经济相分离，因而必须不断加大原材料与能源的生产量，随之也会出现产能过剩、劳动力富余和经济生态浪费。"② 这样做的结果就是："这种积累一直靠全球环境不断被系统地剥夺其自然财富得以维持。环境被蜕变成了索取资源的水龙头和倾倒废料的下水道。所以，过去500年的历史实际是一个不可持续发展的历史。"③福斯特确信，资本主义制度的反生态本性对生态环境的破坏难辞其咎，当前，全球性生态危机在很大程度上是资本主义制度的"原罪"，是其经济体制无法克服的痼疾。

2. 推卸责任——资本主义发达国家企图背弃"共同但有区别的责任"原则

在这次峰会上，发展中国家谴责资本主义的一个焦点是"责任共担"问题。美国希望拉着发展中排放大国共进共退，强调"共同的责任"。美国国内保守势力一直把美国减排与中国减排责任捆绑在一起。针对气候变化领域所谓"中美共治"的提法，中方回应，"'中美共治'不符合事实，诚然，气候变化需要各国携手应对。美国是发达国家，中国是发展中国家。在气候变化领域两国分属《联合国气候变化框架公约》附件一和非附件一国家，责任和义务有本质区别。将中美两国相提并论，没有法律基础，也不符合事实"④。"本次会议的成果必须坚持《联合国气候变化框架公约》及其《京都议定书》中确立的基本原则，'共同但有区别的责任'原则是国际合作应对气候变化的核心和基石，应当始终坚持。"⑤

---

① 《马克思恩格斯全集》第23卷，人民出版社1972年版，第553页。
② 福斯特：《马克思的生态学》，刘仁胜、肖峰译，高等教育出版社2006年版，第127页。
③ 同上书，第74页。
④ 何亚非：《中方不接受发展中国家利用本国资源采取的自主减缓行动接受国际核查》（http://news.sohu.com/20091213/n268906831.shtml）。
⑤ 温家宝：《哥本哈根会议成果应坚持"共同但有区别的责任"原则》（http://www.un.org/chinese/News/fullstorynews.asp?NewsID=12715）。

据报道，发达国家使尽各种花招企图阻止大会就《京都议定书》取得进展。这些国家无视各国历史责任不同，要求包括新兴国家在内的所有国家承担相同减排义务。峰会进入第二周议程。为抗议发达国家试图背弃《京都议定书》，由非洲国家牵头，超过130个发展中国家的代表退出了2009年12月14日的早间会议。埃塞俄比亚、肯尼亚等非洲国家代表举行新闻发布会，大声疾呼"背弃《京都议定书》就是扼杀非洲大陆"，称要让气候谈判这趟列车从"哥本哈根"驶向"希望之本"，即坚持双轨制的谈判机制。新闻发布会伊始，非洲国家首席谈判代表杰穆艾·卡迈勒就直言不讳地说："我们对目前的谈判进程非常非常失望！背弃《京都议定书》，是要让双轨制谈判脱轨。"① 尼日利亚的谈判代表表示，面对气候变化，非洲大陆是最无助的一个大陆。要求发达国家强制减排的《京都议定书》对于非洲大陆来说至关重要。与发展中国家的谈判代表相呼应，会场外的环保人士配合着爵士乐演唱着这样的口号："不要背弃了《京都协议书》"，"富国要还你们欠下的气候债！"②

查韦斯痛批发达资本主义国家企图背弃《京都协定书》，因为这将混淆是非，消除富国与穷国责任上的差别，把北方国家和南方国家在气候变化上所负的责任等同起来。他甚至称这种企图是"全球帝国独裁专政的强而有力的证据"③。查韦斯也指出了温室气体排放程度和经济不平等之间的关系。他说："最富有的5亿人口，或者是世界人口的7%，排放全球温室气体的50%，但同时世界上最贫穷的50%人口的总排放量只有7%。"④ 基于这个分析，查韦斯认为要中国跟美国一样肩负同等的义务是不可行的。"拥有3亿人口的美国，每天使用超过2000万桶石油，而人口几乎是美国5倍的中国，每天使用500万—600万桶石油。"⑤

印度目前的温室气体排放量约占全球温室气体排放的5%，印度坚决不同意在哥本哈根谈判中为其设定具体的减排目标，并表示要联合中国共同抵

---

① 辛本健：《非洲国家谴责发达国家，谈判进程一度暂停》，《人民日报》12月15日。
② 陈倩：《环保人士："不要扼杀了〈京都协议书〉！"》（http://www.envch.com/news/2009/12/20091230091224890.html）。
③ 基拉兹简尼克：《查韦斯在哥本哈根谴责发达国家，呼吁通过改变制度来拯救地球》（Kiraz Janicke: Chavez Slams Rich Nations at Copenhagen, Calls for Systemic Change to Save Planet）（http://www.venezuelanalysis.com/news/5012）。
④ 同上。
⑤ 同上。

制以美国为首的发达国家的压力。事实上,"温室气体排放不能只看当前,不看历史;不能只看总量,不看人均;不能只看生产,不看消费。在经济社会发展、提高生活水平方面,我们不可能接受中国人只享有发达国家 1/3、1/4 甚至 1/5 权利的想法。在气候变化问题上,各国坚持'共同但有区别的责任',应该是一个基本前提"①。发达国家的减排指标,既是历史的责任,也是法律的义务。尽管由于经济高速增长,中国最近已经超过美国成为最大的二氧化碳排放国。但在历史上,美国排放的温室气体最多,远超过中国。况且,中国的人均排放量仅为美国的四分之一左右。从道义上讲,中国有权力发展经济,增加碳排放将不可避免。而且工业化国家将碳排放"外包"给了发展中国家——中国替西方购买者进行着大量碳密集型的生产制造。作为消费者的国家应该对制造产品过程中产生的碳排放负责,而不是出口这些产品的国家。

不只是发展中国家齐声谴责发达资本主义国家推卸责任,就连美国重要生态保护团体"塞拉俱乐部"也表示,美国参议院必须承担大部分责任,他们至今尚未批准奥巴马支持的减排法案。

3. 动机不纯——发达资本主义国家企图利用碳排放问题限制发展中国家

发展中国家谴责发达资本主义国家在减排问题上没有诚意,动机不纯。发达国家没有给发展中国家带来信任。它们作出的减排承诺不高,还要向发展中国家提出很多附加条件,提供的资金支持也缺乏诚意。谈判的第一天,欧盟就企图将中国作为"突破口",要求中国承诺更多,以此推动美国承诺更高的减排目标。对此,中方代表指出:"这是试图将中国与发达国家同等对待,这在战略上就错了。"② 事实上,发达资本主义国家没有在哥本哈根峰会上作出表率,不愿率先大幅度减排,十分缺乏政治诚意。人们所看到的《哥本哈根协议》中的"附件一"部分应该填上发达国家 2020 年前减排的具体指标,以作为法律文本加以落实。遗憾的是,那里至今仍是空白。

查韦斯讥讽发达资本主义国家,"如果气候是一家银行,他们早就拯救了它。这是真的,富有的政府已经拯救了资本家的银行,但是他们却缺乏

---

① 张玉玲:《坚持共同但有区别的责任原则》,《光明日报》2009 年 12 月 17 日。
② 宋阳标:《哥本哈根,中国不高兴》(http://www.time-weekly.com/2009/1217/1OMDAwMDAwNDg1OA.html)。

'政治意愿'去作出必要的减少温室气体排放"①。他还谴责了哥本哈根会议在形式和内容上的失败。莫拉莱斯谴责《哥本哈根协议》与人民为了人类和地球利益而进行的斗争的目的之间相去甚远。他说："由奥巴马率领的这群朋友同意，到2020年为止，气温增加2摄氏度。这将使许多岛国消失，并使我们失去冰雪覆盖的山川。奥巴马只是想在2050年将温室气体排放量减少50%。但是为了拯救地球，我们需要减少90%—100%。"②

有分析人士引用知名媒体报道分析了发达资本主义国家主导这次峰会的真正动机。"据《环球时报》报道，丹麦气候与环境问题研究所专家克里斯坦森（Friis-Christensen）接受该报记者采访时坦言，最近英美很多媒体刊登学者文章，为发达国家政府出谋划策，其中最主要的有两条：一是分化发展中国家，二是找准一个发展中国家集中攻击。从欧盟、美国等在哥本哈根气候变化大会上实际采取的策略看，他们已遵循了那些'高参'的建议，比如全力把巴西从'基础四国'中分离，集中攻击中国等。英国《金融时报》称，美国气候特使斯特恩（Todd Stern）抵达哥本哈根时只有一个目标：对中国强硬。过去一年，发达国家不遗余力公开夸赞中国，这只是会谈之前的策略，美国和其他国家都寻求让谨慎的北京坐到谈判桌前。但现在中国已在哥本哈根了，要较真起来了。发达国家私下和公开联手对中国代表施加强大压力。《华尔街日报》从另一个角度解读说，从政治上来看，哥本哈根峰会应该是奥巴马和其他国家领导人飞抵这里宣告一个全球环境合作新时代的到来。而事实上，峰会正逐渐成为美国和中国之间一场关键的经济对决。美中之间的争论反映了两国在未来数十年争夺经济权力的更广泛的竞争。"③

根据媒体报道，结合整个艰难的谈判过程不难看出这场气候峰会的幕后玄机。"尽管气候危机问题的确是一个关乎全人类生死存亡的严峻问题，但发达资本主义国家只是借气候当幌子，拿减排给广大发展中国家设圈套。他们对真正解决气候问题并无太多诚意，真正目的却在于借道德制高点和技术

---

① 基拉兹简尼克:《查韦斯在哥本哈根谴责发达国家，呼吁通过改变制度来拯救地球》（Kiraz Janicke: Chavez Slams Rich Nations at Copenhagen, Calls for Systemic Change to Save Planet）（http://www.venezuelanalysis.com/news/5012）。

② 罗恩·赖德诺尔:《〈联合国气候变化框架公约〉第15次缔约方会议后话：揉碎现成的框架》（Ron Ridenour: COP 15 After-word: Smashing Success Sketches）（http://www.ronridenour.com/articles/2009/1220-rr.htm）。

③ 我是公社小社员:《"丹麦和会"中美较劲的幕后玄机》（http://www.wyzxsx.com/Article/Class20/200912/120645.html）。

优势设置经济发展屏障，并通过由他们所主导的全球一体化的市场经济体系，确保少数国家与绝大多数国家贫富两极分化格局的永续不变。"①

这不禁让笔者联想到以下三个方面的事实：

第一，福斯特在其著作《马克思的生态学》中列举了美国拒绝签署《京都议定书》的事例来说明资本主义经济与环境保护的矛盾。美国政府认为，《京都议定书》的一个主要缺陷是因解雇工人和消费物价上涨而给美国经济带来负面影响。《京都议定书》及其温室气体的指令性减排显然不符合美国资本及其国家的意愿，美国经济为减排而付出的代价太高，难以承担。《京都议定书》在解决二氧化碳排放问题上的失败，充分说明了资本主义制度的惯性，它不会轻易使自己的发展模式发生逆转，不会改变工业文明和资本积累的发展结构，而这种发展模式从长远的角度看对环境将产生灾难性的影响。

第二，发达资本主义国家先后出台"碳关税"的规定。2009 年 6 月 26 日美国众议院通过了《美国清洁能源安全法案》，授权美国政府今后对因拒绝减排而获得竞争优势的国家的出口产品征收"碳关税"。法国审议通过了从 2010 年起在法国国内征收碳关税的议案。不久前，欧盟提出，自 2010 年起中国所有客、货运航空公司都将被纳入欧盟排放交易体系（EU－ETS），并须按规定比例缴纳碳排放费。显然，发达资本主义国家企图借"碳经济"新发展模式的技术高门槛，实现对发展中国家的监督制约和经济剥削，并开始收取"碳经济"的超额红利。

第三，"气候门"真相难破。2009 年 11 月 17 日，英国东英吉利大学电子邮件系统遭黑客侵入，3000 多封有关气候变化的电子邮件被窃。由于这些邮件是几名为联合国政府间气候变化专门委员会（IPCC）工作的研究人员撰写的，一些人质疑气候专家合谋操控科学数据制造气候变暖的假象，营造恐慌心理，然后从政府或其他机构手中"骗"得更多的科研经费。这件被称为"气候门"的事件，在哥本哈根会议开幕前后一直被大家所提及，着实给大会搅了局。不管邮件泄密背后究竟是俄罗斯情报部门操纵，还是环保黑客的"杰作"，这场始料不及的"阴谋论"着实让联合国政府间气候变化专门委员会主席拉金德拉·帕乔里费了不少口舌，多次与气候专家联合辩护气候

---

① 我是公社小社员：《"丹麦和会"中美较劲的幕后玄机》（http://www.wyzxsx.com/Article/Class20/200912/120645.html）。

变暖的真实性。

4. 行动不力——发达资本主义国家在克服气候危机上缺乏有力举措

发展中国家谴责发达资本主义国家,在制定中期减排目标和提供帮助发展中国家的资金两个问题上执行不力。哥本哈根气候峰会谈判的目的是使大气中温室气体的浓度稳定在防止气候系统受到危险的人为干扰的水平上。2008年以来,各方已经举行了9轮会谈,但在上述两个问题上,发达国家与发展中国家两大阵营分歧较大。

12年前《京都议定书》出台的时候,那些发达国家承诺减少排放,并给予发展中国家资助,然而事实是,最该减排的发达资本主义国家(其中美国人均碳排放量超过了20吨/年)不但不限制自己的排放,反而要求发展中国家(大部分国家人均碳排放量不足1吨/年)限制排放,并且不给予发展中国家应有的补偿。会议第三天,美国气候谈判首席代表斯特恩刚刚走下飞机就召开新闻发布会,把矛头指向中国,"美国不会为中国提供气候援助"[1]。他否认发达国家应该为其在工业化进程中累积造成的大气环境污染"埋单",要求中国采取更大力度的减排目标。对此,中方回应:"美谈判代表称中国没有资格获得美方资金支持,既缺乏常识,也不符合奥巴马总统访华期间两国达成的《中美联合声明》精神。"[2] 况且中国从来没想成为气候援助的受益国,反倒是发达国家应深刻地自我反省一下,为什么迟迟不兑现其在《联合国气候变化框架公约》中的资金承诺?第二天,"深刻地自我反省"一词成了西方媒体引用最多的语句之一。

在会议前的媒体吹风会上,有发展中国家谈判代表以欧盟为例指出了发达国家在中期减排目标和资金援助两个问题上执行不力。"《京都议定书》规定了每一个欧盟国家应该实现的减排指标,也就是在2008年到2012年这5年时间里,不同的欧盟国家要以一定的百分比减少自己排放的水平,基础年是1990年,不同国家有不同的指标,大致说来对欧盟的整体指标应该是7%—8%,这也是欧盟的承诺。到2009年底,我们注意到有些欧盟国家的排放并没有减下来,反而在增加。此外,在《联合国气候变化框架公约》中,包括欧盟在内的发达国家都承诺要在气候变化领域向发展中国家提供资

---

[1] 高友斌:《中美在哥本哈根激烈交锋 中方要美深刻反省》(http://finance.sina.com.cn/world/gjjj/20091210/14127085257.shtml.)。

[2] 何亚非:《中方不接受发展中国家利用本国资源采取的自主减缓行动接受国际核查》(http://news.sohu.com/20091213/n268906831.shtml.)。

金和技术转让,帮助发展中国家增强应对气候变化的能力,这是上个世纪1992年作出的承诺,到目前为止基本上没有落实到行动上。"①

莫拉莱斯说道:"奥巴马在前一阵子说,他来到这里不是为了说更多空话,而是要实际行动。好吧,那么你应当行动起来,用花费在对付阿富汗人民和伊拉克人民的战争以及建立七个军事基地使哥伦比亚军事化的那些钱来拯救生命、拯救我们的地球母亲吧。"② 莫拉莱斯于2009年12月16日的一个记者会上谴责:"美国的国防预算是6870亿美元。而在气候变化上,在拯救生命上,在拯救人类上,他们只拿出100亿美元。这是可耻的。"③ 发达国家必须对发展中国家提供资金支持,但是,问题就在于"足够"两个字。

关于中期减排目标,发展中国家要求发达国家2020年应当在1990年的水平上至少减排40%。目前只有挪威予以承诺,而欧盟仅提出减排20%—30%,日本提出减排25%,美国在会前公布的减排目标是到2020年,温室气体排放水平在2005年基础上减少17%,这仅相当于在1990年的基础上减少3%—4%,且这个目标尚未在美国国会获得通过。作为历史碳排放量最多的国家,美国作出的这一减排承诺显然无法让各界满意,因而备受指责。其他国家如日本等,减排承诺仍然是建立在目前无法接受的前提条件上。加拿大方面,到目前为止,仍然没有作出任何承诺。按照联合国政府间气候变化专门委员会(IPCC)的建议,到2020年,发达国家至少要减排25%—40%,就目前发达国家所作的承诺而言,作为一个整体,离2020年减排25%的最低目标仍然有相当的距离。

关于资金问题,即使到了哥本哈根会议紧要时刻,发达国家提供资金的诚意和决心仍然不足。发达国家表态在2020年之前,应提供的资金援助情况如下:英国首相布朗提出倡议,发达国家每年拿出1000亿欧元来帮助发展中国家减缓和适应气候变化,并提出其中的220亿—500亿欧元要来自公共投资而非私营部门。但联合国秘书长潘基文认为其融资力度远远不够。欧盟领导人最近达成一致,认为发展中国家为减少温室气体排放和适应气候变

---

① 朱鹏英:《外交部气候变化谈判特别代表举行中外媒体吹风会》 (http://www.chinanews.com.cn/gn/news/2009/11-26/1984455.shtml.)。

② 罗恩·赖德诺尔:《〈联合国气候变化框架公约〉第15次缔约方会议后话:揉碎现成的框架》(Ron Ridenour: COP 15 After-word: Smashing Success Sketches) (http://www.ronridenour.com/articles/2009/1220-rr.htm.)。

③ 转引自安那琪《还气候一个正义!》(http://utopia.e-channel.info/read.php?1133.)。

化的灾难性影响每年需要约1000亿欧元资金。但至于欧盟可以承担其中的多少，欧盟领导人没有给出具体数字。美国也始终没有提出一个资金数额。在会议期间，美国国务卿希拉里曾表示美国将和其他国家一起为发展中国家应对气候变化每年提供1000亿美元。但并没有明确指出，这笔资金中将有多少是来自美国。"77国集团"谈判代表迪亚平（Lumumba - Diya Ping）指出，美国所提出的资金计划仍是不够的。

在此次会议上，已有六个国家承诺未来三年提供总额35亿美元的资金用于保护全球森林资源，其中10亿美元来自美国。该资金将用于帮助发展中国家制定延缓并最终禁止森林砍伐的有关计划。但这相对于联合国的一个三年投入300亿美元帮助穷国对抗海平面上升、干旱和其他全球变暖影响的方案而言，只是杯水车薪。日本政府16日已经作出表态，称将为这300亿美元提供一半的资金支持，其中110亿美元来自公共财政，约40亿美元来自民间渠道。但此项援助承诺的前提条件是，本次会议必须成功达成公平、有效的框架协议，其中须有主要排放国参与并就目标达成共识。

针对发达国家承诺未来三年，每年支付100亿美元帮助贫穷国家应对气候变化，发展中国家对此比较失望。有谈判代表说："这笔金额分到发展中国家，按人头平均每人分不到2美元，这2美元，在物价昂贵的丹麦，甚至连买杯咖啡都不够。"①

据联合国公约秘书处估计，2030年之前，发展中国家每年将需要1000亿美金应对气候变化。目前，联合国用于气候变化的基金还不到50亿美金。如此有限的资金，不仅大大延缓了帮助发展中国家减缓和适应气候变化的步伐，而且使得发展中国家为了争夺这些有限的资金而相互竞争，将加剧发展中国家阵营的分化。有媒体指发达国家可谓"一箭双雕"。

5. 公正缺失——发达资本主义国家企图操纵会议达到自己的目的

发展中国家不但对《哥本哈根协议》极为不满，而且对其出炉过程也同声谴责，认为是发达资本主义国家企图操纵会议达到自己的目的。在气候谈判的第二天，英国《卫报》记者透露"丹麦草案"激怒了发展中国家。这份由英、美和丹麦起草的提案将部分发展中国家列入"最脆弱国家"，单独设立减排目标，企图以此分裂发展中国家阵营。泄露的这份草案背弃了《京

---

① 宋阳标：《哥本哈根，中国不高兴》（http://www.time - weekly.com/2009/1217/1OMDAwMDAwNDg1OA.html.）。

都议定书》的原则——作为大部分二氧化碳排放源头的富裕国家应该作出坚定承诺，受到强制性约束，减少温室气体排放，而较贫穷国家则不必采取强制行动。这份草案将气候变化问题的实际财政控制权交给世界银行。

委内瑞拉代表谴责，"哥本哈根气候峰会是不民主的，它的最后文件是闭门造车，而发达国家，那些全球变暖的罪魁祸首，却想通过抛出少量钱来解决气候问题"[①]。查韦斯指出，这次会议没有提出文件供所有国家协商，凸显程序不公。莫拉莱斯干脆建议针对气候变化进行世界全民公决。莫拉莱斯表示，讨论全球暖化的影响而不讨论其成因是伪善的。他认为，诸如文明社会是否应该跟自然和谐共处，过度消费主义习性是否应该改掉，污染性气体的排放是否应该减低到1%，巨额的军事预算是否应该用作对抗气候变化，是否应该设立国际法庭去捍卫地球母亲等问题都应该进行全民公决，而不是由少数几个国家说了算。

据2009年12月22日美联社报道，参加起草《哥本哈根协议》的南非环境部长索妮察（Buyelwa Sonjica）和她的两位气候变化谈判代表在他们从哥本哈根回国后的第一份简报中指出，哥本哈根会议的失败部分责任归咎于东道国引导会议程序不公。三人描述了整个谈判过程充满了不信任和猜疑的气氛，丹麦等资本主义发达国家把自己的观点强加给其他国家。南非谈判代表雅薇驰（Joanne Yawitch）说："丹麦推出的那份讨论了11个小时的草案是有严重问题的，有实质性内容的议案，根本没有被采纳。"[②] 另一谈判代表威尔斯（Alf Wills）说："所达成的协议是有限的，不仅不能拯救地球，就是连承认协议的代表国都不会超过28个。"[③] 索妮察说："实质性的会谈被如何操纵会议的过程劫持了，过程很重要，因为它决定了结果，但有些不当的约束与决策失误主导了会议过程，程序问题造成了时间的耽误。"[④]

"77国集团"参加谈判代表迪亚平认为，这份最终文件草案并不是通过"民主的程序"得出的，仅仅是一些国家达成的协议，并没有考虑广大发展中国家的利益。他谴责美国及主办国丹麦践踏穷国权利，他说："这是气候

---

① 塔玛拉皮尔逊：《哥本哈根首脑会议：委内瑞拉独家说不民主》（http：//www.venezuelanalysis.com/news/5019.）。
② 转引自美联社《南非抨击哥本哈根的失败》（http：//en.cop15.dk/news/view+news？newsid=3087）。
③ 同上。
④ 同上。

变化协商有史以来最糟的，该协议将让发展中国家与穷人陷入永久的贫穷循环。"①

发达资本主义阵营也不是铁板一块，英国前副首相约翰·普雷斯科特（John Prescott）就公开声称本次峰会他与发展中国家站在一边。在峰会之前不久，他参加某论坛时指出，"从人均的角度来看，美国的人均排放很大，而中国、北非和其他发展中国家人均排放很低。我们要重视平等和社会公平，让那些污染排放最严重的国家来承担最大的责任，而发展中国家需要在未来继续增长经济，就可持续发展我们在哥本哈根会议上需要达成一致。所以，用人均排放为指标来解决问题是更加切合实际的"②。

有发展中国家代表强调，哥本哈根会议的成果必须是公平、公正、公开、透明的，必须要反映世界各国应对气候变化的共同意愿；必须确保发展中国家消除贫困、发展经济的优先需要，绝不能以牺牲发展中国家的发展权益为代价。

显然，在这次哥本哈根气候峰会上，发达资本主义国家一贯倡导的所谓自由、民主、平等、人权等普世价值并没有体现其普世性，而是再一次体现了"资产阶级民主政治往往对内'仁慈'而对外野蛮"③。

6. 几点启示

哥本哈根气候峰会在热议声中落幕了，但是对它的冷思考还需要继续。纵观发展中国家对资本主义的谴责，我们至少可以得出如下三点启示：

第一，妥善处理全人类利益与民族国家利益的关系。马克思和恩格斯指出："既然正确理解的利益是整个道德的基础，那就必须使个别人的私人利益符合全人类的利益。""凡是民族作为民族所做的事情，都是他们为人类社会而做的事情，他们的全部价值仅仅在于：每个民族都为其他民族完成了人类从中经历了自己发展的一个主要的使命。"④ 因此，每个民族为自己的民族利益、国家利益而努力奋斗，同时也就是为全人类的利益作出了贡献，促进了具有世界历史性的全人类利益的发展。这里关键性的原则是，在追求本民

---

① 转引自英国《卫报》《低目标，指标下降：哥本哈根以失败告终》（Guardian（UK）：Low targets, goals dropped：Copenhagen ends in failure）（http://www.unep.org/cpi/briefs/2009Dec21.doc#GuardinaUKLowTargetsGoalsDropped）。

② 约翰·普雷斯科特：《发达国家要承担更大的减排责任》（http://cpc.people.com.cn/GB/67481/94156/170145/170149/10208454.html）。

③ 李慎明：《以美国为首的西方国家的民主制度没有普世性》，《光明日报》2009年3月19日。

④ 《马克思恩格斯全集》第42卷，人民出版社1979年版，第257页。

族、本国利益的过程中，不能损害别的民族和别的国家的利益，不能损害全人类的共同利益，而应当是和平、合作，共同发展。处理国家利益必须着眼于全人类共同利益，经济全球化使民族国家利益与全人类共同利益的相关性已不断增强。

节能减排、遏制气候变暖既是对全人类和地球负责，也是对自己国家利益着想。气候变化是当今全球面临的重大挑战。遏制气候变暖，拯救地球家园，是全人类共同的使命，每个国家和民族，每个企业和个人，都应当责无旁贷地行动起来。但是国家依然有国界，全球化下国家之间的竞争日趋激烈，即便以拯救人类和地球为崇高使命的国际合作也未能动摇这一趋势。竞争是市场经济最基本的运行机制，是市场经济赖以存在的前提与基础。发达国家尤其是经济强国，利用其在国际政治经济秩序中的主导与垄断地位，在规则、标准、话语权上展开竞争，以维护或谋取更大的主导与垄断地位，由此坐享其成，取得一本万利的经济收益。艰难谈判的哥本哈根气候峰会就是国家之间激烈竞争的缩影与集中体现。

会议期间，发达国家与发展中国家出现了激烈对抗。这源于这场气候峰会的议题对各国政府而言称得上至关重要，会议的目的也远比单纯为人类和地球负责这个崇高目标更为复杂和深远，政治家们反复谈判磋商与其说是为了达成统一的行动纲领，毋宁说是为了在已逐渐形成的低碳政治经济社会中争取更多的话语权和生存空间，谋求更为有利的政经地位和更大的国家利益。各国政要深知，《京都议定书》国际性法案通过向缔约国提出强制性减排指标和确立灵活减排机制，开启了世界碳政治和经济时代，并直接左右着各国的政治经济利益。而任何一部接替它的法案都将对未来全球的政治经济格局产生同样重大甚至更为重大的影响。

作为中国可持续发展需要和推动本次会议取得进展的重要举措，中国政府首次向世界公布温室气体减排目标——到 2020 年单位 GDP 二氧化碳排放比 2005 年下降 40%—45%。并将减排目标作为约束性指标纳入国民经济和社会发展的中长期规划，保证承诺的执行受到法律和舆论的监督。这表明，从中国人民和人类长远发展的根本利益出发，面临巨大发展压力的中国已经艰苦卓绝、责无旁贷地行动起来了。在本次峰会上，我国政府始终与众多发展中国家联手合作，针对发达国家的碳攻势，积极应对，既展示了负责任的大国形象，为气候会议取得的成果作出了重要贡献，又开展了有理、有节、有利的斗争，捍卫了国家利益，妥善处理了全人类利益与国家利益的关系。

第二，霸权主义都是纸老虎。以美国为首的发达资本主义国家奉行霸权主义，套用毛泽东箴言，霸权主义都是纸老虎。如前所述，在本次峰会上，委内瑞拉总统查韦斯谴责资本主义是全球变暖的"罪魁祸首"赢得了阵阵掌声和全世界人民的尊重。他在本次峰会上的表现让笔者联想到他在国际舞台上的一贯作风。2005年11月4日，数万名反对美洲自由贸易区和抗议美国总统布什的各国人士，举行了一场声势浩大的集会。查韦斯出席会议并发表了演讲。他讲道："前天，美国的一份刊物报道说，五角大楼披露，美国正计划入侵委内瑞拉。我要说这是绝对真实的，因为这正是美帝国主义绝望的信号。我们不要忘记毛泽东曾经说过的话——'帝国主义和一切反动派都是纸老虎'。所以，我们不用怕它，我们的人民会战胜它的。"[1]

在本次峰会上，从法国总统萨科齐对中国的点名攻击，到西方"盟主"奥巴马赤膊上阵对中国的公开指责，也都可看出毛泽东同志曾强调的纸老虎也有真老虎的一面，中国在谈判中的处境非常艰难。而中国与广大第三世界发展中国家的团结一致，以及直面美国的公开抗争，也使西方列强特别是美国有些措手不及。笔者想共产主义的幽灵毛泽东思想一定回荡在哥本哈根的上空，"敢于斗争，敢于胜利，全世界人民团结起来，打败美国侵略者及其一切走狗！全世界人民要有勇气，敢于战斗，不怕困难，前赴后继，那末，全世界就一定是人民的"[2]。

第三，"有了准备，就能恰当地应付各种复杂的局面。"[3] 在此次构建碳政治经济世界秩序的关键性会议上，发展中国家首次紧密团结在一起与发达国家进行了较量，这标志着全球化低碳政治格局的初步形成，同时也表明各国在碳问题上的利益对抗正式进入白热化阶段。对包括中国在内的广大发展中国家而言，限制石化燃料的燃烧和使用、大规模研发和推广新能源面临着技术和资金两大瓶颈。至于碳捕获、碳封存和生物碳汇这些即使发达国家也觉昂贵的技术对发展中国家来说更是一片空白。面对这种复杂的局势，我们准备好了吗？

---

[1] 刘宏：《大国能源博弈中的高手查韦斯总统苦读毛选》（http://finance.people.com.cn/GB/8215/4273419.html）。

[2] 毛泽东：《全世界人民团结起来打败美国侵略者及其一切走狗》，人民出版社1964年版，第14页。

[3] 毛泽东：《抗日战争胜利后的时局和我们的方针》（一九四五年八月十三日），《毛泽东选集》第4卷，人民出版社1991年版，第1134页。

有分析人士指出，在哥本哈根会议之后，对以中、印为首的发展中大国而言，这个日渐形成的碳世界中的危机与陷阱实际是远远多于机遇的：如果不接受强制减排指标，发展中大国就会承受巨大的国际舆论压力，而且，随着碳关税和碳足迹标准的全面实施，它们的产品可能因为被国际垄断商所排斥而无法进入主流市场，或者因为税赋成本大幅度增加而不再具备竞争优势。如果接受了强制性减排指标，检查核对指标的主动权不掌握在自己手中，又没有碳交易的定价权，无法左右碳交易市场，则可能经常出现无法完成强制减排指标的情况，发达国家以此为由限制对这些国家出口石油、天然气，或者课以高额罚款或附带上各种政治经济条件。但愿这只是杞人忧天。

关键时候我们要记住毛泽东的箴言——有了准备，就能恰当地应付各种复杂的局面。中国应积极参与碳世界建构，做好应对碳风暴的准备。根据英国风险评估公司 MAPLECROFT 公布的温室气体排放量数据显示，中国已超过美国成为世界上第一大温室气体的排放国家，这使得中国在减排问题上面临的国际压力越来越大。为表明中国对全球气候变化问题的重视，也显示出中国作为一个负责任的发展中大国参与人类遏制全球变暖行动的诚意，哥本哈根会议召开前夕，中国第一次制定并对外公布了自己的减排目标：2020 年单位国内生产总值二氧化碳排放量将在 2005 年的基础上减少 40%—45%。这些准备对我们在哥本哈根会议上，积极应对发达国家的碳攻势起了重要作用。但未来的道路并不平坦，在碳问题上，中国仍将面临巨大压力和挑战。所幸的是，现在整个碳世界尚未完全定型，中国也仍有机会参与碳秩序的建构。因此，我们必须做好准备：首先，坚持自愿减排、采用自主减排标准的原则，不接受发达国家的"可测量、可报告和可核证（MRV）"标准。在不得不接受强制减排配额的情况下，坚持核算历史排放额，并以人均为基准原则争取更多的未来排放额。其次，在国民经济允许的前提下，把握好投入比例、量力而行地加快新能源的研发步伐和尽快推进气候科学理论体系，把握科技和舆论的立足点。最后，应尽快在国内建立完整的碳税和碳交易制度，并通过补贴将碳税和碳交易费在最大程度上返还给生产和消费领域，这一方面可以提高碳的生产效率，调节生产和消费，并降低应对气候变化给生产和消费带来的负面影响，另一方面则可以加速国内碳交易市场的形成，以便我们在国际贸易中可能出现大规模"碳壁垒"之前做好相应准备。[①]

---

① 李志青：《积极应对"自愿减排"挑战》，《中国能源报》2009 年 12 月 28 日。

总之，哥本哈根会议之后，全球应对气候变化在减排机制上将出现新的发展趋势。中国既是排放大国，也是自愿减排大国，应当加强减排机制研究，采取措施积极应对，迎接以低碳能源为特征的生态经济新时代。在中国共产党的领导下，发挥社会主义能集中精力办大事、难事的制度优势，勤劳的中国人民时刻准备着为拯救人类和地球作出应有贡献，为推进全球社会主义运动作出应有贡献。准备好了，我们就不再害怕低碳风暴。让它来得更猛烈些吧！

第二篇
自由主义衰落论

第四章　对新自由主义的批判

自由主义（Liberalism）是用以指称近代西方出现的一种思想潮流与政治运动。自三百多年前产生以来，自由主义是西方政治文化中的重要内容，几乎一直是西方国家的主流政治思想，在西方意识形态领域发挥了重要作用，在其社会政治生活中产生了深刻影响，甚至成为大多数西方国家制定国策和统治方略的理论基础。然而，2008 年的美国次贷危机却促使人们对自由主义特别是新自由主义思潮进行反思，其中一个重要问题是，自由主义究竟是在什么历史条件下产生的？为什么会在西方世界居统治地位几百年？新自由主义及其危害是什么？本章试图对这些问题作出回答。

第一节　自由主义产生的历史条件探源

作为西方世界的一种主流思潮，自由主义的形成和发展受制于各个国家、民族不同的诸如经济、政治、思想等社会历史条件和文化传统。

一　自由主义产生的经济基础

市场经济作为自由主义产生的经济基础，充当了助产士的角色。市场经济催生了自由主义。自由的理念可以溯源到古希腊的城邦制，但"作为一种政治思潮与知识传统，作为一种可以辨认的思想要素，自由主义的出现只是十七世纪以后的事情"[1]。自由主义是一系列社会变革的产物，特别是近代资本主义市场经济发展的产物。马克思曾这样说道："在十六世纪和十七世纪，由于地理上的发现而在商业上发生的并迅速促进了商人资本发展的大革命，

---

[1] John Gray, *Liberalism*, England: Open University Press, 1986, p. ix.

是促使封建生产方式向资本主义生产方式过渡的一个主要因素。"① 商人资本发展的大革命促进了商品交换、市场经济和自由贸易的发展,由此民族和地域的历史转变为世界历史。当自然的狭隘共同体趋于瓦解,个人就有可能占有人的"类"能力,从对自然和群体的依赖中解脱出来,走上个性独立发展的自由之路。而个人自由、个性独立是自由主义的核心理念,可以说,正是市场经济直接催生了自由主义。

1. 市场经济促进了独立个人的生成

市场经济是独立个人自主活动的经济形式,也是个人走向独立过程中形成的一种适于个人自主活动的社会交往形式。其主要作用在于促进独立个人的生成。当人们处在等级隶属的人身依附关系时,人是以群体形态存在的,在那时,自然性的血缘、地缘关系构成了人与人相互联系并结为一体的天然纽带,那时的人是不具有独立性的,人不但必须依赖于自然和自然性的联系纽带,而且个人必须依存并附属于狭隘的人群共同体。商品经济和市场竞争制度的产生与发展,冲破了封建经济的自给自足的生产方式对人类社会发展的严重束缚,使人们摆脱了人身依附关系。按照马克思关于人的存在三形态理论,② 市场经济所表现的人与人的关系就是人的发展中的第二大形态。

市场经济不仅是一种资源配置的经济形式,而且还是一种社会组织形式。这种社会组织形式是建立在等价交换的价值关系基础之上的,它提倡所有市场主体在进行交易时相互地位平等并公平竞争。在市场中不允许有超越经济范围的特权,市场经济培养出了天生的平等派。身份的平等进一步推动个人走向独立。独立的个人成为自主活动主体,调动了个人的主动性和创造性。这意味着潜藏于个体生命本质的人的无尽创造能力获得了解放和发挥。可以说,市场经济促进独立个人的生成是它对自由主义产生所起的根本历史作用。

2. 市场经济保障个人获得经济自由

马克思认为,在"以物的依赖性为基础的人的独立性"阶段,个人享有市场经济所需的自由行为。市场经济的价值取向允许人们合法地追求自身的物质利益,从而刺激了人的需要,激发了主体能动性,使人从停滞、满足、

---

① 《资本论》第3卷,人民出版社1975年版,第371—372页。
② (1)初期自然形成的"人的依赖关系"的形态;(2)"以物的依赖性为基础的人的独立性"的形态;(3)在个人全面发展基础上形成的人的"自由个性"的最高形态。(《马克思恩格斯全集》第46卷(上),人民出版社2003年版,第104页。)

无所作为、听天由命的状态中解脱出来,去竞争、去冒险、去开拓新大陆。市场经济培养了无数独立的经济个体,增强了人们的独立和自主意识。市场经济要求有各自不同的经济主体按照等价交换原则和价值规律相互联系与运作,权益与风险自担。通过竞争机制实现优胜劣汰,从而不断提高总体经济效益。在整个市场经济体系内,经济主体以赢利为目标,追求利润最大化。作为一种机制,市场经济允许每个个体自由选择职业和角色,鼓励个体为争取自身更大的利益去努力工作。

市场机制的自动调节能够在较长时期中保持经济发展的高效率,同时拥有经济自由的社会成员也就拥有了保持个人自由的最重要资源。竞争制度至少已经为每一个工人提供了某种程度的独立和自由的保证。可以说,经济自由是西方自由主义立足的根基,正如当代思想家弗里德曼所说:"一方面,经济安排中的自由本身在广泛的意义上可以被理解为是自由的一个组成部分。所以经济自由是一个目的。其次,经济自由也是达到政治自由的一个不可缺少的手段。"[①] 经济自由作为自由主义者追求的目的之一,其价值体现在三个方面:一是经济自由将中世纪的农奴从封建枷锁中解放出来,并造就成以出卖劳动力为生的无产者,使资本雇佣劳动成为可能;二是经济自由是实现经济增长和制度创新的重要的激励机制,正是信赖投入成本而产生的收益可以安全取得和享用,劳动、节俭和积累才能持续地发生,而不是尽最大可能消费;三是市场经济是分散决策机制,人的独立主体和相互的平等属性成为必要,自由意志对财产、劳动的处分也借助契约的形式得以实现。

从历史上看,英美自由主义的代表人物都是从经济角度来谈论自由的,他们认为,经济自由是政治自由的前提,在此基础上才能产生真正的政治民主和文化上的个人自由。否则,自由主义就成了玄虚无根的纯粹理念,其价值既无从判断也无法操作。

3. 市场经济使自由主义获得法治保障

随着市场经济的发展,生产社会化,交易复杂化,空间的扩大化,经济自由的保护需要政府通过法治介入市场运行。法治是自由的保障,而且也是自由在法律上的体现。正像康德所说的那样,"如果一个人不需要服从任何

[①] [美] 弗里德曼:《资本主义与自由》,张瑞玉译,商务印书馆2004年版,第11页。

人，只服从法律，那么，他就是自由的"①。自由主义思想代表人物弗里德里克·哈耶克（Friedrich A. Hayek，1899—1992）说得更为透彻，"哪里没有法律，哪里就没有自由"②。他指出："法治的意思就是指政府在一切行动中都受到事前规定并宣布的规则的约束——这种规则使得一个人有可能十分肯定地预见到当局在某一情况中会怎样使用它的强制权力，和根据对此的了解计划它自己的个人事务……在已知的竞赛规则之内，个人可以自由地追求他私人的目的和愿望，肯定不会有人有意识地利用政府权力来阻挠他的行动。"③ 人类社会的法律史表明，法律上升为社会关系的主要调节器，是伴随着市场经济的出现而产生的现象。近代以来的法律意识、法律观念等也是这一过程的产物。市场经济对法律规范地位的演变发挥了非常重要的作用。市场经济是法治经济，它限定了政府的职能和权力。市场规则要求政府部门按照法律、法规以及制度来管理经济。政府主要通过指导性和预期性的计划、各种经济杠杆以及财政货币政策来引导、调节和规范企业的生产经营活动，以保护市场的健康运行，而不能随意地直接干预企业的生产经营活动。这样就限定了政府的职能和权力。政府的行动只限于确定那些决定现有资源得以使用的条件，至于使用这些资源于何种目的，则听由个人去决定。

当然，我们在看到市场经济对催生自由主义所起的历史功绩的同时，也应该看到它的负面影响。一方面，市场经济确立了个人本位的利益格局，把单个人变成了自身主体，调动了个人的积极性，发挥出了个人的创造性。另一方面，由于市场经济强化了社会分工、加深了利益分割，也就会促使个人向片面化方向发展，并在个人之间造成以往所没有过的紧张关系和矛盾冲突。正因为市场经济的双重性，马克思把"以物的依赖性为基础的人的独立性"看作仅属人的发展的"第二大形态"，而没有规定为最高形态。在马克思所倡导的人的发展的第三形态中，"社会化的人，联合起来的生产者，将合理地调节他们和自然之间的物质交换，把它置于他们的共同控制之下，而不让它作为盲目的力量来统治自己；靠消耗最小的力量，在最无愧于和最适合于他们的人类本性的条件下来进行这种物质变换。……这个自由王国只有

---

① 转引自［英］哈耶克《通往奴役之路》，王明毅等译，中国社会科学出版社1997年版，第82页。

② ［英］哈耶克：《自由秩序原理》，邓正来译，生活·读书·新知三联书店1997年版，第203页。

③ ［英］哈耶克：《通往奴役之路》，王明毅等译，中国社会科学出版社1997年版，第73页。

建立在必然王国的基础上,才能繁荣起来"①。

二 自由主义产生的政治基础

民主是人类文明的科学成果。民主是与专制制度相对称的,其核心是多数人掌权的意思。作为自由主义产生的政治基础,民主政治孕育了自由主义,是其产生的母腹。理由如下:

1. 古代希腊、罗马的民主法治思想是自由主义产生的源头活水

在古代希腊,民主是指一种由自由民掌握国家主权,实行公民直接选举国家官吏和直接进行民主决策的国家形态。民主的国家,以多数人民的意志作为国家政权的基础,承认公民权利平等,承认全体公民是国家统治权力的最高和最后的控制者。古希腊的城邦由奴隶、无公民权利的自由人和自由公民组成。奴隶从属于主人,没有独立人格,被排除在政治生活之外。无公民权利的自由人包括妇女和自由的外邦人,没有政治权利,但有独立人格和自由身份。自由公民有独立人格、自由身份,更重要的是享有政治权利。城邦是自由公民的自治团体,实行直接民主,公民在法律支配下分享权利义务,通过公民大会或陪审法庭等机构直接参与城邦重大事务讨论和决策。尽管古代希腊人所创造的城邦民主政治制度是有缺陷的,往往成为煽动公众进行派别斗争的工具,成为造成雅典没落的一种原因。但是它却使人认识到自身的力量,相信人的理性和智慧能够使人达到完美,认识到人的自由、个人的权利和义务的重要意义,为欧洲人的理性、自由、民主和法治的传统提供了最初的信念。

古代希腊的传统和日耳曼人的法治传统又使罗马帝国产生了最先进的罗马法,要求在罗马帝国统治下的所有人,包括它所征服的民族的人民,都成为罗马的公民,都享有平等的公民的权利。以及保护私有财产,把人与人的关系都规定为契约关系,等等,从而使得罗马法成为现代欧洲法律的起点。马克思高度评价道,罗马法是"以私有制为基础的法律的最完备形式",是"纯粹私有制占统治的社会的生活条件和冲突的十分经典性的法律表现。以致一切后来的法律都不能对它作任何实质性的修改"②。事实上,罗马法所有这些平等、保护私有财产以及契约关系等概念都是自由主义产生的基础。没

---

① 《马克思恩格斯文集》第 7 卷,人民出版社 2009 年版,第 929 页。
② 《马克思恩格斯文集》第 4 卷,人民出版社 2009 年版,第 221 页。

有平等，就不可能有自由。在西罗马帝国崩溃，中央权力瓦解之后，并没有重新产生中央集权的专制制度，而是产生了与东方完全不同的权力层层分散、以契约为基础的政治制度。这种制度对农奴是没有契约关系的，但也有一定的权利和义务的约束，以保障他们所获得的部分人身自由和一定限度的私有财产的权利。罗马法强调了人的精神自由、人人平等，进而奠定了法治基础上的自由理念。

尽管城邦制是少数自由公民的民主，罗马法也有诸多缺陷，但它们将个人自由与服从法律结合起来，体现了民主与平等的自由理念，成为自由主义产生的源头活水。

2. 近代西方的民主政治理论是自由主义产生的政治母体

近代西方的民主政治理论，是在反对封建专制制度的斗争中产生的。自然法学派的代表人物斯宾诺莎认为，民主政体是最理想的政治制度。英国自由主义的奠基人近代思想家约翰·洛克（1632—1704）针对封建君主专制的弊端，最早提出了分权学说，他主张国家权力划分为立法权、执行权和对外权。每一种权力应交给特殊的机关掌握，国会是立法机关，而执行权交政府行使。继洛克之后，法国的政治思想家孟德斯鸠进一步发展了分权学说，他把国家的权力分为立法权、行政权和司法权。这三种权力应分别属于三个不同的国家机关，使它们互相平衡、互相牵制。他认为，只有划分权力的国家，才能保障人民的自由。哪里的权力不划分，哪里的国家就必然倾向专制制度。在法国大革命爆发前，法国政治思想家卢梭提出著名的"社会契约论"，主张建立以社会契约为基础的国家制度。他提出国家的"主权在民"的学说，主张立法权必须属于人民，立法权的最终目标是维护全体人民的最大幸福，只有在全体人民参加立法的国家里，自由才能保持。

马克思在《共产党宣言》中对资本主义民主制度在历史上所起的作用，给予了充分的肯定和高度评价，指出："资产阶级在历史上曾经起过非常革命的作用。资产阶级创造了这样大的经济成果，超过了以往人类世界的总和，是和它的政治制度进步有关系的。"资产阶级民主制度，反作用于它的经济，使得它的经济有了很快的发展。资本主义社会，商品经济大发展，自由买卖，自由贸易，自由契约等等，冲破了封建的自给自足经济，于是，从政治上来说，专制制度就不适应了，要求有民主制度与其相适应。民主制度的建立、发展和完善，不但反过来促进了资本主义市场经济的发展，更重要的是促进了自由主义的产生。

3. 民主为自由主义的产生提供了和平的社会环境

新自由主义思想家卡尔·波普尔（Karl Popper, 1902—1994）是一个和平主义者，他认为消除暴力，保持和平的社会环境构成了自由主义存在的主要理由。如果说民主制仍是至今弊端最少的政治制度，那是因为它倾向于使暴力的手段失去作用。波普尔对传统政治哲学复杂的分类给予了忽略，只区分了两种政体，"一种是人们不用流血就能摆脱的政体"（民主制）；"一种是被统治者只能通过胜利的革命才能摆脱的政体"（专制）。① 民主的原则并不意味着我们就可以发展出完美无缺的制度，而是在民主制度下，即使是坏的政治，人们能够努力而和平地去修正它，从而不至于产生暴力去破坏自由。

另一位自由主义思想家斯蒂芬也有类似看法，他认为民主是实现和平变革的方法，"如果在几个相互冲突的意见之中必定要有一种意见占上风，并且在必要的条件下不得不用强力使一种意见占上风的话，那么，通过计算人数比通过战斗来确定哪种意见有更强大的支持者会更加减少浪费。民主是迄今发现的和平变革之唯一方法"②。路德维希·冯·米瑟斯（Ludwig Von Mises, 1881—1973）认为，"民主不是一个革命的制度。相反，它恰恰是防止革命和内战的手段。它提供了一种使政府和平地去适应多数人意志的手段"③。从而为多数人获得自由营造了和平的社会环境。

只有在和平时期，一位自由的人才有可能减少社团的整体的共同目标的束缚。又由于市场经济有助于划定明确的个人权力（如财产权），并指定一些领域，每个人在这个领域的范围内完成自己的目标，从而有可能实现个人决策的自由。

三 自由主义产生的思想基础

个人主义是自由主义产生的思想基础，是其产生的理论前提和精神基础。文艺复兴时期，个人主义成为人文主义的一个重要组成部分和基本内容。由于文艺复兴时期人文主义者所说的人不仅是指人的全体，而更多的是指人的个体，因此，对个体的重视自然成为人文主义关心的焦点和核心。个

---

① K. R. Popper, "Prediction and Prophecy and Their Significance for Social Theory", Proceedings of the 10th International Congress of Philosophy, I Amsterdam, 1948, p. 90.
② [英] 哈耶克：《自由宪章》，杨玉生等译，中国社会科学出版社 1998 年版，第 152 页。
③ L. Von Mises, *Human Action*, New Haven: Yale University Press, 1949, p. 150.

人的自由、个人的意志、个人的喜好成为他们思考的问题和进行选择的出发点。实际上，个人主义还为人人平等的思想的进一步提出奠定了基础。中世纪的社会是建立在封建等级制度基础上的，人文主义则以个人主义思想为武器宣扬了人的平等。自由主义倡导个性的发展和个人的独立，维护法律面前和政治地位上的人人平等，强调国家的政治进步和经济发展。可以说，个人主义是自由主义产生的基因。

1. 个人主义是自由主义产生的思想基石

自由主义理论体系处处都浸润着个人主义精神，个人是它的出发点和归宿，个人主义是自由主义产生的思想基石，其典型特征在于自由主义将个人的权利视为不证自明的，而国家（政府）的权力则是需要证明的；政治哲学需要为国家权力提出根据，发现其权力何在，但却不需要为个人权利提供依据。个人权利是政治秩序和政治权力的原因，但它本身却没有原因。17—18世纪的自由主义者都把作为国家基础的个人权利视为"自然的"，其含义在于，它们是人的本性所固有的，与生俱来的，先于国家而存在的。在当代自由主义思想家罗伯特·诺齐克（Robert Nozick，1938—2002）那里，古典自由主义认为个人权利先于国家的特征已经表现得更为清晰和鲜明。他在《无政府、国家与乌托邦》一书开篇即以"个人拥有权利"的命题为他整个政治哲学大厦奠基。

作为一名坚定的自由主义者，哈耶克所主张的"个人主义"等价于"自由主义"，二者可以"互换使用"。[①] 哈耶克将自己主张的自由主义价值原则明确谓之"个人主义"并以此为标准来"鉴定"西方的各种个人主义学说。为此，哈耶克首先区分了真伪两种个人主义。哈耶克认为，"真个人主义"智识传统始于洛克，尤其是孟德维尔和休谟，经弗格森和亚当·斯密以及他们伟大的同时代人埃德蒙·伯克的努力而首次达致了其鼎盛时期，而以卢梭和重农主义者为代表的笛卡儿式的唯理个人主义却始终隐含着"一种演变成个人主义敌对面的趋向"[②]。这种个人主义就是"伪个人主义"。

哈耶克的真个人主义的基本特征，就是把个人当作人来尊重；就是在他自己的范围内承认他的看法和趣味是至高无上的。他所说的自由是个人自

---

① 邓正来：《规则·秩序·知识——关于哈耶克自由主义的研究》，生活·读书·新知三联书店2004年版，第21页。

② ［英］哈耶克：《个人主义与经济秩序》，邓正来译，生活·读书·新知三联书店2003年版，第9页。

由，他所谓的个人，从肯定方面看，具有四大特征：一是具有独立目标；二是能够自主行动；三是拥有分散的知识；四是能够与他人和社会进行调适和互助，即个人在性质上乃是社会的。哈耶克还从否定方面对其个人的特征作出区分，他所谓的个人不具有以下四个特征：一不具有个人至上和自由放任的特点；二不是那种孤立的、自足的、原子式的，总之缺乏人的社会性的个人；三不是集体和组织"机器"中的"螺丝钉"；四不是那种完全服从组织和集体的强制，缺乏真正的人性的个人。

无论是诺齐克还是哈耶克，他们的自由主义思想无不浸染着个人主义精神。

2. 个人主义的形而上原则是自由主义的逻辑起点

个人与社会的关系问题是个人主义的形而上原则，自由主义思想家都是从个人出发，论述社会权力的起源、性质、范围及其权利依据。无论他们在个人与社会关系上得出什么结论，其运思逻辑都是一致的：个人是社会的基础，社会是个人的集合。

罗尔斯（John Rawls）在西方自由主义传统里的成就斐然，堪称接续了密尔，甚至于康德的地位。在个人与社会的关系问题上，罗尔斯认为，社会由个人组成，并按照一定的规范和制度原则，突出个人利益。人们彼此之间的关系或多或少带有某种偶然性。他在《正义论》正文第一页上的宣示是——每个人都拥有一种奠基在正义之上的不容侵犯的地位，即便社会整体的福祉，也不能凌驾。"社会是由一些个人组成的多少自足的联合体，这些人在他们的相互关系中都承认某些行为规范具有约束力，并且使自己的大部分行为都遵循他们。我们在进一步假定这些规范标志着一个旨在推进所有参加者利益的合作体系。"[①] 显然，个人主义的形而上原则是罗尔斯阐述其自由主义思想的逻辑起点。

个人与社会的关系问题同样是自命为"真个人主义"的哈耶克自由主义理论的思想脉络。他认为，个人行动及其客体在意义序列上优先于社会。社会科学中的事物乃是人们认为的事物。认识者和被认识者所具有的意见或意图对人们认识和理解个人行动及其客体起决定作用。个人行动及其客体都不具有本体论上的实在地位，因为这些构成要素并不是由所谓的物理特性或某一终极原因决定的，而是由种种不确定的主观因素所导致的结果。因而，人

[①] ［美］罗尔斯：《正义论》，中国社会科学出版社1988年版，第4页。

们只有通过理解那些指向其他人并受预期行为所指导的个人行动,同时通过类推的认识方式,才能达到对社会现象和社会秩序的认识和理解。同时,他认为,个人认知作为个人有目的的行动的一部分,具有明显的社会性质。他的一贯主张是理性有限和理性不及,个人理性应被理解为一种人与人之间相互作用的过程,在这个过程中,任何人的贡献都要受到其他人的检验和纠正,任何人都没有资格对另一个人所具有的利益或被允许实施的能力作出最终的判断。

3. 个人主义的个人原则是自由主义的理想目标

个人主义者认为,在限定的范围内,应该允许个人遵循自己的而不是别人的价值和偏好,个人的目标体系应该至高无上而不屈从于他人的指令。就是这种对个人作为其目标的最终决断者的承认,对个人应尽可能以自己的意图支配自己的行动的信念,构成了个人主义立场的实质。

建构论的理性主义倾向于把一些完全不适用于非人为设计过程的东西归之于社会,注重建构论传统的个人主义的个人原则立足于每个个人都倾向于理性行动和个人具有的理智和追求善的假设,认为凭借个人理性,个人足以知道并能根据社会成员的偏好而考虑到建构社会制度所必需的境况的所有细节。与此传统相应的自由主义认为,个人权利(或自由)是优先的和基本的,但是对它的社会保障却不是绝对唯一的。换言之,要保证每个人的权利不受侵损,就必须建立一种平等的社会基础和相应的公平条件,而且更为重要的是,还必须建立一种公平正义的社会分配程序和制度以关照所有人的人权利益,这是因为人的先天秉赋与后天境域不可能完全相同。这种自由主义的理想就是调控和纠正历史的运作,其途径则在于尽可能广泛地再分配使个人完全成为个人的善:自由和机会、收入和财富,以及自尊的基础。

进化论的理性主义则把社会看成是一个非人工设计的过程。注重进化论传统的个人主义的个人原则把个人看成是社会进程的产物,个人成其为个人乃是因为这样的事实,即他拥有才能,拥有独特的容貌,存在于特定的环境之中,在这种环境中他保有自己的兴趣、忠诚和义务。这样的个人所要求的那种理想社会秩序,是一种能够与源自他们不同目标的不同行为相协调的秩序。

无论是遵循建构论传统还是进化论传统,个人主义的个人原则都是自由主义的理想目标。

四 核心理念：个人自由、个性独立

自由主义的核心理念就是个人自由和个性独立，高度强调自由的优先性和保障个人权利。在自由主义者看来，自由主义的根本价值在于真正实现个人的自由选择，特别是在一个公正的社会环境中实现这种选择。自由主义者是政治权利论者，他们把个人权利视为生命，个人权利尤其是个人的自由权利是神圣不可侵犯的。只有充分地、自由地实现个人价值，社会的价值和公共的利益才能获得足够的保证。自由主义把个人作为观察、分析、判断一切社会政治问题的出发点，把社会历史事件、政治经济制度的动因都最终归结为个人行为。

1. 人是目的，不是工具

康德（Immanuel Kant，1724—1804）"人是目的，不是工具"的命题高度概括了自由主义的一个基本信念："这样行动，无论是对你自己或对别的人，在任何情况下把人当作目的，决不只当作工具。"[1] 这里所说的"人"是指独立、自由和平等的个人，是与社会整体或国家相区分相对立的个人。"人是目的，不是工具"这一命题，确认了人是终极价值，最集中地表达了自由主义的信仰。

哈耶克认为，自由主义实际上是一种"以个人为中心的体系"[2]，是一种"认为个人至高无上的学说"[3]。"自由主义者对社会的态度，像一个照顾植物的园丁，为了创造最适宜于它成长的条件，必须尽可能了解它们的结构以及这些结构是如何起作用的。"[4] 对于社会而言，其自由主义注重社会的结构或组成即个人，个人是第一位的，而把社会整体置于第二位甚至漂离于其视野之外的地位。

既然人不是工具，那么人只有借助国家这个工具来达到其目的。自由主义思想家从以下几个方面阐述了国家的工具性：一是从国家产生而言，托马斯·霍布斯（Thomas Hobbes，1588—1679）的看法比较有代表性，他认为，国家并非由神意创造，而是人们通过社会契约让予自然权利建成的，其本质

---

[1] ［德］康德：《道德形而上学探本》，唐钺译，商务印书馆1957年版，第43页。
[2] Lawrence C. Becker. Encyclopedia of Ethics Volume II. Inc. New York：Garland Publishing，1992，p. 608.
[3] Pierre Birnbaum，*individualism*，Oxford：Clarendon Press，1990，p. 31.
[4] ［英］哈耶克：《通往奴役之路》，王明毅等译，中国社会科学出版社1997年版，第25页。

目的在于人们理性和幸福生活的需要以增进所有人的和平、安全与便利。法国革命家罗伯斯比尔（Maximilien de Robespierre, 1758—1794）也认为，"人民是主权者，政府是人民的创造物和所有物，社会服务人员是人民的公仆"①。二是在对待国家和人民关系方面，洛克的观点颇有影响，他认为，国家或政府在本质上是工具性的。国家自身没有目的，不过是人们为安全和福利而创造出来的工具，国家的权力与活动以实现这个目的为限度，超出就为非法，就要被解体。三是就国家的作用来看，潘恩认为，国家是一种必不可少的恶，在可以不需要国家的场合，就尽可能通过其他途径来解决。杰斐逊指出，掌握国家权力的人并不必然具有超人的智慧，权力并不等于真理，因此存在权力被滥用的可能性，而无论权力是为少数人掌握还是由多数人掌握，即相信人民自身才是唯一可靠的保护者。他的这一思想渗透在美国1776年的《独立宣言》中，"我们认为这些真理是不言而喻的：人人生而平等，他们都从他们的'造物主'那边被赋予了某些不可转让的权利，其中包括生命权、自由权和追求幸福的权利。为了保障这些权利，所以才在人们中间成立政府"，"如果遇有任何一种形式的政府变成损害这些目的，那么，人民就有权利来改变它或废除它，以建立新的政府"。四是就国家权力的使用而言，孟德斯鸠的论述很有代表性，他认为，国家权力作为一种重要的社会资源可能为掌握这种权力的人带来其他的利益，即权力本身就有走向腐败的倾向，绝对权力导致绝对腐败，民主政体也不例外。

正是上述种种关于国家是工具的理论解除了人们思想上的束缚，为个人追求平等的自由权利提供了强大的精神动力和智力支持。

2. 高度强调自由的优先性

自由主义把个人作为思想出发点，所有的政治手段首先要从对个人价值的态度来判断，社会中的个人自由本身就是终极价值。自由至高无上是自由主义的基本信念。自由主义认为，自由是个人幸福的条件，也是社会进步的前提，自由只能为了自由的缘故而被限制。

纵观自由主义的发展史，要在政治实践中践行人是目的、国家只是工具的理想是一件艰难的事情。但是自由主义思想家始终都没有放弃过从理论上对自由优先性的强调。例如，18世纪末，出现了一种新的政治趋向——国家对人的终极目标漠不关心，力图把人变成"机器"，期望个人完全彻底地认

---

① [法]罗伯斯比尔：《革命法制和审判》，商务印书馆1965年版，第138页。

同自己的任务，成为一种没有任何个人特征的、毫无独立意志的工具。为了保护个人自由，抵制国家发展的危险趋向，自由主义思想家洪堡勇敢地站了出来，写出了《国家的作用》一书，该书产生了很大的社会影响，被誉为"德国自由主义大宪章"，贯穿于该书的中心思想，就是如何使国家不会侵犯和妨碍个人自由和权利。19世纪初，法国思想家邦雅曼·贡斯当（Benjamin Constant, 1767—1830）是一位自由主义斗士，他把个人自由作为其政治学说的出发点。他阐述了两种自由之间的区别：现代人的自由是个人生活独立性的自由，古代人的自由则是参与集体决定的自由。他相信，个人独立是现代人的第一需要，个人自由是唯一真实的自由，是真正的现代自由。密尔在《论自由》中阐释保护个人自由的重要性，他认为，自由乃人的本性，自由与发展是一回事，没有个性自由也就没有个人的进步或社会的发展。

哈耶克从人类知识增长的角度提出了个人自由优先性的观点，他认为，人类智识的获得是无数个人在不断试错的过程中累积起来的结果，除非在极为特定的个别事件上人类是不可预知社会未来状况的，人绝对不可能攀登得比他不知道要去的地方高。所以，应该给予个人充分的自由，不期望国家无理干预个人自由。

3. 高度强调尊重和保障个人权利

在西方自由主义者那里，民主政治的价值主要不在于集体目标的实现，而在于其对个人自由的保障。自由主义从个人本位出发，以保障个人自由为至高无上的价值追求，高度强调尊重和保障个人权利。

保障个人自由，首先在于保护个人的私有财产权利和竞争的市场经济规则。在自由主义思想家看来，受到严格保护的私有财产是个人自由的基础，在此之上发展起来的市场机制虽然有种种缺失，但却构成了政治民主的必要条件。正是经济自由，才形成了政治自由的基础。英国1688年革命的原则就是"无财产即无自由"。洛克在《政府论》（下篇）、《论宗教的宽容》这两部著作中明确提出并论证了生命、自由和财产是人人应有的不可剥夺、不可转让的自然权利，特别强调了个人的财产权是人权的核心，是个人对自己财产的排他性占有、使用、转让、继承等权利，是人类谋求生存、发展、建立和拥有家园的权利，是生命权的延伸，是人类自由与尊严的保障。洛克的思想集中体现了一切形式的新兴资产阶级的自由、民主的要求和愿望。大卫·休谟（David Hume, 1711—1776）说："哪里没有财产权，哪里就没有自由。"他认为，财产总是会增加我们选择的自由，"个人占有的财产"是个人创造幸福的主要手段。休谟把"财产占有的稳定、根据同意的转让、承诺必须兑现"视为人类社会最基本的三项自然法。休谟还认为，一个稳定的社会秩序，最重要的就是一个稳定的个人财产制度。

洛克等人关于保障个人权利的思想，经过美国1776年的《独立宣言》、法国1789年的《人权宣言》和1793年宪法，以法律的形式确定下来，成了资产阶级的法律原则。法国大革命的成果《人权宣言（1789年）》第17条说，"财产是神圣不可侵犯的权利，除非当合法认定的公共需要所显然必需时，且在公平而预先赔偿的条件下，任何人的财产不得受到剥夺"。因此，马克思、恩格斯在谈到法国的自由思想时指出：法国革命时的"自由思想正是从英国输入法国的。洛克是这种自由思想的始祖"[①]。

哈耶克在其著作《致命的自负》中发展了洛克的观点，"哪里没有财产权，哪里就没有正义"。他认为，如果人们想要自由、共存、相互帮助、不妨碍彼此的发展，那么唯一的方式是承认人与人之间看不见的边界，在边界以内每个人得到有保障的一块自由空间。这就是个人的财产权利，哈耶克称为"权利的分立"，并声称"分立的权利是一切先进文明的道德核心"，"是个体自由不可分离的部分"。他还认为，有了财产权利的分立，才有了个人自由和尊重他人自由的道德观念，进而培养了一种对超越任何个人及多数或少数的集团利益的规则（规则的核心部分是"分立的财产权"）的尊重，即"法治精神"，这是社会稳定和经济繁荣的基础。

保障个人自由，还需要从制度上保障。贡斯当认为，无论是现代人的个人生活独立性的自由，还是古代人的参与集体决定的自由，都不能放弃，需要通过制度建设将两者结合起来。他指出："假如立法者仅仅给人民带来和平，其工作是不完全的。即当人民感到满意时，仍有许多未竟之业。制度须实现公民的道德教育。一方面，制度必须尊重公民的个人权利，保障他们的独立，避免干扰他们的工作；另一方面，制度又必须尊重公民影响公共事务的神圣权利，号召公民以投票的方式参与行使权力，赋予他们表达意见的权利，并由其实行控制与监督。这样，通过履行这些崇高职责的熏陶，公民会既有欲望又有权利来完成这些职责。"[②]

---

① 《马克思恩格斯全集》第7卷，人民出版社1959年版，第249页。
② ［法］邦雅曼·贡斯当：《古代人的自由与现代人的自由之比较》，李强译，生活·读书·新知三联书店1998年版。

总之，自由主义思想家认为，保护私人财产权，就是保护人权，维护正义与公理。缺乏对私人财产权的保护等同于人的自然权利得不到保护。财产权限制了政府的行动范围，为个人创造了一个不受国家控制的私人领域，保护个人财产权也就保护了个人的财产不因多数人的意志被侵害和剥夺。

五　几点启示

自由主义作为西方世界的一种主流思潮，它的形成和发展受制于各个国家、民族不同的诸如经济、政治、思想等社会历史条件和文化传统。试图将西方国家自由主义的一整套做法全盘照搬到中国，在思想方法上，犯了教条主义与形而上学的错误。而实际上，作为一种政治上的事业或活动，自由主义的那一套做法在中国是行不通的，中国近代自由主义的失败即是明证。

1. 对待自由主义，我们要立场鲜明

对待自由主义，我们要有鲜明的立场，坚持马克思主义的指导地位，坚决反对一切形式的教条主义，反对照搬照抄别国经验，反对全盘西化。经济上，坚决打破"私有制是自由的最重要的保障"（哈耶克）的神话，那种以西方新自由主义的"经济人假设"为理论依据，认为公有制违反人的自私本性，在公有制基础上不能建立市场经济，搞市场经济必须实行私有化的主张，在实践中，只会把中国特色的社会主义市场经济建设拖入死胡同；政治上，坚决反击那种打着"人权先于主权"的幌子到处干涉别国内政的霸权主义行径，那种以政府的角色最小化，人民的利益就能最大化为理论依据，推行"华盛顿共识"的主张，在实践中，已经使拉丁美洲一些国家、俄罗斯和其他东欧国家政局动荡；思想上，坚决反对那种抛弃传统，全盘西化的错误倾向。在思想理论领域，如果不批评那些公然反对、攻击、诽谤马克思主义和社会主义的言论，让鼓吹资产阶级自由化的东西自由泛滥，让迷信西方思想理论的倾向发展下去，客观上势必会造成马克思主义被边缘化，使正确的理论难以确立。邓小平同志曾经批评一种不正常的现象，就是"对错误倾向不敢批评，而一批评有人就说是打棍子"[①]。

2. 对待自由主义，我们要有科学的态度

我们党历来主张学习、借鉴一切有利于中国发展进步的知识和经验。学

[①]《邓小平文选》第2卷，人民出版社1994年版，第389页。

习和吸收人类文明的一切优秀成果,是发展马克思主义的一个重要条件。我国正处于并将长期处于社会主义初级阶段,经济、文化还相对比较落后,更加需要积极研究和借鉴世界各国一切科学的新经验、新思想、新成果。同时,对待自由主义,我们也要有科学的态度。从自由主义对个人权利强调的极端言论中,从自由主义泛滥的重灾区的惨况中,我们也可以发掘出某些正面的东西,汲取某些教训,更加促进我们坚定地建设中国特色社会主义的市场经济、民主政治和法治国家。

第一,发展生产力,为人权保障提供足够的物质基础。我们反对私有制是自由最重要的保障,但我们确实需要不断加强和完善社会主义市场经济条件下的人权保障,需要特别强调生存权和发展权这一首要的基本的人权。这是符合唯物史观的,恩格斯曾经指出:"人们首先必须吃、喝、住、穿,然后才能从事政治、科学、艺术、宗教等等,所以,直接的物质的生活资料的生产,一个民族或一个时代的经济发展阶段,便构成为基础,国家制度、法的观点、艺术以至宗教观念,就是从这个基础上发展起来的,因而,也必须由这个基础来解释,而不是像过去那样做得相反。"① 恩格斯的这一思想正是对人的生存权和发展权的高度概括和深刻阐述。这也是符合国情的,中国的现实国情仍然是一个有13亿人口的发展中国家,这一国情决定了生存权、发展权在中国是最基本最重要的人权。不首先解决温饱问题,其他一切权利都难以实现。中外历史表明,只有充分实现人民的生存权和发展权,才能为其他人权的享有和实现提供必要的物质基础和前提。经济的发展不仅为其他人权提供物质基础,而且为人权的全面实现提供必需的人文和文化环境。因为一般来说,经济发展的过程必然是人们积极参与并在其中发挥主动性的过程,也必然是他们行使权利的过程。只有发展生产力,解决了生存权和发展权,才能为所有人权的完全实现提供必要的物质基础。没有物质基础,许多关于人权保障的美好期待都是画饼。

第二,坚定不移地发展社会主义民主政治,积极推进党内民主建设,以扩大党内民主带动人民民主,扩大人民民主,保证人民当家做主,为保障人权提供政治支持。我们反对自由主义关于人权先于主权的观点,自由主义的价值观认为,人权的正当性是先在的,国家和政府是衍生的,换句话说,西

---

① 《马克思恩格斯选集》第3卷,人民出版社1995年版,第776页。

方认为人权高于主权，而我国则奉行主权高于人权的理念。在人权的目的性价值与工具性价值的关系问题上，自由主义认为目的性价值是第一位的，人权是终极性的，人权本身就是目的，国家、政府对于人权是工具性的；而在我国宪法体系中，人权的工具性价值是第一位的，更多地强调人权作为工具、作为强大国家的一种手段的价值。相应的，在自由主义看来，民主本质上是一种手段，一种保障国内安定和个人自由的实用手段。民主很可能是实现某些目的的最佳方法，但其本身却不是目的。

在社会主义的原则下，党内民主充分实现了其目的的功能和手段的功能，是两者的完美统一。在民主问题上，我们必须坚持阶级观点和阶级分析法，站在无产阶级立场上看，民主既是目的又是手段。说民主是目的，是因为革命的首要问题就是夺取国家政权，并在夺得政权之后全力巩固它发展它，如果丧失了政权，那就丧失了一切。说民主是手段，因为作为上层建筑的民主应该而且必须为经济基础服务，无产阶级利用民主、利用国家政权组织经济建设、文化建设，推进社会主义事业。人民当家做主是社会主义民主政治的本质和核心。要健全民主制度，丰富民主形式，拓宽民主渠道，依法实行民主选举、民主决策、民主管理、民主监督，保障人民的知情权、参与权、表达权、监督权。人民民主是社会主义的生命。发展社会主义民主政治是我们党始终不渝的奋斗目标。

第三，完善人权立法，为人权保障奠定制度基础。人权立法是一个随着时间推移还需要不断完善的问题。改革开放30年来，中国的人权事业有了长足的发展。在经济社会全面发展，人民生活不断得到改善的同时，1991年11月1日，国务院新闻办公室发表《中国人权状况》白皮书，这是中国政府向世界公布的第一份以人权为专题的官方文件。白皮书首次以政府文件形式正面肯定了人权概念在中国社会主义政治发展中的地位，理直气壮地举起了人权旗帜。1997年党的十五大首次将"人权"概念写入党的全国代表大会的主题报告中，尊重和保障人权被明确作为共产党执政的基本目标纳入党的行动纲领之中。2002年党的十六大再次在主题报告中将"尊重和保障人权"确立为新世纪新阶段党和国家发展的重要目标。2004年3月14日，十届人大第二次全体会议通过的第四次宪法修正案，在《宪法》第33条中增加了"国家尊重和保障人权"的条款，这是中国宪法史上的一大盛事，也是人权发展史上的一个重要里程碑。在我国，"人权"终于由一个政治概念提升为宪法概念。2007年10月1日实施的

《中华人民共和国物权法》第四条规定："国家、集体、私人的物权和其他权利人的物权受法律保护，任何单位和个人不得侵犯。"这基本体现了国家对私人财产权实行平等保护的原则，这是伟大的历史进步。在某种意义上，《物权法》不只是一部保护财产权的法律，它还是现行宪法基础上的"人权宣言"。从发布《中国的人权状况》白皮书、把"尊重和保障人权"写入宪法和执政党党章到《物权法》的颁布实施，都标志着尊重和保障人权已成为党和政府治国理政的一项重要原则，成为国家建设和社会发展的重要主题。

当然，中国在人权事业发展中也存在着问题。就现实的情况来说，我国的人权立法还存在着立法数量不足等问题。许多本应建立的法律制度或应该设立的法律规范还没有建立和设立，在已经制定的法律法规上也还存在着诸多方面的缺陷，甚至还很不完善。为此，我们更需要有加强人权立法的决断和行动，切实地加快和完善人权立法，为人权保障事业提供更好的客观条件和制度基础，使人权立法为人权保障开辟道路，成为人权保障社会实践的先导。例如，目前我国法律关于公民经济、社会权利的立法主要认定了公民享有私有财产权和私有财产继承权、劳动权、退休权、退休人员生活保障权、年老人员从社会获得物质帮助权，而对诸如迁徙自由这样的基本权利等至今没有加以认定。迁徙自由是市场经济的必然要求，社会主义市场经济也不例外。市场经济条件下商品的大规模流通必然伴随着人员的大规模流动，在法律上便产生了迁徙自由，与营业自由和职业自由相提并论，以保障市场机制配置人力资源，形成自由的劳动力市场。随着改革的深入，我国人口的大量迁徙已成为不可逆转之势，严格的户籍制度所带来的消极影响越来越大，诸如升学、就业，甚至在人身损害的赔偿金额上都有所差别。立法的缺陷就会导致人民群众对法律的误解、对平等权利的怀疑，容易产生对社会的不满情绪，导致社会的不稳定、不和谐。因此，迁徙自由入宪应该是有现实基础的，也应该是我国的发展趋势和目标，也是与《世界人权宣言》、《公民权利和政治权利公约》关于迁徙自由的规定相一致的。当然，也应有相应措施处理好我国城乡之间、地区之间的经济发展和生活状况很不平衡的现实问题，以确保社会稳定。

总之，对待自由主义以及他国的经验，我们应该坚持江泽民同志提倡的"两点论"，一方面，"我们要大胆学习和借鉴资本主义国家的一切好东西"。另一方面，"又要坚决抑制各种腐朽的东西和反映资本主义本质属性的东西。掌握了'两点论'，我们的学习和借鉴工作就会广泛正确地开展起来和长期坚持下去"。他告诫全党："我们在学习和借鉴资本主义国家一切好的东西时，当然不能妄自菲薄，不能对社会主义事业缺乏信心。""如果因为要向外国学习，就以为自己什么也不行了，变成盲目崇外，那同样是一种片面性。至于极少数人，认为中国对西方国家的政治制度、经济制度，如议会制、多党制、私有制等，也应照搬过来，对于这种错误倾向，我们任何时候都要警惕和防止，不能让它们干扰我们的改革开放事业。"①

第二节 新自由主义及其危害

新自由主义主导的金融理论，不仅给实体经济带来了贫富分化、消费不足、生产停滞，而且在虚拟经济上积聚了巨大的金融风险，给全球经济带来百年不遇的金融大海啸。

一 新自由主义兴起的历史背景

新自由主义兴起于 20 世纪 70 年代开始的"滞胀"危机，其兴起的理论契机是凯恩斯主义走向衰落；经济机遇是两次能源危机；政治机遇是苏东剧变后的世界政治危机。

1. 凯恩斯主义走向衰落是新自由主义产生的理论契机

20 世纪 70 年代，西方经历了两次战后最深重的经济危机，整个西方经济长期陷入"滞胀"，而当时人们所奉行的凯恩斯主义却提不出有效对策，凯恩斯主义由此走向衰落。公司利益集团者们努力寻找支持削减政府计划的理论依据，以哈耶克为代表的新自由主义应运而生。实际上，早在 20 世纪 30 年代，英国伦敦学派的主要代表人物哈耶克在批评当时的苏联社会主义计划经济的同时，就进一步阐明了自由主义在现代市场经济发展中的意义。他在 1944 年的《通往奴役之路》和 1969 年的《自由宪章》中，大力推崇斯密的自由市场经济理论，认为只有自由放任，才能实现人的本性，通过个人自由提高效率，并用斯密提出的"看不见的手"合理配置经济资源。

---

① 《江泽民论有中国特色社会主义（专题摘编）》，中央文献出版社 2002 年版，第 207 页。

2. 两次能源危机是新自由主义产生的经济机遇

20 世纪 70 年代至 80 年代初,世界范围内发生过两次能源危机。① 每次危机都是在石油供需基本稳定的背景下,石油供给突然人为减少,导致石油供需骤然失衡而造成的。在危机中,西方工业国家的经济动力源被切断,各国经济停滞、物价飞涨、股市暴跌,这暴露了资本主义经济的脆弱性,而要克服这种脆弱性就必须进行全球范围内的生产要素的整合和经济结构的调整。新自由主义鼓吹贸易、金融、投资自由化、市场化,反对国家干预。新自由主义主张商品服务、资本、货币的跨国自由流动,要求发展中国家放松对资本和金融市场的管制。新自由主义鼓吹的经济理论正好解了西方政客的燃眉之急,他们正寻求走出两次石油危机带来的经济困境的理论主张。"撒切尔新政"② 的实施,标志着哈耶克倡导的新自由主义思潮开始进入主流社会。里根政府于 1982 年签发的《加恩—圣杰曼存款机构法案》,标志着放松金融监管,也即新自由主义从思潮转变成为政府政策的开始。

3. 新自由主义兴盛于苏东剧变后的世界政治危机

社会主义受挫是新自由主义大行其道的政治动因。苏联和东欧国家高度集权的计划经济体制使社会主义优越性没能充分发挥出来,经济效率低下,中央指令性计划经济的弊端日益暴露。20 世纪 90 年代初期,苏东剧变后,社会主义的挫折和计划经济的低效使广大发展中国家无所适从,出现了意识形态真空,迫切需要一种新的思想和改革思路引导广大发展中国家摆脱贫困,走上经济繁荣之路。新自由主义恰好填补了这一"真空"而大行其道。以米塞斯为代表的前西德自由主义学派特别推崇自由放任的思想,他和哈耶克一起,对前苏联"集中计划经济"模式进行了最早的批评。苏东剧变后,

---

① 第一次危机发生于 1973—1974 年。在这场危机中,原油价格从每桶 3.011 美元提高到每桶 10.651 美元,使国际市场上的石油价格因此而上涨了 4 倍,从每桶 3 美元涨到每桶 12 美元,从而引发了第二次世界大战之后最为严重的全球性经济危机。持续近三年的能源危机给发达国家的经济造成了严重的冲击。美国的工业生产下降了 14%,GDP 下降了 4.7%;日本的工业生产下降了 20% 以上,GDP 下降了 7%;欧洲的 GDP 下降了 2.5%。第二次石油危机发生于 1979—1980 年。危机中石油产量从每天 580 万桶骤降到 100 万桶以下,全球石油市场上每天都有 560 万桶的缺口。油价在 1979 年开始暴涨,从当时每桶 13 美元猛增至 1980 年每桶 35 美元。此次危机成为 20 世纪 70 年代末西方经济全面衰退的一个重要原因。

② 1979 年 5 月 3 日,玛格丽特·撒切尔在其当选为英国首相前夕的一次演讲中,明确提出"英国人已放弃了社会主义","30 年的试验分明已经失败",必须"准备去尝试其他方法"。这就等于向世人公开宣布她"别无选择"地接受了哈耶克的政策思想,并由此彻底表明了她的政治主张及其新政指向。参见刘迎秋《国际金融危机与新自由主义的理论反思》,《经济研究》2009 年第 11 期。

有人甚至欢呼，哈耶克所预言的"社会主义通往奴役之路"变成了现实。①

以哈耶克为代表的新自由主义应危机而生，无论是西方政界还是学术界都对新自由主义美梦抱有诸多幻想。例如，德国学者德特马·多林（Detmar Doering）曾这样评价哈耶克及其新自由主义代表作《通往奴役之路》是"80年代最强有力地启发英国的政策重返市场经济原则的那样一部著作"，"即使在其它国家，如在美国，哈耶克也成为一种自由主义反思的精神领袖。他也受到了学术界的承认——他获得了1974年诺贝尔经济学奖。1989年苏联帝国社会主义暴政的终结，也许是在他的人生旅途尽头最值得他欣慰的事情，而且许多东欧国家的知识分子自发地成立了各种'哈耶克俱乐部'和'哈耶克协会'。他们找不到比这更好的镇山之主了"。②

关于新自由主义的兴起及其本质，正如美国著名学者诺姆·乔姆斯基在他的《新自由主义和全球秩序》一书中明确指出的："新自由主义的华盛顿共识指的是以市场经济为导向的一系列理论，它们由美国政府及其控制的国际经济组织所制定，并由它们通过各种方式进行实施。""其基本原则简单地说就是：贸易经济自由化、市场定价（'使价格合理'）、消除通货膨胀（'宏观经济稳定'）和私有化。"在该书的导言中，罗伯特·W. 迈克杰尼斯则对"华盛顿共识"的本质内涵给出了如下简明概括："华盛顿共识"具有"经济体制、政治体制和文化体制"三重特性。新自由主义是我们这个时代明确的政治、经济范式。法国学者科恩·塞阿则认为，新自由主义是资本主义意识形态的理论表现。

二 新自由主义孕育了当前的国际金融危机

西方国家思想界对当前国际金融危机的原因分析是多方面的，但基于不同的政治立场和理论基础，人们对危机的原因作出不同的解释。归纳起来，主要有：金融机构片面追逐利润而过度扩张；金融及评级机构缺乏自律，导致风险信息和资产定价失真；金融监管能力与金融创新不匹配，金融衍生品风险不断积聚和扩散；有关经济体宏观经济政策不当、长期低储蓄高消费的发展模式难以为继，等等。毋庸置疑，这些原因分析都很准确。深究一下，

---

① 谭扬芳：《新自由主义理论失灵与国际金融危机》，载《马克思主义理论研究》，中国社会科学出版社2010年版。

② ［英］哈耶克：《通往奴役之路》，王明毅等译，中国社会科学出版社1997年版，第7页。

我们不难看出，每一种原因都与新自由主义推行的政治经济政策和生活方式密切相关。正如诺贝尔经济学奖得主、美国经济学家保罗·克鲁格曼所说："近30年来，无论是拉美各国的金融危机、东南亚各国的金融危机，还是当前美国的金融危机（现实际已发展为世界性的金融危机和经济衰退），都不过是推行新自由主义政策所产生的结果。"① 李慎明在《从国际金融危机进一步认清新自由主义的危害》一文中指出："国际金融垄断资本主义的理论基础就是以'华盛顿共识'为其完成形态的新自由主义。"②

1. 新自由主义的金融自由化政策导致金融危机

新自由主义的理论基础是其代表人物弗里德曼、哈耶克的个人自由至上的思想。他们认为，自由是效率的前提，"若要让社会裹足不前，最有效的办法莫过于给所有的人都强加一个标准"③。只要按自由市场机制办事，一切社会经济问题和个人自由问题都可有序地迎刃而解。正是在这种自由理论指导下，美国实施了一系列金融自由化政策，例如，金融市场日益开放；金融工具多样化；政府对金融体系的直接控制作用下降；利率渐趋自由化。其结果是金融机构片面追逐利润而过度扩张；金融监管能力与金融创新不匹配，金融衍生品风险不断积聚和扩散。因此，正是金融自由化政策引发了危机。

对于新自由主义推行的金融自由化政策与当前国际金融危机的关系，西方思想界不少学者看得很清楚。美共主席萨姆·韦伯认为，引发目前动荡的直接原因包括储备金过少、掠夺性的放贷、危险的金融工具、撤销管制、影子金融市场、泡沫经济等。他说："许多人觉察到了这次危机的直接原因，然而他们中许多人并不知道金融自由化是把美国金融体系和经济带入万丈深渊边缘的深层原因。"④

有的学者批评弗里德曼、哈耶克等人所尊崇的自由市场化政策并没有实现个人自由的目的。相反，市场交换在表面自由平等的背后却掩盖着极不公平的事实，以致会引发种种社会问题，直至暴力，人们所追求的个人自由也只能化为泡影。美共经济委员会成员瓦迪·哈拉比用鲜活的事例一针见血地指出："弗里德曼称赞'自由市场'，却对维持市场极不平等的交换必然需

---

① 谭扬芳：《〈通往奴役之路〉评析——哈耶克社会主义批判之批判》，安徽大学出版社2009年版，第3页。
② 李慎明：《从国际金融危机进一步认清新自由主义的危害》，《红旗文稿》2010年第3期。
③ [英]哈耶克：《自由宪章》，中国社会科学出版社1998年版，第75—76页。
④ 杨成果：《美国共产党论美国金融危机的根源与出路》，《国外理论动态》2009年第2期。

要大规模使用暴力——军队、警察、监狱视而不见。皮诺切特统治下的智利就是一个赤裸裸的案例。"①

英国《金融时报》专栏作家约翰·凯指出:"新自由主义的金融失控是一切危机的根源。"他认为新自由主义金融自由化政策是一个"怪物",他说:"我们以自由市场的名义,制造出了一个怪物,而它却有可能毁灭这个我们所颂扬的自由市场。"②

最值得一提的是,就连东南亚金融危机的始作俑者索罗斯在评价当前国际金融危机时都发出这样的感叹:"眼下发生的事情令人难以置信!这是我所说的市场原教旨主义这一放任市场和让其自动调节理论作用的结果。危机并非因为一些外来因素,也不是自然灾害造成的,是体制给自己造成了损失。它发生了内破裂。"③

2. 新自由主义的私有化财产制度导致金融危机

新自由主义将私有化作为自己的体制核心,其主要理由就是认为私有化一定能够带来自由民主和高效经济。哈耶克指出:"私有制是自由的最重要的保障,这不单是对有产者,而且对无产者也是一样。只是由于生产资料掌握在许多个独立行动的人的手里,才没有人有控制我们的全权,我们才能以个人的身份来决定我们要做的事情。如果所有生产资料都落到一个人手里,不管它在名义上是属于整个'社会'的,还是属于独裁者的,谁行使这个管理权,谁就有全权控制我们。"④"私有财产制度是给人以有限的自由与平等的主要因素之一。私人资本主义连同其自由市场的发展成了我们一切民主自由发展的先决条件。"⑤ 新自由主义否定公有制。几乎所有的新自由主义者都一致地认为,"当集体化的范围扩大了之后,'经济'变得更糟而不是具有更高的'生产率'"⑥,因此,不能搞公有制。

新自由主义主导下的华盛顿共识认为,国有企业是低效率的根源,因此私有化是其重要的改革措施。从实践看,将国有企业出售给私人资本是发展中国家实施私有化的主要途径。实际上,当一个国家缺少有效率的资本市场

---

① 丁冰:《失灵的药方——看西方学者如何批评新自由主义》,《红旗文稿》2009年第3期。
② 约翰·凯:《新自由主义的金融失控是一切危机的根源》(http://www.ftchinese.com/story/001030740)。
③ 肖洁、曾金胜:《国外理论界对新自由主义的批评》,《人民论坛》2009年第3期。
④ [英]哈耶克:《通往奴役之路》,王明毅等译,中国社会科学出版社1997年版,第101页。
⑤ 同上书,第102页。
⑥ [美]詹姆斯·布坎南:《财富与自由》,中国社会科学出版社2002年版,第50页。

和金融监管体制以及公司治理结构时，私有化往往会产生严重的腐败和国有资产的流失，导致财富迅速转移到少数暴富阶层手中，俄罗斯和东欧地区的改革就是例证。

新自由主义私有化与当前国际金融危机之间的内在关系，西方思想界一些有见地的学者作出了深刻分析。德国哲学家和社会学家哈贝马斯认为，金融危机是布什上台后推行私有化的结果。他指出："养老和医疗、公共交通、能源供应、判决的执行、军事安全以及学校和高等教育都被私有化了，市镇区乡的文化基础设施也交由私人捐助者的责任心和慷慨来负责，这样一种社会设计所产生的危险和影响同一个社会的和民主的法制国家的平等主义原则严重不符。"[1] 这场金融危机使推行私有化的美国的各种弊端暴露无遗。

美国经济学家詹姆斯·佩特拉斯认为："在我们的时代，新自由主义私有化关注的是利润而不是生产，它仅仅导致国际垄断资产阶级在全球范围内对现有财富和资产进行掠夺，在任何地方都没有导致生产力的蓬勃发展。"[2]

诺贝尔经济学奖获得者约瑟夫·斯蒂格利茨指出："新自由主义极力主张的'产权私有化'会误导社会主义国家把注意力集中在对产权进行私有化改革上。这种神话是一种危险的神话，因为它误导了许多转型国家把注意力集中在产权问题上，即集中在私有化上。发达国家通常是在对穷国进行援助的名义下，通过推行新自由主义来进行掠夺。在资本主义世界经济体系中有无数人的利益受到损害，而明确无误的赢家只有一个——西方发达国家的银行业和美国的财政部。解决这个世界贫困和危机的办法很简单：消灭剥削者。"[3]

3. 新自由主义反对国家干预导致金融危机

新自由主义认为，国家只是经济领域的帮手，它应该最小化，反对任何形式的国家干预。离开了市场就谈不上经济，无法有效配置资源，"市场上各方必须应该自由地按照他们能找到交易伙伴的价格进行买卖，任何人必须应该自由地生产、出售和买进任何有可能生产和出售的东西。进入各种贸易的通道也必须在平等的条件下向所有人开放，法律必须不能容忍任何个人或集团通过公开或隐秘的力量限制这些通道。任何控制某些商品的价格或数量

---

[1] 赵光锐：《哈贝马斯谈新自由主义破产后的世界秩序》，《国外理论动态》2009 年第 3 期。
[2] 丁冰：《失灵的药方——看西方学者如何批评新自由主义》，《红旗文稿》2009 年第 3 期。
[3] 谭扬芳：《〈通往奴役之路〉评析——哈耶克社会主义批判之批判》，安徽大学出版社 2009 年版，第 2—3 页。

的企图，都会使竞争失去它有效地协调个人努力的力量，因为这时价格的变化不再显示客观条件的全部有关变化，也不再对个人的行动提供一个可靠的指南"①。基于此种认识，新自由主义主张，让市场机制去调节一切社会资源的配置问题，即无论是私人产品还是公共产品都要让市场机制去调节和安排，反对国家干预。从而主张政府职能最小化，认为政府的基本作用是充当市场的"裁判员"。

西方思想界普遍认为，正是新自由主义鼓吹的反对国家干预才导致政府在金融市场和金融监管领域的缺位，而后者直接导致金融危机。以格林斯潘为代表的一代金融家信奉"最少的监管就是最好的监管"，强调放松管制，充分发挥市场的自发力量。受这种思想影响，1980—1982年间，美国国会通过了两个重要法案，解除了对金融机构的管制。这样，美国的银行及其他金融机构就可以自由地追逐最大利润。因此，越来越多的金融机构被吸引从事投机性业务。由于能给金融机构带来很高的回报，诸如次级贷款和由按揭所支撑的证券以及其他的所谓"创新"不断增加。例如，避险基金（对冲基金）每年的回报率高达25%，而要获得如此高的利润率，只有一种途径——把大量的钱借出去，提高债务水平。

英国《金融时报》于2009年4月15日发表社评《让我们汲取资本主义的教训》，文章指出："市场并不总是会自我修正。不受监管的市场可能会降低而非提高社会效率。新自由主义认为监管越少越好的轻慢论点已被证明是错误的。这场危机暴露出，我们当前的国家金融监管框架无法管理全球性的金融体系。"②

大卫·科茨指出："新自由主义的理论家们宣称，如果没有国家的管制，金融市场会更有效率，人们就能把有限的资源投入回报率最高的领域。但是他们忽略了一个重要的事实，即没有管制的市场非常容易发生危机。而且在新自由主义条件下金融危机会变得更加严重。"③

美联储（Fed）前主席艾伦·格林斯潘（Alan Greenspan）已经表示，"'他的世界观、他的意识形态并不是正确的'。他说，他过分相信理性个人的利己心最终会为所有人带来最好的结果。如果'人类历史上最大的金融危

---

① ［英］哈耶克：《通往奴役之路》，王明毅等译，中国社会科学出版社1997年版，第41页。
② 《让我们汲取资本主义的教训》（http://www.ftchinese.com/story/001025843）。
③ ［美］大卫·科茨：《美国此次金融危机的根本原因是新自由主义的资本主义》，《红旗文稿》2008年第13期。

机'是太过自由放任造成的,那么或许我们现在需要多一点国家干预"①。

三 新自由主义导致两极分化

当前国际金融危机的深层根源是新自由主义导致美国国内外的两极分化,加剧了资本主义的基本矛盾。新自由主义主流学者曾告诉人们,自由市场经济是通向最优效率、快速经济增长和创新,使所有那些愿意勤奋工作并利用机遇的人享有繁荣富裕的坦途。然而实际情况是,新自由主义的幸福诺言没有实现,反而导致美国国内外的两极分化,使全球性的金融危机不可避免。

1. 新自由主义导致美国等发达国家与发展中国家的两极分化

新自由主义主导下的金融垄断资本建立了金融专制统治,成为加强和扩大国内国际剥削的工具。金融垄断资本通过国家战略,利用在国际金融市场和国际货币体系中的控制权或主动权,大力推动各国金融自由化,对别国货币政策、汇率政策、中央银行的行动乃至整个金融体系施加影响,进而影响到该国的实体经济。作为世界上经济最为强大的国家,美国不仅要通过金融机制在全球配置资源,还要通过金融霸权在全球争夺资源。尽管金融垄断资本主义作为资本主义发展的新阶段,全球金融垄断的跨国发展在一定程度上实现了生产和资本的高度集中,适应了生产社会化发展的客观规律,创造了更先进、更高效的生产力,给资本主义经济注入了新的活力,延长了资本主义的生命周期。但由于现实的全球化本质上是资本主义经济关系在世界范围内的扩展,因此金融全球化并没有也不可能从根本上消除资本主义的固有矛盾,没有改变垄断资本主义的本质。相反,随着经济全球化进程的迅猛推进,资本主义基本矛盾以复杂且多变的形式被激化。美国在世界范围内推行新自由主义金融全球化使世界贫富差距越来越大,财富越来越流向美国等发达资本主义国家。特别是 20 世纪 90 年代美国之外爆发了一连串严重的经济危机,导致越来越多的国外资本逃到美国,1997 年亚洲金融危机使巨量资金流入美国,其中大部分流入美国股市,为股市泡沫推波助澜。1997 年国外购买美国有价证券猛增 52% 就是明证。金融全球化进程把一国资本主义经济政治发展的不平衡扩展到世界范围,即在促进世界经济发展和社会财富不断增

---

① 莫里斯·萨奇:《捍卫资本主义的铁娘子》(http://www.ftchinese.com/story/001026240?page=2)。

加的同时，扩大了世界范围的贫富差距，使一些国家和一部分人走向贫穷化。2006年2月15日，联合国下属的世界发展经济学研究院发布报告称，全球家庭财富分布：2%的最富人群占有全球50%的财富，并且财富高度集中在北美、欧洲和亚太地区高收入国家，这些国家拥有全球超过90%的财富。① 据世界银行提供的数据，世界最富国家与最穷国家人均收入差距，在新自由主义刚兴起时期的1973年为44:1，到2000年扩大为227:1，即27年间贫富差距扩大了5.5倍。日本首相鸠山指出：美式自由主义，造成了日本贫富悬殊。

2. 新自由主义导致美国国内两极分化

法国著名经济学家让－克洛德·德洛奈在分析金融危机的原因时指出，在资本主义经济金融化的背景下，"美国贫富分化严重，基于金融资产和房地产上涨的'财富效应'，使美国制造出大量暗藏危险的次级贷款，而一旦股市和房地产市场泡沫破裂，支持消费信心的'财富效应'将从相反的方向发生作用，必然导致经济危机"②。新自由主义加剧贫富分化的事实，西方思想界比我们看得更清楚。大卫·科茨对贫富分化的现象、原因及结果作了深刻分析。他指出："新自由主义造成了日益严重的贫富分化，GDP增长的绝大部分都进入了少数富有阶层的口袋。2005年，美国最富有的1%和1‰的人所拥有的财富都达到了1928年以来的最高水平。最富有的1‰的人口只有30万，他们的收入与最穷的50%的人口的总收入是相当的，而最穷的50%的人口有1.5亿。从1980年到2005年，最富有的1‰的人口的收入占社会总收入的份额翻了一番。其所以如此，原因在于在新自由主义条件下，工人和工会在与资本的博弈中处于弱势地位，社会缺乏为工人提供援助的相应政策和计划，导致工资不升反降而利润却不断上涨。贫富分化带来的问题是，谁来购买不断增加的产出？结果是，进入21世纪以来，工薪家庭的收入水平或者停滞或者下降，他们不得不把房屋作为抵押进行借贷以保持之前的生活水平。到2006年，这种债务已经变得过高而无法持续下去，工薪家庭发现他们已经很难再靠其收入进行正常借贷了，之前的债务也无力偿还了，于是，暴发了危机。"③

---

① http://news.xinhuanet.com/fortune/2006-12/07/content_5447552.htm。
② 严海波：《资本主义经济的金融化与金融危机》，《国外理论动态》2008年第8期。
③ [美] 大卫·科茨：《美国此次金融危机的根本原因是新自由主义的资本主义》，《红旗文稿》2008年第13期。

新自由主义辩护士引以为豪的是自由市场经济提高了利润率，马克思的"利润率有一种越来越降低的趋势"论不灵了。然而，他们忘了，新自由主义为企业提高了利润，但却把税收负担从资本身上转移到劳动身上。没有像许诺的那样为工人提高工资和税收收入，反而正是以损害工人的工资和税收收入为前提的。新自由主义制度以各种方式削弱了工人的谈判权利，例如，对工会进行法律和政治上的攻击，对工商企业解除调控，减少国际贸易和投资的障碍，等等。

显然，新自由主义主导下的金融垄断资本建立了金融专制统治，成为加强和扩大国内国际剥削的工具。金融垄断资本通过国家战略，利用在国际金融市场和国际货币体系中的控制权或主动权，大力推动各国金融自由化，对别国货币政策、汇率政策、中央银行的行动乃至整个金融体系施加影响，进而影响到该国的实体经济。作为世界上经济最为强大的国家，美国不仅要通过金融机制在全球配置资源，还要通过金融霸权在全球争夺资源。随着经济全球化进程的迅猛推进，资本主义基本矛盾以复杂且多变的形式被激化。美国在世界范围内推行新自由主义金融全球化使世界贫富差距越来越大，财富越来越流向美国等发达资本主义国家。金融全球化进程把一国资本主义经济政治发展的不平衡扩展到世界范围，即在促进世界经济发展和社会财富不断增加的同时，扩大了世界范围的贫富差距，使一些国家和一部分人走向贫穷化。

第三节　新自由主义的历史命运

当前的国际金融危机暴露了当代资本主义国际金融垄断资本的腐朽性，国际金融垄断资本的理论体系新自由主义进一步加剧了其自身所固有的基本矛盾和主要矛盾，最终必将危及自身。

一　新自由主义救不了当前的国际金融危机

在次贷危机引发的金融危机经历2008年一系列标志性事件［贝尔斯登在3月被摩根大通收购；美林证券于9月14日与美洲银行达成协议，将以440亿美元的价格被后者收购；雷曼兄弟于9月15日宣布申请破产保护；美国政府于9月16日同意接管美国国际集团（American International Group Inc.，AIG）］之后，2008年9月18日，在危机的关键时期，新自由主义主导的美国政府曾信誓旦旦,能够"救市"。受到美国政府正在考虑新救市计划的消息刺激,当日纽约股市三大股指大幅度飙升,涨幅均在4%左右。

1. 新自由主义救市方案遭拖延

据香港《文汇报》综合外电报道,为避免华尔街金融危机持续恶化,美国政府当时确实部署了有史以来最大规模的救市措施,处理金融机构的不良资产。美国国家广播有线电视公司(CNBC)报道说,计划最大部分是由政府通过发行债券,购买由华尔街金融机构发出的按揭及相关工具,改善他们的资产负债表。

当时的财长保尔森介绍计划时称:"我深信这个大胆方法所花费美国人的金钱,远比任由金融机构接二连三倒闭,信贷市场冻结,无法支持经济发展这条道路为少。"① 保尔森公布计划后,当时的美国总统布什发表讲话,他形容"美国经济生命来到关键一刻",救市措施将动用大量纳税人金钱,这项"前所未有的行动"带有风险,但预期这笔款项最终会得到回报,他呼吁美国人要对长远经济有信心。

《华尔街日报》指出,新机制可能会以低价向有偿付能力的金融机构购买资产再出售。报道并说,这项计划可能将是1930年以来,美国政府对金融市场最大的介入。

2008年9月27日,媒体报道"美国救市方案遭拖延令全球股市担忧",由于来自布什所在的共和党国会议员的反对,美国政府7000亿美元救市方案迟迟难以达成协议,这令全世界投资者神经紧张。救市方案拖延不决令市场焦虑,亚洲、欧洲和美国早盘的股票交易均告下跌。此前市场已受到美国最大储蓄贷款集团华盛顿互助银行(Washington Mutual)垮台的打击。货币市场依然面临严峻压力,很多公司赖以为经营融资的商业票据市场基本陷于停滞。银行业人士警告称,如果该方案看上去无法通过的话,将出现更加灾难性的(市场)反应。一家大型英国银行的证券部主管对英国《金融时报》表示,"感觉上我们好像离世界末日只有15分钟了"②。

2008年9月30日,媒体再报道"美国7000亿美元救市方案遭众议院否决","全球金融市场周一出现暴跌。美国众议院投票否决了布什政府的

---

① 《美国政府正部署有史以来最大规模的救市措施》(http://finance.ifeng.com/news/hgjj/2008 09/0920_ 2201_ 794702. shtml)。

② 《美国救市方案遭拖延令全球股市担忧》(http://www.ftchinese.com/story/001022224)。

7000亿美元金融纾困方案,此举令投资者震惊"①。

有分析人士指出,新自由主义的救市方案牵动着股市的神经。本已大幅度下跌的标普500指数在救市方案被否决的当天下午接近收盘时下跌6.5%。即便在出乎意料的投票之前,伦敦富时100指数(FTSE 100)收盘已大跌5.3%,但当日交易动荡,金融类股票遭到抛售。与此同时,信贷市场(此次金融危机的震中)压力加剧,投资者纷纷将资产转换成安全的政府证券。向安全资产的逃亡导致2年期美国国债的收益率下跌38个基点。

直到2008年10月1日夜间,美国参议院才批准了布什政府7000亿美元的金融体系救助方案。

2. 新自由主义救市计划的本质及后果

西方思想界批评新自由主义的救市计划实质是为平息金融市场恐慌的空前国家干预行动,这种干预体现在为危机中的美欧银行纾困或者使其国有化,与此同时,世界各国央行实施了巨额全球注资行动。

在西方许多被激怒的纳税人看来,新自由主义的救市计划是在为华尔街纾困。世界银行(World Bank)行长、著名共和党人罗伯特·佐利克(Robert Zoellick)对英国《金融时报》表示,美国国会通过这项法案至关重要。"这不仅对美国具有重要意义,对包括发展中国家在内的全球金融体系也具有重要意义。"②

斯蒂格利茨批评布什政府的减税政策和7000亿美元的救市计划。他认为:"这无异于是向体内出血的病人输血,向投机者提供补偿,以便他们继续进行投机。"③

新自由主义的救市计划会给全球经济带来怎样的后果是西方思想界质疑的问题。英国《金融时报》首席经济评论员马丁·沃尔夫2009年3月26日发文《看不到美国救市的希望》,他质疑"美国已经找到解决银行业灾难的可行方案。相反,随着公众被激怒,国会产生敌对情绪,总统畏手畏脚,依赖于政府向资金不足的机构注入公共资金能力的政策得以实施,美国已陷入僵局"。④

2009年3月17日,摩根士丹利亚洲主席史蒂芬·罗奇为英国《金融时

---

① 《美国7000亿美元救市方案遭众议院否决》(http://www.ftchinese.com/story/001022243)。
② 《美国参议院批准7000亿美元救市方案》(http://www.ftchinese.com/story/001022260)。
③ 宋晓平:《当前国际金融危机、全球化和发展问题》,《世界社会主义研究》2009年第5期。
④ 马丁·沃尔夫:《看不到美国救市的希望》(http://www.ftchinese.com/story/001025460)。

报》撰稿分析了"美国救市的后患",他指出,"这个备受危机摧残的世界,已无心承担重建全球平衡的重任。各国目前正在制定旨在重现经济繁荣的政策。美国政府希望信贷资金再次流向负债累累的美国消费者。而出口国——尤其是亚洲出口国——最希望的,莫过于这个全球最大的消费国能够引领需求复苏。这是一张后患无穷的处方。这并不是说,目前采取的财政及货币政策无法缓解困境。而是说,如果这些政策最终使得搅乱全球经济的失衡长期存在下去,下一次危机会比此次更为严重。……不平衡的亚洲经济体急切盼望不平衡的美国消费者再次开始花钱,以启动又一次危机后的复苏。眼下先顾增长,问题留待日后。这又一次成为危机之中失衡世界的口头禅。但这正是全球政策所面临的最大风险"①。最后他警告新自由主义的救市之道"是一条多么不计后果的治世之路!"②

二 新自由主义走向终结

金融危机走出低谷,那么新自由主义何去何从?在这个问题上西方思想界分歧较大。有的认为,危机什么都没有改变,还是一切照旧。持这种观点的理由是"不是资本主义的本质发生了改变,而是全球经济实力在地域分布上的变化。市场已不再属于西方"③。英国《金融时报》专栏作家菲利普·斯蒂芬斯指出,政治方面的情况也是一切如旧,他说:"自由市场所遭遇的反弹,本应令左翼势力重新崛起。好吧,我想你可能会说,这场危机对奥巴马入主白宫助了一臂之力。但看看其他地方吧,我们基本上没看到哪里又在启动社会主义长征。"④ 尽管如此,他还是不得不承认:"推动自由放任经济在全球取得进展的理念体系——'华盛顿共识'(Washington Consensus)——仍被悄悄埋葬了。……全球这些正在崛起的经济体,不会再听西方说教自由市场的优点。"⑤

有的认为危机对新自由主义主导的资本主义只是局部影响。奥斯瓦尔多·马丁内斯博士指出,仅经济危机本身不会使资本主义自身倒台,因为经

---

① [美] 史蒂芬·罗奇:《美国救市的后患》(http://www.ftchinese.com/story/001025303)。
② 同上。
③ [英] 菲利普·斯蒂芬斯:《金融危机改变了什么?》(http://www.ftchinese.com/story/001029245)。
④ 同上。
⑤ 同上。

济并不是唯一的因素，但是它可以为反资本主义力量的产生创造条件。"关键之点取决于经济与广义的政治之间存在的复杂关系。"①

有的认为危机对资本主义的改变可能是根本性的。美国著名学者伊曼纽尔·沃勒斯坦认为，"新自由主义全球化在 2008 年就走向了终结"②。世界银行代表佩雷拉·达·希尔瓦指出："最后的可能结果或是资本主义的终结，或是建立一种更加有调节的资本主义，风险度低的、更有社会容纳力的资本主义。"③ 在他看来，不管资本主义是否终结，新自由主义政策是难以为继了。德国哲学家、社会学家哈贝马斯指出：新自由主义早已丑态百出：承认证券商们绝对的主导地位；对日益增长的社会不公无动于衷；容忍底层人群贫困、儿童贫困、低工资等现象的出现；怀着私有化的妄想，削弱国家的核心功能；把公共领域廉价出卖给了金融投资商；文化和教育则取决于赞助商们随经济行情不断变化的兴趣和心情。因此，"随着布什时代的结束和新自由主义所吹牛皮的破裂，克林顿和新工党的纲领也走到了尽头。即将要出现的是什么？我希望，人们不要再对新自由主义信以为真，而是要让新自由主义离开舞台"④。

英国《金融时报》首席经济事务评论员马丁·沃尔夫在《自我毁灭的种子》一文中尖锐地指出，新自由主义时代也是金融危机格外频发的时代，同时还是资产价格形成大泡沫的时代。在经济泡沫蛊惑下，似乎所有的人都失去了理智，金融家们的贪婪、普通投资者的盲目、监管者的松懈、政府的失察都表现得淋漓尽致。而所有这一切都蕴涵着最终导致新自由主义灭亡的种子。

西方思想界认为，法国总统萨科齐（Nicolas Sarkozy）是最新一位为新自由主义敲响丧钟的领导人。萨科齐认为，新自由主义带来了过去 30 年空前的全球繁荣，也带来了当前的严重泡沫破灭。"无所不能、始终正确的市场已经完了。""自由主义终结了。"⑤ 即使曾经执掌高盛的保尔森（Hank Paulson）也表示，"新自由主义主导下的资本主义是一条死胡同"⑥。

---

① 宋晓平：《当前国际金融危机、全球化和发展问题》，《世界社会主义研究》2009 年第 5 期。
② ［美］伊曼纽尔·沃勒斯坦：《2008 年：新自由主义全球化的死亡》，2008 年 2 月 1 日，http://fbc.bingha-mton.edu/commentr.htm。
③ 宋晓平：《当前国际金融危机、全球化和发展问题》，《世界社会主义研究》2009 年第 5 期。
④ 赵光锐：《哈贝马斯谈新自由主义破产后的世界秩序》，《国外理论动态》2009 年第 3 期。
⑤ 李慎明：《从国际金融危机进一步认清新自由主义的危害》，《红旗文稿》2010 年第 3 期。
⑥ 《自由放任的终结？》（http://www.ftchinese.com/story/001022212）。

大卫·科茨认为，当前国际金融危机是新自由主义模式的资本主义的系统性危机。基于此，"金融危机导致了那种不受监管的经济自由化正在走向终结"①。"在发达国家，社会主义的复兴和资本主义的终结都是有可能的。"②

著名学者萨米尔·阿明教授指出："走出资本主义危机的唯一出路是摆脱资本主义。无论怎样翻来覆去地思考问题，到目前为止，唯一的结论是走向社会主义，无论怎样称呼它，每个国家的具体的经历如何。"③

---

① ［美］大卫·科茨：《目前金融和经济危机：新自由主义的资本主义的体制危机》，《理论学习》2009 年第 6 期。
② 张征、闫永飞：《"新自由主义与全球金融、经济危机"国际学术研讨会综述》，《国外理论动态》2009 年第 9 期。
③ 宋晓平：《当前国际金融危机、全球化和发展问题》，《世界社会主义研究》2009 年第 5 期。

第五章 新自由主义历史观的贫困

历史决定论是指承认历史发展中存在因果决定性、必然性和规律性的理论。历史非决定论则是指否认历史发展中存在因果决定性、必然性和规律性的理论。历史决定论作为一种历史哲学始于黑格尔，其理论是建立在唯心主义基础上的。马克思主义历史决定论的诞生使历史决定论摆脱了唯心主义而建立在科学基础上。马克思主义历史决定论揭示了社会基本矛盾是社会发展的根本动力，生产方式是社会发展的决定力量，生产力是社会发展的最终力量，确认人类社会是一个自然历史过程，有着不以人们的意志为转移的客观规律，人类社会形态不断由低级向高级发展，最终向共产主义演进是不可避免的过程和趋势。马克思主义历史决定论，从它诞生以来，便遭到来自历史非决定论等多方面的怀疑、误解、否定和攻击。

第一节 历史非决定论对历史规律的非难及辨析[①]

历史非决定论者断言历史无规律。在当代西方马克思主义研究领域，否定历史决定论和社会发展规律，成了一股世界性的思潮。他们认为所谓规律就是完全的重复性和普遍性，而所谓历史总是包含着某些旧东西灭亡和新东西产生的变化过程。由于人的主体性创造过程，导致了历史发展的不确定性及每一历史过程、每一历史事件的独特性，因而历史没有普遍性、规律性可言，只有自然现象才具有重复性和普遍性，才谈得上规律性。普遍的规律和变动的、单一的历史是不可通约的。他们把人的意识当作历史的基础，同时认为意识的变化无规律可言。从强调历史活动的主体性出发，把社会历史的

---

① 谭扬芳：《论唯物史观视阈下波普尔在历史规律问题上的偏颇》，《甘肃社会科学》2007年第2期。

运动归结为人们的自由意志,这是一切历史非决定论者和反历史决定论者的基本思路。从 19 世纪下半叶的意志论哲学、生命哲学到 20 世纪的存在主义、弗洛伊德主义,其主要内容都是提倡自由意志论。在否定社会历史规律的诸种观点中,波普尔的观点最为直接、明确,也最有代表性。他否定马克思的历史决定论,关键是否定历史发展规律的存在。他声称"历史与其说对一般规律感兴趣,不如说对特殊事件感兴趣","从我们的观点看,不可能有历史规律"。①波普尔认为,"每一桩特殊的社会事故、社会生活中的每一桩单独的事件,都可以说是新的",都是"独一无二的",因而"我们不能够总结出一般的规律,用一般的词句来描述这类因果的链索"②。

波普尔认为,所谓历史决定论是指一种社会科学的研究途径,它通过提示隐藏在历史演变之中的"节奏"、"类型"、"规律"和"趋势"来达到历史预言的目的。对此,波普尔认为,历史决定论是一种贫乏的方法——是一种不会结出果实来的方法,"我已经表明,由于严格的逻辑理由,我们不可能预告历史的未来行程"③。进而,波普尔在《历史决定论的贫困》一书的序言中将上述命题以五项纲要的形式作了表述:"1. 人类历史的行程是受着人类知识增长的强烈影响的(这一前提的真实性甚至于必定会被那些在我们的观念中,包括在我们的科学观念中,仅只看到了某一种或另一种物质发展的副产品的人们所承认的)。2. 我们不能用合理的或科学的方法来预告我们科学知识的未来增长(通过以下描绘出的那些考虑,这一诊断是可以从逻辑上加以证明的)。3. 我们不能预告人类历史的未来行程。4. 这就意味着,我们必须摒弃理论历史学的可能性,也就是说,摒弃一种可以相当于理论物理学的那种历史社会科学的可能性,不可能有历史发展的任何科学理论是可以构成为历史预告的基础的。5. 历史主义的方法的基本目的,因此就是错误的构想;于是历史主义就崩溃了。"④

在具体论述此基本纲要时,波普尔又首先将历史主义分成两类,即历史主义的反自然主义学说和历史主义的泛自然主义学说,二者的区别在于是否认为物理学方法可以适用于社会科学。"如果他们赞成把物理学的方法应用

---

① [英]波普尔:《开放社会及其敌人》第 2 卷,陆衡等译,中国社会科学出版社 1999 年版,第 400 页。
② [英]波普尔:《历史决定论的贫困》,杜汝辑、邱仁宗译,华夏出版社 1987 年版,第 9 页。
③ 同上书,序,第 1 页。
④ 同上。

于社会科学,则称他们为'泛自然主义的'或'肯定的';如果他们反对这些方法的应用,则称他们为'反自然主义的'或'否定的'。"① 对于历史主义的反自然主义学说而言,在波普尔看来,历史主义的反自然主义认为物理世界是由一个物理上的一致体系所支配,该体系在所有的时间和空间中都永远不变,所以物理规律或者说"自然规律"在任何地点或任何时间都是有效的,社会学规律或社会生活规律在不同的时间和地点都是不同的。历史主义的反自然主义者反对把物理学的方法应用于社会科学,试图将历史学与自然科学严格区分开来,其结果却使历史学成为纯粹主观的东西。关于历史主义的泛自然主义学说,波普尔认为,历史主义的泛自然主义认为社会学由于是理论性和经验性的,因此它对历史预告的相对成功在效果上与自然主义预告的成功是同等的,因而是赞成把物理学的方法应用于社会科学的倾向。

波普尔以自然科学的标准来衡量社会历史领域的问题,机械地理解社会历史规律的思想主要体现在对泛自然主义的批判中。

一 以自然规律的普适性否定历史规律的存在②

按照泛自然主义的观点,人类社会的历史必然受制于自然因果规律,其过程不会断裂,没有飞跃,呈现"连续规律",一切都按部就班地朝着某一理想的目标发展。波普尔认为,研究人类历史虽然可以采取因果性解释,但此种解释与自然领域的因果解释有着明显的区别,不能混为一谈。在自然领域,因果关系是重复出现的,因而是可以被检验的,而历史领域却没有这种重复性的因果关系,因为这里不存在类似于自然领域的普遍规律。也就是说,在自然科学领域,人们感兴趣的是普遍规律,而在历史领域,人们只是对独特事件的因果性解释感兴趣。而对独特事件的因果解释是不可能推演出"历史连续规律",也不可能看出历史的进步过程与阶段性的。

1. 历史领域没有重复性的因果关系

波普尔认为,规律是普适的。在他看来,"科学方法的一个重要设定(postulate)就是应该寻求其有效性不受限制的那些规律。如果我们承认规律本身也是变化的,那么规律就不可能解释变化"③。波普尔对于规律普适性的

---

① [英]波普尔:《历史决定论的贫困》,杜汝辑、邱仁宗译,华夏出版社 1987 年版,导论,第 1—2 页。

② 参见伍辉《论社会历史规律及其特点》,《云南民族学院学报》2002 年第 3 期。

③ [英]波普尔:《历史决定论的贫困》,杜汝辑、邱仁宗译,华夏出版社 1987 年版,第 81 页。

观点，用一句话来概括就是一切物理规律都是在时间和空间中不变的，普遍适用的。这种普适性是无条件的，针对任何时空的。波普尔认为，在历史领域是找不到这种没有时空尺度的"规律"的，"我们无法确定我们在某些时期所看到的规律是否在别的时期也能成立"①。

在波普尔看来，世界及其相应的理论有无限多个方面和层次，世界的每一层次都需要以更深的层次作为自己的解释。更深层次在内涵上更稳定、更持久，带有更高的抽象性和普遍性，即更高的逼真性和可证伪性。② 所以，认识对规律普适性的限制至多是一种暂时情况，一定可以而且应该通过发现更一般的规律来加以解决。

2. 辩证地理解规律的普适性

第一，现代科学已经证明，针对任何时空的，无条件的规律是不存在的。任何规律都是建立在一定的条件之上，都与特定的时空尺度相关。比

---

① [英]波普尔：《历史决定论的贫困》，杜汝辑、邱仁宗译，华夏出版社1987年版，第80页。
② 所谓"逼真性"（verisimilitude），就是指科学理论具有的不断接近真理的性质。波普尔认为，虽然科学理论不能被证实只能被证伪，但这并不是说它不包含真理的内容，相反，一个理论只要被经验事实确认过，无论它是已经被证伪的或是即将被证伪的，都必然包含一定的真实性内容。但由于科学理论仅仅是一种猜测，所以它必定会因其虚假性而终究被证伪，因此，任何科学理论都是"真实性"和"虚假性"的统一。虽然任何科学理论都是真实内容与虚假内容的统一，但不同理论所包含的真实性内容和虚假性内容的量是有区别的，即不同理论接近真理的程度不同，为此，波普尔提出"逼真度"（the degree of verisimilitude）这个概念，以说明科学理论逼真性的程度。他说，决定理论的逼真度高低的是理论所包含的真实内容与虚假内容这两个部分的量。他用公式：$Vs(a) = CtT(a) - CtF(a)$ 来表示理论（a）的逼真度与其真实性内容和虚假性内容之间的关系。理论（a）的逼真度 $Vs(a)$ 与它的真实性内容的量 $CtT(a)$ 成正比；与它的虚假性内容的量 $CtF(a)$ 成反比。一个理论的真实性内容的量越大，虚假性内容的量越小，它的逼真度就高，就越进步。科学发展的历史就是理论通过生存竞争而不断提高逼真度的历史。

所谓"可证伪性"，就是波普尔用来作为科学与非科学的分界标准。波普尔指出，他在分界标准中所说的"可证伪"，是指逻辑上的可被证伪，即凡是逻辑上可以被经验证伪的命题和理论，都是科学理论。它既包括历史上已被经验证伪的理论，也包括至今尚未被证伪、但在逻辑上将来有可能被证伪的理论。而任何在逻辑上不可被经验证伪的永远正确、绝对正确的理论或命题，他认为都是非科学的命题。波普尔对"可证伪"概念的这种解释，清楚地说明了可证伪性作为科学与非科学的分界标准，并不是只要求对理论进行反驳和否定，更重要的是，要求人们在科学活动中不能把现有的理论当做终极真理来顶礼膜拜。在波普尔看来，科学与形而上学的分界就在于科学是可以接受经验事实检验的，科学理论与经验事实之间的逻辑联系不再是理论被事实所证实，而是理论被事实所证伪，即一个真正的科学理论应该是可证伪的。一个好的科学理论必定要对世界提供非常普遍适用的、广泛的说明。因此，它出错的可能性最高，即它具有高度的可证伪性。这种高度可证伪性还要求理论本身的陈述应该是清晰、明确的。因为理论的陈述越是清晰、明确，这个理论的可证伪度就越高。（参见刘军大、谭扬芳《证伪和"证实"的统一——为卡尔·波普尔诞辰百周年而作》，《甘肃社会科学》2003年第1期，第58—61页。）

如，牛顿定律对于宏观低速领域是普适的，对于宏观高速领域、微观领域则又是非普适的。又如，生命运动规律不可能在生物体出现之前存在。所以规律的普适性是相对的。经典科学的理论模型是简单系统，在此系统内部，我们能够肯定规律在特定时空尺度上是普适的。但是这是一种理想模型，人为地排除了偶然性，舍弃了非线性因素。事实上，一旦变化使旧条件让位给新条件，旧的规律就让位给新的规律。社会规律本身会随着时空变更而改变样态、内容、功能和作用范围。因此，社会历史领域不存在不受特定时空层次限定的永恒的本质。

第二，变与不变是辩证统一的。世界上一切事物都是运动变化的，但在变化中又有相对静止稳定的一面。一切相对稳定的事物，都是永远运动变化着的，都是世界的某个片断侧面或暂时状态。换言之，一切规律（包括自然规律）只要存在于那些变化的历史事件之中，都是那些变动不息的现象之间的稳定的必然联系。离开了事物的运动变化或历史过程，就谈不到事物之间的相互作用，因而也就谈不到规律。

第三，社会历史规律存在于历史过程之中。马克思批判地吸取了人类历史上关于社会历史规律的全部积极的思想成果，否定了把社会规律当作超人类超历史的永恒不变的规律观点，指出了社会历史规律存在于历史过程之中。就其存在来说，社会历史规律是复杂的多层次的。比如，根据社会历史规律的时效性和作用空间来看，我们可以把社会历史规律分为普遍的、特殊的和个别的三个层次的规律。普遍的社会历史规律是指在人类历史的任何阶段上或人类社会的任何空间领域都普遍有效的社会历史规律。社会存在决定社会意识，生产力决定生产关系，经济基础决定上层建筑等就是这样的普遍规律。特殊的社会历史规律是指在特殊的社会历史阶段或特殊的人类生活空间或领域有效的社会历史规律。比如，在私有制条件下的特殊的社会历史规律就不是与人类社会历史共始终的。个别的规律是指在特定的社会历史阶段、特定的人类活动地域或领域所具有的规律。比如，资本的运动规律。就其表现而言，社会历史规律的表现总是具体的历史的。马克思坚决反对各式各样的永恒规律论，总是在具体的历史条件下和特定的历史环境中谈规律，认为规律是有条件的，是历史性的，离开了具体的条件和历史阶段，规律就无从产生，也无从发挥作用。针对把特定地域特定民族的历史规律当作一切民族一切国家普遍的永恒的发展规律的做法（米海洛夫斯基把关于西欧资本主义起源的历史概述彻底变成一般发展道路的西方马克思主义理论），马克思晚年在《给〈祖国纪事〉杂志编辑部的信》中说:"他这样做,会给我过多的荣誉,同时也会给我过多的侮辱。"然后,他说:"极为相似的事变发生在不同的历史环境中就引起了完全不同的结果。如果把这些演变中的每一个部分分别加以研究,然后再把它们加以比较,我们就会很容易地找到理解这种现象的钥匙,但是,使用一般历史哲学理论这一把万能钥匙,那是永远达不到这种目的的,这种历史哲学理论的最大长处就在于它是历史的。"① 从社会历史规律存在的多层次性和表现的历史性等特点中,我们可以看出,没有超人类超历史的普遍适用的规律。

第四,社会历史规律同人的关系是历史地发展的。马克思在《资本论》序言中把社会形态的发展看作"自然历史过程",他还说,资本主义生产的内在规律以"铁的必然性"发生作用,并强制地为自己开辟道路。他还时常用"自然规律"来称谓社会历史规律等等。这就使不少人对马克思的社会历史规律观产生了一种自然主义的或机械决定论的理解。比如,波普尔在他的《历史决定论的贫困》一书中就曾引用马克思的《资本论》序言中的一段话来批评马克思是历史宿命论者。波普尔指出:"一个社会即使探索到它本身运动的自然规律,它还是既不能跳过也不能用法令取消自然的发展阶段。但是它能缩短和减轻分娩的阵痛。"② 马克思所提出的这个表述突出地代表了历史决定论的观点。虽然它既没有教导人们无所作为,也没有主张真正的宿命论,但历史决定论却教导人们,要改变行将到来的变化是徒劳的,这可以说是宿命论的特殊形式,可以说是关于历史趋势的宿命论。其实,在马克思那里,所谓的"自然规律"、"铁的必然性"至少有两个方面的含义:一是说社会历史规律具有似自然性,质言之是具有客观性。在这种意义上,马克思或者把个人与社会区分开来即把个体与社会总体区分开来,或者把过程与结果区分开来。马克思把个人活动与社会总体活动区分开来。就社会个体而言,他是有意志、有目的、有价值追求的主体,但每个人的活动汇入整个社会的大海之中,个人的活动就表现为一定的偶然性,而社会整体的规律就成了外在于个人的并高高在上于个人的东西了。马克思认为,社会过程"总体表现为一种自发形成的客观联系。这种联系尽管来自自觉的个人的相互作用,但不存在于他们的意识之中,作为总体说不受他们支配。他们本身的相

---

① 《马克思恩格斯选集》第 3 卷,人民出版社 1995 年版,第 342 页。
② 《马克思恩格斯选集》第 2 卷,人民出版社 1995 年版,第 101 页。

互冲突为他们创造了一种凌驾于他们之上的社会权力；他们的相互作用表现为不以他们意志为转移的过程和强制力"①。二是说人类对自然的关系以及人与人的关系处于对立状态下，社会历史规律对个人甚至社会所表现出的对抗性、强制性。马克思认为，在资本主义私有制下，"全部生产的联系是作为盲目的规律强加于生产当事人，而不是作为由他们的集体的理性所把握、认为受他们支配的规律来使生产过程服从于他们的共同的控制"②。当进入共产主义社会，"资本和地产的自然规律的自发作用"就将被"自由的、联合的劳动的社会经济规律的自发作用"所代替。③ 在《资本论》中，马克思谈了两种意义上的人的自由或者说两种意义上的人与规律的关系。第一种是必然王国之内的人的自由，马克思说："这个领域内的自由只能是：社会化的人，联合起来的生产者，将合理地调节他们和自然之间的物质变换，把它置于他们的共同控制之下，而不让它体现为盲目的力量来统治自己；靠消耗最小的力量，在最无愧于和最适合于他们的人类本性的条件下进行这种物质变换。但是不管怎样，这个领域始终是一个必然王国。"④ 可见，在生产实践领域，规律的客观性是不因人们的认识能力和实践能力的提高而改变的，人们只能遵从和利用，而不能违背。同时，马克思还谈到另一种更高意义上的人的自由，"在这个必然王国的彼岸，作为目的本身的人类能力的发展，真正的自由王国，就开始了"⑤。我们可以看出，马克思无论是在哪种意义上使用"自然规律"这个概念，他都没有将社会历史规律看做和自然界的规律一样的，而且马克思始终是反对将社会历史规律等同于自然界的规律，反对将自然规律机械地搬进社会历史领域。

二 以自然规律的重复性否定历史规律的存在

1. 历史规律不具有重复性

第一，人类社会没有自身的成长历程和生命周期。按照泛自然主义的观点，社会如同有机体，同样有自身的成长历程和生命周期，因而对其未来的发展形式可以作出预言。他们认为"诞生、童年、青年、壮年、老年和死亡

---

① 《马克思恩格斯全集》第30卷，人民出版社1995年版，第147—148页。
② 马克思：《资本论》第3卷，人民出版社1975年版，第286页。
③ 《马克思恩格斯选集》第3卷，人民出版社1995年版，第99页。
④ 马克思：《资本论》第3卷，人民出版社1975年版，第926—927页。
⑤ 同上书，第927页。

这种生命周期,不仅适用于社会、种族,也许甚至可以适用于整个世界"①。在波普尔看来,此种历史观同样受进化论的影响,不同的只是,它不强调历史的直线发展,而是一种历史循环论。波普尔并不否认某些历史事件的相似性,但他认为,"所有这些重复情况都牵涉到环境,而环境是千差万别的,环境可以对其后的发展有重大影响。因此,我们没有充分的理由去期望,历史发展中看来是重复的事情将一模一样地继续出现"②。也就是说,历史是不可能重复的,不具备可逆性,它只是一个独一无二的过程,每一时刻的每一事件都是新的。这种不可逆性决定着它不可能有终点,更不可能做圆周运动。自然现象有周期性的变化,如日夜更替、四季轮转,是因为自然万物只有服从自然规律的必然,没有超越规律的自由。而人类历史不同,一切都有赖于人的创造,都是人在一定的环境下凭着自己的能力所造就的。人在变化,环境也在变化,由此决定着后代不可能重复前代的历史。

第二,社会历史领域不存在与物体运动相类似的社会运动。按照泛自然主义的观点,人类社会历史是一种运动,社会的变革与历史的进步也符合动力学原理,社会历史研究就是发现和分析这种动力。历史解释必须分析产生社会变革和推动人类进步的力量。此种观点在孔德的学说里得到了经典性的表述。波普尔认为,我们虽然可以把社会组织的改变和生产方式的改革作为一种运动来描述,但这只是一种比喻,而不能把它们真正地看作是一种运动。因为在物理学里,如果谈到物体或物体系统的运动,并非指该物体或物体系统有什么内部结构的改变,而只是说明它改变了相对于某个坐标系的位置。而社会历史的变革与物体的运动完全是两回事,因而也就不能用动力学的原理予以说明。波普尔进而指出,在历史科学里,仅仅是为了达到认识历史的目的而借用速度、轨道、路线、方向等动力学概念,当然是可以的。在他看来,社会历史领域根本就不存在与物体运动相类似的社会运动,当然也就无所谓"社会运动的规律",更不应该用动力学的原理来理解人类历史。

第三,人类社会的进化只是一个单独的历史进程。按照泛自然主义的观点,人类社会历史的发展体现为一种进化规律,人们可以根据这一规律对未

---

① [英]波普尔:《历史决定论的贫困》,杜汝辑、邱仁宗译,华夏出版社1987年版,第1—2页。

② 同上。

来抱乐观主义态度，并"大规模地"预测未来前景。波普尔认为，这完全是历史科学中的一个神话，也是最能给人类带来灾难性后果的历史理论。进化论基于对生物界的大量观察，得出相关的种类有共同的祖先的科学假说。这种假说虽然包含某些普遍性的自然规律，诸如遗传规律、分异规律和突变规律，但是，这个假说本身并不是一条普遍规律。倒不如说，它具有特殊的或专有的历史命题的性质，因而从中不可能发现有什么普遍规律。对此，波普尔说："我的理由很简单，地球上的生命进化或者人类社会的进化，只是一个单独的历史进程。"① 波普尔认为，这里的关键是，历史假说只是关于个别事件的单称命题，而不是全称命题。进化论只是一种历史假说，因而也只能看做单称命题。况且，任何规律在它被科学认可之前，都必须由新的情况来检验。如果我们永远只限于观察一个独一无二的过程，那就不能指望对假说进行验证，不能指望发现科学所能接受的自然规律。所以波普尔的结论是："对一个独一无二的过程的观察不可能帮助我们预见它的未来发展，如同对一个正在成长的蝎子进行再仔细的观察也不能预见它会变成蝴蝶一样。"②

按照波普尔的观点，只有反复出现的，具有重复性的东西才有所谓的规律性，规律都借助于重复性来表现，重复性是规律的重要特征。在自然科学中，事物或现象能够反复出现，具有可重复性，科学家可以在理想状态下反复干预自然过程，揭示自然奥秘。波普尔论证到，太阳系在物理学家看来是动态系统，但由于它是重复的，它既不生长也不发展，没有显示出结构的改变，因此，它只是相当于"静态的"，而天文学的长期预测成功，完全在于太阳系的重复性。他认为，"重复的事物"就是"一模一样地继续出现"。③ 相反，对于社会历史现象，不能在精确相似的条件下重复，人们不能进行实验，因而没有规律。在社会历史领域，"如果永远只限于观察一个独一无二的过程，那我们就不能指望对普遍性的假说进行验证，不能指望发现科学所能接受的自然规律"④。他认为，"在社会历史中真正的重复是不可能的，……历史是会重复的——但决不是在同样的水平上"⑤，这里，波普尔显

---

① [英]波普尔：《历史决定论的贫困》，杜汝辑、邱仁宗译，华夏出版社1987年版，第85页。
② 同上书，第86页。
③ 同上书，第88页。
④ 同上书，第86页。
⑤ 同上书，第87—88页。

然是以自然规律的重复性否定历史规律的存在。

2. 规律的重复性辨析

第一，规律的重复性是一种本质的、必然的联系的重复。讨论规律的重复性特点的前提是我们应该承认规律具有重复性。规律具有必然性，因而不论在何时何地，只要具备相应的条件，事物的规律性就会重复表现出来，因此规律具有重复性的特征。例如，在自然界凡是发生能量变化过程的地方，能量守恒和转化规律就要起作用；凡是有生物机体存在的地方，新陈代谢规律和遗传变异规律就要起作用。在社会历史领域，规律同样具有重复性，像列宁说的那样"把社会关系归结于生产关系，把生产关系归结于生产力的高度"，"立刻就有可能看出重复性和常规性"。[①] 每一规律的重复性，在具有这一规律性的所有现象中，无一例外地都会重复地得到表现。正如恩格斯所指出的，规律的重复性是"自然界中的普遍性的形式"[②]。对于规律的重复性，我们必须首先在质的规定性上予以把握，至于可重复的次数和程度则是相对次要的数量规定。恩格斯曾指出："既然规律是无限的形式，因而也就是自我完成的形式，所以，它重复的次数对我们是无关紧要的。"[③] 现代科学对统计学规律的发现，进一步证实和发展了恩格斯的思想。马克思主义历史决定论把规律重复性作为一种质上的规定性，从而也就为衡量可重复性提供了一个完全客观的标准。这一标准实质上已经蕴涵在规律的定义之中。既然规律是事物与事物之间的本质的、必然的联系，那么，规律的重复性，指的只能是现象之间本质的、必然的联系的可重复性，而不是指非本质的、偶然的东西的可重复性。现象的非本质的、偶然的方面，是各个特殊的、不可穷尽的，它们的特点恰恰是不重复发生的。规律揭示了现象中的共性，是一种本质性重复，不是现象的完全的、一模一样的绝对同一。波普尔所强调的一模一样的继续出现的重复的事物完全是经典力学的系统态。实际上，规律的重复性特点只是近似的，没有绝对重复。在严格意义上，无论是在自然规律中，还是在社会规律中，都不存在完全的重复。正如金岳霖先生所指出的："事实可没有普遍的。所谓普遍就是超特殊的时空。事实不但不是超特殊的时空，而且以特殊的时空为一必要成分。任何事实总是在某时或某地的事

[①] 列宁：《列宁选集》第 1 卷，人民出版社 1995 年版，第 8 页。
[②] 恩格斯：《自然辩证法》，人民出版社 1971 年版，第 212 页。
[③] 同上。

实","事实既只是特殊的，它当然是不能重复的"①。苹果落地，地球绕着太阳转，月球绕着地球转，这都是特殊的自然现象，但我们可以从中概括出万有引力定律这一本质、这一共性。同样，在不同社会形态中，生产力与生产关系之间、经济基础与上层建筑之间、社会存在与社会意识之间都有着特定的关系，我们可以概括出"生产关系必须适合生产力的性质"、"上层建筑必须适合经济基础的发展要求"、"社会意识决定社会存在"等本质和共性。由此可见，和社会现象一样，自然现象的重复性、重演性也不是指几个特殊事物在具体细节上的相似或相同，而是指由几个特殊事物所反映出来的事物的某些本质、关系或属性的同一或同类（即它们的共性）。也就是说，规律的重复性不是指某一事实或事件的完全再现，而是指它们所体现的特定关系或属性的再现。社会历史领域内的规律的重复性并非指历史表面现象的相似性或同一性，而是指历史现象在互动中表现出的内在本性的一致性或大量历史现象深层逻辑的同构性。

第二，在不同类型的规律中，重复性的表现不同。尽管规律的重复性是一种本质的、必然的联系的重复，也还要看到在不同类型的规律中重复性的表现也是不尽相同的。例如，严格决定规律和统计学规律的重复性就其表现形式而言就大相径庭。在严格决定规律起作用的现象中，由于偶然性的作用相对来说十分微弱，对偶然性的忽略，不足以影响严格决定规律表述的精确性，因而事物的本质的、必然的联系是在较为严格的意义上重复的。这表现为，严格决定规律在同一个体的多次实验中和不同个体的同一实验中，在测量结果上都具有等价性。这就是说，规律的重复性可以通过每一个体、每一次实验直接表现出来。但在统计学规律中，偶然性的作用足以决定个体的实际所处的状态，而总体的必然性是通过大量个体每一次偶然性的结果表现出来的。因此，统计学规律就每一试验中的每一个体而言，或就每一个体的每一次试验而言没有可重复性，只是就其总体来说，其频率的稳定性是可重复的。就是这种重复，也不是精确的重复，而是一种趋势的重复。但无疑，这又是统计现象中本质的、必然的联系的重复。在社会历史领域中，历史规律是通过大量的、重复的、复杂的历史现象来体现的。体现历史规律的历史发展的总体趋势，总是借助于由许多带有偶然性和随机性的个人活动的分力所构成的那个"总的平均数"、"总的合力"得以实现和理解。显然，统计规

---

① 金岳霖：《知识论》，商务印书馆1983年版，第864页。

律的可重复性、严格决定规律的可重复性与历史规律的可重复性在表现上是具有原则区别的。

第三，历史规律重复性的复杂性没有否定历史规律的重复性。与自然规律的重复性相比，历史规律的重复性十分复杂。自然规律的重复性可以直接通过同一自然现象的不断循环，如昼夜循环交替，日月星辰沿着固定轨迹运行等来体现，这些都是人们直接可以感受得到的经验事实。历史规律的重复性的复杂性主要源于历史认识的复杂性、价值取向的多元性，历史人物、历史事件的独特性。但是我们不能以这种复杂性来否定历史规律的重复性。虽然人类历史进程不会重演，社会历史事件不可重复，但是相似的社会历史现象会反复出现。社会历史规律及其作用的可重复性正是通过一个个不可重复的历史事件表现出来的。例如，英国资产阶级革命、法国大革命、日本的明治维新、中国的辛亥革命等都是不可重复的社会历史事件，但这一系列不可重复的社会历史事件体现了资产阶级必然代替封建地主阶级的社会历史规律具有可重复性。

第四，历史人物、事件和过程的多样性、差异性和不重复性，并不必然导致对历史的规律性和同一性的否定。历史规律具有不同于自然规律的重复性特点，是由历史规律生成机制的特殊性决定的。人类历史是在实践活动中创造的，人们的实践活动又与意志和动机密不可分，意志和动机历来不具有同一性和重复性。同一时代的人们，由于所处的社会环境不同，意志和动机各不相同；不同时代的人们，由于所处的历史环境不同，意志和动机也就各异。各种意志和行为形成了不重复的历史人物、事件和过程，历史发展到今日，从未发现两个完全重复的历史人物和两次绝对重复的社会事件。那么，我们能否根据人类社会历史这种状况，就断定社会领域只存在个别性、独特性，没有重复性、同一性，进而断定历史无规律呢？其实，历史人物、事件和过程的多样性、差异性和不重复性，并不必然导致对历史的规律性和同一性的否定。因为，历史规律从来不是由人们活动的意志和动机直接构成，历史规律同人们活动的动机、意志之间的关系间接而复杂，这种复杂性和间接性决定了人们不能够从动机、意志的差异性、不重复性推导出对历史规律和社会内在结构重复性的否定。历史进程中人们的自由创造并不能改变历史逻辑。关于这一点，恩格斯在 1894 年的一封信中已有明确的解析，当然，他在此表述的是经济发展的轴线即经济运行的内在逻辑特点："我们所研究的领域愈是远离经济领域，愈是接近于纯粹抽象的思想领域，我们在它的发展中看到的偶然性就愈多，它的曲线就愈是曲折。如果您画出曲线的中轴线，您就会发觉，研究的时期愈长，研究的范围愈广，这个轴线就愈接近经济发展的轴线，就愈是跟后者平行而进。"[1] 这一表述说明，恩格斯认为历史运动有着内在的必然秩序。在历史领域内，尽管各个人都有自觉预期的目的，总的说来，在表面上好像也是偶然性在支配着。人们所预期的东西很少如愿以偿，许多预期的目的在大多数场合都互相干扰，彼此冲突，或者是这些目的本身开始就是实现不了的，或者是缺乏实现的手段的。这样，无数的单个愿望和单个行动的冲突，在历史领域内造成了一种同没有意识的自然界中占统治地位的状况完全相似的状况。行动的目的是预期的，但是行动实际产生的结果并不是预期的。或者这种结果起初似乎还和预期的目的相符合，而到了最后却完全不是预期的结果。这样，历史事件似乎总的说来同样是由偶然性支配着是站不住脚的。历史现象的重复性同自然现象的重复性确实存在差异。但是，这两种重复性都是从大量的区别性中概括而来的。"世界上没有两片完全相同的树叶"，区别是绝对的，重复是相对的，自然界的现象也不可能完完全全精确地重复。历史规律具有与自然定律不尽相同的逻辑形式。

综上所述，波普尔反复强调的是人类社会的进化，只是一个单独的历史过程，由此否认历史规律存在的可能性。这一论证在西方思想界中非常具有代表性，其错误就在于它只是从形式逻辑和形而上学的观点看问题，从而得出了不正确的结论。与之相反，辩证的思想要在一个单一的、多变的和不可逆转的过程中去寻找其中的重复性、不变性和逆转性。也就是说，在人类社会历史发展的长河中寻求历史发展规律。从波普尔否定历史规律存在的问题上，我们看出了波普尔思想的内在矛盾。一方面，他企图把自然研究和历史研究统一起来；另一方面，在对历史特点的看法上，他又过分夸大了自然研究与历史研究的差别，只承认自然规律的存在，却否定历史规律的存在。波普尔没有看到，历史规律的重复性并不是指历史事件的重复性，任何社会现象和历史事件都是必然性和偶然性的统一。历史规律的重复性只是重复贯穿了同类事件中的必然性的内容，并不要求重复每一个别历史事件中的偶然因素。历史规律重复性的实质，是指同类现象间有着一些共同的本质特点，而不是说在历史中完全重复的事件。只要我们不是把规律和现象的再现视为绝对同一的关系，就可以在研究纷繁复杂的社会历史问题时，从社会生活的各

---

[1] 《马克思恩格斯文集》第10卷，人民出版社2009年版，第669页。

个领域中划分出经济领域，从一切社会关系中划分出生产关系来，并把这一社会关系当作决定其他一切关系的基本的原始的关系。这样，就无须从单一事件中，而是从社会关系方面去寻找重复性，从而发现和认识历史规律。

三 以历史过程的偶然性否定历史规律的存在

1. 历史过程不具有必然性

波普尔认为，社会历史现象是复杂的、人为的；自然现象是单纯的、客观的。在自然界中，由于自然现象的演变是一种自发的过程，与人的活动无关，因此，自然规律具有纯粹客观的特性。相反，在人类历史领域，历史现象不同于完全受规律支配的自然现象；历史是由人创造的，人的行动是由意志决定的，人的"自由意志"可以创造一切。"人的目的、意志的作用给历史发展带来大量的偶然因素和随机性。因此，不存在对历史规律客观的描述或宣言，人们对社会问题的科学研究，其本身势必影响到社会生活。"① 显然，波普尔是以历史领域中存在偶然因素和随机性来否定历史规律的存在。他是通过否定历史过程的客观性来达到对历史规律存在的否定。

2. 历史过程的必然性辨析

第一，历史过程具有客观性，它同自然过程一样要受客观规律支配。历史唯物主义认为，历史是以人为主体，以自然环境和社会环境为客体的主客体之间相互作用的过程。主体与客体作为物质存在的客观性，使主客体实现的相互作用即历史过程也具有客观性，它同自然过程一样要受客观规律支配。历史规律就是贯穿于历史过程中的本质联系、必然性、秩序性，就其实质而言就是历史的主客体相互作用的规律，因而也就是人们活动的规律。这种规律并不存在于人们的活动中，又在人的活动过程中体现自己的存在，从而也支配着人类的历史过程。从这种观点看来，一方面，人的活动是有自觉的目的和意图，但另一方面，引导人们活动的目的和意图却是由人们的社会存在决定的。尽管人们活动的动机是主观的，但这种动机又来自人们的实际生活过程，来自人们所处的经济地位和物质生活条件。这些社会历史条件不仅规定着人们自觉活动的具体方向及努力程度，也制约着人们目的实现的可能性、实现程度及引起的一系列后果。人们的历史活动赖以进行的社会历史

---

① ［英］波普尔：《历史决定论的贫困》，杜汝辑、邱仁宗译，华夏出版社1987年版，第126页。

条件对每一代人来说都是前代人活动的结果,是既定的,同时又纳入这一代人的活动,并在这一代人的历史活动中创造出自身发展和社会进步的新的社会条件。正是在这种社会条件的制约与人的自觉创造活动中,使社会历史有规律地向前发展。当人们所选择的活动自觉不自觉地符合社会历史规律时,人们往往感觉不到历史规律的存在。而当人们的活动背离社会历史规律时,则会受到社会历史规律的惩罚,从而强烈地感受到社会历史规律的存在。

第二,历史规律的社会选择性特征并没有否定历史规律的存在。社会领域的因果关系、客观规律存在于人的有目的的活动之中,带有社会选择性特征,这种选择性的存在并不构成对历史规律的否定。那么,马克思唯物主义历史决定论是如何从主体的历史活动中确证历史规律的客观存在呢?对于这个问题,马克思主义经典作家曾进行了极其严谨的逻辑论证。恩格斯认为,在社会历史领域中,人们总是通过追求他自己的、自觉期望的目的创造历史。列宁也认为自然界的客观过程与社会历史的客观过程的区别正在于前者是无目的的,而后者是有目的的,因而存在着"客观过程的两个形式:自然界和人的有目的的活动"。显而易见,社会历史领域中的客观因果联系只能从有目的的活动中得到解释。任何社会历史现象的出现或产生,都不可能像自然界现象那样是自然物质与自然物质之间直接发生关系的产物。作为社会生活中的前后相继的现象的因果关系,总是经由符合一定目的的选择活动而得以实现。任何历史事件的发生,任何行为结果的出现,都不是预定的,而是经过人们对一定主客观条件或主客观原因进行选择"干预"而产生的。但是,恩格斯提醒人们,在现实生活中人们所期望的东西很少如愿以偿,这是因为人们所处的社会条件不同,期望的目的也就各异,这就形成了许多期望的目的在多数场合彼此冲突、互相矛盾的状况。无数的个别愿望和个别行为的相互冲突,在历史领域内造成了一种同没有意识的自然界完全相似的状况。行为的动机与行为的结果相背离的情况表明:"历史进程是受内在的一般规律支配的。"[①] 可见,社会历史规律的选择性特征并不构成对历史规律的否定。

第三,社会历史进程中的偶然性因素并不能否定历史规律的存在。从波普尔否定社会历史发展规律的论据中可以看出,他看到了自然过程与社会过程的差别,看到了历史进程中的偶然性以及人为因素对社会进程的影响,这是正确的。但他试图从自然过程和历史过程的差异性、社会现象的人为性特

[①] 《马克思恩格斯选集》第 4 卷,人民出版社 1995 年版,第 247 页。

点入手来否定社会历史规律的存在,则是错误的。承认偶然性的作用,并不能否定历史规律的存在。在这里波普尔扩大了偶然性和必然性之间的对立,这不仅违背了辩证法,而且也与现代科学精神相背离。事实上,在自然领域中,偶然性的确起着十分重要的作用。但是,承认偶然性的作用并不等于否认自然界的规律性。正如普利高津所说:"这些新的方法导致了对我们生活环境的更好理解,在这个环境中,我们发现了意外的规律性。"① 唯物史观认为,必然性与偶然性是历史发展过程中同样存在的两种趋势,两者相互对立又相互联系。绝对的、完全脱离必然性的偶然性是不存在的。同样,绝对的,完全脱离偶然性的必然性也是不存在的。马克思指出:"如果'偶然性'不起作用的话,那么世界历史就会带有非常神秘的性质,这些偶然性本身自然纳入总的发展过程中,并且为其他偶然性所补偿。但是,发展的加速和延续在很大程度上是取决于这些'偶然性'的,其中包括一开始就站在运动最前面的那些人物的性格这样一种'偶然情况'。"② 恩格斯也说过:"一种社会活动,一系列社会过程,越是越出人们的自觉的控制,越是越出他们支配的范围,越是显得受纯粹的偶然性的摆布,它所固有的内在规律就越是以自然的必然性在这种偶然性中去实现自己。"③ 事物的发展就是通过无数偶然因素的相互碰撞从而表现出自己发展的必然趋势。恩格斯指出:"历史事件似乎总的说来同样是由偶然性支配着的。但是,在表面上是偶然性在起作用的地方,这种偶然性始终是受内部的隐蔽着的规律支配的,而问题只是在于发现这些规律。"④ 由此可见,波普尔试图通过偶然性的存在来否定社会历史发展的规律性,是难以实现的。

第四,在研究和探讨社会历史发展的必然性与偶然性时,既要考虑促成历史事件的众多因素,又要对历史事件做历时性和共时性剖析。一方面,要承认任何一个历史事件都是由众多因素交互作用的结果。造成社会历史进程必然性和偶然性的根源,在于现实的人的活动,更为具体地说,在于不同主体对社会历史的各自不同的选择。在现实生活中,人们各自根据自己的需要、利益和价值取向进行行为选择,这样,不同的利益主体之间相互冲突,交互作用,使得社会历史进程难以用单一决定论的因果联系来加以描述,而

---

① [比利时]普利高津、尼科尔斯:《探索复杂性》,四川教育出版社1986年版,第5页。
② 《马克思恩格斯文集》第10卷,人民出版社2009年版,第354页。
③ 《马克思恩格斯选集》第4卷,人民出版社1995年版,第175页。
④ 同上书,第247页。

只能用或然决定论的非线性因果关系加以解释。正因为许多单个意志的参与及其冲突，使得社会历史呈现出丰富多彩的外表，必然性很容易为偶然性所掩盖，社会历史也很容易被看做各种偶然事件的堆积。另一方面，研究和探讨社会历史发展的必然性与偶然性，必须对历史事件作较长时间的、足够充分的历时性考察，或对较多同类历史事件作共时性比较。仅仅分析和考察一个历史事件或仅仅局限于某一短暂的历史时期，往往无法把握社会历史发展的趋势，即历史必然性，甚至还会被假象所迷惑。各种历史事件都是由众多因素造成的，这些因素不完全相同，它们之间发生的交互作用更为复杂多样，这就使得历史事件呈现出种种偶然性。但是，在这众多因素中，又存在着基本的、主要的、起决定作用的方面，它使历史事件具有必然性。所以，对社会历史现象的考察，范围越小，时间越短，偶然性的作用越容易显现出来；相反，考察的范围越大，时间越长，就越容易观察到社会历史发展的必然趋势。

综上所述，波普尔之所以承认自然界存在着规律，是因为自然规律满足他所理解的普适性、重复性等特点。而在社会历史事件中不能概括出具有这些特点的规律，因此，他作出了社会历史不存在有社会历史规律的结论。波普尔把现象层面的重复性、规律性当做确定的东西，把因果性、规律性仅仅当作逻辑上行得通的假设。当然，对于历史规律的逻辑形式问题和普适性问题等都需要进行深入的研究，波普尔的观点可以作为一种借鉴。但是，20世纪以来的现代自然科学已经超越了这种规律观，由此波普尔上述理论的基础已动摇。所谓规律的重复性，指的只能是现象之间本质的、必然的联系的可重复性，而不是指非本质的、偶然的东西的再重复性。现象的非本质的、偶然的方面，是各个特殊的、不可穷尽的，它们的特点恰恰是不重复发生的。辩证决定论对于重复性的这一理解，不仅对于动力学规律是适用的，而且通过统计学规律得到了进一步的深化和证明。我们实际上正是凭借着对重复性的这一理解，去探寻社会历史的规律性，并达到对历史规律的认同。

第二节　历史非决定论对历史预测的否定及辨析[①]

历史预测，也称历史预言，是历史认识的一种形式。它是历史主体在一

[①] 谭扬芳：《论唯物史观视阈下的波普尔历史预测问题》，《四川大学学报》2007年第6期。

定的理论指导下，根据某种社会现象产生和发展的规律，并根据对与该现象有联系的各种情况的考察，所作出的关于这种社会现象的未来情况的判断。历史非决定论者认为历史不能预测。他们把趋势和规律绝对对立起来，从而否认对社会历史作出预测的可能性。他们认为自然过程的前景和后果是可以预测的，社会历史过程的前景和后果是不可预测的。由于人类历史的进程受人类知识增长的强烈影响，我们不可能用合理的或科学的方法来预测我们的科学知识的增长。又由于主体的创造性，使人的活动具有超越现实的特征，给预测未来的活动造成了障碍。波普尔认为，真正对历史和未来负责的态度，就是很好地把握现在，充分认识"世界3"客体的前提价值，[1] 并始终抱着理性的批判精神看待现在的一切理论和政策，而不是毫无意义地去进行预测。

在波普尔看来，马克思的历史决定论，就是通过发现历史的规律来预测人类历史的未来进程的历史主义方法。波普尔攻击马克思是"历史进程的预言家，——他误导大批有理智的人相信，历史预言是探讨社会问题的科学方式。马克思主义是一种纯粹的历史理论，一种旨在预测经济和政治的发展的未来进程，尤其是预测革命的未来进程的理论"[2]。他还引用马克思的观点来进行论证，他说："马克思写道：'哲学家们只是用不同的方式解释世界，而问题在于改变世界。'也许正是这种实用主义的态度，使他预期到后来实用主义者所主张的重要的方法论理论，即科学的最富特征的工作，不是获得既往事实的知识，而是预见未来。这种对科学预测的强调，实质上是一种重要的、方法论的发现，不幸的是，它把马克思引入了歧途。"[3] 波普尔认为，因

---

[1] 在本体论方面，波普尔有着独特的见解，他提出了著名的世界3理论。他认为"世界至少包括三个在本体论上泾渭分明的世界"，也即"存在着三个世界，第一世界是物理世界或物理状态的世界。第二世界是精神世界或精神状态的世界。第三世界是概念的世界，即客观意义上的观念的世界——它是可能的思想客体的世界；自在的理论及其逻辑关系，自在的论据，自由的问题境况等的世界"。（参见［英］波普尔《客观知识》，舒炜光等译，上海译文出版社1987年版，第114页。）波普尔极其重视"世界3"理论，认为对世界3客体的理解构成了人文科学的中心问题。他赋予"世界3"以自主性的本体地位："a.'世界3'具有本体的地位；b.'世界3'以自身固有的方式产生出人们意料不到的后果；c. 自主性还意味着不可还原性。"（参见赵敦华《卡尔·波普尔》，台湾远流出版事业股份公司1991年版，第117—118页。）"那些构成我们知识的观念——比生产的较为复杂的物质手段更基本。"（参见［英］波普尔《开放社会及其敌人》第2卷，陆衡等译，中国社会科学出版社1999年版，第176页。）亦即，"世界3"决定着人类历史发展的进程。

[2] ［英］波普尔：《开放社会及其敌人》第2卷，陆衡等译，中国社会科学出版社1999年版，第142页。

[3] 同上书，第146页。

为不可能有社会运动的规律,所以,"我们不能预测人类历史的未来进程","没有一种社会的历史发展理论能作为预测历史的根据"。① 历史不能预测,这一观点是波普尔的历史非决定论的核心内容之一,因而也是我们在研究他的思想时所不可回避的。

一 历史的可预测性与不可预测的关系

波普尔从否定社会规律的"反历史决定论"出发,认为人类历史的未来进程不能预测。在社会领域,既不能作出有条件的科学预测,更不能从中引出无条件的科学预测。波普尔把每个个别的历史事件和整个社会看成唯一的、不重复的客体。因为它是唯一的,所以不能成为概括的根据。社会是充满偶然性的世界,毫无重复性和必然性可言,根本无规律可循,所以,不可能作出科学的预测,更无法科学地预见其未来。

历史非决定论者认为,历史的无规律性导致历史的不可预测性。在波普尔看来,历史决定论的核心就是揭示社会进化的规律,以便预言社会的未来。他解释道,因为这种观点认为社会发展是经历一系列阶段的,于是它一方面把变化的社会和不变的物质世界对立起来,而导致反自然主义。另一方面它又导致泛自然主义的(和所谓科学主义)信念,认为有所谓"连续性的自然规律"。这个信念在孔德和密尔的时代声称已获得了天文学的长期预测的支持,以及在较晚些时候获得了达尔文主义的支持。确实,近代历史决定论的流行,可以被视为进化论时尚的一部分,这种哲学之所以有如此影响,主要是由于人们提出了关于地球上各种动植物历史的光辉的科学假说,并且它曾经与古老的形而上学理论(恰巧成为现存宗教信仰一部分的那种)发生了一场激烈冲突之故。这里的进化假说是关于生物学和古生物学的大量观察的解释,认为相关的种类有共同的祖先。这个假说本身并不是一条普遍规律,而只是关于地球上动植物祖先的特殊的(或者更确切些说,独有的)历史命题。尤其不应忽视历史假说向来不是全称命题,而只是关于某个个别事件或一些这样的事件的单称命题。

波普尔否认有进化规律,认为探求进化的"不变秩序"的规律不能属于科学方法的范围,无论对生物学或社会学来说都是如此。其理由是,地球上的生命进化或者人类社会的进化,只是一个单独的历史过程。这样的过程是

---

① [英]波普尔:《历史决定论的贫困》,杜汝辑、邱仁宗译,华夏出版社1987年版,第2页。

遵照各种因果规律（如力学定律、化学定律、遗传与变异规律、自然选择规律，等等）进行的。然而，对进化过程的描述不是规律，而只是一个单称的历史命题。任何规律，无论它是用任何方式提出来，在它被科学认真地认可之前，都必须由新的情况来检验。可是，如果人们永远只限于观察一个独一无二的过程，那就不能指望对普遍性的假说进行验证，不能指望发现科学所能接受的自然规律。

波普尔为了论证他的无进化规律论，还对相信进化规律的人可能提出的两个论点进行了反驳。论点一否认进化过程是独一无二的，论点二断言在一个进化过程中，即使它是独一无二的，我们也可以从中看出一种趋势、倾向或方向，我们可以提出一个假说来表明这种趋势，并以未来的经验对该假说加以检验。针对"否认进化过程是独一无二的"论点，波普尔先以柏拉图、施宾格勒以及汤因比的成果为例，承认历史在某些方面有时可能会重复出现，某些类型的历史事件之间的相似性对研究有关政治权力的社会学的学者们可能很有意义。随后，他强调，所有这些重复情况都牵涉到环境，而环境是千差万别的，环境可以对其后的发展有重大影响。因此，历史发展中看来是重复的事情将一模一样地继续出现是不可能的。人们一旦相信重复性的生命周期律，几乎到处都会发现支持这种观点的历史证据。然而，这只不过是许许多多似乎有事实证明的形而上学理论之一罢了。可是，只要较为仔细地考察一下，那些事实正是在它们所要验证的那些理论的指导下选择出来的。针对"人们可以探明和推知进化运动的趋势或方向"的论点，波普尔指出，希望某一天发现"社会运动的规律"，好像牛顿发现物体运动规律一样，这是不可能的。因为根本不存在与物体运动相类似的社会运动，所以不可能有那种规律。这里有必要指出，规律和趋势是根本不同的两回事。把趋势和规律混为一谈的习惯加之对趋势的直觉观察例如技术进步，曾使人们提出进化论和历史决定论的主要学说——即关于不可抗拒的生物进化规律的学说和社会运动不可逆转的学说。这种混淆和直觉曾使孔德提出连续规律（laws of succession）的学说。即使承认任何实际存在的现象连续都是按照自然规律进行的，但实际上，三个或三个以上有因果联系的具体事件的连续都不是按照任何一个自然规律来进行的。认为事件的任何连续或序列都可以用某一个规律或某一组规律来解释，纯属错误的想法。既没有连续规律，也没有进化规律（Laws of evolution）。因此，在波普尔看来，既然没有社会进化的规律，历史决定论希望通过揭示此规律来预言社会的未来的理想不可能实现。

1. 马克思的历史决定论是规律决定论，坚持历史的可预测性

马克思的历史决定论认为，社会历史必然性并不是历史事件的单纯线性的直接必然联系，而是各种历史事件内在的、非线性的一般性、共同性。这种一般性、共同性在时间上，表现为历史发展过程的基本趋势的确定性，而在空间上则表现为由必然性决定的可能性范围的确定性。历史运动过程不是一条直线，而是由许许多多现实的、个别的历史事件所形成的上下波动的曲线。历史的基本趋势就好比贯穿这个曲线的中轴线。虽然这个曲线的上下波动的部分是偶然的、不确定的，但是这个曲线的轴线即历史的基本趋势，却是必然的、确定的，因而是可以预测的。历史决定论不仅承认因果决定性，也承认统计决定性，承认或然规律性的存在，任何个别的历史事件的发展都存在着多种可能性，虽然究竟哪种可能性得以实现难以确定，但是这些可能性的范围却是必然的、确定的，因而这些可能性的范围是可以预测的。这样，马克思的历史决定论所讲的可预测性就是有条件的、有限度的预测，与机械决定论所讲的"预测一切"划清了界限。

马克思的历史决定论肯定了历史规律的客观实在性和历史必然性的确定性，因而必然承认历史进程的可认识性和可预见性，承认历史决定论具有预测的功能。比如，马克思根据"生产关系一定要适合生产力状况"的社会规律，作出了资产阶级的灭亡和无产阶级的胜利是同样不可避免的以及未来共产主义社会必然代替资本主义社会的预言，等等。但是，马克思的历史决定论同时也承认历史进程中不可预测性的存在，因为它承认历史偶然性的作用。

20 世纪 40—60 年代，在马克思的追随者及后继者中，存在把社会可预测性绝对化的倾向。他们看不到偶然性的作用，不承认社会存在不可预测的方面，有人甚至认为资本主义的末日是"可以精确计算出来"的。这是机械决定论的一种表现。这种看法不仅不能坚持马克思的历史决定论，反而把历史决定论歪曲成宗教宿命论一样的神秘理论。机械决定论者把历史的必然性绝对化，只看到了社会历史的可预测性一面；而波普尔则把历史的偶然性绝对化，只看到了社会历史不可预测的一面，二者各执一端，都陷入一种片面性中。只有马克思的历史决定论才把社会历史的可预测性与不可预测性统一起来，正确地解决了二者的关系。[①]

[①] 参见艾福成《评波普尔对马克思历史决定论的诘难》，《吉林大学社会科学学报》1996 年第 6 期。

2. 马克思的历史决定论肯定历史偶然性的存在,承认历史过程存在着不可预测性

在这一点上,它与波普尔的非决定论有相通之处。但是,与波普尔的非决定论不同,马克思主义认为,这种不可预测性不是社会历史的唯一特性,而只是它的一个方面。马克思的历史决定论只是承认,在历史进程中,由现实的历史事件所形成的上下波动的曲线的每一部分、相互作用的每个具有意志、目的、动机、期望的个人所起的作用,都是偶然的,由此造成每个个别的或局部的历史事件,其发展的具体面貌,具有偶然性、不确定性,是不可预测的。社会的统计决定性中,由诸种可能性总和所形成的确定的可能性范围内,每一种具体可能性的实现都是偶然的、不确定的,是不可预测的。不难看出,马克思的历史决定论讲的不可预测性,不是绝对的而是相对的不可预测性。

总之,马克思的历史决定论,是对波普尔非历史决定论和机械决定论的超越,它坚持历史可预测性与不可预测性的统一。作为一种西方马克思主义,其必然包含指向未来的向度,具体来讲,就是要根据历史发展规律作出大体的预测。

二 人的主体能动性和历史预测的客观性之间的关系

历史认识中主体对客体的影响,最常见的情况是预测对被预测对象的影响。历史预测的主体是人,而历史预测的客体是由人所控制、参与的历史事件。在某些情况下,预测者甚至要预测自身的活动状态。波普尔坚信,"没有科学的预言家能用科学的方法预言自己的未来,他们得到的结果在事件之后,而这时已谈不上预言了"[①]。

由于历史主体的认识活动和实践活动本身就是历史运动的组成部分,因此,任何历史预言本身不可避免地影响着历史发展的阶段和过程。按照他的逻辑,既然历史规律不存在,那么对历史的预言就不是一元的、决定的,而是多元的、随意的。在他看来,自然界的演变过程和人类无关,而人类的历史进程和人息息相关,人本身就参与了历史的发展进程,客观规律由于人的介入而受到影响或改变。预言本身就参与着并影响着历史的过程,所以预言

---

① [英]波普尔:《猜测与反驳——科学知识的增长》,傅季重等译,上海译文出版社 1986 年版,第 473 页。

也就不可能是对客观规律的描述或宣告。这就是说,历史决定论者必然要做预言,而预言又恰好以其自身对历史的作用而取消了规律的客观性。预言影响到历史的进程,就意味着历史主义的预言的自我否定。客观规律一旦渗入了主观因素,就会受到它的影响而引起改变。于是,预言就改变了被预言事物本身,因此,历史就没有客观的规律可以预言。波普尔把人看成游离于社会历史规律之外的因素,认为马克思所说的对历史必然性的把握是完全、精确的把握,把马克思主义的历史决定论当成机械决定论来加以批判。波普尔提倡自由意志论,承认历史发展的客观必然性就会扼制人的主观能动性和创造性,而历史是由人的思想和行为构成的,人有自由。人是自己行为和思想的主宰,因而只有他们自己的意识才是他们行为的裁判。在波普尔看来,没有什么不以人的意志为转移的历史必然性和决定性,人的思想和行为、人的历史活动是自由的。显然,波普尔机械地理解了人的主体能动性和历史预测的客观性之间的辩证关系。在此,我们从以下三个方面来分析这个问题。

1. 历史决定论者承认,在社会历史领域,预言能够引发人们的行动,从而能避免、延缓或者加速被预言事件的实现

表面上看,这似乎说明社会历史的发展完全是由人的主观愿望决定的,根据某种规律对社会历史的发展作出预言是根本不可能的。其实,这正是社会历史预言的一种特殊实现方式和社会历史发展的可预言性的具体体现。也就是说,在社会历史领域中,人们能够根据有关预言采取相应的行动,或者延缓、避免事物发展过程中出现的对自身不利的趋势,或者促使事物发展过程中出现的有利于自身的趋势早日变成现实。预言所引发的这种趋利避害的行为,不仅说明在社会历史领域中人们可以根据某种规律作出预言,而且它本身就是预言起作用的表现。因此,对社会历史过程的预言是完全可能的,只不过是它的实现方式较之对自然过程的预测有所不同罢了。可见,波普尔以社会历史领域中预言实现方式的特殊性而否认在社会历史领域可以作出预言并且将其作为否定社会规律的根据的做法,是完全没有理由的。

2. 主客体特殊关系对社会预测有很大影响①

如前所述,波普尔将这种影响称为社会预测的"俄狄浦斯效应"。预测

---

① 所谓预测主体,是指进行预测活动的人或由人组成的预测机构。所谓预测客体,是指预测主体进行预测的对象,即其所要预测的客观事物。(参见阎耀军、王学伟《为社会预测辩护》,《江西社会科学》2005年第6期。)

作为人类的一种超前认识活动,其预测的主体是人自身,但是预测的客体却存在于自然和社会两大领域之中。人类的预测活动的主客体关系在这两个领域中表现出很不相同的特点。在对自然现象的预测中,预测客体(自然现象)是自然本质和自然规律的反映,它是一个自然的存在,它对人类的预测毫无感知能力,其运行轨迹不会因为预测主体的预测而受到任何干扰,它是"我行我素"的。例如哈雷对"哈雷彗星"运行轨迹的预测,无论其预测得正确与否,这颗行星一定还是按照自己固有的轨迹运行,不会因哈雷的预测而有任何改变。因此预测主体可以将预测客体作为"身外之物",置身于客体之外进行纯客观的研究。在此,预测主体和预测客体的界限是泾渭分明、互不相干的。然而,在对社会现象的预测中,预测客体(社会现象)是社会本质和社会规律的反映。社会预测的客体其实就是由预测的主体构成的,在这里,"主体和客体都是自相缠绕,并经常地变换角色"①。在社会预测活动中,"预测主体一方面是未来社会事件的预见者,另一方面又是未来社会事件的实现者,预测是对自身实践方向的预测。因而,预测结论作为实践活动的目的或计划,影响着实践活动的方向,而实践活动的结果又影响着预测结论的正误。要精确地预测未来,就像一个人想抓着自己的头发将自己提起来一样困难"②。社会预测活动与自然预测活动的根本性区别在于社会预测的客体就是预测主体自身的行为。人类对自身行为的预测可分为两种情况:一种是对整个人类社会走势的宏观预测;另一种是某一社会集团对另一社会集团的预测。无论这两种情况的哪一种,只要是作为预测客体,就会产生与自然预测客体不同的两种特性:一是预测客体会对预测主体的预测有感知能力,并且在感知到预测主体的预测后会产生因应行为;二是即便预测客体没有感知到预测主体对其的预测,预测客体也会因受到各种随机扰动因素的影响而对自身的行为发生某种改变。因为社会预测的客体是由人构成的社会,人是"活的",具有主观能动性。作为预测客体,他和预测主体一样,都具有主观能动性。因此,社会预测主客体之间的关系,是一种互动反射的关系,③ 是一种极端复杂的博弈关系。④ 由此可见,社会预测主客体之间的关系与自然预测相比具有极大的特殊性。正是这一特殊性对社会预测有很大影响。这种

---

① 参见李明华《论社会预测的特殊性及社会预测的复杂性》,《哲学研究》1994 年第 3 期。
② 参见张德春《社会预测的理论前提》,《山东大学学报》1994 年第 3 期。
③ 参见阎耀军《试论社会预测的互动反射性原理》,《预测》2003 年第 1 期。
④ 参见阎耀军《社会预测的赌博与博弈》,《理论与现代化》2004 年第 1 期。

影响体现在：预测可能引起原本可能不会发生的事件发生；预测可能阻止某些本来应该发生的事情不发生；预测可能使被预测事件发生量的变化。无论是上面哪种情况，预测实际都参与了被预测的社会事件。既然预测能影响被预测事件，那么预测还具有客观性吗？

3. "俄狄浦斯效应"没有消解历史预测的客观性①

严格地说，所谓预测的客观性，既指被预测事件的必然性、非随意性，又指预测本身作为人的一种历史活动所具有的规律性。研究社会预测的客观性的前提是要承认作为预测对象的社会历史的客观性。社会主体人的活动构成了社会规律的基础，因此，社会历史的客观性就是作为主体的人的活动的客观性。在这里，主体"干预"客体是理所当然的事。需要强调的是，主体"干预"客体根源于人类要求认识和改造社会。而预测本身也是一种"干预"行为，这种行为当然在社会历史规律之内。从表面看，它是主体的主观行为，但实质上，它是人类创造历史的活动的一部分，它具有客观性。人类创造历史的活动是一种客观的、物质的活动，这个活动的过程是一个自然历史过程，因而是客观的、必然的过程。社会历史过程并不是因为人的活动的参与就失去了客观性，而恰恰是由无数具有主观性的人的活动构成了它的客观性。"无数的单个愿望和单个行动的冲突，在社会历史领域内造成了一种同没有意识的自然界中占支配地位的状况极为相似的状况。"② 尽管主体干预客体并没有否定客体的客观性，但在社会历史预测中，对于同一社会事件，由于不同的预测而出现不同的结果，这使波普尔仍然质疑社会预测的客观性。前文已述及，波普尔指出，社会科学家"可能是按照他个人的喜好来影响被预测事件"，"他的意见确实起作用这个事实本身就破坏了意见的客观性"。③

这里表明波普尔没有真正理解社会历史现象的客观性。理由有两点：一是社会科学家不是在任何场合下都能影响社会事件，并且在多数情况下，社会事件不按社会科学家的个人意志发展，他个人的意志既不促使某现象的发生，也不能阻止该现象的出现。"人们所期望的东西很少如愿以偿，许多期望的目的在大多数场合都彼此冲突、互相矛盾，或者是这些目的一开始就实

---

① 参见李明华《论社会预测的特殊性及社会预测的复杂性》，《哲学研究》1994 年第 3 期。
② 《马克思恩格斯选集》第 4 卷，人民出版社 1995 年版，第 247 页。
③ [英]波普尔：《历史决定论的贫困》，杜汝辑、邱仁宗译，华夏出版社 1987 年版，第 12 页。

现不了，或者是缺乏实现的手段的。"① 这说明社会事件有着自身的逻辑，有着不以人的意志为转移的客观性。二是即使在某些情况下，人们的愿望如期实现了，这也不能否定预测的客观性。人的预测会影响被预测的对象，或者将其变成现实，这不是由预测本身决定的，而是预测符合了社会历史发展自身的逻辑。人的意见确实起作用，但只是在它符合历史客观进程时才起作用。其内在的原因是人的实践活动虽然是有目的性的活动，人的活动目的的建构不仅要服从人本身的生存和发展的客观要求，而且要服从外部对象的客观尺度。人的活动目的的实现只有通过感性的物质活动本身才有可能。活动目的一旦通过实践活动得以对象化或物化，它也就从观念形态变成了实在的形态，具有客观的性质。

4. 不能绝对化地理解唯物史观的预测功能

波普尔认为，我们无法对知识的增长作出合理或科学的预测，不能因此而制定出一套精确的社会日历，所以，社会预测是不可能的，也即历史决定论是不可能的。② 波普尔所说的这种决定论确实是不可能的，但是马克思主义历史决定论不是这种决定论。唯物史观从来不承认自己能精确地预测任何社会事件，它只是揭示社会发展的一般进程。马克思主义历史决定论在考察社会现象时，是从对它的发展全过程的分析中，预测它的发展方向与前途的。即知道它的过去，就知道它的现在；知道它的过去与现在，就可以预知未来。但这种预测绝不会像预测日食那样精确。毛泽东说过："马克思主义者不是算命先生，未来的发展和变化，只应该也只能说出个大的方向，不应该也不可能机械地规定时日。"③ 马克思依据历史发展规律作出了资本主义必然灭亡，社会主义必然胜利的结论。但他从来也没有给资本主义国家提出社会主义革命的日程表。

5. 波普尔混淆了精确性与条件性

波普尔强调区分科学的预测与非科学的预测，他认为，科学的预测都是有条件的，而无条件的预测则是非科学的预测。波普尔的这一看法，也有合理之处。但是，我们认为，是不是有条件的预测与能不能精确预测是两个不同的问题。前者涉及的是科学预测与非科学预测的划分，是本质上的区别；

---

① 《马克思恩格斯选集》第 4 卷，人民出版社 1995 年版，第 247 页。
② 这是历史学不同于自然科学的地方。波普尔指出这一点，并对历史学中种种类似神学目的论的历史预测理论进行批判，这是他的西方马克思主义的合理方面。
③ 《毛泽东选集》第 2 卷，人民出版社 1991 年版，第 106 页。

后者涉及的是科学预测的精确性或强弱程度上的差异。显然，波普尔是把无精确性与无条件性混同起来，得出了历史不能预测或历史学没有真正普遍性命题的错误看法。

总之，波普尔以社会历史领域里的"俄狄浦斯效应"质疑历史预测的客观性和精确性，进而否定历史预测的可能性。这显然是一种以偏概全的形而上学。唯物史观则既肯定主客体因素的相干性，又肯定社会预测的可能性和客观性。

三　自然科学和社会科学在方法上的异同

对科学哲学理论的移植是马克思的历史决定论和波普尔"反历史决定论"的又一根本分歧。尽管波普尔在讨论中，对社会科学与自然科学的差别做了很明确的区分，但他仍然无法避免把自己擅长的科学哲学理论套用于社会科学。在《历史决定论的贫困》整部书中，波普尔都一意地将历史决定论与自然科学相对比，如天文学的预测、物理学上的动力，等等。

1. "假说演绎法"与历史预测的可能性

波普尔认为，"假说演绎法"说明历史预测的不可能性。"假说演绎法"又叫"覆盖律"理论，该理论是后人对波普尔—亨普尔（Hempel）解释理论的统称。波普尔认为，理论先于观察，所有的历史理论最先都是以猜想、假说的形式出现的，运用一个理论来预测某个特定事件，正是运用理论来解释该事件的另一说法。他指出，对某特定事件给予因果解释，就是从两种前提演绎出描述该事件的命题。这两种前提就是：某些普遍规律和作为特定的原始条件（the specific initial conditions）的某些单称的或专指的命题。他还举例说，如果我们发现这条绳子只能承受一磅的重量，并发现绳子挂上了两磅的重量，我们就可以说我们已给出了那条绳子断裂的因果解释。这种因果解释包含两个不同的部分：（1）某些具有普遍的自然规律性质的假说，在这个例子里也许可说是："每一条结构 S 确定的绳子（取决于它的质地、粗细等），都有一个特定的载重量 W，如果有一个超过 W 的重物悬挂在该绳子上，绳子会断开，并且，每一条具有结构 S1 的绳子的特定载重量等于一磅。"（2）某些关于特定事件的特定的（单称）命题（原始条件），在这个情况下，我们可以有两个命题："这是一条具有结构 S1 的绳子"并且"放在这条绳子上的重物为两磅"。于是两个不同的部分和两类命题合起来得出一个完备的因果解释。这两类命题是：（1）具有自然规律性质的全称命题，(2) 关于该特定情况的特定命题，称为"原始条件"(initial conditions)。于是根据普遍规律(1)并借助原始条件(2)而演绎出如下特定命题(3)："这条绳子将断开"。这个结构(3)也可以称为特定推断。原始条件（或更确切地说，它们所描述的状况）通常被说成该事件的原因，而该推断（或者更确切地说，该推断所描述的事件）则被称为结果；例如，在只能载一磅重的绳子上悬挂了两磅重的东西是原因，那么绳子断开就是结果。只要那些普遍规律经过严格的检验而被确认，并且原因（即原始条件）有独立的证据支持，那么，这样的因果解释在科学上是可以接受的。

波普尔指出，在分析规律性或规律的因果解释之前，有两点需要说明：一是不能在绝对的意义上谈论原因与结果，而只能说，与某个普遍规律相联系，某个事件是另一个事件（它的结果）的原因。然而，这些普遍规律经常是很平常的，以致通常视为理所应当，而不是特意运用它们。二是运用一个理论来预测某个特定事件，正是运用理论来解释该事件的另一种说法。人们检验一个理论，就是把所预测的事件和实际观察到的事件加以比较，所以人们的分析也表明理论如何能够被检验。

波普尔认为，对规律性的因果解释就是从一组更普遍的规律（已被检验和独立地被确认的规律）演绎出一个规律（它包含该规律性能够被断定为真的那些条件）。对普遍规律所描述的规律性给予因果解释和对单个事件的解释有所不同。①

按照因果解释，历史预测就是当我们把规律和原始条件视为已知的（而不是要去发现的），利用两者演绎出一个推断，从而获得新知识。波普尔在论证历史是不可预测这一理论时正涉及这个原则。可见，要作出历史预测，需有一个普遍规律和一个原始条件，但因为历史过程中无规律可循，人类历

---

① 乍看起来，人们可能以为没有什么区别，并且认为该规律必须从(1)某个更普遍的规律，和(2)某些特定情况（即相应于原始条件，但不是单独的而是指某一类状况）演绎出来。然而，情况并非如此，因为特定情况(2)必须在我们要解释的那个规律的表述中明确地提到，否则这个规律就会和(1)相矛盾。例如，如果我们想借助牛顿的理论来解释所有行星的运动轨迹都是椭圆形这个规律，那么，我们就得首先在这个规律的表述中明确地提到在哪些情况下我们才可以断定这个规律为有效。或者说：如果一些行星处在足够广阔的太空距离中而使它们之间的引力微乎其微，并围绕一个重得多的太阳运行，那么，每个行星就按接近于椭圆的轨道运行（太阳为椭圆的一个焦点）。换句话说，我们要加以解释的那个普遍规律的表述必须包括使它能够成立的一切条件，否则我们就不能普遍地断定它（或者如密尔所说，无条件地断定它）。(参见［英］波普尔《历史决定论的贫困》，杜汝辑、邱仁宗译，华夏出版社1987年版，第99—100页。)

史是一个单一的过程，对这过程的描述只能是一个单称命题，并且"任何一个单独的规律（例如引力定律），甚至任何单独一组规律都不可能描述有因果联系的各个事件之间的实际的或具体的连续"①。没有一个全称命题能描述出历史规律，即没有这样的全称命题能作为科学的历史预测的根据，所以，历史预测是没有科学根据的。在逻辑上，对趋势给予解释或回归的可能性是无可怀疑的。② 这表明，人们能够解释某些进化的和历史的趋势——甚至"总趋势"，即人们所设想到的持续发展。如果人们有理由假定有关的原始条件是持续存在的，那么就能假定这些趋势或"动态的类规律"将持续存在，因而它们可以用作规律，并以此为基础来作出预测。这种已被解释的趋势（我们可以这样来称谓它们）或者接近于已被解释的趋势，在近代进化论中无疑有着相当重要的地位。这表面看起来波普尔支持历史决定论，其实不然，他笔锋一转，指出被解释的趋势是存在的，但它们的持续存在依赖于某些特定的原始条件的持续存在（这些原始条件有时又可以是趋势）。历史决定论者忽视趋势对原始条件的依赖性。他们之对待趋势，仿佛它们是无条件的，如规律一样。他们把规律和趋势混为一谈，这使他们认为趋势是无条件的（因而是普遍的）。或者，可以说，他们相信绝对的趋势。当他们想到把趋势回归到规律的"回归法"时，他们以为这些趋势可以直接从普遍规律推演出来，例如从辩证唯物主义的规律等推演出来。波普尔认为，历史决定论的主要错误在于：它的"发展规律"其实是绝对趋势；这些趋势和规律一样并不依赖原始条件，并且不可抗拒地以一定方向把我们带到未来。

波普尔认为，历史中没有科学的预测，其原因在于："长远的预言只有当它应用于可说是完全孤立的、稳定的和周期性的系统时才可能从有条件的科学预测中引出。而这些系统在自然界中是罕见的，现代社会肯定不是这样

---

① ［英］波普尔：《历史决定论的贫困》，杜汝辑、邱仁宗译，华夏出版社1987年版，第97—98页。

② 例如，让我们假定，我们发现所有的行星都越来越接近太阳。这时，太阳系将成为一个在孔德意义上的动态系统：它将有一个具有一定趋势的发展或历史，这个趋势可以很容易用牛顿物理学来解释（我们可以找到独立的证明），假设行星间的太空充满了某种抵抗物质，例如某种气体。这个假定将是一个新的特定原始条件，我们还需要加上那些说明各行星在某个时刻的位置和动量的一般原始条件。只要这个新的先行情况继续存在，我们就会得出一个系列性的变化或趋势。现在，如果我们进一步假定这种变化是很大的，那么，它就一定对生物学和地球上各种生物的历史包括人类的历史有着明显的系列性影响。（参见［英］波普尔《历史决定论的贫困》，杜汝辑、邱仁宗译，华夏出版社1987年版，第100页。）

的系统。"① 即便我们假定有被解释的趋势，但趋势又依赖于原始条件，而尽可能精确地判明趋势持续所需要的条件，确是一件艰巨的任务，是难以办到的，历史中没有科学的预测。同时，波普尔不满足于这种分析，还将它与马克思主义联系起来，他认为"对预测和预言的分析可以说是对马克思主义历史方法的批判"②。波普尔认为，马克思主义相信历史预言是研究社会问题的科学方式，将揭示社会经济运动的规律作为历史预测的根据，将人类历史的发展类比于天体的运动，企图作出大规模的、长远的历史预测。这预测是无法检验的，是无条件的，因而这是一种乌托邦的预言，并指责马克思是一位错误的预言家。

2. 马克思认为，"从后思索法"是认识历史的重要方法③

马克思曾形象地将之比喻为通过对人体的解剖学结构的认识，而达到更好地认识猴体的解剖学结构的方法，并指出："人体解剖对于猴体解剖是一把钥匙。反过来说，低等动物身上表露的高等动物的征兆，只有在高等动物本身已被认识之后才能理解。"④ 按照柯亨对黑格尔西方马克思主义的理解："它的功能是在事件之火的残炽中辨清历史的努力的合理性，密纳发的猫头鹰，智慧的象征，只当白日的工作结束时，在黄昏中起飞。"⑤ 这和马克思"从人体解剖到猴体解剖"的思路大体一致。马克思把未来共产主义社会在理论上实现与世界历史进程联系起来正是采取了"从后思索法"或"从人体解剖到猴体解剖"的方法。马克思在发现和阐明关于未来社会的科学预见借以实现的客观现实的人的活动规律时，也采取了这种方法。他说："对人类生活的形式的思索，从而对它的科学分析，总是采取同实际发展相反的道

---

① ［英］波普尔：《猜测与反驳——科学知识的增长》，傅季重等译，上海译文出版社1986年版，第484页。

② 同上书，第479页。

③ 在方法论上，波普尔攻击历史决定论的回溯历史、追溯往昔的分析方法。波普尔指出，历史决定论注重对历史事件的梳理、取舍和分析，寻求历史演进中的"共相"，"其经验基础仅仅通过历史事实的编年史而形成的"，这显然是对归纳主义老套路的沉迷。更重要的是，历史决定论是对以往历史的理论总结，所以，"历史决定论者主张社会学是理论的历史"，"它们的证实和反驳一定都是远离未来的历史的"。因而是很难被经验证伪的！"作出大规模的历史预报"就被历史主义者视为理所当然的任务。（参见［英］戴维·米勒《开放的思想和社会——波普尔思想精粹》，张之沧译，江苏人民出版社2000年版，第318页。）

④ 《马克思恩格斯选集》第2卷，人民出版社1995年版，第23页。

⑤ ［英］G. A. 柯亨：《卡尔·马克思的历史理论——一个辩护》，岳长龄译，重庆出版社1989年版，第3页。

路。这种思索是从事后开始的,就是说,是从发展过程的完成的结果开始的。"①马克思要求人们把认识社会的活动建立在实践活动发展的基础上,把现实社会视为过去历史的更高一层的"复活",把现实的实践视为过去历史向现实社会过渡的"转换器"和"显示尺度",从现实"发展过程的完成的结果开始"探讨和掌握过去的历史以及全部历史的过程和规律。应当指出,马克思"从后思索法"的意义绝不只是为了认识历史,也不只是限于理解现实,而是立足于并超越于历史和现实,着眼于把握人类历史发展的未来,以此引导现实社会的发展,从而使"现存世界革命化"。在马克思看来,现实既是过去的"复活"和延伸,又是未来的"显示"和发端,它以浓缩或变形的方式包含着过去,又以萌芽和胚胎的形式孕育着未来,过去和未来以现实为中介构成一个统一的完整过程。因此,从现在、从"事后"、从"完成的结果"开始对社会历史进行思索,它既包含着超越自己的、对早先的历史生产方式加以说明之点,又包含着扬弃自身的、对未来历史进程加以预示之点。也就是说,"从后思索"达到一定成熟的结果,即获知人类历史生活的本质和规律,必然导致人对历史的未来进程作出超前性反应,使人的思维指向由立足于现实追溯历史,转化为立足于现实预见和指导未来。正如马克思所说:从现实社会出发,去考察过去的历史,"这种正确的考察同样会得出预示着生产关系的现代形式被扬弃之点,从而预示着未来的先兆、变易的运动"②。显然,波普尔想通过攻击"从后思索法"达到从方法论上对马克思历史决定论预测功能的否定是行不通的。

综上所述,波普尔以历史的无规律性为由否定历史的可预测性,以社会历史领域的"俄狄浦斯效应"否定历史预测的精确性和客观性,以及从方法论上攻击"从后思索法"。这里,波普尔看到了机械决定论的缺陷,看到了自然现象与社会现象的差别,看到了在社会领域里难以作精确的预测,看到了归纳法的不足。波普尔的分析有其合理之处。但以此否认社会领域里的任何预见性,则是一种以偏赅全的形而上学。唯物史观坚持历史可预测性与不可预测性的统一,既肯定主客体因素的相干性,又肯定社会预测的可能性和客观性,并且认为"从后思索法"是历史研究的重要方法。唯物史观在人类思想史上第一次把历史预测置于科学的基础上。马克思主义的优点在于"不

---

① 《马克思恩格斯全集》第23卷,人民出版社1972年版,第92页。
② 《马克思恩格斯全集》第46卷(上),人民出版社1979年版,第458页。

想教条式地预测未来,而只是希望在批判旧世界中发现新世界"①。

第三节 历史非决定论对历史意义的批判及辨析②

历史非决定论者声称历史无意义。这里"历史无意义"一语中的"历史"并非指以往客观存在的历史,而是指历史学家撰写的历史。他们认为,历史中的事实是无穷尽的,历史学家不可能将万般事实都写上,而必须有所选择。例如,他可以根据自己的兴趣写一部艺术史或一部语言史。但有一点可以肯定,在我们所能见到的历史书中,没有一部是人类的历史。出于历史学家手下的历史非但不全面,且多是对历史的歪曲。因为千百年来,历史学家对艺术史、语言史之类的题材并不感兴趣。主要兴趣放在"政治权力的发展史",并将其抬到世界史的高度,好像一部人类史仅此而已。而"政治权力的发展史,只不过是国际犯罪和集体屠杀的历史"③。而教科书中的历史就是这样的历史,甚至将一些罪大恶极的罪犯颂扬为历史的英雄。这样的历史当然是没有意义的。波普尔认为:"一切现存的历史,伟大的历史和权力的历史,充其量只是一种肤浅的闹剧而已。"④ 在波普尔看来,事实中的历史是整个人类的历史,"那许许多多默默无闻的个人,他们的忧愁和欢乐,他们的痛苦和死亡,才是各时代的人所经历的真正内容"。因此,从道理上说,历史务必是包含人类的希望、斗争和灾难的历史。因此,没有人是比其他人更重要的。只是这样的历史很难写出来,因为人们写历史,"必定要抽象、省略,要有所选择"⑤。那么,人们为什么选择政治权力的发展史,而不选择其他方面呢?按照波普尔的理解,原因是权力的影响大,人们对权力大多有一种恐惧心理,而且拥有权力的人也希望将自己载入史册,所以历史学家大多是在皇帝、将军、独裁者的淫威下撰写历史的。这样的历史肯定是要失真的,有的甚至完全是一些骗人的文字,是人伪造的历史。为了反驳历史主义者认为"通过思考历史,我们可以发现人类命运的秘密和本质",以及"找

---

① 《马克思恩格斯文集》第10卷,人民出版社2009年版,第7页。
② 谭扬芳:《论波普尔的"历史意义"问题》,《安徽大学学报》(哲学社会科学版)2007年第5期。
③ [英]波普尔:《开放社会及其敌人》第2卷,陆衡等译,中国社会科学出版社1999年版,第404页。
④ 同上书,第409页。
⑤ 同上书,第407页。

到那条人类注定要走的'路',试图发现'历史的线索'或'历史的意义'的观点"。波普尔提出"有这样一条线索吗?历史有意义吗?"的问题。他的回答是"历史没有意义"[①]。

波普尔"历史无意义"中的"历史"并非指以往客观存在的历史,而只是指历史学家撰写的历史。他用"是"和"关于"两个词分别界定事实的历史和见诸文字的历史。即是说,我们所见到的不是"是"什么的历史,而只是"关于"什么的历史。譬如欧洲史,历史学家只能写出"关于"欧洲的历史,而这种历史并不能看作"是"欧洲的历史。

应该承认,波普尔强调历史描述的选择性使其渗透了主观性,人们描述时所持观点使其得不到"客观"的描述,历史解释的多样性使人们得不到相对一致的理论。这些分析有一定的合理性,他看到了历史事实是根据历史学家的判断选择出来的一部分事实,这些历史事实在其被确定的时候,已经和历史学家的主观发生了联系;看到了历史事实只能通过史料来获得,但史料不能准确无误地反映历史事实;看到了史料通过一般语言概念来表达,必然受到语言的强制性改造。历史研究中不存在自然科学研究所使用的一整套价值中立的技术词汇。但是,由此而否认"事实如此"的客观历史,进而得出"历史无意义"的结论,这就走过头了。下面拟从三个方面来分析。

一 以历史描述的选择性否定历史意义的存在

波普尔论证"历史无意义"的论据之一是历史描述的选择性使其渗透了主观性,由于在一定观点指导下作出选择不可避免,从而使历史叙述难以达到客观。一切描述都具有选择的特性,这使得它在某种意义上是相对的,如果观点不同,那么所提供的描述也就不同,因而对同一现象的描述往往因人而异。一切描述都具有选择的特性,这使得它在某种意义上是"相对的"。一切描述都具有选择性的理由有两点:一是因为构成世界的事实表象具有无限的丰富性和多样的可能性;二是因为人们只能用有限的语汇来描述这无限丰富的事实表象,人们的描述总是不完整的,仅仅是一种选择,并且所描述的事实只是其中的一小部分。在历史学中,如在自然科学中一样,同样避免

[①] [英]波普尔:《开放社会及其敌人》第2卷,陆衡等译,中国社会科学出版社1999年版,第405页。

不了选择，这使得它在某种意义上是"相对的"①。

历史无所不包，但任何人又无法叙述一切历史，只能有选择地叙述其中一小部分历史。而选择取舍，又必须依据一定的标准，这个标准就是既有的"观点"。人们总是要带着某种世界观、历史观或价值观等构成的"有色眼镜"去认识世界。马克思指出："从前的一切唯物主义（包括费尔巴哈的唯物主义）的主要缺点是：对对象、现实、感性，只是从客体的或者直观的形式去理解，而不是把它们当作感性的人的活动，当作实践去理解，不是从主体方面去理解。"② 马克思在这里指出，在唯物史观视阈下，实践唯物主义的认识论同机械唯物主义认识论的一个根本区别在于，前者认为，人类无论是认识自然现象还是社会现象，都不可能像机械唯物论所认为的那样，认识犹如照相机一般机械地摄入客体的影像。人类认识外部世界是作为能动的认识主体，总是按照自己从自身的生活"实践"活动或"感性活动"中获得的认识框架（世界观、社会历史观或价值观，等等）去认识自然界或社会。那么，体现人认识世界（包括认识社会历史）能动性的选择性是否就取消了认识的客观性，从而使历史认识没有意义了呢？下面从三个方面来探讨这个问题。

1. 没有主体的能动性就没有历史认识

在历史认识中，人们要获得客观性的认识依赖主体，主体性渗透不但没

---

① 在波普尔看来，出自历史学家笔下的历史非但不全面，且多是对历史的曲解。因为自有文明史以来，历史学家在选择史料时，主要兴趣在于"政治权力的发展史"，并将其提升到世界史的高度，好像一部人类史仅此而已。那么，人们为什么选择政治权力的发展史，而不选择其他方面呢？一是因为权力影响我们每个人。二是人有权力崇拜的倾向。毫无疑问，权力崇拜是人类最坏的一种偶像崇拜，是洞穴时代的遗迹之一，也是人类的一种奴性。权力崇拜起源于恐惧，是一种应当受到轻视的情绪。三是那些掌权的人要别人崇拜他们，而他们因此可以实现他们的愿望。许多历史学家是在皇帝、将军和独裁者的监督下写作的。这样的历史肯定是要失真的，有的甚至完全是一些骗人的文字，"是人伪造的历史"。更重要的是，既然历史只是一部"政治权力的发展史"，那么历史学家在强权的淫威下撰写历史，必定是按照强者的逻辑而写的。在这样的历史中，存在就是合理，似乎历史发展到今天，每一步骤每一变革都是合逻辑、合目的地发展下来的。此种历史具有极大的欺骗性，一方面从理论上为现实辩护和贴金，另一方面消解人民对现实不合理现象的批判精神。它的教育功能只是告诉人们，跟着历史的步伐走，历史将你带向何处，你就跟到何处，而无须怀疑这种实体化的"历史"是否存在。波普尔倾向于人民史观，对政治舞台上的中心人物毫无好感，认为政治权力的发展史，只不过是国际犯罪和集体屠杀的历史。而教科书中的历史就是这样的历史，甚至将一些罪大恶极、十恶不赦的罪犯颂扬成历史英雄，这样的历史当然没有意义。"一切现存的历史，伟人的历史和权力的历史，至多是一场肤浅的喜剧。"

② 《马克思恩格斯选集》第1卷，人民出版社1995年版，第54页。

有消解历史的意义，反而是产生客观认识的必要条件。"主体性"这一范畴在国内有不同的界定，在这里"主体性"指的是人的主观能动性。认识的主观能动性的实质，在于人脑绝不是像洛克所谓的"白板"一样被动地接受外界事物的信息，而是通过已有的认识图式（认知结构系统和价值评价系统）主动地接受外界事物的信息。正如马克思指出的："对象如何对他说来成为他的对象，这取决于对象的性质及与之相适应的本质力量的性质"，"从主体方面来看，只有音乐才能激起人的音乐感；对于没有音乐感的耳朵来说，最美的音乐也毫无意义不是对象，因为我的对象只能是我的一种本质力量的确证，也就是说，它只能向我的本质力量作为一种主体能力自为地存在着那样对我存在，因为任何一个对象对我的意义（它只是对那个与之相适应的感觉说来才有意义）都以我的感觉所及的程度为限"①。现代认识论研究已表明，任何研究都离不开认识主体，都不可避免主体的介入，历史认识也绝不可能脱离认识主体而独立存在，不可能排斥历史认识过程中的主体性倾向。在历史认识中要获得客观性的认识，并不能排斥主体性，反而要处处依赖主体性，离开认识过程的主体性的作用，认识的客观性不可能获得。历史认识过程中的这种主体能动性根源于认识是有选择的反映。主体所面对的是无限的物质世界，其中的每一个事物又具有无限多方面的质、属性和关系，他总是把无限的客观世界中的某些事物，把具有无限多的质的事物的某些方面的属性和关系选择为自己认识、研究的对象，这是对认识对象的选择。而在反映这些对象时，感官在头脑指挥下采集信息，又是有选择的；思维对感性材料加工时，又有进一步的选择，即去粗取精，去伪存真。在选择过程中，主体的认知结构、思维结构起着重要的作用。新的信息通常是在被主体认知结构"同化"时才被吸收了。如果它没有进入主体的思想之网，不能在原有的思维框架中被安置在适当的位置，或通过改变原有的思维框架使之有适当的位置，它就很可能被筛选掉了。如果主体没有任何选择，不加区分地接受来自客体的一切信息，就不可能深入认识任何事物。②

2. 有"意义"是历史被记述和被流传的基本原因

在波普尔看来，因为人们在描述历史时有选择使历史认识失去了客观性，所以历史无意义。实际上，不是因为有选择而使历史无意义，而恰恰是

---

① 《马克思恩格斯全集》第42卷，人民出版社1979年版，第126页。
② 参见田心铭《认识的反思》，人民出版社2000年版，第128页。

因为历史有意义才被选择。历史学家所面临的历史资料是浩瀚的,杂乱无章的,要依据这些资料对过去的历史事实进行重构。有"意义"是历史被记述和被流传的基本原因,而这种"意义"必出于人的主观意向。历史在每一瞬间和每一空间都发生无法尽数的事实,只是因为人们有意识有选择地描述才构成了被记述和被流传的历史的事件。作为纯事实的历史和作为被认知的历史的区别在于:那种纯事实、纯客观的、稍纵即逝的历史,对历史的主体——人而言是毫无意义的。人类记述历史总是有目的的,总是有着某种感情因素的参与。在历史认识活动中,对于追求某种目的的主体而言,感情因素既起着选择和定向作用,又起着激励和推动作用。马克思生动地描述过某种感情的产生及其在政治经济学研究中所起的作用:"政治经济学所研究的材料的特殊性质,把人们心中最激烈、最卑鄙、最恶劣的感情,把代表私人利益的复仇女神召唤到战场上来反对自由的科学研究。"① 显然,我们不能说因为马克思的政治经济学有感情因素的参与而失去了意义。人们研究历史,可能因为对历史感兴趣,可能希望学习一些东西来解决我们自己的问题,可能因为别的目的。司马迁著《史记》为"究天人之际,通古今之变,成一家之言"。清代章学诚把史书分为"记注"与"撰述"两大类,认为记注即历史,目的是"藏往","欲往事之不忘";"撰述"的目的是"知来","欲来者之兴起"。② 柯林伍德认为:除数学和科学外,历史是人类求知的第三条途径。③ 所以,因为有选择,有目的,有感情因素的参与,因为有"意义",我们对历史客体进行了"选择"或"重作",才使历史有意义。

3. 描述的不完整性不妨碍历史有意义

在波普尔看来,描述总是不完整的,仅仅是一种选择,并且所描述的事实总是事实中的一小部分,从而使历史认识具有片面性而影响其客观性。不错,史料记载不可能面面俱到,这是千真万确的。史料的不全面的确会影响到认识结果,但历史研究是一个过程,随着认识的深入、史料收集的全面,终将获得越来越深入的认识。倘若为了获得历史研究的客观性,为了追求记载的全面性,将现实生活的一切事无巨细地加以录制,为了历史认识的客观性,弄一大堆毫无意义的杂乱无章的资料、数据,历史才会真正失去意义。

---

① 《马克思恩格斯选集》第 2 卷,人民出版社 1995 年版,第 102 页。
② 章学诚:《文史通义·书教》(下卷),上海书店 1988 年版,第 13 页。
③ 刘昶:《人心中的历史》,四川人民出版社 1987 年版,第 148 页。

需要指出的是，即使那些"非但不全面，且多是对历史的曲解"的历史著作同样是有意义的。例如，修昔底德写的《伯罗奔尼撒战争史》虽然有许多偏颇失实之处，但至今仍是研究该战争历史和古代希腊历史的重要史料。如他自己所说，他一生阅历了全部（伯罗奔尼撒）战争，而且是他"正当明达之年"经历那场战争的，他本人曾在公元前424年被选为雅典十将军之一，指挥过色雷斯一带的军事，而且他从那次战争一开始就注意搜集有关的资料。因此，他写的《伯罗奔尼撒战争史》就是他自身生活于其中的当代史。再如，古罗马历史学家蒂托·李维（Tistus Livius，公元前59—公元17），年轻时就在罗马生活，虽然很少参加政治军事活动，却与罗马共和制结束后的第一个皇帝屋大维有直接交往，担任过屋大维的孙子克劳狄的教师，是当时著名的宫廷文人之一。他写的《罗马史》，从罗马建城开始一直写到屋大维时代，也就是他自己生活的时代。他站在保守的贵族共和派立场上，对他所亲身经历的共和制的覆灭深为忧虑不安。他悲叹"近年来，财富带来了贪欲，无限制的享乐使人们耽于纵欲，毁灭了他们自己和其他的一切"。正是这样一种对他亲历的现实社会生活的浓烈的忧虑之感，驱使他产生了对共和时代的罗马公民"安贫"、"节俭"、"淳朴"、"勇敢"等品德和社会风气的强烈的怀恋和美好的想象，并带着这种怀恋和想象去追述共和时代的罗马史，目的是为了启迪他同时代的或后世的同胞们"可以为自己的祖国选择应该仿效的榜样，和应该避免的始而有害继而成灾的覆辙"。由于他怀有这种强烈的保守的贵族共和派立场和情感，再加上他疏于史料和史实的认真考订，使他的《罗马史》在许多方面有偏颇和失实的缺陷。但我们也应看到，他毕竟是罗马由共和制转向帝制这一历史过程的同时代人，他对有关这一段历史的描述和归纳自然有着相当程度的可靠性。而且，他对共和时代的追述，虽然充满了溢美的偏颇，许多史实的叙述亦有欠确切，但也毕竟反映了一定的历史真实，尤其是对当时罗马人的社会生活和战争、政事的描述，仍然是我们探求罗马信史的宝贵史料。公元1世纪时，一位罗马著名的演说家在评论李维的著作时曾写道："（李维）叙事绝顶生动，极其清晰透彻；演说词滔滔不绝，其中的情感对形势、对讲话人皆恰到好处。可以毫不夸张地说，再没有史家能更激动人的感情，尤其是触动人的柔情了。"[①] 从这可以看出，我们如果要了解罗马人的情感和内心世界，不读李维的《罗马史》是不

[①] 吴于廑：《外国史学名著选》上册，商务印书馆1986年版，第159—162页。

行的。再如，我国古籍《尚书》中的《多士》篇把夏、商、周三个王朝兴废更迭的原因归结为"天命"的予夺，当然是与历史真相不相吻合的。但稍加审视，我们就会发现，该篇作者周公旦作为周武王之弟，随其兄亲身参与过讨灭殷朝，建立西周王朝的军政实践活动，也正是这一实践活动使周公旦和其他许多西周统治阶级中的人物产生了"惟命不于常"和"天畏棐忱，民情大可见"（《尚书·康诰》）的认识，并由此认定殷朝的灭亡是因为失去了民心，因而上天收回了原来赋予殷朝的天命；而小小的周之所以能讨灭殷，也只是因为文王、武王的"德政"赢得了民心，所以上天就把原来给予殷的天命收回而转授给周了。我们只需把掺揉在这些论述中的"天命"剔除出去，就可以看到《尚书》把商灭周兴的原因归结为民心的向背，是与当时的历史真相吻合的，是有意义的。

总之，在历史认识中，人们要获得客观性的认识依赖主体有目的地对史料进行选择。主体性渗透是产生客观认识进而使历史有意义的必要条件。波普尔以历史描述的选择性使其渗透了主观性为根据，没有达到否定历史的意义的目的。

二 以历史理解的主观性否定历史意义的存在

波普尔否定历史意义的论据之二是"人们描述时所持观点使其得不到'客观'的描述，而仅仅是一堆完全互不关联的陈述"。躲避观点的天真的想法只能导致自我欺骗，导致不加批判地运用一种不自觉的观点。要避免一种有选择性的观点不仅是不可能的，而且想这样做也不足取。

在波普尔看来，一门科学至少是搜集者根据自己的兴趣与观点所作的一种搜集，不只是"一堆事实"。观点在自然科学和历史学中所起作用不同。在自然科学中，观点通常是由一种科学的理论所决定。但这并不表示人们只选择那些证明、重复理论的事实，科学的方法更是在探求那些可以反驳理论的事实。理论的检验就要发现理论中的缺点，理论的科学特性存在于它是否有被推翻或否证的可能性，这种可能性构成了检验理论的可能性。历史理论不具有这种可检验性。如果研究者所持观点不同，那么所提供的描述也就不同。因而对同一现象的描述往往因人而异。

为什么"观点"在历史科学与自然科学中所起作用有如此巨大的差异？波普尔认为，这是因为普遍性的科学中的理论和普遍规律既引入一种"观点"，也引入一种一致。但在历史中，没有如此统一的理论，或者说，没有大量的可以自然而然运用的普遍规律，因此完全不能给主题材料创造一种秩序。事实上，大多数的历史解释并没有过多地运用日常的社会学和心理学规律，而是不自觉地运用了"情境逻辑"。也就是说，除了描述个人的兴趣、目的和其他情境因素（如对某人有用的信息）外的原始条件，不自觉地并且最接近地假定了日常的普遍规律，即神智健全的人通常或多或少是按理性行动的。在自然科学中，普遍的规律或假设最受关注，而对特殊事件的兴趣，例如，对原始条件和预测所描述的实验的兴趣，多少是受到限制的。而对特殊事件和它们的解释感兴趣的历史科学则把一切普遍规律视为当然，而主要关心寻求和检验各个单称命题。在原始的条件或在原因方面，所考察的事件只有与常见的普遍规律结合在一起，才能被解释。因此，人们通常会假设性地提出某些原始条件，然后试图找到一些证据以发现这些假设性地提出的原始条件是否为真。也就是说，通过新的预测（在其他并且是平常的普遍规律的帮助下）来检验这些从原始条件中得出的特殊的假设，而这些新的预测会遇到可观察的事实。在波普尔看来，对特殊事件及其因果性解释感兴趣的历史学是不具有普遍意义的。历史常常被描述为"实际所发生的过去的事件"。这个描述很好地表明了历史研究者的特殊兴趣，而与普遍性的科学研究者的兴趣相反。那么，波普尔以历史理解的主观性为据是否能实现对历史意义的否定呢？下面我们从三个方面来回答这个问题。

1. 能动的认识始终是对客体的反映

"观点的不可避免"使历史认识具有主观性，但我们不能就此否定历史有意义。没有哪一部历史书不是依托某一历史观和预设写出来的，而且只有从这种历史观和预设来观察，这些历史书才有意义。即使像《史记》这种被称为"实录"的著作，也是某种"观点"下的实录。在"纪传体"这种"王朝体系"中，《史记》可能做到了"如实直书"，但在"社会大框架"下，《史记》就很难称得上是对当时社会生活的"实录"。"二十四史"都是对"王朝体系"的说明，是贯彻王朝观点的叙事，它所叙述的事实都是被王朝观点所认可的事实。但"二十四史"绝不会因为王朝观点这一强大"主观成分"的存在而有损于它的价值。历史研究者确实如波普尔所说总持有一定观点，问题就在于他所持的观点是否正确，正如观察常常渗透着理论，而理论却有优劣之分。我们如果选择正确的观点和方法，那么我们对历史的研究就不会因为我们预先持有了一种观点而脱离客观实在，相反，这种观点可以成为把我们引向实际的历史深处的向导。其理论根据在于能动的认识始终是对客体的反映。唯物史观从其创立时起,就在肯定认识的反映性的同时肯定了主体在认识中的能动性,包括选择性、创造性。马克思说:"忧心忡忡的穷人甚至对最美丽的景色都没有什么感觉;贩卖矿物的商人只看到矿物的商业价值,而看不到矿物的美和特征;他没有矿物学的感觉。"① 这里指出了主体反映对象时的选择性。列宁说:"人的意识不仅反映客观世界,并且创造客观世界。"② 这里讲的"创造",是意识中的创造,观念的创造,即创造性的反映。所以,唯物史观的反映论内在地包含了主体能动性的含义。反过来说,唯物史观认为,认识的能动性与反映性密不可分。能动性的表现之一是主体的选择性,而选择都是反映中的选择,被选择的信息终究都是来自不依赖于人脑的客观对象。能动性还表现为创造性,而思维的创造都是以反映客体的感性材料为基础的,而且创造出来的概念、理论,只有经受实践的检验,被证明为与客体相符合时,才具有真理性。离开来自客体的信息,主体是无从创造的。既然波普尔否定历史意义的论据是人们在选择历史材料时持一定的观点,从而使历史认识具有主观能动性,换种说法,就是由于历史认识失去了客观性,所以历史无意义,那么我们这里阐明了能动的历史认识始终是对客体的反映,波普尔关于历史无意义的论断不成立就不证自明了。

2. 历史的意义不是纯粹主观的东西

如前所述,波普尔与克罗齐都强调历史研究为现实生活服务的重要性。可以说历史的意义就是历史对于我们的重要性,是我们整理、理解史料和理解历史时,由历史所获得的启示。我们诚然不是为了研究历史而研究历史,我们研究历史是为了通过对历史的理解而更好地理解我们的时代,我们的处境,以及我们自己。我们整理和选择史料以及解释、理解历史都必定预先从一定的观点出发,或从一定的思想框架出发,但这并不意味着历史是纯粹的主观构造。因为我们的观点要受到史料考据的影响,并且史料的发掘有时也会对我们的观点提出质疑并进而导致我们观点的修正。观点与史料的关系应是双向的、互动的,一方面我们总是用一定的观点去看待历史、理解历史,另一方面关于历史事实的陈述也会影响我们的观点,它可能支持我们的观点,也可能反驳我们的观点,即它可能与我们的观点相吻合,也可能与我们的观点相冲突。波普尔只强调观点对于发现历史意义的重要性,而看不到关

---

① 《马克思恩格斯全集》第42卷,人民出版社1979年版,第126页。
② 《列宁全集》第52卷,人民出版社1959年版,第182页。

于历史事实的陈述对于预先持有的观点的影响。如果我们能避免波普尔的这种片面性，即可以发现历史的意义绝不如波普尔所认为的那样是纯粹主观的东西，是纯粹由"我们所赋予历史的东西"。

3. 历史的意义产生于历史事实被整合进主体语言框架和或理解结构之中

比较客观地记述历史事实并非不可能，从史料的选择与编纂来看，历史学家固然只选择那些能引起他兴趣、或他以为重要的历史事件，但有良知的历史学家毕竟不会随心所欲地编造历史事件。他不能只根据自己的观点，从虚无中进行构造。历史学家构造历史的前提是必须有已经发生了的历史事件可供他选择和编纂。不可否认存在如波普尔所指出的现象，历史上的统治者常常为了自己的利益和虚荣，为了掩盖自己的罪恶和丑行，从而强迫史官或历史学家编造或篡改历史事实，但他们绝不能禁止后人去考证历史事实以还历史本来面目。根本没有为主体所选择（叙述）和理解的历史事件，自然显示不出任何意义，而历史事件一旦被主体所选择和叙述，进而被理解，就必定已纳入主体的语言框架或理解结构之中。被我们所叙述并理解了的历史事件便与我们所使用的语言难分难解。如果认为任何语句都毫无差别地渗透了价值，或说一切语句都是评价性的，那么确实再无历史的客观叙述可言。但是语言的价值渗透程度是有差异的。比如"某年某月日军进入南京，杀死多少多少人，强奸多少多少妇女，烧毁多少多少房屋，……"这样的语句与"日本侵略军进入南京，进行了惨绝人寰的大屠杀，犯下了罄竹难书的罪行"这样的语句，价值渗透程度显然不一样，前者主要是描述性的，后者才是评价性的。可见，尽可能客观地描述历史事件和评价、解释历史之间毕竟还有个大致的界限。前文已经论及，在西方马克思主义中，波普尔似乎不承认有价值无涉的语言，因为他根本否认客观记述历史的可能性，他认为历史研究中所运用的语言都渗透了价值，从而历史本身没有意义，是主体赋予历史以意义。波普尔忽略了对历史的解释毕竟依赖于史料，而史料又是对实际发生的历史事件的记述。我们所面对的现实境遇在很大程度上决定着我们的价值追求和兴趣，我们的观点则指导着我们去寻找史料与我们的兴趣的结合点，而史料本身所携带的信息则决定着能给我们以启示的具体内容。历史的意义产生于历史事实被整合进主体语言框架和或理解结构之中时，主体就辨认了它、理解了它，它的意义便显示了出来，在这同时，它充实了我们的语言框架，丰富了我们的语言结构，也可能会导致我们语言框架和理解结构的部分调整（如果它与我们某个先有的观念相冲突）。波普尔指出："历史主义者没有认识到正是人们自己在选择和安排历史事实,而他们却相信'历史本身'或'人类历史',通过其内在的规律,决定着人们的问题、未来,甚至观点。"在波普尔这里,研究者的主观意向就成为决定性的了,而历史事实也就成了招之即来,挥之即去的东西。显然,波普尔夸大了历史研究中存在的困难,并把这些困难绝对化。

总之,能动的历史认识始终是对客体的反映。历史的意义产生于历史事实被整合进主体语言框架和或理解结构之中,不是纯粹主观的东西。波普尔以历史理解的主观性为据不能达到对历史意义的否定。

三 以历史解释的多样性否定历史意义的存在

波普尔指出,在历史领域,一种能够被检验,因此具有科学特性的历史很难得到,而得到的是代表了各种观点的多种解释。在他看来,既然许多"历史理论"在其性质上是不具科学性的,这样的历史当然就没有意义。历史解释的多样性使人们得不到相对一致的理论。在波普尔看来,历史解释所运用的普遍规律既没有给历史提供一种选择性的、统一的原则,也没有为历史提供"观点"。它所需要的有选择性的原则和观点都是由先行的观念所提供的,这些先行观念在某些方面与普遍规律相似,例如,"伟人"的个性,或者"民族性",或者道德观念,或者经济条件等先行观念对历史而言是重要的。在历史中,人们所使用的事实常常受到严格的限制,而不能随意被重复或补充。历史资料是根据一种先行的观点来收集的,仅仅记录了那些能够引起足够兴趣的事实,因此,资料通常只包含那些适合一种先行理论的事实。同时,如果没有进一步的事实可资利用,通常就不可能检验这个或任何其他的后继理论,于是,这些不可检验的历史理论便被直接指责为循环论证。由此可见,在历史中,一种能够被检验,因此具有科学特性的历史很难得到,得到的是代表了各种观点的多种解释。认为一般性解释与所有记录相符就能够得以证实是不可能的。总有一些其他的(也许是不相容的)解释与同样的记录相符,而且,不像在物理学中那样,历史学家难以得到新的资料来进行判决性的实验。历史学家经常看不到和自己的解释一样的也适合事实的任何其他解释。因此,任何一组确定的历史记录都可能有多种解释。因为每一代人都有其自身的困难和问题,都有其自身的兴趣和观点,这导致每一代人都有权以自己的方式考察和再阐释历史。总而言之,人们研究历史,要么是对历史感兴趣,要么是希望学习一些解决问题的知识。持有客观性观念的人们相信自己不是阐释历史，而是达到了一种客观性的水平，这种客观性使他们能够揭示"那些过去实际发生过的事件"。

　　笔者认为，历史认识难以达到科学性的因素有三点：一是从历史主体看，"每一代人都有其自身的困难和问题，都有其自身的兴趣和观点，这导致每一代人都有权以自己的方式考察和再阐释历史"①。对于同一历史认识对象，不同认识主体可以作出不同的评价，不同主体赋予同一历史客体的几种不同意义可以都是真的，这就造成"公说公有理，婆说婆有理"的境况。主体的不同需要与同一历史客体可以形成不同的价值关系。二是从历史客体看，历史事实不能随意被重复或补充和历史资料通常只包含那些适合一种先行理论的事实使历史理论难以被检验。三是从主客体的关系看，历史本身所具有的多方面属性、关系与规定，可以多方面满足人们的需要，而人们的需要又是多种多样的，多方面的需要必然形成解释的多样性与易变性。对此，我们可以通过以下几个方面来分析：

　　1. 历史事实是否是本质的、有意义的，取决于研究课题本身所规定的价值

　　历史主体会受到个人价值、集体价值、普遍价值等丰富多彩的价值体系的影响，加之不同的社会群体、阶层、阶级、民族和国家的利益不同，必然形成对同一客体不同意义的解释。例如，西方世界对哥伦布是肯定的，给予他很高的历史地位，而对美洲印第安人则是否定的，视其为殖民主义强盗。对于同一历史认识客体，不同认识主体可以作出不同的评价，不同主体赋予同一历史客体的不同意义可以都是真的。相对于不同的主体来说，对于同一客体的评价确实存在着"公说公有理，婆说婆有理"的情况。但是历史事实是否是本质的、有意义的，取决于研究课题本身所规定的价值。任何历史事件只有当适合于研究课题的价值时才显得有意义，才被定为史实。解释同一事实的价值体系尽管有多种，但所有这些价值体系都必须服从研究课题的内在价值体系。任何一个研究课题都有内在的逻辑原则及一定的价值标准。对于历史解释的价值标准来说，在历史解释中，除了要有与课题的本质联系的内在价值外，还必须依据课题之外的某种标准来作为终极标准判断。在西方学术界，客观主义者强调历史的价值标准来自于所研究的那个时代，即用他

---

①　[英]波普尔：《开放社会及其敌人》第 2 卷，陆衡等译，中国社会科学出版社 1999 年版，第 403 页。

所研究的那个时代本身所固有的价值标准去解释,而不是用我们现在的价值标准去解释过去的时代。而相对主义者和实用主义者大多主张历史价值判断的标准是现在的价值观,即用现在的价值观念去解释历史。事实已经证明,单纯用过去的价值标准容易导致历史主义倾向,容易割断历史与现实的联系;完全用现时的价值标准去解释历史,容易滑入历史虚无主义。于是,历史的解释标准应该强调历史与现时的统一,既遵从所研究的时代的具体价值观念,又遵从跨时代、跨地域的历史价值的统一性,用历史的、发展的价值标准去判断。除此之外,历史解释中也可运用具有社会历史本质意义的普遍性的解释标准。如历史解释必须强调该解释所引导的行为是否合乎人类发展性和社会进步性,就是其中之一种。任何解释都将引导一定的行为,都为一定行为提供依据。解释历史的标准正确与否也要以它所引导的行为的结果为标准。当一种解释所引导的行为符合人类追求的进步目标,对人类的发展起着积极的作用,那么这个标准就是正确的。例如,我们在解释哥伦布发现美洲新大陆的历史意义时,就应给予充分的肯定,因为哥伦布西航造就了新旧两个文明世界的会合,有利于人类社会历史的发展进步,这是主流。至于新航路开辟以后造成的印第安人灭绝等问题,在严厉抨击殖民强盗行为时,不能把责任都推到哥伦布一个人身上。对事物的两个方面应分清主次。在历史解释中,除了主体利益体系与价值观外,更需考虑到解释所引导的行为是否合乎人类社会历史的发展性与进步性。因此,历史解释的多样性并不导致历史无意义,需要强调的是意义判断与历史解释要注意科学合理性与解释标准的普遍性。

2. 交往实践是实现历史有意义的一个基本途径

这里需要指出的是,历史认识是否有意义,也就是指它是否有价值,而判断认识的价值的根本标准是看它是否具有客观真实性。诚如波普尔所说,因为每一代人都势必面临着新的困扰与问题,都有着自己的兴趣和观点,所以每一代人都有权力依照他们自己的方式重新解释历史。历史认识主体存在着不同的个人偏好、价值观、世界观、认识水平等"先见",对于这些先见,以往的历史学家总是试图寻求消除的途径,而实际上,先见根本不可能消除,反而是要带入认识之中,影响着认识结果。那么,各认识主体的"先见"的不一致性又如何取得认识结果的一致性呢?笔者认为,交往实践是实现历史认识客观真实性的一个基本途径。交往实践是马克思实践观中的一个方面。马克思指出:"人们在生产中不仅仅同自然界发生关系。他们如果不以一定的方式结合起来共同活动和互相交换其活动,便不能进行生产。为了进行生产,人们便发生一定的联系和关系;只有在这些社会联系和社会关系的范围内,才会有他们对自然界的关系,才会有生产。"① 生产实践中除了人与自然的关系,还有人与人的关系,这人与人的关系便是指人与人之间的社会交往活动。人们不是先有了对自然界的改造活动,然后再彼此交往的,而是从一开始就在一定的交往关系中与自然界发生关系的,他们总是将所要变革的对象放到他们彼此之间的交往活动中来进行的,因此,没有实践的社会交往性也就无所谓实践。在实践过程中,由于实践主体不是抽象的、单一的,而是"有生命的个体",因此,存在着社会主体的差异性。主体在实践中的差异性,决定了他们在认识过程中的差异性,决定了他们在观察、理解和评价事物时所具有的不同视角和价值取向,主体带入认识过程中的主观成见便源于此。认识主体的差异性和主观成见,在存在社会分工的前提下,是不可能消解的,主体只能背负着这种成见进入认识过程,历史认识主体也不可能超脱这一认识过程的厄运。所以,在社会交往过程中形成的主体的主观成见只能在交往实践中得以克服,在交往实践的基础上,主体才能超出其主观片面性达到客观性认识。实现认识与对象的同一过程就在于主体交往的规范性和客体指向性。人们的交往实践要遵循一定的交往规范。交往实践本身造就的交往规范系统约束着主体的交往实践。这些规范对于一定历史条件下的个人来说是既定的、不得不服从的,这种交往实践的规范性保证了认识过程的有序性。认识的有序性是认识超出主观片面性达到客观性的必要前提。在具体的认识过程中,诸主体间的交往实践同时是指向主体之外的客体的对象化活动,即使使用语言、史料而进行的历史认识主体间的交往归根结底仍然是指向历史认识客体的,是就某一历史而展开的。在历史认识活动过程中,主体总是从各自未自觉的主观成见出发并以为自己认识到的历史与对方认识到的历史是相同的,从而推断对方会根据自己的行为针对同一历史认识客体采取某种相应行为。然而,交往开始时双方行为的不协调迫使主体发现了他人(一个无论是在行为上还是观念上抑或是认识结果上都不同于自己的他人),发现他人同时就是发现自我。因为此时主体才能够从他人的角度来看自己及其认识活动,即自我对象化。这样,通过发现他人与自我的差异而暴露出自己的先人之见的局限性。但是,仅仅停留在暴露偏见还不足以克服

----

① 《马克思恩格斯全集》第 6 卷,人民出版社 1972 年版,第 486 页。

偏见,如果交往双方不是为了指向共同的客体而继续交往下去,交往就会在双方各执己见的情境中中止,他们的对象化活动也就中止了。因此,交往实践的客体指向性是保证主体超出自身的主观片面性,从而达到客观性认识的关键。正是交往实践的客体指向性使得交往主体在继续交往中努力从对方的角度去理解客体,并把自己看问题的角度暴露给对方,以求得彼此理解。在理解过程中,个别主体不一定放弃自己的视界,而在经历了不同的视界后,在一个更大的视界中重新把握那个对象,即所谓"视界融合",从而达成共识。在此共识中,双方各自原有的成见被抛弃了,它们分别作为对客体认识的片面环节被包容在新的视界之中,此时,个别主体通过交往各自超出了原有的主观片面性而获得了客观性认识。从认识论机制看,交往实践为实现历史认识的客观真理性提供了途径,这是毫无疑问的。任何形式的历史研究都少不了也缺不得主体的积极参与,历史认识不能排除主体性,反而要更积极地发挥主体的创造性作用。在历史认识过程中,认识主体所常用的史料选择、历史的理解与解释是可以消除其主观随意性的,历史认识的客观真实性是可以实现的。这种客观真实性,一方面取决于过去历史的客观真实性,另一方面取决于历史认识主体通过消除认识过程中的主观随意性和通过认识主体间的交往实践来获得。因此,历史认识的客观真理性,不能通过认识过程中主体的客观中立来获得,而只能由认识主体的积极介入,通过不断的证实或证伪来获得。

3. 我们应该从整体的或人类总体的历史角度来理解历史认识领域中的意义判断的普遍性和持久性

在分析这个问题之前,我们应当承认波普尔看到历史认识的不断更新,看到它的多样性和流变性,而且前人的历史认识往往不能为后人所分享。同时,他又看到各个时代和社会都是按照他们自己的需要去理解历史的意义,形成自己的历史认识。所以历史的意义总是需要不断地加以重新理解、重新评价。笔者认为,各个时代不同的历史认识对于产生他们的时代和社会来说,又都具有一定的真实性,即反映了他们的价值目标和价值追求。历史认识主体是多样的,他们带有强烈的民族情感、阶级观念、阶层意志、个人偏好。对于同一现象会产生不同的解释。比如,对于人口过剩现象,马克思主义者和马尔萨斯主义者就会有不同的解释。马尔萨斯认为,人口以几何级数增长,而食物则以算术级数增长,因此,如果人口的增长不加控制,饥饿就不可避免。马尔萨斯把它叫做人口增长的自然规律,并断言尽管各国的政治制度不同，但这个规律却普遍成立。与此相反，马克思认为，不存在自然的人口规律，每一种生产方式都有它自己的人口规律。人口过剩是资本主义产生的，因为它需要过剩的劳动力。马克思认为，随着资本主义向社会主义过渡，人口过剩将会消失。由此可见，马尔萨斯和马克思是从根本不同的规范或观点来解释同一现象，并且得出完全不同的结论的。每一种规范都有它自己认为是重要的问题，都有自己的一套概念或同行术语。在马尔萨斯的规范中，中心问题是人口过剩；对于马克思来说，中心问题是生产资料所有制、阶级斗争，人口过剩只是一个表面现象。在具体的历史认识中，人们对历史的价值判断是千差万别的，这不仅表现在对历史人物的褒贬上，而且表现在对历史事件的定位上，还表现在对历史进程和历史动力的认识上。每种历史解释都有自身的科学性，如考证学派尊奉无证不信的原则，保留了历史学求真的基本特征；历史叙事可使历史变得生动而有人情味；史观学派发现了历史的意义与目的。各派都只能作为一个历史学流派而存在，具有各自存在的社会基础，是等值的，很难说谁比谁更科学。虽然每种历史解释工作不同，但价值是相同的，何炳松就说过："故吾人研究史学，或慎撰史料以饷遗后人，或整理旧书以贡献学界。事业虽异，功效相同。"① 当前，史学的多样性在美国表现得尤为突出。第二次世界大战后，美国历史学主体多样化，社会对历史学的需求也多样化了，因而历史学表现出多样性，很难说哪一种主题、哪一种方法、哪一种观点更正确、更科学。历史学不必追求自然科学那样的科学性，并不意味着人们不必尊重历史事实，相反，历史事实是构筑历史学大厦的基础，历史学家必须在尊重事实前提下去体会和诠释历史的意义。

那么，历史认识领域中的意义判断究竟有没有普遍性和持久性呢？如果我们对历史认识主体的理解是个体的、个别的，我们确实很难找到普遍的、持久的、能为大家共享的价值判断，作出的历史判断总是个别性和特殊性的。有关历史意义的认识，常常是有差异的、矛盾的和对立的。如果我们对历史认识主体的理解是整体的或人类总体的，那么，普遍性的、持久性的历史判断还是存在的。波兰史学家托波尔斯基在《历史学方法论》中说："我们必须承认就所涉及的不同时代和不同地域而言，存在着一种人性的共同基础。我们这里所说的不仅指生物层次上的基础，而且还指心理层次上的基

---

① 刘寅生等：《何炳松论文集》，商务印书馆1990年版，第132页。

础。每一个历史学家都确信人性的某些特点和人的某些需要是永恒的,并把她的许多陈述都建立在这种确信的基础之上。"① 这种人性的共同基础和人的某些永恒的需要的直接表现就是人类的共同利益和共同命运。恩格斯曾这样分析过人类的共同利益:"这种共同的利益不是仅仅作为一种'普遍的东西'存在于观念之中,而且首先是作为彼此分工的个人之间的相互依存关系存在于现实之中。"② 但在一定的历史阶段里,"正是由于特殊利益和共同利益之间的这种矛盾,共同利益才以国家的姿态而采取一种与实际利益(不论是单个的还是共同的)脱离的独立形式,也就是说采取一种虚幻的共同体的形式"③。随着历史的发展,全人类的共同利益和共同命运逐渐摆脱了他的虚幻的共同体形式,在越来越广泛的领域里显示出它的现实性。马克思说:"世界是不是过去一直存在的;作为世界史的历史是结果。"④ "各国相互影响的活动范围在这个发展进程中愈来愈扩大,各民族的原始闭关自守状态则由于日益完善的生产方式、交往以及因此自发地发展起来的各民族之间的分工而消灭得愈来愈彻底,历史也在愈来愈大的程度上成为全世界的历史。"⑤ 当人类还处在由分散走向整体的过程时,他们主要还是从个体的、集团的、政党的、阶级的立场上来评价历史的意义。当世界进入全球一体化的阶段时,当全人类的共同利益和共同命运在广泛的社会生活中成为现实时,反映这种新形势的历史学将包含了更多的普遍性和永久性。

总之,虽然多种因素使历史解释具有多样性,使历史认识难以达到科学性,但是我们不能就此否定历史有意义。

综上所述,波普尔"历史无意义"的观点有其合理之处,他看到了历史描述的选择性;他看到了历史解释的多样性。但是他片面强调历史认识的能动性,否定历史认识的客观性,片面强调历史解释的相对性,否定历史认识的普遍性,进而否定历史意义的存在,这就走向了极端。显然,波普尔的失足之处在于他忽略了"没有主体的能动性就没有历史认识"和"能动的认识始终是对客体的反映"之间的辩证关系。

---

① [波] 托波尔斯基:《历史学方法论》,张家哲等译,华夏出版社1990年版,第648页。
② 《马克思恩格斯选集》第一卷,人民出版社1995年版,第84页。
③ 同上。
④ 《马克思恩格斯全集》第46卷上册,人民出版社1979年版,第48页。
⑤ 《马克思恩格斯选集》第1卷,人民出版社1972年版,第51页。

第六章 新自由主义自由观批判

哈耶克的新自由主义自由观是个人主义的、否定性的、消极性的、自发性的和有限性的自由观。这种自由观是对理性作用的贬低,并与资本主义的实践相矛盾。马克思提出的科学社会主义自由观,在肯定自由具有上述五大特征外,更加强调自由是集体主义的、肯定性的、积极的、自觉性的和有限与无限统一的特征。显然,在理论上马克思的科学社会主义自由观是对哈耶克的新自由主义自由观的批判和进步,解决了理性在人类自由中的作用问题,使自由获得了完整的内涵。

第一节 哈耶克自由观的五大特征

"自由"一词歧义颇多,正如孟德斯鸠在《论法的精神》中所说:"没有一个词比自由有更多的含义,并在人们意识中留下更多不同的印象了。有些人认为,能够轻易地废黜他们曾赋予专制权力的人,就是自由;另一些人认为,选举他们应该服从的人的权利就是自由;另外一些人,把自由当作是携带武器和实施暴力的权利;还有些人把自由当作是受一个本民族的人统治的特权,或是按照自己的法律受统治的特权。"① "自由"是哈耶克新自由主义理论的核心概念,那么他是怎样界定"自由"的呢?

哈耶克认为:"一个人不受其他某人或某些人武断意志的强制,这种状态常常被看作'个人的'(individual)或'人身的'(personal)自由。"② 在这里,所谓自由是指个人的自由,不是指集体的自由和组织的自由。这种自由是指对个人强制的免除,是对个人私域的界定和保护,它作为一种目的本

---

① [英]哈耶克:《自由宪章》,杨玉生等译,中国社会科学出版社1998年版,第27页注1。
② 同上书,第28页。

身，构成人类最基本的价值，同时又是一种为人们提供助益的手段。下面拟从五个方面分析哈耶克自由观的特征。

一 个人主义的自由观

哈耶克的自由观是个人主义的自由观，"这种个人主义的基本特征，就是把个人当作人来尊重；就是在他自己的范围内承认他的看法和趣味是至高无上的"①。他所说的自由是个人自由，他所谓的个人，从肯定方面看，具有四大特征：一是具有独立目标；二是能够自主行动；三是拥有分散的知识；四是能够与他人和社会进行调适和互助，即个人在性质上乃是社会的。哈耶克还从否定方面对其个人的特征作出区分，他所谓的个人不具有以下四个特征：一不具有个人至上和自由放任的特点；二不是那种孤立的、自足的、原子式的，总之缺乏人的社会性的个人；三不是集体和组织"机器"中的"螺丝钉"；四不是那种完全服从组织和集体的强制，缺乏真正的人性的个人。因此，哈耶克所主张的"个人主义"等价于"自由主义"，二者可以"互换使用"，它"所提供的乃是一种社会理论"②。

对于哈耶克自由观的个人主义特征，可以从哈耶克关于个人构成要素和他对集体主义的批判两个方面来分析。

1. 个人行动及其客体和个人理性是个人这一核心观念的基本要素③

哈耶克认为，对人们认识和理解个人行动及其客体起决定作用的，是认识者和被认识者所具有的意见或意图，这是因为个人行动及其客体都不具有本体论上的实在地位，因为这些构成要素并不是由所谓的物理特性或某一终极原因决定的，而是由种种不确定的主观因素所导致的结果。因而，社会科学中的事物乃是人们认为的事物。人们只有通过理解那些指向其他人并受预期行为所指导的个人行动，同时通过类推的认识方式，才能达到对社会现象和社会秩序的认识和理解。因此，个人行动及其客体在意义序列上优先于社会。

那么，关于个人的另一个基本构成要素个人理性，哈耶克又有怎样的看

---

① [英]哈耶克：《通往奴役之路》，王明毅、冯兴元等译，中国社会科学出版社1997年版，第21页。
② 邓正来：《规则·秩序·知识——关于哈耶克自由主义的研究》，生活·读书·新知三联书店2004年版，第21页。
③ 参见张曙光《哈耶克自由主义理论》，《读书》2005年第7期。

法呢？他的一贯主张是理性有限和理性不及，个人理性应被理解成一种人与人之间相互作用的过程，在这个过程中，任何人的贡献都要受到其他人的检验和纠正，任何人都没有资格对另一个人所具有的利益或被允许实施的能力作出最终的判断。认知是个人行动的一个重要构成要素，始终是作为社会存在的个人所采取的一种主观行为。由于个人的认知能力既不是由社会结构决定的，也不是由无所不包的理性决定的。因此，个人认知作为个人有目的的行动的一部分，具有明显的社会性质。

2. 哈耶克的个人主义自由观还体现在他对集体主义的批判之中

哈耶克批判了集体主义颠倒了关于集体的陈述和关于个人的陈述的重要性和逻辑关系。哈耶克指出，与行动者个人相比较，集体主义把社会、国家、阶级之类的概念看作具有首位的实在性，并具有更大的价值。而在他看来，这类集合体在特定意义上讲并不存在，它们不吃不喝，也不采取积累和消费行为，将其理解为自成一体并独立于个人而存在的观点，是极其谬误的；那种把任何价值重要性赋予有关集合体的陈述，或把有关经济集合行为进行统计性概括的做法，同样是荒谬的。因为，这样的集合体不是那种能够从科学意义上解释个人行动的本体论实体，而是一些意义客体，离开了个人，没有个人之理解和能动作用这类范畴的支持，这些意义客体便无法得到人们的理解。所以，从逻辑上讲，所有关于集体的陈述都是从有关个人的陈述中推论出来的。哈耶克以此批判集体主义通过把一般性的理性观念和意志观念偷换成特定的群体心智、集体意志或主权者意志，不仅赋予了这些概念以整体性，而且赋予了隐藏在这些概念背后的某个特定个人意志以正当性。

在批判了集体主义对于集体的陈述和个人的陈述的重要性和逻辑关系颠倒的基础上，哈耶克批判了集体主义的实质和产生的根源。他指出，集体主义的实质在于既否定任何并非直接出于理性设计或理性不及的各种社会力量，又试图根据唯理主义的理性观并且以极端的方式从政治上、经济上和道德上重构社会秩序。集体主义的错误根源在于忽视个人所具有的社会特性，方法论集体主义之所以没有意识到社会这类集合体根本不可能独立于个人而存在的事实，就是因为它把它所做的方法论上的抽象误解成了一种先于个人的本体论实在。通过以上分析，人们自然可以得出结论，哈耶克既否定了孤立个人决定社会存在的有效性，也否定了所谓前定的社会结构决定个人存在的有效性。

二 否定性的自由观

哈耶克强调的自由是"对个人强制的免除",是一种否定性自由,也就是说,一个人的自由要求的绝不是他人以某种方式的作为,而是他人以某种方式的不作为,除规则禁止外一切都是许可的。我们可以从哈耶克对自由与强制的关系、自由与规则的关系的分析中剖析他自由观的否定性特征。

1. 自由与强制的关系

哈耶克从强制的对立面来理解自由,否定个人自由与选择范围直接相关。在哈耶克看来,当一个人受到任意强制时,他是不自由的。自由所描述的是某种特定障碍——他人实施的强制的不存在,自由所要求的是他人不作否定性命令,而不是要求他人作肯定性命令。只要他人不实施强制,就保证了我的自由。从某种角度讲,自由的含义取决于强制的含义。那么,哈耶克如何指认强制呢?所谓强制,指的是某个人的环境或者情境被他人、团体、国家等所制约,以至于为了避免更大的危害,此人被迫不能按照自己一贯的计划行动,而只能按强制者的目的行事。因而,自由与强制相对,对自由的侵犯也仅来自人的强制。哈耶克进一步指出,应从两个方面来理解强制的构成:一是要有施加损害的威胁,二是要有通过这种威胁使他人按强制者的意志采取某种特定行动的意图。他认为必须同时具有上述两种情况才构成强制。

个人自由与选择范围直接相关吗?哈耶克持否定态度。哈耶克充分肯定了某人在行动上有多少条路可供选择对于自由的重要意义,但他认为这种选择范围与自由并无直接关系。"一个人是否自由,并不取决于选择范围的大小,而是取决于他能否自己根据自己的意愿行事,或者说,他人能否迫使他按照他人的意愿,而不是他自己的意愿来行事。"因此,"自由是指一个人在多大程度上能够自行其事。在多大程度上他能够自己确定其行为方式,以及在多大程度上可根据自己所执著追求的目标,而不是根据别人为实现其意图所设定的强制条件去行动"[①]。哈耶克指出,强制是一种恶,因为它把人视做无力思想和不能评估之人,人彻底沦为了实现他人目标的工具。比如,在强制状态下,个人可以进行选择,但是,个人所面临的种种替代性选择完全由强制者操纵,以至于强制者想让被强制者选择的行动,对于被强制者来说,

---

① [英]哈耶克:《自由宪章》,杨玉生等译,中国社会科学出版社1998年版,第31页。

是这些选择中痛苦最少的选择。或者说，被强制者除了选择他人、团体、国家强加于他的所谓较小危害之情景之外，他既不能运用他自己的知识与智慧，也不能遵循他自己的目标及信念。当一个人不能按自己的决定和计划行事，而受到他人的专断意志的强制，他就是不自由的。

哈耶克认为，个人是否自由，并不取决于他可选择的范围大小，而取决于以下两种情况：一是行动者本人是否能按其现有的意图形成自己的行动途径；二是他人是否有权力操纵各种条件以使行动者本人按照他人的意志而非本人的意志行事。因此，自由意味着个人具有某种确获保障的私域，也就是说，他的生活环境中有一系列情势是他人所不能干涉的。同样，"由于强制是一个人对另一个人行动之基本依据所实行的控制，所以人们只能够通过使个人确获某种私域的方式而防阻这种强制，因为只有在这种确获保障的私域中，他才能得到保护并抵御这种来自他者的强制"[①]。

2. 自由与规则的关系

自由和强制的对立说明了强制之恶不可避免，因为防止强制的方法只有强制。强制而以众所周知的规则为依据，它就成为依据自己智识、遵循自己观念的个人自由追求自己目标的有用工具，而不是用来实现他人目的的手段。但也正因为如此，公知性强制的存在又使个人自由处于一种为人们所尽力趋近但却难以期望完全达到的状态。一个人要获得自由，就要有确获保障的自由领域，那么如何确定这种领域呢？为了避免使对这种个人领域的承认本身不变成一种强制的工具，哈耶克认为，确定这种领域的范围及内容，就绝不能通过把某些特定的东西可以分派给特定的人的方式加以确定。也就是说，不能肯定性地分派，而只能是否定性的。哈耶克指出，人们在解决划定自由领域问题时所发现的种种解决办法，都是以承认一般性规则为前提条件的，"这种规则规定了一系列条件，根据这些条件，可以确定一个人或一些人确获保障之领域的具体内容。对这些一般性规则的接受，能使社会中的每个成员确定其被保障的领域中的内容，并能使社会中的所有成员都承认何者属于其领域以及何者不属于其领域"[②]。因此，个人自由与否，直接与某些规

[①] [英]哈耶克：《自由秩序原理》，邓正来译，生活·读书·新知三联书店1997年版，第171页。

[②] 同上书，第19页。

则相关，自由"乃指这样一种状态，除规则所禁止的外，一切事项都为许可"①。哈耶克指出，规则的抽象性和独立性与规则的否定性密切相关，"这些规则几乎都是否定性的（即它们禁止而非命令一些特定的行动），它们之所以作否定性的规定，乃是保护每个个人都按其自己的选择而自由行事的明确的领域，而且人们也可以通过把一般化的标准适用于一项特定的规则而确知它是否具有这一特征。我们将努力表明，这些都是那成自生自发秩序之基础的正当行为规则的必要的特征。……实际上，所有正当行为规则都是否定的"②。由此可见，哈耶克通过对规则否定性特征的强调进一步突出自由的否定性特征。

三 消极性的自由观

哈耶克自由观的消极性特征从他给自由的定义和他对自由与内在自由和能力自由的区分中得到充分展现。

1. 哈耶克自由定义中体现了消极性特征

如前所述，哈耶克的自由概念是"免于强制的自由"，根据英国著名的政治哲学家伯林提出的"两种自由概念"的逻辑分析，自由分为"免于……的自由"的消极概念和"去做……的自由"的积极概念。显然，哈耶克的自由概念属于前者。伯林还在其自由理论中区分了两种典型的不自由的人。一种人是奴隶，另一种人则是监狱里的犯人。奴隶在我们的理念中，与自由人是相反的，也就是说，奴隶是没有自由的人。而对一个犯人，我们则说他失去了自由，监狱中犯人的不自由在于他受到了许多束缚和限制如铁窗、锁链等事物，使他无法做他所想做的事；而对一个奴隶说其不自由，并不是指其所受事物的束缚，而是指其受别人的控制，缺乏自主权，他不能自主决定自己想要做的事。伯林称犯人式的自由为消极自由，奴隶式的自由为积极自由。消极自由所要回答的是："在什么样的限度以内，某一个主体（一个人或一群人），可以或应当被容许，做他所能做的事，或成为他们能成为的角色，而不受别人的干涉。"积极自由则回答"什么东西、或什么人，有权控制，或干涉，从而决定某人应该去做这件事，成为这种人，而不应该去做另

---

① [英]哈耶克：《自由秩序原理》，邓正来译，生活·读书·新知三联书店1997年版，第15页。

② [英]哈耶克：《法律、立法与自由》，邓正来译，中国大百科全书出版社2000年版，第35—36页。

一件事,成为另一种人"①。伯林反对积极自由,他认为积极自由的最根本意义就是自我引导及自我主宰,做自己的主人,而还很容易陷落到他的反面——强制或不自由。

除了继承伯林关于消极性自由的相关思想,哈耶克还继承了以英国自由主义者洛克、穆勒与法国的自由主义者贡斯当、托克维尔为代表的消极自由观的看法。他们都主张把社会生活领域分为"公域"和"私域",认为"应该存在最低限度的、神圣不可侵犯的个人自由的领域"②,"人类生存的某些方面必须依然独立于社会控制之外,不管这个保留多么小,只要入侵它,都将是专制"③。这一自由勾勒出了个人私域的一道防线。在这道防线内,个人可以做他想做的任何事情,而不受他人的强制;在这道防线外,个人不得以追求自由之名而侵犯或强制他人。

2. 哈耶克在区分自由与内在自由中展现了自由的消极性特征

哈耶克指出了个人自由与内在自由的区别。内在自由是指个人根据自己考虑成熟的意愿、理智或持续长久的信念,而不是根据一时冲动或形势来行事的程度。然而,内在自由的反面不是他人的强制,而是一时的感情、道德或智慧上的缺陷所造成的影响。为了论证这一点,他列出了内在自由一词适用的三种情况:一是如果某人没有完成经深思熟虑要干的事情;二是如果某人在关键时刻因丧失意志力而未如愿;三是人们只要信息灵通本可大功告成,但无知和迷信妨碍了他们。对于前两种情况,我们可以说他不自由,成了感情的奴隶;对于第三种情况,我们也可以用内在自由一词,或者说知识使人自由。个人面对多种选择能否机智地作出并坚持他自己的决定,与个人是否受到他人意志的强制,是两个不同的问题。当然,二者也并非毫无关联,譬如同样的情况,对某些人已经构成强制,对另外一些人却只是容易克服的一般困难,而且究竟如何完全取决于相关者意志的强弱。就此而言,内在自由和没有强制的自由将共同决定该相关者能在多大程度上利用其知识来选择机会。既然如此,区分二者也是十分重要的,原因之一是因为内在自由和哲学上关于意志自由的概念混乱有关。人们曾经错误地认为科学决定论,使个人责任失去了存在的基础,对自由理想的损害,莫过于此。

---

① [英]伯林:《两种自由概念》,陈晓林译,转引自《市场逻辑与国家观念》("公共论丛"第一辑),王焱等编,生活·读书·新知三联书店1995年版,第200页。
② [英]伯林:《自由论》,胡传胜译,译林出版社2003年版,第191页。
③ 同上书,第194页。

3. 哈耶克在区分个人自由与能力自由中展现了自由的消极性特征

哈耶克强调了个人自由与能力自由之间的不同。所谓能力自由，就是指身体方面做自己想做之事的能力，即如愿以偿的能力，或者说是我们所能选择的程度。例如，以下情景的自由就是指的能力自由：很多人都曾做过这种自由之梦，梦见自己会飞，能摆脱地球的吸引力，像小鸟一样自由地飞往自己想去的地方，或者能随心所欲地改变环境，等等。这种对自由的比喻式用法，长期以来流传甚广，但过去还很少有人真正将这种意味着无所不能的、逾越所有障碍的自由混同于任何社会秩序下皆能获得的个人自由。只是从社会主义者故意利用这种概念上的混淆来论证其理论时，人们才发现其危险性。哈耶克认为，"将自由混同于力量（power）的做法一旦被认可，那么用'自由'一词的魅力来摧毁个人自由的诡辩将永无止境。打着自由的旗号怂恿人们放弃自由的花招也将永无完结。正是借助这种混淆，对超越条件的集体力量的承认最后取代了对个人自由的信仰，而且极权国家也以自由的名义剥夺了人民的自由"[①]。将力量意义上的自由混同于个人自由必然导致将自由等同于财富，某些人因此会打着"自由"的旗号要求重新分配财富。然而，尽管自由和财富都是我们希望拥有的，尽管我们常须借助二者实现心愿，但它们毕竟不同。一个人能否主宰命运、自行选择是一个问题；供我们选择的机会是多还是少，却是完全不同的另一个问题。宫廷的侍臣尽管生活在奢华环境中，但他必须听从主人差遣，比起一个贫苦的农民或工匠，他的自由可能更少，因为他几乎不能自行安排生活和选择机会。同样，统率一支军队的将军或负责一项工程的主管，也可能大权在握，在某些方面，甚至是不受制约的权力，但比起一个农夫或牧人，他的自由也可能更少，因为只需上司一句话，他便不得不改弦易辙，也不能根据自己的需要来改变生活方式，作出对他来说最重要的抉择。总之，哈耶克与伯林一样反对将自由与能力相联系。

四 自发性的自由观

哈耶克自由观的自发性特征是指自由虽是一种文明的造物，但不是一种自然状态，也不是设计的产物。各种自由制度，如同自由所造就的其他事物一般，并不是因为人们在先已预见到这些制度所可能产生的益处以后方进行

[①] ［英］哈耶克：《自由宪章》，杨玉生等译，中国社会科学出版社1998年版，第35—36页。

建构的。哈耶克自由观的自发性特征是通过他对自由主义的传统的梳理和对建构理性主义的批判中阐释出来的。

1. 哈耶克对自由主义传统的梳理中蕴涵了自由的自发性特征

哈耶克把自由主义的传统分为两种：一种是英国的自由主义传统，这是一种经验的且非系统的自由理论传统，其目的在于对自生自发发展的但未被完全理解的各种传统和制度进行解释，在这种传统中，即使那些最为复杂、表面上看似乎出于人为设计的政策规划，也几乎不是人为设计或政治智慧的结果，自由制度被认为是极有作用的种种实在制度，是某些显而易见的原则经由自生自发且不可抗拒的发展而形成的结果。另一种是法国的自由主义传统。哈耶克是在坚持英国传统基础上阐述他自发性的自由观的，其自由理论的核心范畴——自生自发的秩序，就是直接从英国自由主义传统继承来的，亚当·斯密的"看不见的手"的理论，正是自生自发秩序的一个典型例子。哈耶克认为，自由并不是人的理性所设计的结果，而是一种有机的、缓进的和并不完全意识到的发展的结果，是通过一些理性不及因素的原则中所形成的自生自发秩序得到保障的。借用 J. L Talmon 的说法，哈耶克的自由理念认为自生自发及强制的不存在乃是自由的本质，其基本命题是文明的源起并不在于构设或设计，而在于成功且存续下来的实践，它们是通过长期的试错演化而逐渐形成的。

2. 哈耶克对建构理性主义的批判中彰显了其自由观的自发性特征

哈耶克指出，法国的自由主义传统是一种思辨的及唯理主义的传统，其目的在于建构一种乌托邦，在这种传统中，思辨的唯理主义凭着人的理性的致命的自负，主张社会秩序、自由乃是理性的设计之物，社会制度乃是人们根据其内在理性的条理井然的智识和设计而成的产物，其代表人物笛卡尔认为，社会秩序是独立而先在的人之理性发明的，设计理论最具特色的地方就是认为自由社会乃是某个大智大慧的最早的立法者或一种原初的"社会契约"所建构的。哈耶克不认同这种自由观，认为它是从未获致成功的一种乌托邦。他指出，唯理主义传统的奠基人之一托马斯·霍布斯提出人的自然权利必须通过人订立契约而形成的国家这一强制力得到保障，这一思想显然契合了思辨的唯理主义自由观。当代的新古典自由主义理论家德沃金、罗尔斯和诺齐克等人秉承了霍布斯的自由理念，同样把自由置于人的理性掌控之中。其关于社会秩序的基本命题是人生来就具有智识的和道德的禀赋，这使人能够根据审慎思考而形成文明。

哈耶克显然是站在英国"经验的非系统"的自由传统上来拒斥法国"思辨的唯理主义"自由传统的。自发性是哈耶克自由观的主要特征。"在安排我们的事务时，应该尽可能多地运用自发的社会力量，而尽可能少地借助于强制，这个基本原则能够作千变万化的应用。"①

五 有限性的自由观

哈耶克自由观的有限性特征是他在对理性的有限性和知识的有限性的剖析基础上展现的。

1. 哈耶克从理性有限推出自由有限

哈耶克把理性主义分为建构论理性主义和进化论理性主义，他声明自己是一位进化论理性主义者，并对建构论理性主义进行了有力的批判。哈耶克指出，发端于笛卡尔的建构论理性主义经由斯宾诺莎、莱布尼茨等人的发展，把理性奉为仅凭自身的力量就能够决定行动的可欲性问题，甚至于试图把整个社会变成一个由理性指导或控制的机器。到黑格尔时代，理性简直达到了狂妄的地步，变成了威胁个人自由的工具。物极必反，当理性被奉若神灵时，当理性被理性主义者们认为是征服世界的工具，是人走向自由的工具时，理性只是服从自然排斥自由。理性已经僭越为自由的敌人。哈耶克认为人类理性的力量是十分有限的，不能为个人行动铺设出一条无障碍之路。理性已无法完全认识、解释、把握这个复杂社会中的所有问题，任何企图凭借理性而成功地构建出比经由社会逐步演化出来的规则更具效力的规则，都是不可能的。诚然，理性是人类所拥有的最为珍贵的禀赋，但是那种认为理性能够成为其自身的主宰并能控制其自身的发展的信念，却有可能摧毁理性。哈耶克的目的在于运用理性分析的方法去削弱种种对理性超界限、超范围的诉求，从而引导、指明理性的有限性，即理性可以运用到哪里，不能运用到哪里。哈耶克着重阐明："理性的使命之一，就是要确定理性控制的范围或限度，或者要确定理性应当在多大程度上依赖于它所不能完全控制的其他力量。"② 面对一个无限复杂的自然和社会，人类凭借有限理性获取的自由必定是有限的。

---

① ［英］哈耶克：《通往奴役之路》，王明毅、冯兴元等译，中国社会科学出版社1997年版，第24页。

② ［英］哈耶克：《法律、立法与自由》第1卷，邓正来等译，中国大百科全书出版社2000年版，第33页。

2. 哈耶克从知识的有限性推出自由的有限性①

哈耶克在批判建构论唯理主义知识观的错误基础上阐述了自己的知识观。他批判建构论唯理主义由于执迷于理性万能，因而认为所有知识构成一个完整的整体，其总和也是固定的。尽管所有的知识呈分散状态，但却可以集中起来连同终极真理一起被少数天才所掌握。这意味着一些人可以凭借理性的禀赋克服无知，成为全知全能的伟大人物，并且根据这些巨细无遗的知识重新建构一个宏大的理想国。

在哈耶克看来，理性的有限性决定了依靠理性获得的有关自然和社会以及人本身的系统知识也是有限的。知识有限性的思想源于洛克，他把知识分为现实的知识和习惯的知识，又称直觉的知识和解证的知识。无论何种知识，由于自然的无限性和人类社会的复杂性使得人类认知未知世界的行为具有无限的广延性，人类已获得的知识相对于这个无限的未知域具有了有限性。随着知识的增长，有知者把许多原来排除在人类认识视野之外的事物不断地纳入他们的研究领域，知识增长的无限性使有知者愈加感到无知，况且人类的知识又是以分立的形式为不同的个人所有，因此，任何个人或群体或组织都不可能全面掌握这些知识，从而为社会或个人制定出通往美好未来的可行计划。遵循洛克的分析路径，哈耶克阐述了他的有限知识论。他认为由于理性有限，整个社会的知识只能是一种比喻，事实和信息的不断变化也不可能形成一个固定的总和，因而对于人类来说，未知领域永远存在，知识可以交流，可以扩展，却无法集中到个别人或个别机构手中。不存在掌握终极真理的伟大人物，没有人能够而且也没有必要掌握全部知识，每个人的知识都是有限的。

哈耶克没有停留在知识有限性的笼统把握上，还深入分析了无知的状态及深层原因。他认为随着社会分工的不断细化，知识的增量已超出了边际增幅，知识的更新周期不断地缩短，任何人都不能掌握和使用全部知识支配自己的行为。哈耶克认为，人们难以掌握全部知识的原因有两点：一是无法计量的有限知识分散在无数的个体之中；二是分散的个体知识又处于动态的变化情势之中。根据知识的系统性标准，哈耶克把知识分为系统知识和非系统知识两类。他认为最难掌握的是非系统知识，这类知识既类似于洛克所说的经由直觉得来的知识，又好像是克尔·波兰尼所宣称的由人类个体隐性体知

---

① 参见王力《哈耶克自由观的逻辑谱系》，《社会科学研究》2007年第1期。

获取的意会知识。具体说来，非系统知识是个体在其行动的特定环节和特定情势中体悟到的、并在一定程度上支配其决策的知识，这些知识具有个体性及不可度性和无法传递性。在哈耶克看来，相对于知识的总量和知识的增长以及他人的行动所依凭的知识而言，个人处于无知的状态。哈耶克把这种无知状态分为两种：一是对系统知识的无知程度会随着知识的增加而扩大，"知识分工的特性，当然会扩大个人的必然无知的范围，亦即使个人对这种知识中的大部分知识必然处于无知的状态"[①]。二是对非系统知识的无知是无法通过学习获得的，"每个人对于大多数决定着各个社会成员的行动的特定事实，都处于一种必然的且无从救济的无知状态之中"[②]。哈耶克由人类已有知识在内容和结构上的高度复杂性推出集权主义的计划是不可行的，因此个人行动要是受无知的他人或组织意志的支配，那么个人自由的有限性就不言而喻了。

综上所述，哈耶克则始终强调"个人"自由，坚持捍卫古典自由主义的个人自由。哈耶克厘清了个人自由与其他自由的关系，指出个人自由不是政治自由，不是内在或形式上的自由，更不是能力意义上的自由。他的个人自由观具有"原始"意义的性质。

第二节 马克思科学社会主义自由观的基本内容

马克思批判地继承了思想史上有关自由的合理因素，在实践的唯物主义基础上，从不同的视角肯定了"政治自由"、"理性自由"和"劳动自由"，创立了马克思主义的自由观。给自由以科学的解释，从而实现了自由观上的革命性变革，在哲学史上确立了科学的唯物主义自由观，为人类追求自由指明了正确的道路。

一 马克思科学社会主义自由观的形成溯源

马克思科学社会主义自由观批判继承了人类思想史上的哪些观点？其自身又经历了几个发展阶段呢？

[①] ［英］哈耶克：《自由秩序原理》（上），邓正来译，生活·读书·新知三联书店1997年版，第25页。

[②] ［英］哈耶克：《法律、立法与自由》第1卷，邓正来等译，中国大百科全书出版社2000年版，第8页。

1. 马克思对思想史上有关自由思想的扬弃

人的自由指什么？在这个问题上马克思继承了古代哲学家和近代资产阶级哲学家的哪些思想？

第一，马克思对古代哲学家亚里士多德等人关于政治自由思想的继承。由于自由总是人的自由，是对人而言的，因此自由指什么取决于哲学家对人是什么的认识和理解。历史上不同的哲学家对人的理解不同，所以对人的自由的看法也不同。在西方哲学史上，古代哲学一般把人看作一种政治动物，亚里士多德明确提出"人是政治动物"的命题。于是古代哲学所讲的人的自由，主要是政治自由。认为人作为政治动物，为了过上合乎人的本性的生活，在政治上必须是自由的，这是人的自然权利。亚里士多德第一次提出"人本自由"的口号。由于当时所有的人被分为奴隶主、奴隶和平民三个等级，奴隶只是奴隶主会说话的工具，与此不同，平民具有一定的政治自由而被称为"自由民"。德谟克利特也曾在这个意义上专门讨论过个人自由和社会自由的关系问题。在柏拉图的"理想国"中，自由的主体是整个社会而不是个人，也是把自由用于个人与社会的关系，表示个人对于社会而言的政治权利。

第二，马克思对近代资产阶级哲学家洛克、斯宾诺莎等人关于理性自由和自由与必然之间关系思想的继承。在近代，人的"政治自由"仍被广泛运用。法国大革命"不自由毋宁死"的口号，《人权宣言》中"自由就是做一切不损害他人的行为的权利"的命题，以及裴多菲著名的"自由诗"，指的都是社会政治自由。但和古代不同，近代哲学主要把人看作一种理性动物，因此近代哲学所讲的自由除政治自由外，还着重强调人的理性自由、意志自由。但丁是"新世纪的第一人"，他说，人区别于禽兽在于人有天赋的理性和自由意志，"自由的第一原则就是意志的自由"[①]。洛克在他的《人类理解论》中专门讨论了自由问题，认为自由就是，一个人有一种能力来按照自己心里的决定或思想，去实现或停顿某种事情，并由此提出"三权分立"论和"天赋人权"论的政治主张，恩格斯指出，"洛克是这种自由思想的始祖"[②]。斯宾诺莎在欧洲哲学史上最先提出"自由是对必然的认识"的认识论命题，

[①] 周辅成编：《从文艺复兴到十九世纪资产阶级哲学家政治思想家有关人道主义人性论言论选辑》，商务印书馆1973年版，第19页。

[②] 《马克思恩格斯全集》第7卷，人民出版社1959年版，第249页。

认为人要获得自由必须摆脱感性冲动的混乱,依照理性的引导,"凡是仅仅由自身本性的必然性而存在,其行为仅仅由它自身决定的东西叫做自由"①。黑格尔"第一个正确地叙述了自由和必然之间的关系",他说自由是人的本质,"禽兽没有思想,只有人类才有思想,所以只有人类——而且就因它是一个有思想的动物——才有自由"②。

2. 马克思自由观的形成过程③

马克思的自由观源于西方哲学,并吸收其精华,结合无产阶级革命斗争的实践,形成了自己独特的自由概念。其逐步成熟和发展过程大致可分为如下几个阶段。

第一,推崇精神自由和政治自由时期。在18世纪法国启蒙学派和青年黑格尔派的影响下,马克思相信精神是人类的最主要特征,而精神的本质是自由。他主要运用理性和自由的精神来批判、揭露限制个人的思想和行为的德国专制制度和宗教神学。作为一位革命民主主义者,马克思推崇精神自由和政治自由。马克思在《博士论文》中通过分析伊壁鸠鲁和德谟克利特的原子论的异同,来论证人的自由意志的存在。在原子运动中,德谟克利特只承认原子的垂直的必然的运动,而伊壁鸠鲁不但承认原子的垂直的必然的运动,而且还承认原子的偏斜的偶然运动。这在社会历史观上导致了二者是否承认个人自由意志的差异。在伊壁鸠鲁那里,个人意志对周围世界无能为力,人只有逃避社会现实,在内心中才能寻求绝对的精神自由。同样,青年黑格尔派把自我意识和群众对立起来,脱离现实,片面夸大精神的理性批判作用来谈论个人自由。马克思把批判的矛头指向社会,发现正是封建专制制度和封建神学阻碍着人的精神自由的实现。在近代古典自然法派和以黑格尔为代表的德国古典哲学理性派自由观的影响下,马克思进一步认为,人类的自由理性支配国家的政治法律制度,法律制度的出发点和根本原则是人的自由和理性。在《德法年鉴》时期,马克思发现资产阶级自由是以私有制为基础的,是为私有制服务的。所以政治自由最终只是财产自由、行业自由,只是有产者的自由。只有人类解放,只有劳动的自由才是真正的自由。

第二,把自由看做人的劳动特征,提出个人自由的前提是个人的解放和

---

① [荷兰]斯宾诺莎:《伦理学》,贺麟译,商务印书馆1958年版,第4页。
② [德]黑格尔:《历史哲学》,王造时译,生活·读书·新知三联书店1956年版,第111页。
③ 参见李昕、许俊达《论马克思自由概念的历史发展及其特点》,《天中学刊》2002年第3期。

全面发展时期。在《1844年经济学哲学手稿》中，马克思明确指出，人类的特性是劳动，劳动应当是自由的，"人类的特性恰恰就是自由的自觉的活动"①。这时，马克思在理论上不再把自由仅仅看做理性自由，不再从精神出发去说明自由，而是把自由看做人的劳动特征；在现实上不再局限于争取政治自由，而认为自由必须通过人的改造世界的劳动得以实现，从而提出了"劳动自由"的观点。这是马克思自由理论发展史上的重要转折。不过，《1844年经济学哲学手稿》还是一部过渡性著作，马克思的自由观还带有费尔巴哈人本学的烙印。在费尔巴哈的人本主义影响下，马克思基于现实中的人的类本质与感性现实中的人相分离的理论观点，指出个人自由的前提是个人的解放和全面发展。只有消灭个人的自我异化，把人的类本质、人的世界还给人，才能实现人的自由。马克思分析了资本主义私有制带来的人的自我异化，得出了只有通过无产阶级，在革命理论的指导下，推翻私有制，才能把人从生产劳动和社会关系的异化中解放出来。马克思区分了政治解放和人类解放，指出政治解放虽然是一个进步，但有局限性，这种局限性表现在两个方面：一是即使还没有真正摆脱某种限制，国家也可以摆脱这种限制；二是即使人还不是自由人，国家也可以成为共和国。因此，只有人类解放才是没有矛盾的彻底的解放。那时就能建立起"每个人的自由发展是一切人的自由发展的条件"的"自由人的联合体"了。②

第三，提出现实的社会实践自由时期。马克思在《1844年经济学哲学手稿》中是用人的类本质、人道主义来分析人的自由的，这与从经济上寻求一条说明社会现实的非人道现象的分析实际上处于理论上的矛盾之中。这促使马克思抛弃费尔巴哈的人本主义，转向研究人的实际状况、人的社会关系的新的社会历史理论。在《关于费尔巴哈的提纲》中，马克思指出：人的本质在其现实性上是一切社会关系的总和；社会生活在本质上是实践的。至此，马克思已经从人与动物相区别的一般劳动自由进入到人与人相区别的现实的社会实践自由。从《神圣家族》开始，马克思主要运用生产力、生产方式（交往方式）、阶级等概念论证人的自由问题，着重从人类本质到着重从分工、物质生产、生活方式的客观规律出发来探讨自由问题。马克思重点分析个人活动的物质条件，认为这不但是人的自由解放的前提，而且也是理解

---

① 《马克思恩格斯全集》第42卷，人民出版社1979年版，第96页。
② 《马克思恩格斯选集》第1卷，人民出版社1995年版，第294页。

人类历史的前提:"全部人类历史的第一个前提无疑是有生命的个人的存在,因此,第一个需要确认的体事实是这些个人的肉体组织以及受肉体组织限制的他们与自然界的关系。"① 马克思认为,分工是私有制的原因和存在条件,也是资本主义工业的基础。在资本主义制度下,个人更不自由,更加受到物的力量的统治;国家代表着资本的力量和意志,政治自由只是资本的自由。受资本奴役的无产阶级与国家处于直接的对立之中,只有占有生产力总和,无产阶级才能获得自由的存在。

第四,从个人与社会关系的统一中分析,强调人的自由的社会历史性质时期。从与恩格斯合著《德意志意识形态》开始,马克思进一步从物质生产和阶级关系去说明人的自由,强调了人的自由的社会历史性质。从《1857—1858年经济学手稿》到《资本论》时期,马克思从个人与社会关系的统一中分析,建立起了完整而科学的自由观。他客观地分析了在资本主义社会中人的自由的实际状况,运用劳动价值论和剩余价值学说,深刻地分析了个人自由的经济根源和经济条件。马克思提出,自由和平等不仅在商品社会中以交换价值为基础的商品交换中得到尊重,而且交换价值的交换是一切自由平等的现实基础,观念化的自由平等是这种经济运行的理想的表现。他在《资本论》中再次表明,"事实上,自由王国只是在由必需和外在目的规定要做的劳动终止的地方才开始……这个领域内的自由只能是:社会化的人,联合起来的生产者,将合理地调节他们和自然之间的物质变换,把它置于他们的共同控制之下,而不让它作为盲目的力量来统治自己;靠消耗最小的力量,在最无愧于和最适合于他们的人类本性的条件下来进行这种物质变换。但是不管怎样,这个领域始终是一个必然王国。在这个必然王国的彼岸,作为目的本身的人类能力的发展,真正的自由王国,就开始了。但是,这个自由王国只有建立在必然王国的基础上,才能繁荣起来"②。从马克思的论述中,我们可以领悟出马克思科学自由观的真谛:一是共产主义社会自由的人是完美而幸福、个性得到充分发展的人;二是自由王国的开始,必须以自由联合劳动为条件,同时终止人类为了生存与发展而不得不从事的强制劳动;三是人的全面发展、自由王国的建设,必须以人类掌握和驾驭自然和社会发展规律为前提和手段。

---

① 《马克思恩格斯选集》第1卷,人民出版社1995年版,第67页。
② 《马克思恩格斯全集》第25卷,人民出版社1974年版,第926—927页。

马克思认为，在生产力尚不发达，生产关系尚有局限性的时候，人的自由直接表现为人对社会的关系，间接地表现为人对自然的关系。在未来社会中的自由，直接表现为人对自然的关系，表现为对自然的掌握和利用。人将成为社会化的人，成为全面发展的人，生产力的发展是实现人的自由的积极的力量，人对自然的自由，是人对社会自由的前提和基础。而且他还从文化方面全面分析了人类自由的政治、经济、历史等各方面的制约因素。由此，马克思确定了自己的全新的唯物主义自由观。

二 马克思自由观的主要特征

马克思的自由概念是唯物而辩证的，它将人类的彻底解放、共产主义的最终实现、人的全面发展作为目标，认为人类最终由"必然王国"走向"自由王国"，最终摆脱自然、社会和自身的各种束缚而成为自然的主人、社会的主人和自身的主人。毛泽东概括了自由观发展的历史，深刻地指明了马克思主义哲学在自由理论上所实现的革命变革，他指出："欧洲的旧哲学家，已经懂得'自由是对必然的认识'这个真理。马克思的贡献，不是否认这个真理，而是在承认这个真理之后补充了它的不足，加上了根据对必然的认识而'改造世界'这个真理。'自由是对必然的认识'——这是旧哲学家的命题。'自由是对必然的认识和世界的改造'——这是马克思主义的命题。"[①]具体说来，有如下几个主要特点：

1. 强调个人自由与集体自由的统一

在人与人的关系上，自由就是人与人的相互协调，个人自由和集体自由是一致的。这里，集体不是个人自由的障碍，相反，"只有在共同体中，个人才能获得全面发展其才能的手段，也就是说，只有在共同体中，才有个人自由"[②]。个人也不是他人、不是集体自由的障碍，"在那里，每个人的自由发展是一切人的自由发展的条件"[③]。那种压迫、损害他人的人，也同被压迫者、被损害者一样是不自由的。个人必须依赖集体，没有集体，个人就得不到发展和自由。

理解马克思自由观强调个人自由与集体自由的统一的特征要走出几个认

[①]《毛泽东著作选读》下册，人民出版社1986年版，第485页。
[②]《马克思恩格斯选集》第1卷，人民出版社1995年版，第119页。
[③] 同上书，第294页。

识误区。误区一：追求个人自由就是坚持个人主义。个人自由和个人主义是有区别的，二者不能等同。在内涵方面，个人主义是一种以个人为中心，一切从个人出发，为了满足个人私欲而不惜损害社会和他人利益的一种思想体系，其实质是利己主义。个人自由是人在活动中通过认识和利用必然表现出的一种自觉、自为、自主的状态，自由活动就是自觉的、自为的、自主的活动。在表现方面，个人主义表现为自私自利、损人利己，损公肥私、唯利是图等，只强调个人欲望，不顾社会、国家和集体的利益。个人自由一般表现为人民群众的物质自由和精神自由，是物质的获取与精神的丰富有机统一。在作用方面，个人主义对个人、对社会产生非常明显的消极影响，它对人们的思想产生极大的腐蚀作用，导致人与人之间的残酷斗争，不利于社会稳定；导致人们的信仰危机，我行我素甚至违法犯罪而不能自拔。个人自由与集体自由互为前提而存在，互相促进而共同发展，个人自由能激发人们去巩固和发展集体自由。在与集体主义的关系方面，个人主义是和集体主义根本对立的思想体系，要坚持集体主义，必须反对个人主义。而充分尊重和维护个人的正当自由，坚持国家利益、集体利益和个人利益相结合，则是集体主义原则的重要内容。因此，我们应当尊重正当的个人自由，反对个人主义。

误区二：坚持集体自由就不能讲个人自由。集体自由主张集体自由高于个人自由，个人自由服从集体自由，而并非只要集体自由，不要个人自由。它主张在保证集体自由的前提下，把个人自由和集体自由结合起来。因为在社会主义条件下，国家、集体和个人三者之间的自由，在根本上是一致的。国家、集体自由是实现个人自由的可靠保证，同时，尊重个人自由，有利于调动劳动者的积极性。坚持集体自由，必须反对把个人利益凌驾于国家、集体自由之上的个人主义，但不否定和排斥个人自由。

误区三：谁追求个人自由，谁的人生就失去了价值。人生价值包括两个方面：一是个人对社会的责任和贡献；二是社会对个人的尊重和满足。这两个方面是辩证统一的关系。社会主义的性质、经济政治制度的性质和生产目的都决定了社会主义尊重人的价值，并尽量满足人的需要。这样，人们追求正当个人自由同实现个人的人生价值不仅不相矛盾，而且还会有利于实现自己的人生价值。

误区四：集体主义就是集体自由。集体主义是一切以人民群众的利益为根本出发点的大公无私的思想，是无产阶级成员处理个人与阶级关系的理论总结，它是主观的。集体自由则是客观的。我们平时讲自觉维护集体自由，是坚持和发扬集体主义精神的具体表现。

总之，就实现自由的最终目标而言，马克思强调自由是个体与全体共同实现全面而自由的发展。马克思认为，自由的最终目标不仅是个体的全面而自由的发展，而且还包括全体社会成员的全面而自由的共同实现。

2. 强调否定性的自由与肯定性的自由的统一

人的自由蕴涵着人的自主性与选择性，离开人的自主性与选择性谈人的自由是不可思议的。但人的自主性与选择性不能视之为随心所欲。我们讨论人的自由问题，不能不涉及自由与必然的关系。必然性即是规律性。世界上的一切事物及其运动都有其自身的必然性与规律性。自然界的运动与变化，是按照它自身固有的客观规律性自发地进行的。社会历史规律虽然没有既成的性质，而是在人类实践活动基础上生成的，但社会历史规律一经在人类的社会实践中生成，便具有不以人的意志为转移的客观性质。客观的外部世界有自己的规律，人自身的世界也有自己的规律。因为客观世界的规律同时也是支配人自身的规律，人自身的规律也是客观的。

在论及自由与必然的关系问题时，对于外部世界以及人自身世界的必然性和规律性与人的自由活动的关系，我们不能仅仅从否定性方面去理解，还应从积极的肯定性方面去理解，充分认识必然性对于人的自由的前提与基础的意义。必然性对于人的自由的意义表现在以下几个方面：一是由于存在着必然性对人们活动的制约作用，人们才能产生追求自由的渴望。二是由于客观必然性的存在，才使人们争取自由活动的实现成为可能。假如人们所面对的世界杂乱无章，毫无规律可循，人们便会因参照坐标的缺失而产生一种无从选择、无所适从的感觉，人对世界的改造也就成为不可能。三是正因为存在着必然性对人们活动的制约作用，所以才赋予人们争取自由的活动以价值和意义。没有限制，就不存在对限制的打破问题。离开必然性谈人的自由，自由就成为一个多余的问题。必然性既构成了人的自由的限制和约束，又构成了人的自由成为可能的基础和条件。

3. 强调消极性的自由与积极性的自由的统一

如前所述，根据英国著名的政治哲学家伯林提出的"两种自由概念"的逻辑分析，消极自由所要回答的是在什么样的限度以内，某一个主体，可以或应当被容许，做他所能做的事，或成为他们能成为的角色，而不受别人的干涉。积极自由则回答什么东西、或什么人，有权控制，或干涉，从而决定某人应该去做这件事，成为这种人，而不应该去做另一件事，成为另一种人。按照这种划分，马克思既承认消极自由，更强调积极自由。所谓积极性的自由，是通过认识和利用必然，主体在活动中有目的、有能力、有权利做他应该做、能够做和愿意做的事情，从而达到自觉、自为、自主的状态。马克思认为，限制有两种：一种是积极的限制，这是自由的条件；另一种是消极的限制，这是自由的桎梏。在生产活动中，未被认识的必然，"盲目的必然性"的作用，是一种消极的限制，一种不自由。而已经认识了的必然，"理解了的必然性"，对人也有限制作用，至少限制了人们只能按照这种必然性去做，利用必然性，而不能违背必然性，取消必然性。这也是一种限制，是一种积极的限制。在社会生活中，马克思认为，普鲁士"现行的法律恰好是专制独裁的法律"①，这是一种消极的限制，是用"取消自由的办法来'限定'被允诺的自由"②。

马克思认为，真正的自由是人的体力劳动和脑力劳动的有机结合，体力和智力的协调统一发展。马克思认为，人类社会最终要从片面发展走向全面发展，用"那种把不同社会职能当作互相交替的活动方式的全面发展的个人，来代替只是承担一种社会局部职能的局部个人"③。获取真正自由的人必须是全面发展的人，首先应是体力劳动和脑力劳动的有机结合，体力和智力和谐统一、充分而自由地发展。否则，只能是"片面化发展"。马克思在《资本论》中指出了在当时的资本主义和工场手工业状态下，人的发展的片面性和不自由："工场手工业把工人变成畸形物，它压抑工人全面的生产志趣和才能，人为地培植工人片面发展的技巧……个体本身也被分割开来，成为某种局部劳动的自动工具。"④ 同时，真正的自由必须是在物质与精神两个方面达到丰富、有机统一。只在某一方面取得发展，尤其是为了取得某一方面的发展而以另一方面的牺牲作为代价，这不是真正的自由。马克思说："在过去的一切占有制下，许多人屈从于某种唯一的生产工具；在无产阶级的占有制下，许多生产工具应当受每一个个人支配。"只有在生产力高度发展和消灭私有制的前提下，消灭旧式分工，消灭城乡差别、工农差别、体脑差别，才能真正实现人的自由。马克思主义经典作家在论及人的自由发展

---

① 《马克思恩格斯全集》第12卷，人民出版社1962年版，第655页。
② 《马克思恩格斯全集》第7卷，人民出版社1959年版，第588页。
③ 《资本论》第1卷，人民出版社1975年版，第535页。
④ 同上书，第399页。

时，总是把精神包括思想觉悟、道德面貌和精神状态等作为人的全面自由发展的重要内容之一，只有物质与精神有机统一，才能视作全面而自由的发展。

4. 强调自发性的自由与自觉性的自由的统一

如前所述，人的自由是人在活动中通过认识和利用必然表现出的一种自觉的状态，自由活动就是自觉的活动。自觉的活动是相对于自发的、盲目的活动而言的，指主体活动具有自觉的意图或预期的目的。自由的活动在一定意义上说就是依据"自我提出的目的"的活动。人的活动的目的性和围绕这种目的性的自我决定、自我创造和自我实现，就是人的自由的主要表现和确证。人的活动之所以是自由的而动物的活动是不自由的，就在于人的活动是有意识、有目的的，而动物活动是本能的、盲目的、无目的的。马克思在《资本论》中指出建筑师劳动和蜜蜂的"劳动"相比所以是自由的，就是由于"他不仅使自然物发生形式变化，同时他还在自然物中实现自己的目的，这个目的是他所知道的，是作为规律决定着他的活动的方式和方法的，他必须使他的意志服从这个目的"[1]。同样，资本主义条件下的异化劳动之所以是不自由的，也主要是由于异化劳动是由必需和外在的目的决定要做的劳动，劳动者不是依据自己的目的而是按照别人（资本家）的目的进行生产。自觉的活动还表示的是活动主体的一种能力，说明人通过对必然性的认识，熟练地运用从而支配和控制外部的自然和生活条件。恩格斯说："意志自由只是借助于对事物的认识来作出决定的能力。因此，人对一定问题的判断越是自由，这个判断的内容所具有的必然性就越大；而犹豫不决是以不知为基础的，它看来好像是在许多不同的和相互矛盾的可能的决定中任意进行选择，但恰好由此证明它的不自由，证明它被正好应该由它支配的对象所支配。"[2] 因此，自由作为主体在主客体相互作用中表现出的自觉、自为、自主的状态，从主体角度看，也就是主体认识、改造客体活动中有目的地选择、支配、控制活动以及活动结果的能力和权利的统一。人是自由的还是不自由的，这有赖于正确的认识，有赖于正确的目的，有赖于采取正确的决定和手段，有赖于现实的社会实践。所谓自由，也可以理解为通过认识和利用必然，主体在活动中有目的、有能力、有权利做他应该做、能够做和愿意做的事情，从而达到自觉、自为、自主的状态。

---

[1] 《马克思恩格斯全集》第 23 卷，人民出版社 1972 年版，第 202 页。
[2] 《马克思恩格斯选集》第 3 卷，人民出版社 1995 年版，第 455—456 页。

5. 强调有限性的自由和无限性的自由的统一

首先，马克思认为人类的自由度取决于社会实践水平，自由的实现离不开一定的物质基础和精神条件，它是建立在人类实践能力的基础上的具体的、有限的产物。"自由是在于根据对自然界的必然性的认识来支配我们自己和外部自然界；因此它必然是历史发展的产物。"[1] 其次，马克思认为，随着人类认识的不断发展和深入，人类也就能逐渐获得认识必然和改造必然的能力。从这个角度讲，人类的自由又是无限的、没有止境的。全部世界史不外乎是人通过人的劳动而诞生的历史，一部人类史就是人类自由不断向前发展的历史。恩格斯指出："最初的从动物界分离出来的人，在一切本质方面是和动物本身一样不自由的；但是文化上的每一个进步，都是迈向自由的一步。"[2] 在人类社会的早期，人类认识和改造自然的能力十分有限，但是我们的祖先通过艰苦的实践活动，人类一点点地探索和积累了对自然规律的认识，并加以利用和改造，从而有力地改变了地球的面貌，使它更适宜人类居住和生活。原始人的土巢木穴变成现在的摩天大楼，原始人的独木舟变成今天的万吨轮就是人类征服自然自由发展的光辉记录。

人类的自由是历史发展的产物，人类获得自由的历史证明，自由的实现是一个由有限到无限的运动过程。这是由客观世界存在和发展以及人类的认识和实践能力的特点所决定的。客观必然性的存在在特定的历史条件下具有特定的广度和深度，这样，自由被限定在一定的时空领域之中；但是客观世界又处在无止境的变化发展中，随着客观世界的运动变化，自由的新天地必将不断拓宽。所以说，客观世界的存在和发展，决定了自由的实现是有限性和无限性的辩证统一。人类的认识能力和实践能力的特点，也决定了自由的实现是有限性和无限性的辩证统一。处于一定历史条件下，人们的认识和实践能力受到一定社会生产力发展水平和社会关系状况的制约，这决定了人们只能达到对客观世界的有限度的自由。但是人类是有自觉能动性的主体，通过实践，能够突破制约自由实现的种种限制，战胜自由道路上的种种障碍，从而使人类自由无限发展。社会文明的进化，从原始自然到"人化自然"，诸种社会形态的更替，都证明了人类自由的实现是有限性和无限性的辩证统一。在一定历史条件下获得了自由的人又会处于新的必然性的束缚之中，而

---

[1] 《马克思恩格斯选集》第3卷，人民出版社1995年版，第456页。
[2] 同上。

必须去争取新的自由，自由永远表现为从有限向无限的过程。从总体上讲，人类对自由的获得是无限的、绝对的。但从局部来讲，在一定历史阶段，人类的自由或对自由的争取又是有限的、相对的，不能幻想一劳永逸地实现对必然的认识和支配，前一代人未能开创的自由天地，有赖于后一代去开创，每一代人在争取自由的实践中所取得的进展，都为后代获得更广泛的自由打下了坚实的基础。

总之，有限性的自由和无限性的自由是辩正统一的，有限的自由是无限的自由的前提和基础，后者又是前者的发展极限和最终目标。

第三节 马克思与哈耶克在自由观问题上的分歧

通过以上对马克思和哈耶克自由观特征的梳理，其分歧已见分晓。为了对此问题有更深入的把握，拟在这里辟专节探讨。马克思和哈耶克的思想同源于西方文化及其社会背景，他们追求人类自由的价值目标是一致的，并都把个人自由的最大实现视为人类社会的理想状态，二者存在着相通之处。马克思与哈耶克的根本分歧在于对资本主义与自由关系的判断，对实现真正自由的理想社会条件的判断。

一 马克思与哈耶克对资本主义与自由关系的判断

就资本主义是否能带给人们真正自由的问题，马克思认为，资本主义的自发性的秩序没有导致人的自由，反而使人们被自己生产的物质力量所控制。哈耶克的看法却截然不同。

1. 马克思对资本主义无法实现人类真正自由进行了无情批判

这里从三个方面来分析马克思的批判：

第一，指出了资本主义的自由与人类本真的自由相矛盾，马克思认为，资本主义制度无法实现人类真正意义的自由，资本主义的自由与人类追寻的本真自由状态相悖，生活在资本主义制度的贫穷阶层除了出卖自身劳动力的自由外，没有符合人类本性的自由可言。马克思认为到资本主义为止，尚没有出现真正意义上的人的自由，因此哈耶克所谓的自发性的自由是一种自由的幻觉。施密特写道："马克思把'社会经济形态的发展'，当作一种'自然历史过程'来对待，这意味着他从严格的必然性来看待历史过程，而和先验构成的或心理的解释无涉。他把个人的活动方式理解为客观过程的各种功能，在迄今为止的历史中，个人一直不是作为自由的主体，而是作为'经济范畴的人格化'出现的。"① 马克思看到自发性的秩序没有导致人的自由，相反，人们被自己生产的物质力量所控制。这种控制可从两个方面来理解：

其一，自发的分工禁锢个性的发展。马克思认为，在私有制下的分工和竞争破坏了原始社会人们的相互联合和互助关系，使社会生产变成盲目的、个人无法预知的东西。因此，社会发展表现为一种与人相异化的生产力的盲目运动，它通过市场供求法则来统治。"只要人们还处在自发地形成的社会中，也就是说，只要私人利益和公共利益之间还有分裂，也就是说，只要分工还不是出于自愿，而是自发的，那么人本身的活动对人说来就成为一种异己的、与他对立的力量，这种力量驱使着人，而不是人驾驭着这种力量。"②

其二，人的自发联系异化为"物的联系"。马克思认为，资本主义社会中，生产活动由以人为目的的生产变成了以物为目的的生产，人的关系变成了物的关系。这种"物"就是"商品货币"。当商品成为交换的东西后，特别是货币出现作为交换的媒介后，商品原有性质——人类劳动的产品，每一商品包含的一般的社会劳动使商品可以在社会上进行交换——就被掩盖了。人与人的交换变成了物与物的交换，见"物"不见"人"。在狭隘的资本主义生产关系下，"人的内在本质的这种充分的发挥，表现为完全的空虚化；这种普遍的对象化过程，表现为全面的异化，而一切既定的片面的废弃，则表现为为了某种纯粹外在的目的而牺牲自己的目的本身"③。这是由于财富不属于劳动本身，人在劳动中，不是丰富了自己，而是使自己片面化为物的生产工具和手段。劳动产品"既表现为由劳动能力自身的客体化，又表现为它自身被客体化为一种不仅不以它本身为转移，而且是统治它，即通过它自身的活动来统治它的权力"④。这样对象化的劳动成为异化的劳动，人的创造物成为人的统治者，形成物对人的奴役。实际上，这种物化现象，不仅在工人中存在，也在资本家中存在，他们都被疯狂追求剩余价值而发展起来的生产力所控制，竞争、生产的无政府状态、通货膨胀、经济危机使工人和资本家

---

① ［德］施密特：《马克思的自然观》，商务印书馆1988年版，第36页。
② 《马克思恩格斯全集》第3卷，人民出版社1960年版，第37页。
③ 《马克思恩格斯全集》第30卷，人民出版社1995年版，第480页。
④ 同上书，第444—445页。

都处于担惊受怕、寝食不安之中。这是一种物对于人的奴役过程。①

第二，指出了资本主义社会在财富占有上的等级差异阻碍人类获取自由。马克思认为，资本主义社会在财富占有上的等级差异无法抹平人类获取自由的障碍，个人能力的最大化实现有赖于社会个体政治和经济权利的平等。分工的发展导致阶级的产生，物质资料不是平等地在社会成员之间分配，其中统治阶级占有了大部分的生活资料，并且控制了劳动资料的分配权，成为主宰他人命运的特殊成员，这种情况到了资本主义社会，这种异化已经在阶级性的利益推动下达到登峰造极的地步。

第三，指出了人类自由的真正实现必须推翻资本主义制度。马克思认为，资本主义社会是人类历史的特殊阶段，它不具有普遍意义，人类自由的实现需要否定资本主义制度，把个人自由的实现寄希望于人类的解放。随着资本主义的发展，新的生产力已经超过了它的资本主义利用形式。一方面，资本主义生产方式暴露出自己已经无法继续驾驭这种生产力；另一方面，这种生产力本身以日益增长的威力要求消除这种矛盾，要求在事实上承认它作为社会生产力的那种性质。马克思通过深入考察资本主义的现实矛盾，揭示出资本主义制度的历史性和暂时性，从而也揭示出走向共产主义的必然趋势。马克思指出，共产主义的实现，绝不仅仅是一种政治上的转换，更主要地表现为生产力的高度发展为客观条件。人类在物质生产过程的高级阶段上创造出一个巨大的生产力，然后在这一基础上彻底消除资本主义物的奴役，最终达到人类的真正解放，获得真正的自由。

总之，马克思认为，自发资本主义经济的无政府状态使得"生产的社会联系只是表现为一种不顾个人自由意志而压倒一切的自然规律"②。这种自发经济秩序下的不受外界强制的个人自由是一种自发的、个体的、片面的自由，是被分工所桎梏和物化的个人自由，同时也是在对立阶级的两极分化的自由。由此可见，确保个人的自由，不能通过维护自发的经济秩序来实现，恰恰相反，必须扬弃这种资本主义经济秩序。

2. 哈耶克批判了社会主义和集体主义不利于实现个人自由，认为社会主义是一条通往奴役之路

---

① 参见陈湘文《自觉自由是人类自由的前景》，《中共南京市委党校南京市行政学院学报》2007年第4期。

② 《马克思恩格斯全集》第25卷，人民出版社1974年版，第996—997页。

哈耶克对社会主义和集体主义有着根深蒂固的偏见。"社会主义从一开始便直截了当地具有独裁主义性质"①，在他看来，社会主义和集体主义的基本前提，就是把个人看作不过是"为所谓社会或国家这样较高的实体的目的而服务的工具"②；社会主义和集体主义"不让个人的良心自由地运用它自己的规则，甚至也没有个人在任何环境中都必须或可以遵守任何一般性的规则"③；从集体主义立场出发必然产生不能容忍的残酷地镇压异己以及完全不顾个人的生命与幸福的结果，等等。哈耶克认为，社会主义和集体主义是"组织"或者"人造的秩序"。他从三个方面分析了这种"人造的秩序"不利于个人自由的实现：一是"人造的秩序"中的有序性是一致行动的结果，因为组织中的合作与和谐乃是集中指导的结果。二是"人造的秩序"的协调是一种命令与服从的等级关系，在命令中详尽地规定了每个成员的具体活动。三是一个"人造的秩序"是一种有助于实施某个先行确定的具体目的的集体工具，旨在通过尽可能地规定其成员具体活动的方式来全力推进先定的组织目标。哈耶克以法西斯极权主义专制政治和斯大林社会主义模式为批判对象，反对建构论理性主义的理性至上原则，反对通过所谓部分精英人物的理性设计来规划未来社会的发展前景。

二　马克思和哈耶克对实现真正自由的理想社会条件的判断

什么样的社会才是实现真正自由的理想社会？在这个问题上，马克思认为只有共产主义社会才能实现人类真正的自由，而哈耶克认为资本主义已经是理想的社会。

1. 马克思指出了实现人类真正自由的理想社会是共产主义社会

马克思认为，只有到了共产主义社会，才能使广大的劳动者真正成为生产资料的主人，使"社会化的人，联合起来的生产者，将合理地调节他们和自然之间的物质交换，把它置于他们的共同控制之下，而不让它作为盲目的力量来统治自己；靠消耗最小的力量，在最无愧于和最适合于他们的人类本性的条件下来进行这种物质变换"④。共产主义和所有过去的运动不同的地方

---

① ［英］哈耶克：《通往奴役之路》，王明毅、冯兴元等译，中国社会科学出版社1997年版，第29页。
② 同上书，第143页。
③ ［英］密尔：《论自由》，程崇华译，商务印书馆1982年版，第140页。
④ 《马克思恩格斯全集》第25卷，人民出版社1974年版，第926—927页。

在于:"它推翻了一切旧的生产和交往的关系的基础,并且第一次自觉地把一切自发形成的前提看作是前人的创造,消除这些前提的自发性,使它们受联合起来的个人的支配。"①"各个人的全面的依存关系、他们的这种自然形成的世界历史性的共同活动的最初形式,由于共产主义革命而转化为对那些异己力量的控制和自觉的驾驭,这些力量本来是由人们的相互作用所产生的,但是迄今为止对他们说都作为完全异己的力量威慑和驾驭着他们。"② 显然,在马克思看来,未来社会人们可以自觉地控制和安排社会的生产,消除中间阶级的中介,消除市场交换,达到真正的生产者与生产的真正统一,真正实现人类自由。

2. 哈耶克把资本主义制度视为实现个人自由的理想社会

哈耶克为保护资本主义制度下的个人自由、市场制度、法治规则,反对集体计划和极权主义进行了不遗余力的努力。他认为资本主义自由制度是自发秩序,从三个方面赞扬了该制度有利于个人自由的实现:一是自发秩序的有序性是人之行动的非意图的后果,而非人之设计的结果。二是自发秩序的型构,乃是这些秩序的要素在回应它们的即时环境时遵循某些规则的结果。三是自发秩序为不同的个人实现其各自的目的提供了有助益的条件,自发秩序所特有的行为规则是"否定性"的,它们只界定个人行动的合法领域。

总之,人类社会进入了资本主义社会后,资本主义创造出前所未有的生产力,使人类在面对自然力量时取得了较以往时代更为广泛的自由。然而,资本主义的生产关系仍然把人类禁锢在阶级压迫和剥削的牢笼中。在资本主义条件下,只有片面的自由,劳动者尽管能自由地出卖自己的劳动,却为了生存,不能自由地不出卖自己的劳动。并且人们还受自己所生产的生产资料,受自己所创造的经济关系的支配。恩格斯指出,这种人受物的异己力量支配的私有制是人类实现自由的最大障碍。在共产主义的自由王国中,共产主义作为历史运动的结果,一方面,对于以往异己的社会关系的消灭,人真正成为自己社会关系的主人;另一方面,对于满足人的生存需要的物质生产,人类永远不能摆脱这一必然性的束缚,而只能是一个无限发展的过程,同此相联系的是人与自然的和谐统一。在共产主义的自由王国,人类自由的发展具有无限广阔的前景。

---

① 《马克思恩格斯选集》第 1 卷,人民出版社 1995 年版,第 122 页。
② 同上书,第 89—90 页。

第七章 新自由主义的社会主义观批判

哈耶克一生都在论证市场秩序的形成与个人自由的关系和文明受到威胁的原因,与此同时,他毕生都在反对"极权主义",甚至被誉为"反社会主义"的领袖。在《通往奴役之路》、《致命的自负》等著作中,系统地批判了他所谓的"社会主义"。那么,哈耶克所极力反对的究竟是何种意义上的"社会主义"呢?与马克思科学社会主义有什么区别呢?

第一节 哈耶克对社会主义的批判

哈耶克曾经是一个"温和的社会主义者",他试图从费边社会主义中寻找解决资本主义危机的出路,米塞斯的出现使他成为一个"激进的反社会主义者"。哈耶克对其视野中的社会主义的经济效率、道德目标、理性认知等方面都提出了尖锐的批判。

一 历史背景

19世纪末,资本主义世界经济危机频繁、贫富分化严重、社会不平等现象有增无减、劳资矛盾尖锐、工人运动持续高涨。显然,这是资本主义过分强调经济放任的恶果。第一次世界大战彻底摧毁了从前的秩序,改革的要求变得极为迫切。经过战争的冲击,有可能建设一种社会新秩序。面对各种社会矛盾和弊端,社会主义作为自由主义的对立面赫然崛起,各种改造资本主义的社会主义计划纷纷出现,但由于对资本主义的认识不同、对未来社会的设想不同、所主张的改造资本主义的途径也不同,就形成了各种各样的流派。1917年,列宁领导的布尔什维克党取得了革命胜利,并按照马克思主义创始人的设想在苏联建立起社会主义经济制度,社会主义由理想变为现实。20世纪20年代,资本主义经济普遍出现萧条,唯有苏联社会主义经济一枝独秀、欣欣向荣,苏联经济的榜样效应,极大地激发了人们对国家干预和生产资料公有制的认真思考,政府干预成为时代潮流。

受时代氛围的影响,哈耶克也开始关注社会主义。早在第一次世界大战期间,他就利用在意大利战场上的空闲时间"仔细阅读了当时的社会主义者或半吊子社会主义者写的小册子,从这些东西中,他形成了最早的一些经济学思想"①。对他产生较大影响的是瓦尔特·拉特瑙的著作,这位学者是迷恋计划的人士,他关于如何组织管理经济的设想,促使哈耶克对经济学产生了兴趣。其中的某些观念"明显地属于温和的社会主义性质"②,在战后进入大学期间,他甚至在神学课上也潜心阅读社会主义的小册子,从17岁到23岁,哈耶克是一位"温和的社会主义者"。哈耶克接触的主要是当时欧洲极为流行的一种改良社会主义:费边社会主义。多年以后,哈耶克回忆说自己"研究经济学的最初动机是出于费边主义式的想法,希望能找到干预社会的方法来提高人民的地位"③。对于哈耶克早年的社会主义理想,他回忆说:"社会主义让他对经济学产生兴趣。……这些如此吸引人的社会主义计划如何能够实现?……全权计划体制是否可行?这也是他终生关注的问题,而他最终给出的回答是:不可行。"④ 如果没有米塞斯的出现,哈耶克不可能从一个"温和的社会主义者"变成"激进的反社会主义者",可能还会在费边社会主义中继续寻找解决资本主义危机的出路。

第一次世界大战后德意志帝国与奥匈帝国的垮台为倡导依据形形色色的社会主义方案重组社会的活动敞开了大门。米塞斯是社会主义计划经济最坚决的反对者,他在德语国家引发了关于社会主义经济计算问题的辩论。米塞斯挑战的前提是,在大多数社会主义社会,"生产物品"归国家所有,因此不存在生产物品市场。可是,社会主义的这个基本特征会造成严重后果。"由于生产物品不是交换对象,就不可能确定其货币价值。货币不能在社会主义国家起到它在竞争性的社会中所起到的决定生产物品价值的作用。用货币进行计算是不可能的。"即使保留货币,在社会主义国家也不存在生产要素价格。这样,社会主义国家的经理在选择经济上可行的各种可获得的技术时就会不知所措。对相对稀缺的情况不了解,他们只能"在黑暗中摸索"。

---

① [英]艾伯斯坦:《哈耶克传》,秋风译,中国社会科学出版社2003年版,第26页。
② 同上。
③ [英]安德鲁·甘布尔:《自由的铁笼:哈耶克传》,江苏人民出版社2002年版,第18页。
④ [美]阿兰·埃本斯坦:《哈耶克传》,秋风译,中国社会科学出版社2003年版,第29页。

如米塞斯所言:"没有自由市场,就没有价格机制;而没有价格机制就没有经济计算。"① 1922 年,米塞斯发表了一部重要著作《社会主义》,他首次提出在社会主义制度下不可能进行有效的经济核算,断言计划经济的试验注定会失败,社会主义观念是一种乌托邦,这对当时年轻人的理性主义世界观产生了强烈的冲击,哈耶克也受到相当大的震动。在哈耶克的记忆中,这一时期米塞斯是他思想发展的"主要领路人",他有两个学术兴趣受到米塞斯的很大影响,一是对社会主义问题的研究,哈耶克认为《社会主义》是对他影响最大的两本书之一。他回忆说:"《社会主义》第一版出版时,其冲击力是深远的。它逐渐但又从根本上改变了很多第一次世界大战后重返大学校园的年轻的理想主义者的世界观。……我就是这样的青年人。……社会主义许诺会满足我们对一个更合理、更公正的世界的期望。就在这时候,这本书问世了。我们的希望被击碎了。《社会主义》告诉我们,我们所期望的改革完全是搞错了方向。"② 二是个人主义哲学方法论。"只有观念能够打败观念,只有资本主义和自由主义的观念,能够打败全权计划体制的观念。如果我们打败了全权计划的观念,如果人们终于认识到了生产资料的私人所有的必要性,那么,全权计划体制就不得不退出历史舞台。"③ 正是在米塞斯的影响下,哈耶克逐渐放弃了费边社会主义,"成为一名激进的反社会主义者"④。从 20 世纪 30 年代末开始,哈耶克在《科学的反革命》、《通往奴役之路》、《自由宪章》、《法律、立法与自由》、《致命的自负》等著作中,一直激烈地批评社会主义。⑤

二 哈耶克视阈中的"社会主义"

哈耶克把社会主义目标和为实现这一目标的手段(或者方法)剥离开来,他把"社会主义"肢解为目标和方法两个层次:社会主义的目标是实现社会正义、更大程度上的平等和保障等理想;社会主义的方法是为实现这一目标而必然采取的经济高度计划的方法,即实行生产资料等的国有化,生

---

① [美] 布鲁斯·考德威尔:《哈耶克与社会主义》,静虚编译,《马克思主义与现实》1999 年第 6 期。
② [英] 艾伯斯坦:《哈耶克传》,秋风译,中国社会科学出版社 2003 年版,第 50 页。
③ 同上书,第 49 页。
④ [英] 安德鲁·甘布尔:《自由的铁笼:哈耶克传》,江苏人民出版社 2002 年版,第 18 页。
⑤ 参见张丽君《哈耶克与 20 世纪的社会主义》,《河南师范大学学报》2007 年第 4 期。

产、交换和分配等生产活动高度服从国家综合计划等。他指出，社会主义概念本身"可能意味着，而且常常被用来说明的，仅仅是社会正义、更大程度上的平等和保障等理想，这些理想是社会主义的终极目标。但是它也意味着大多数社会主义者希望达到这些目标的特别的方法，以及许多有能力的人视为为了充分而迅速地实现那些目标的唯一方法。在这个意义上，社会主义意味着废除私有企业，废除生产资料私有制，创造一种'计划经济'体制，在这种体制中，中央的计划机构取代了为利润而工作的企业家"①。他所批判的"社会主义"主要是就实现社会主义目标的方法而言。具体而言，他的"社会主义"主要是指当时存在于欧洲社会主义运动中的、为了实现社会公正而实行的那种废除私有制、实行中央高度计划的体制或方法。

哈耶克进一步指出，有关社会主义的争论在很大程度上也是针对社会主义的方法能否实现社会主义的目标而言的，争论的一方是那些自称社会主义者的人，他们只是热烈地信仰社会主义的终极目标，至于这些目标能否实现以及怎样实现他们则不予考虑。另一方是那些既重视社会主义的目标又重视社会主义方法的人，由于他们看到了社会主义者所倡导的方法与其目标的背离而会拒绝支持社会主义。"用社会主义一词说明其方法而不是其目标，把一个对许多人来说代表一个终极理想的名词用于一种特定的方法，或许是不公平的。也许更好的是，把那些能应用于多种多样的目标的方法称为集体主义，并把社会主义视为这个类属中的一个种类。……社会主义者和自由主义者之间争论的各点，几乎涉及一切形式的集体主义所共有的方法，而没涉及社会主义者运用这些方法想要达到的特定目标；我们在本书中将要提到的一切后果，都源于集体主义的方法，而与这些方法所运用的目标没有关系。"②

由此可见，哈耶克的"社会主义"主要是指社会主义计划经济体制，在这种体制中，中央的计划机构取代了为利润而工作的企业家。

那么，哈耶克不遗余力批判的对象——"社会主义"，自然也应该是这个意义上的社会主义。

---

① [英]哈耶克：《通往奴役之路》，王明毅、冯兴元等译，中国社会科学出版社1997年版，第37页。

② 同上书，第38—39页。

三 哈耶克对社会主义的批判

哈耶克目睹了社会主义的发展与繁荣,也看到了社会主义面临的困境与遭受的挫折。无论社会主义境遇如何,他都坚持认为社会主义在经济上是低效的,在道德目标上是虚幻的,在理性认知上是自负的。社会主义在实践中、理论上和逻辑上都是一个谬误。

1. 社会主义的理想是"伟大的乌托邦"

哈耶克以荷尔德林的话——"总是使一个国家变成人间地狱的东西,恰恰是人们试图将其变成天堂"——作为题记来说明社会主义的理想与现实的背道而驰,理想越美好,现实越凄惨。原因有三点:第一,"社会主义从一开始便直截了当地具有独裁主义性质"①。这是因为,其奠基者的种种思想只有通过强有力的独裁政府才能付诸实行。"对他们来说,社会主义意味着,它只不过是通过等级制度的路线审慎地改革社会,并强加一种强制性的'精神力量',以此'终结革命'的一种尝试。"②

第二,对"新自由"的允诺只是出于宣传的需要,不存在实质意义上的自由。哈耶克认为,社会主义者提出"新自由"的允诺,只是为了将一切政治动因中最强烈的动因——渴求自由为己所用。这种新自由的允诺是"社会主义的来临将是从必然王国向自由王国的飞跃。它将带来'经济自由',没有'经济自由',就'不值得拥有'已经获得的政治自由。只有社会主义才能完成长期的为自由而进行的斗争,而在这场斗争中,政治自由的取得仅仅是第一步"。③ 自由主义的"自由"是"免于强制的自由,是摆脱了他人专断权力的自由,是从种种束缚中的解放,这些束缚使个人除了对他们隶属的长官唯命是从之外别无选择"④;然而,社会主义的"新自由"是"摆脱了必然性的自由,是从环境的强制中的解放,这些环境不可避免地限制了我们所有人的选择余地,尽管对有些人来说选择余地比对别的人更大些。在人们能真正获得自由之前,必须打破物质匮乏的专制,解除经济制度的束缚"⑤。

---

① [英]哈耶克:《通往奴役之路》,王明毅、冯兴元等译,中国社会科学出版社1997年版,第29页。
② 同上。
③ 同上书,第30页。
④ 同上。
⑤ 同上书,第30—31页。

在哈耶克看来,所允诺的新自由只不过是权力或财富的代名词。"这个允诺实际上指的是,不同的人在选择余地上现存的巨大悬殊将被消除。因此,对这种新自由的要求,不过是对平均分配财富旧要求的代名词而已。"① 显然,"对更大自由的允诺已经成为社会主义宣传最有效的武器之一,而且,对社会主义将会带来自由的信念是真心实意的。但是,倘若允诺给我们通往自由的道路一旦事实上被证明是一条通往奴役的大路的话,悲剧岂不更惨"②。

第三,与自由主义相比,社会主义者视私有财产为自由的大敌,认为公平理想的实现离不开国有化,而自由主义者恰恰相反。自由主义者视私有制为自由的重要保障,正是由于生产资料分属于多个独立行动的人,才不存在控制我们的全权,才能作出自我决定。"如果所有的生产资料都落到一个人手里,不管它在名义上是属于整个'社会'的,还是属于独裁者的,谁行使这个管理权,谁就有全权控制我们。"③ 哈耶克借伊斯门之口质疑马克思"私有财产制度是给人以有限的自由与平等的主要因素之一,而马克思则希望通过消除这个制度来给予人们以无限的自由与平等。奇怪得很,马克思是第一个看到这一点的。是他告诉我们:回顾以往,私人资本主义连同其自由市场的发展成了我们一切民主自由的发展的先决条件。他从未想到,向前瞻望,如果是他所说的那样,那些其他的自由,恐怕就会随着自由市场的取消而消逝"④。

2. 社会主义的道德后果是"最坏者当政"

哈耶克把共产主义和法西斯主义并列为集体主义,并认为集体主义的道德后果是"最坏者当政"。哈耶克认为,集体主义有两个主要特征:一是整个集团共同接受的目标体系;二是为了达到这些目标而赋予该集体以最大限度的权力,从这两种特征产生了一个特定的道德体系——集体主义道德。这种道德"不让个人的良心自由地运用它自己的规则,甚至也没有个人在任何环境中都必须或可以遵守任何一般性的规则"⑤。个人主义道德也有两个基本特征,"就是把个人当作人来尊重;就是在他自己的范围内承认他的看法和

---

① [英]哈耶克:《通往奴役之路》,王明毅、冯兴元等译,中国社会科学出版社1997年版,第31页。
② 同上。
③ 同上书,第101页。
④ 同上书,第102页。
⑤ 同上书,第140页。

趣味是至高无上的。纵然这个范围可能被限制得很狭隘；也就是相信人应该发展自己的天赋和爱好"①。

那么集体主义道德与个人主义道德有哪些区别呢？

第一，对"目的说明手段的正当性"这个原则的立场不同，在个人主义道德里面该原则被认为是对一切道德的否定，而它在集体主义的道德里面却必然成为至高无上的准则。哈耶克指出，这种原则的区别，在很多方面是和我们在讨论有关法治问题时的区别相同的。"像形式法律一样，个人主义道德的规则，尽管在很多方面不很精确，但都是一般的和绝对的，它们规定或禁止一个一般类型的行为，不管在某一特定情况下它的最终目标是好的还是坏的。欺诈或盗窃，歪曲或背弃信任，被认为是坏事，不管在个别场合里它是否造成危害。即使在一个情况之下没人因此受害，或者，这样的行为可能是为着一个高尚的目标，但这两种情况都不能改变它是坏的这个事实。虽然我们有时也许会不得不在不同的坏事之间作出选择，但它们仍然是坏事。"② 然而，"目的说明手段的正当性"在集体主义的道德里面却必然成为至高无上的准则，坚定彻底的集体主义者绝对不许做的事简直是没有的，如果它有助于"整体利益"的话，因为这个"整体利益"是他判定应当做什么的唯一标准。国家政策是集体主义道德最明确的表述，它的唯一界限就是利害的权宜——一定的行为对于眼前的目标的适宜性。凡是国家政策所肯定的国与国之间的关系，也适用于集体主义国家里面人与人之间的关系。在集体主义国家里，不可能有任何限制界定什么是公民一定不要去做的事情；他的良心不许可他做的事是没有的，只要这是为集体已经确定的目标所需要的，或者这是他的上级命令他要达到的目标。其结果，是对一切道德价值的否定。因此也是使那些肆无忌惮、为非作歹的人得以爬上高位的关键。这就表明，一个国家如果有一个超乎一切的共同政治目标时，则任何普遍的道德绝无藏身之地。品格完善的人难以在极权社会中居于领导地位。因为在该社会中，许多坏事都是以"共同目标"的名义、以"革命"的名义而施行的。所以，存心干坏事，乃是增进权力，爬上高位的必由之路。因道德良知而无法做这些事的人，将被摒弃于权力之门外。

---

① ［英］哈耶克：《通往奴役之路》，王明毅、冯兴元等译，中国社会科学出版社1997年版，第21页。

② 同上书，第140—141页。

第二，看待"个人"与"社会"的关系不同。集体主义道德把"整体利益"凌驾于任何个人之上，视个人为手段或工具；而个人主义道德肯定个人作为其目标的最终决断者，其信念是个人应尽可能以自己的意图支配自己的行动。哈耶克指出："只要你承认了个人只不过是为所谓社会或国家这样较高的实体的目的而服务的工具，极权主义政体很多使我们害怕的特点便必定会接踵而至。从集体主义立场出发而产生的不容忍的残酷地镇压异己，完全不顾个人的生命与幸福，都是这个基本前提的根本的和不可避免的后果。"① 如果"社会"或国家比个人更重要，如果它们自己的目标独立于个人的目标并超越于个人目标的话，那么，只有那些为社会所具有的共同目标而努力的个人才能被视为该社会的成员。这种见解的必然结果就是，一个人只因为他是那个集团的成员才受到尊敬，也就是说，并且只有他为公认的共同目标而工作才受到尊敬，并且他只是从他作为该集团成员的资格中获得他的全部尊严。单纯依靠他作为人的资格却不会带给他什么尊严。当然，个人主义并不排除对社会共同目标的认可，只是共同目标仅仅局限于人们有着一致同意的那些领域，对持个人主义观的人看来，共同目标并非人的终极目标。"实际上，在共同目标对人们并非一种终极目标而是一种能够用于多种多样意图的手段的地方，人们才最可能对共同行动达成共识。"② 与此对应，人们不能无限扩大公共行动领域，包括国家的活动领域，否则就会威胁到个人在私域中的自由。"个人主义者得出结论说，在限定的范围内，应该允许个人遵循自己的而不是别人的价值和偏好，而且，在这些领域内，个人的目标体系应该至高无上而不屈从于他人的指令。就是这种对个人作为其目标的最终决断者的承认，对个人应尽可能以自己的意图支配自己的行动的信念，构成了个人主义立场的实质。"③

第三，与人道主义的关系不同。集体主义道德虽然将自身建筑在个人主义所发展起来的人本主义道德基础之上，但它只能够在一个比较小的集团里行得通。社会主义只有停留在理论的层面上时，它才是国际主义的，但一经付诸实施，无论是在德国还是在俄国，它就马上会变成强烈的民族主义。"集体主义不能容纳自由主义那博大的人道主义，它只能容纳极权主义的狭

---

① ［英］哈耶克：《通往奴役之路》，王明毅、冯兴元等译，中国社会科学出版社1997年版，第143页。
② 同上书，第62页。
③ 同上。

隘的门户之见。"① 其实，人道主义的真正概念，因而也是任何形式的国际主义的真正概念，完全都是人的个人主义观点的产物，而在集体主义思想体系中，它们是没有地位的。

第四，对权力的态度不同。个人主义道德视权力为首恶，而集体主义道德则把权力当作目标。"对于 19 世纪伟大的个人主义的社会哲学家们，如像阿克顿勋爵和像布尔克哈特那样的人来说，……权力本身似乎就是首恶，而在严格的集体主义者看来，权力本身却是目标。……想按照一个单一的计划来组织社会生活的那种愿望本身基本上来自一种对权力的要求。不仅如此，它甚至更多地是这个事实的结果，即集体主义者为了达到他们的目的，必须建立起前所未有的巨大权力——人支配人的那种权力——并且他们的成功也取决于他们获得这种权力的程度。"② 哈耶克进一步澄清了许多社会主义者的一种误解——以为剥夺了个人主义制度中的个人拥有的权力，并把它转让给社会，他们就能够消灭权力。"凡是提出这样主张的大都忽略了以下几点：为了能够用来为一个单一的计划服务的权力的集中，不仅是权力的转移，并且也使权力得到无限的扩张；把从前许多人独立行使的权力集中在某个单个集团的手里，会使权力膨胀到前所未有的程度，其影响极为深广，几乎使它变成了另外一样东西。"③

既然社会主义的集体主义道德崇尚权力，而"所有权力都易腐化，绝对的权力则绝对地会腐化"（阿克顿勋爵语），那么集体主义道德的恶果就是"最坏者当政"。为什么要建立一个人数众多、有力量而又相当志同道合的集团，似乎在任何社会中都不可能由最好的分子，而只能由最坏的分子来建立？

哈耶克指出，在计划经济为根本的极权主义社会中，总是最坏者当政。这种"劣币驱逐良币"的现象绝非偶然，而是极权社会运行的基本法则，即"精英淘汰制"。在社会中，一个人数众多，组织严密，意识形态统一的团体，往往不是由社会中素质较高的人构成。原因有三点：

其一，人们的教育和知识的高低影响人们对一致性的赞同。人们的教育水准越高，理智越强，其观点和口味就越独立，也就越多样化，因而就越不

---

① [英] 哈耶克：《通往奴役之路》，王明毅、冯兴元等译，中国社会科学出版社 1997 年版，第 135—136 页。
② 同上书，第 138—139 页。
③ 同上书，第 139 页。

易认同一个统一的意识形态和价值体系。因此，高度划一的看法和意志，势必降低团体的道德标准。"比方说，把绝大多数人民联系起的乃是最小的公分母。如果需要一个人数众多的、有足够力量能把他们自己对生活的价值标准的看法强加在其余所有的人身上的集团，那么，它的构成者决不会是具有高度不同的和高度发展的趣味的人，而是那些构成'群众'（就这一名词的贬义而言的），很少有创造性和独立性的人，是那些能够把人数方面的分量作为他们的理想后盾的人。"[1]

然而，如果一个潜在的独裁者完全依靠那些恰好具有极其相似的、简单和原始的本能之人的话，他们的人数就几乎不会对他们的企图提供足够的支持力量。他必须通过把更多的人转变过来信奉同样简单的信条来增加他们的人数。

其二，壮大极权主义政党队伍的，正是那些思想模糊、不健全并容易动摇的人以及那些感情与情绪容易冲动的人。也只有这样的群体，才便于独裁者掌握控制，以达到其政治目标。"独裁者将能够得到一切温驯的和易受骗的人的支持，这些人没有自己的坚强信念而只准备接受一个现成的价值标准体系，只要大声地、喋喋不休地向他们鼓吹这种体系。"[2]

其三，大多数人并无自己的坚定信念，适足成为被灌输的土壤。训练有素的政治煽动家总是努力把有密切联系的成分相同的支持者团结在一起。手法圆熟道德低下的政客利用忌妒等各种大众心理，强调"我们"与"他们"间的鸿沟，划分"敌我"，以凝聚自己的团体，故他们易于成功，这也是坏人易得势的原因。因此，"那些不仅想要获得对一个政策的支持，而且要获得广大群众的无保留的忠诚的人，都总是运用它来为自己服务。从他们的观点来看，这种共同斗争的巨大优越性在于，它几乎比任何积极的纲领更能够留给他们以较大的自由行动的余地"[3]。

3. 社会主义的经济控制导致效率低下

哈耶克指出，如果社会主义要用中央计划取代市场，那就必然要建立某种机构来负责制定计划，哈耶克将其称为中央计划局，为了贯彻计划、控制资源的流动，中央计划局就必须拥有对于经济事务的广泛的自由裁量权。但

---

[1] ［英］哈耶克：《通往奴役之路》，王明毅、冯兴元等译，中国社会科学出版社1997年版，第133页。

[2] 同上。

[3] 同上书，第133—134页。

是，社会主义社会的中央计划局并没有市场价格作为决策的依据，也就是说，它没有办法知道何种生产计划在经济上是可行的，哈耶克说，没有价格系统，将被证明是社会主义的致命缺陷。这种缺陷不仅是经济的。控制经济就是控制生命，从长远的观点看，控制经济与民主程序是不能并存的。控制经济必然造成无孔不入的全面压制，因而导致现代最为严酷的政治控制——极权主义。计划经济与民主是不相容的。针对那种认为"任何经济都可以规范地用瓦尔拉方程体系来表示……在理论层次上，资本主义与社会主义没有区别。在资本主义制度中，该方程体系通过市场来'解'，而在社会主义制度中则可以通过计划当局来解"[1] 的观点，哈耶克在反驳中列举了"数学解决法"的许多困难。如果社会主义当局决定使用迪金森提到的试错法"解"这个方程体系，必然导致经济效率低下。原因在于：

第一，没有市场，就没有价格。而价格变化机制能够像竞争性自由市场那样对供求变化作出反应，进行自动调节。在市场经济中，价格传递着生产、经营和消费等经济信息，商品和要素的价格水平及其升降就是一个信号，如果商品的价格水平偏高，意味着供给相对于需求较少；如果价格水平偏低，则意味着需求相对于供给来说不足。商品生产经营者可以根据价格所提供的信息来制定自己的生产与投资计划。价格是"参与市场运作的所有个人的评估相互作用产生的"社会现象，反映了成千上万正在行动的个人在特定时刻的计划和评估。鉴于价格源于成千上万人的评估，它总是不停地变化。即便如此，价格仍然是企业家用来计算如何最合理利用稀缺资源的必不可少的工具。至关重要的是，这种计算总是着眼于未来。生产需要时间，人的计划不断地改变使价格结构不断变化，企业家必须在这样的世界就资源的使用进行决策。在这样的情况下，错误显然难以避免，但不会得不到纠正，因为一个企业家的错误同时又是另一个企业家获利的机会："追逐利润的企业家之间的竞争不能容忍保留生产要素的虚假价格。"[2]

因此，市场内存在的不断变化的价格结构似乎是瞎摸乱撞，结果却成为行之有效的揭示相对稀缺的制度。没有经济计算就无法了解各种资源的相对稀缺状态，就不可能使经济活动有效益和效率。

---

[1] [美] 布鲁斯·考德威尔：《哈耶克与社会主义》，静虚编译，《马克思主义与现实》1999 年第 6 期。

[2] 同上。

第二，没有市场，就没有竞争。针对兰格的使成本最低的规定，① 哈耶克反问道，计划者怎么知道最低成本是多少呢？哈耶克认为，只有通过竞争性市场过程，才能发现或创造成本更低的生产方法。标准的均衡理论错误地设想最终状态已经达到，因此成本最低的投入组合业已得知。这可能令人错误地相信，产生知识的过程本身可以舍弃。概括一些来说，完全竞争的静态理论的出发点是设想稀缺物品的供应是给定的。但哪些物品是稀缺的，或哪些是需求的物品，它们的稀缺或珍贵程度如何——这些问题的答案恰好是竞争必须发现的。哈耶克认为，"竞争是一个发现过程"②。只有通过竞争，资源才能转移到那些最具有企业家精神的人手中，得到最有效率的利用。

竞争的市场机制之所以优越，不仅因为它在大多数情况下是最有效的方法，而且更由于它是使人们的活动得以相互调节适应，而用不着政府的强制、专断干涉的唯一方法。在这一制度下所保证的自由主义，以及个人活力的解放，乃是资本主义创造出比以往任何时代都更加辉煌灿烂的物质文明的根源所在。只有在这种制度下，经济运行的效率才能有切实的保证。因为人——作为经济人——首先要追求自身的经济利益，那么金钱——这一人们所发明的最伟大的工具之一，为每个人享受努力的成果，提供了最广泛的选择机会。每个人都可以凭其聪明才干在竞争的市场上进行公正的角逐，这是经济发展的内在动力，而市场竞争机制，以及由此而产生的物价自动平衡体系，除了可以实现包括人力资源在内的资源配置外，还是最经济的信息载体。它引导人们把利己的动机转变为社会的整体功能，从而保证经济的高效率。竞争能使企业家根据眼前情形和环境迅速调整自己的工作状态，更加努力工作，更为经济地生产消费者所需要的产品，而计划经济中政府用人为的方法来配置资源，不能解决生产和投资的有效决策问题，不能使资源得到优

---

① 兰格首先反驳米塞斯。他同意米塞斯的价格对于合理的经济计算是必要的。米塞斯的错误在于认为价格必须在市场里才能形成。如果将价格的正确定义理解为"提供其他选择的条件"，并将价格在市场里确定理解为并非必不可少，而只是特定制度安排（资本主义）的特例，米塞斯的论点就站不住脚了。会计价格可由中央计委提供，社会主义企业的经理可以把它们作为决策的参数。社会主义条件下合理的经济计算终究并非"不可能"。兰格接着说明社会主义国家怎样才能获得与真正的竞争性市场制度相同的结果。在其模式中，存在消费品和劳动力的自由市场，但不存在像资本市场之类非劳动力的生产要素市场。兰格建议中央计委为所有物品和生产要素确定临时"价格"。社会主义公司的经理被要求以这些"给定的"价格为基础选择要素投入组合，使成本最小，产出水平达到利润最大化。（参见［美］布鲁斯·考德威尔《哈耶克与社会主义》，静虚编译，《马克思主义与现实》1999 年第 6 期。）

② ［德］帕普克：《知识、自由与秩序》，中国社会科学出版社 2001 年版，第 160 页。

化配置，其结果只能是经济效益的下降。社会主义的计划反对竞争，试图以计划取代竞争，其必然导致的结果就是要使其见效，计划本身必须变得越来越完整详细，这不仅在技术的可操作性上存在着极大的难度，而且每一件事都要有一个独一无二的中心来加以指导。换言之，社会主义者为了达到他们的目的，必须建立起前所未有的巨大权力，并且他们的成功也取决于他们获得这种权力的程度。

第三，没有市场，就无法有效利用分散的知识和信息。哈耶克认为，经济知识具有高度专业化、特殊化和地方化的性质，这些知识不仅数量极大，而且极为复杂和凌乱。它们分散在每个人的头脑中，还会随着生产物品的新方法的发展（技术进步）以及个人需求和趣味的变化不断发生变化，具有很强的易变性，根本不可能由某一个或某些计划者的头脑全部收集起来。因此，没有市场整合分散的知识，即使最负责任的计划者，也难免会在对他们必须知道的大多数事情一无所知的情况下，开展自己的工作。没有市场搜集信息，计划者就无法有效利用分散的信息，计划者在进行计划时会遇到种种困难，固执地计划不可计划的事情结果必然导致低效率。

4. 社会主义宣传导致真理的终结

在计划经济下，也不可能有思想和学术的自由。思想的国有化正是工业国有化的伴随物。哈耶克指出，极权国家集中控制宣传，一切宣传工具都被用来朝一个方向影响所有的人，隔绝外界，没有任何其他声音，天长日久，任何人都难免受其影响。"在一个极权主义国家里，完全改变了宣传的性质和效果的是一切宣传都为同一目标服务，所有宣传工具都被协调起来朝着一个方向影响个人，并造成了特有的全体人民的思想'一体化'。……如果所有时事新闻的来源都被唯一一个控制者所有效地掌握，那就不再是一个仅仅说服人民这样或那样的问题。灵巧的宣传家于是就有力量照自己的选择来塑造人们的思想趋向，而且，连最明智的和最独立的人民也不能完全逃脱这种影响，如果他们被长期地和其他一切信息来源隔绝的话。"[1] 民主国家虽也有众多宣传机构，但它们相互独立互相竞争目标各异声音多元，二者截然不同。极权政府宣传的主要技巧有三点：一是仍然使用旧字眼，但换上新的意义，如自由、民主、真理等；二是控制一切信息来源，实施资讯垄断。决定

---

[1] ［英］哈耶克：《通往奴役之路》，王明毅、冯兴元等译，中国社会科学出版社1997年版，第146—147页。

一则新闻是否发布的唯一标准，是其是否会影响国民对政权的忠诚；三是严厉压制任何怀疑和不同见解。

哈耶克指出，社会主义宣传对于一切道德都是具有破坏性的，因为它们侵蚀了一切道德的基础，即对真理的认识和尊重。从其要完成的任务的性质出发，极权主义的宣传不可能把宣传局限于价值标准，局限于人们总是或多或少地让其符合于社会主导性见解的意见和道德信仰的问题，而必须把宣传的范围扩展到以不同方式作用于人类理智的事实的问题上去。其所以如此，一是为了要诱使人民接受官方的价值标准，就有必要把那些价值标准加以合理化，或者证明它们是和人民已经持有的价值标准联系在一起的，而这种联系又常常表现为手段与目的之间的因果联系；二是因为目的与手段之间的区别，即所企求的目标与达到这个目标而采取的措施之间的区别，像对这些问题所进行的任何一般性讨论中可能提示的那样，实际上绝不是划得很清楚、很明确的；三是这样一来，就必须使人民不但同意那些最后目标，并且也必须同意关于那些措施所根据的事实与可能性的看法。如此，在没有任何不同声音的环境下，人们的独立思考能力逐渐萎缩，在长期单一的垄断的声音的灌输下，统治者的思想就成了全体国民的思想，统治者的目标也就成了全体国民的目标，这一现象扩展至一切精神领域：科学、法律、历史、文学……政治权力与真理画上等号，真理也就死亡了。

纵观哈耶克的所有著作，可以说，他很少从正面回答"社会主义应该是什么"这个问题。他所提出的"社会主义"仅仅是对存在于当时欧洲的社会主义国家或欧洲社会内部的一些社会主义政党以及具有类似倾向的政治流派所持的观点或行动纲领的概括（主要包括前苏联、东德以及西欧一些社会主义），并以此作为他批判的靶子。哈耶克将目的和手段的分离作为他批判社会主义的契机。在他看来，自由主义者与社会主义者论争的并非后者想要实现的目标，而是实现这一目标的手段。社会主义的目标要为每个人确保经济自由，而手段意味着消灭资本主义私有制、实施中央计划经济。为此，在《通往奴役之路》一书中，他区分了作为目标的社会主义与作为手段的社会主义，将后者归为所谓集体主义。集体主义危害了哈耶克所称的自由。因为集体主义经济计划牺牲了个人选择的自由权力。在最好的情形下，计划使经济活动隶属于公平这个单一的社会目标。而事实上，由于不存在社会理性，事先就资源配置进行计划是不可能做到的。计划人为地造成的不平等，比自由市场所造成的不平等更难以忍受。哈耶克不但从制度的层面把社会主义定位为一种排除私有制的、高度计划的体制，从而批判高度集中的计划经济而且还批判社会主义的理想信念和道德目标。至于社会主义应当是什么，对于哈耶克来说是一个假问题，因为在他看来，根本不应该存在社会主义之类的东西，自由主义就已经终结了历史，尽管它还需要不断地完善。他一心推崇以个人主义为基础的自由资本主义。那么，哈耶克描述的这种"社会主义"与马克思主义者的社会主义有什么区别呢？哈耶克概括的这种"社会主义"能否代表整个社会主义运动，从而断言社会主义是通往奴役之路的呢？

第二节 马克思的科学社会主义思想

我们要明了哈耶克的"社会主义"与马克思的科学社会主义的区别，首先要明白马克思提出的科学社会主义的具体所指和其精神实质。

一 科学社会主义的基本特征[①]

马克思把代替资本主义的未来社会有时称作共产主义，有时称作社会主义，二者在科学意义上是没有区别的。马克思后来在《哥达纲领批判》中把未来社会主义划分为两个阶段，即共产主义社会第一阶段和共产主义社会高级阶段，马克思预见的未来共产主义社会第一阶段的基本特征有五点：一是生产力的巨大增长和高度发展是社会主义社会"绝对必须的实际前提"；二是消灭私有制，社会作为一个整体直接占有全部生产资料，即社会建立在生产资料社会所有基础上；三是实行计划经济，商品货币关系不复存在；四是产品归劳动者共享，在初级阶段实行"按劳分配"，高级阶段实行"按需分配"；五是阶级和国家逐步消亡，整个社会将过渡到自由人的联合体，最终实现每个人都得到自由全面发展的目标。其中社会所有制是马克思关于未来社会的社会经济制度的一个最基本的观点。所谓社会所有，就是社会全体成员在社会范围内结合为整体的占有。马克思运用历史唯物主义的基本矛盾原理，论证了在剩余价值规律的作用下，生产的社会化与生产资料资本主义占有之间的矛盾必然激化起来，从而论证了资本主义所有制让位于社会主义公有制即社会所有制的必然性。在马克思和恩格斯的著作中，有关未来社会公有制的表述多种多样，内涵却是一致的，即便如《哥达纲领批判》中使用了

---

① 参见智效和《马克思社会主义观的解释力》，《当代经济研究》2007年第6期。

"集体的，以生产资料公有为基础的社会"一语，指的仍然是以"社会所有制"为基础的社会。社会所有制不仅消灭了传统意义上的私有制，也排斥了保留商品交换的各种各样的集体合作所有制。社会所有制是使劳动者获得彻底解放的基本条件。在实现了社会所有制的条件下，社会成员在生产资料占有方面的差别消失了，阶级差别消失了，作为阶级统治工具的国家也就不存在了。马克思是从劳动者获得彻底解放的高度来认识什么是社会主义的，这同后来的社会主义实践者往往从社会主义发展进程的角度谈论社会主义形成了差别。

马克思讲的社会主义，是彻底消灭了资本主义，使资本主义既不能存在、也不能再产生的社会。后来的社会主义实践者谈论的现实社会主义，不过是对争取马克思讲的社会主义的过程中某个具体发展阶段的认识。哈耶克所说的社会主义国家，例如，苏联是在没有完成马克思讲的"过渡时期"任务的情况下，宣布进入共产主义第一阶段或社会主义社会的，由此形成了马克思讲的社会主义社会与哈耶克所说的社会主义社会的重大差别。毫无疑问，实现马克思讲的那种社会主义，是需要一个很长的历史过程的。这个历史过程也许会经历若干个阶段，其中每个阶段又各具特点。因此，在这个历史过程中，人们看到的社会主义与马克思在理论上阐述的社会主义是不太一样的，人们对现实社会主义的认识（实际上是对消灭资本主义实现社会主义过程中的具体历史阶段的认识），与马克思关于彻底消灭了资本主义的社会主义的认识也是有差别的。人们往往不注意这一点，简单地拿现实中人们看到的社会主义与马克思讲的社会主义作比较，用对现实社会主义的认识取代马克思关于社会主义的认识，甚至否认马克思社会主义观的科学性，这是完全错误的。

二 科学社会主义与市场经济[①]

在马克思的著作中从来没有使用过"社会主义市场经济"这个词语，在他讲的社会主义社会中，也从来没有商品生产或商品经济、市场经济的地位。他反对社会主义社会保留商品生产和商品交换，取而代之的是社会主义的"计划经济"（"计划经济"这个词是列宁概括出来的）。然而，我们不能以20世纪以来现实社会主义中存在商品生产为依据，否定马克思的科学社会主义。

1. 对不同时期的"社会主义"概念的不同理解

斯大林以来的社会主义，不是马克思讲的社会主义社会，尚处在马克思

---

① 参见智效和《马克思社会主义观的解释力》，《当代经济研究》2007年第6期。

讲的过渡时期，甚至处在马克思讲的过渡时期的比较初级的阶段。

在《共产党宣言》中，马克思、恩格斯在讲到过渡时期对资产阶级所有权和资产阶级生产关系实行强制性干涉的十条措施时，其中好几条就与利用商品货币关系有关，如征收高额累进税、把信贷集中在国家手里、把国有化土地的地租用于国家支出等。在马克思的理论中，从来都把私有制包括具有独立经济利益的"共同体"看作商品生产产生和存在的原因。既然现实社会主义还处在他所说的过渡时期，既然中国的社会主义还处在多种经济成分并存的阶段，商品生产和商品交换的存在就是必然的，也与共产主义第一阶段不存在商品生产并不矛盾。由此不难得出结论：我们现在所说的"社会主义市场经济"，全包含在马克思的理论框架和逻辑之中。

2. 商品生产必然导致资本主义是马克思主义经济学的一个基本观点

如前所述，马克思所讲的社会主义社会，是使劳动者获得彻底解放的社会，而消灭商品生产是消灭阶级从而使无产阶级获得彻底解放的一个条件。理论和历史都证明，商品生产是和阶级、阶级的不平等相联系的，如果社会主义社会还容许商品生产存在，必然导致出现阶级的不平等。所以，马克思一直对企图在社会主义社会保留商品生产的社会主义理论持批判态度。马克思对蒲鲁东主张在社会主义社会保留商品生产进行了深入的批判。在《资本论》第1卷第22章，马克思论述了在等价交换的基础上，商品生产的所有权规律怎样转化为资本主义占有规律或资本主义所有权规律，批判了蒲鲁东想通过商品生产来消灭资本主义的理论观点。[①] 蒲鲁东批判资本主义，不满意资本主义对雇佣劳动的剥削，但却主张永久保留商品生产，把等价交换捧上天，幻想可以永久保持"纯粹"的商品生产，而不要商品生产结出的这个资本主义果子。从上面的介绍和分析不难看出，商品生产必然导致资本主义

[①] 商品生产的所有权是以生产者自己的劳动为基础的所有权，谁生产了这个产品，谁就对这个产品有所有权。由于劳动产品及其所有权体现着生产者的经济利益，所以不同生产者之间要想得到对方生产的产品，就必须等价交换，等价交换就是商品生产者实现其经济利益、实现其商品所有权的规律。我们又知道，资本与劳动力相交换，也是在等价交换的基础上进行的，然而，交换的结果，却是资本家无偿占有了工人创造的剩余产品，资本家对剩余产品的所有权是不以自己的劳动为基础、而以他人的劳动为基础的所有权。如果说，资本最初可以假定是其所有者自己的劳动积累的话，而从扩大再生产的角度看，资本家一开始投入的积累资本就是雇用工人的无酬劳动生产出来的，并成为进一步吮吸雇用工人剩余劳动的手段。所以，以无偿占有他人劳动为基础的资本主义所有权规律，是与以自己的劳动为基础的商品生产的所有权规律对立的。然而，商品生产的所有权走向反面，走向以他人劳动为基础的资本主义所有权，又是在商品生产所有权规律的作用下发生的，是在等价交换规律的基础上发生和发展的。（参见智效和《马克思社会主义观的解释力》，《当代经济研究》2007年第6期。）

是马克思主义经济学的一个基本观点。这也是理论和历史都证明了的。

3. 马克思主义的"商品生产必然导致资本主义"与发展"社会主义市场经济"并不矛盾

首先，马克思、恩格斯批判的是企图通过商品生产实现劳动者彻底解放的社会主义理论，是以商品生产永恒论为基础的社会主义理论，而不是完全否认在争取劳动者彻底解放的过渡时期存在商品生产；其次，马克思说商品生产会导致资本主义，指的是完全由价值规律调节的商品生产；最后，马克思说商品生产会导致资本主义，讲的是抽象理论，是一般道理，这个道理是从商品的价值性质中得出来的，是从价值—货币—资本的逻辑发展中，从价值规律必然导致生产者的分化因而必然出现劳动力商品的逻辑发展中得出来的；不是说，在实践中，不管在什么样的社会条件下，无论发生了什么样变化的商品生产，都会导致资本主义。那样的话，连他所说的过渡时期的商品生产也只能有资本主义的前途了。①

4. 发展商品生产，包括利用资本主义，是我们现在讲的"社会主义初级阶段"的题中应有之义

因为现实中国的社会主义还处在马克思讲的过渡时期的比较初级的阶段。但是，发展商品生产、利用资本主义，并不意味着把市场和价值规律摆在至高地位和核心地位，完全按照市场和价值规律的要求行事。其实，"商品生产"、"市场经济"都是理论抽象，在历史上和实践中，商品生产或市场经济有不同的类型，即使同一类型的商品生产或市场经济，在不同的国家，也有不同的做法。我们是社会主义国家，市场经济除了在现阶段有有利于发展经济的一面外，从理论上说，市场经济与社会主义的矛盾也是很明显的。②

---

① 一般理论与具体实践是有差别的，就像等价交换规律不存在于每一个具体交易的场合，利润率下降规律与实际利润率可能上升并不矛盾一样。（参见智效和《马克思社会主义观的解释力》，《当代经济研究》2007 年第 6 期。）

② 第一，市场关系要求分散化，越分散，市场原则就贯彻得越彻底。我们是经济发展比较落后的国家，分散化从而生产组织完全小型化并不利于赶超发达国家，更何况一个大国的强盛，又有不同于小国发展的重要特点。第二，市场关系要求自由化，市场主体越自由，市场原则就越能充分体现。这也是国有企业私有化的原因，并与前一个特点相联系。我们要在现阶段坚持公有制的主体地位，就不能完全听任市场原则的摆布。第三，在分散化和自由化的市场经济中，一切围绕价值规律转，因而不可避免地给经济发展带来盲目性、短期行为，忽视国家发展的长远利益、根本利益和整体利益，这已为国内外的事实反复证明。第四，市场经济从某个角度看是"傍大款"经济，市场原则贯彻得越彻底，则越有利于富人，不利于穷人，有利于强者，不利于弱者。（参见智效和《马克思社会主义观的解释力》，《当代经济研究》2007 年第 6 期。）

我们坚持社会主义，以工农劳动大众的利益为首位，主要靠调动他们的积极性建设社会主义国家。所有这些，要求我们必须从中国的国情出发，从中国的社会主义国情出发，实事求是地发展有中国社会主义特色的商品生产或市场经济。这样的商品生产或市场经济虽有与其他类型的市场经济共同的东西，但在本质上是有差别的。除了所有制基础的差别外，经济机制中市场调节与计划调节的关系也有重要差别。所有制的差别和经济机制的差别是一个问题的两个方面。所有制的不同，必然使"社会主义市场经济"的机制与资本主义市场经济形成差别。资本主义国家市场经济的机制是在资本主义的"土壤"上形成的，并且在不同国家还有不同特色。我们是社会主义国家，即使借鉴资本主义市场经济中对我有用的东西，那也要在社会主义的基础上加以改造，以适合我们的需要。更何况，市场经济本身是有弊端的，而社会主义公有经济恰恰是为了克服市场经济的弊端应运而生的。也就是说，在社会主义初级阶段的市场经济中，除了市场调节，还必须有计划调节。计划调节尊重市场规律，在大的方面把国民经济规划好、控制好，社会主义初级阶段的市场经济实践才能取得成功。

总之，马克思的社会主义观是科学的。一方面，马克思关于社会主义区别于资本主义的特征的看法，不像空想社会主义那样表现为从理性、从人的头脑中构造出来的东西，不是什么主观的设计；而是运用辩证唯物主义和历史唯物主义的方法研究资本主义，揭示资本主义的基本矛盾，进而紧紧抓住资本剥削雇佣劳动这个基本事实，抓住资本主义基本矛盾逐步激化这个基本过程，从理论上阐明了资本主义灭亡的必然性，阐明了社会主义制度的基本特征。需要强调指出的是，马克思关于社会主义基本特征的确切结论，是通过科学研究所得出的逻辑结论。作为逻辑结论，它重在揭示必然性，揭示条件与结果之间的必然联系，即资本主义的充分发展、矛盾的激化直至灭亡必将预示着产生一种什么样的社会制度，并不包括实现这种结果的具体过程。另一方面，马克思所说的社会主义，是以完成了他所说的过渡时期的任务为前提的。消灭阶级，进入无阶级社会，这是生产力与生产关系、经济基础与上层建筑矛盾运动的统一过程，是长期的历史过程。马克思以抽象法研究资本主义，逻辑是线条式的，因而结论也是简单的。但是，一旦由理论变为实践，那将是一个很复杂的过程。后来社会主义国家的社会主义都是没有完成马克思"过渡时期"任务的社会主义。因此，拿现实社会主义所达到的状态批评马克思,是没有道理的。①

三 马克思的集体主义价值观

《共产党宣言》对社会主义的界定提出的是这样一个命题:"代替那存在着阶级和阶级对立的资产阶级旧社会的,将是这样一个联合体,在那里,每个人的自由发展是一切人的自由发展的条件。"②《共产党宣言》以"每个人的自由发展"来界定社会主义,深刻地表明了社会主义的本质特征,从根本上把社会主义同一切旧社会区别开来。从某个具体特征来界定社会主义,即使这一特征很重要,也只是说明社会主义的某个侧面;而"每个人的自由发展",则说明社会主义的终极价值和最高目标,那类具体特征只不过是达到这一终极价值和最高目标的一个阶段或手段。"每个人的自由发展是一切人的自由发展的条件"是一个彻底的集体主义的命题。这个内涵丰富的命题,正确地解决了人类社会与历史发展中所包含的最基本的四重关系:

1. 个人与集体的关系

在人类历史上,存在着性质不同的"集体",马克思将其区分为"虚假的集体"和"真正的共同体"。各个剥削阶级的所谓"集体",用马克思的话来说,不过是"冒充的集体"、"虚构的集体"、"虚幻的集体";而所谓"集体利益",则不过是它们"为了达到自己的目的",而"把自己的利益说成是社会全体成员的共同利益"。参加"虚假的集体"的不是作为个人的个人,而是阶级的成员。掌管这个共同体的是占统治地位的阶级,但它打着代表全人类利益的旗号,实际上只代表少数统治者的利益。所以,对于被统治的大多数人而言,这个"共同体"是"虚假"的、"冒充"的、"虚幻"的。由于这种共同体是一个阶级反对另一个阶级的联合,对被统治的阶级,它不仅是完全虚幻的共同体,而且是新的桎梏。马克思把共产主义社会称为"真正的共同体",参加这个共同体的不是阶级的成员,而是作为个人的个人。在这里,个人与集体之间已经消除了异化与对立关系。一方面,个人的发展是在共同体中实现的,通过共同体个人才能获得和控制全面发展其才能的手段,才有个人自由;另一方面,只有以个人身份(不是阶级成员)参加的共同体,才是自由人联合体。个人是发展的主体和目的,共同体是个人发展的形式

---

① 智效和:《辨正马克思的社会主义观》,《经济科学》2002 年第 4 期。
② 《马克思恩格斯选集》第 1 卷,人民出版社 1995 年版第 294 页。

和条件。这里既是个人的联合，又是联合的个人，两者相互协调，互为条件。

马克思认为，个人与社会互为目的、互为手段。马克思主义者不仅批判了旧哲学对人的社会性的忽视，同时也注重人的存在的个体性。马克思认为，社会性只是无数个性殊异的人的交往中的一种存在，个性使社会性具有现实性，因而社会性寓于个性之中，并通过殊多生动的个性而获得真实显现；在这个意义上，个人乃构成社会有机体的主体。因此，社会主义中的个人与社会、自由与秩序在本质上不是互相排斥的，而是并进互补的。社会应该在尽可能的条件下为个性自由发展提供充分的机遇，以此促进个人与社会的和谐演进。

马克思指出，与人类发展经三种形态①相对应，个人与社会关系的发展历程如下：在以"人的依赖关系"为特征的传统社会里，个人不具备独立性，而要受群体的支配，个人只是群体的附属物。到了工业社会，与商品交换普遍相联系，个人从等级制度和人身依附中摆脱出来，成为独立的个体，却又形成对物——金钱的依赖关系。只有在共产主义社会，既扬弃了人的依赖关系所造成的人的异化，又扬弃了对物的依赖关系所造成的异化后，人才成为真正自由的主体，成为全面发展的个人。但是必须明确，从价值观上看，"以物的依赖性为基础的人的独立性"的全部价值，就在于为"个人全面发展"创造条件，如果离开这一根本点去谈人的独立性，就会认同资产阶级价值观。②

2. 个人与个人之间的关系，是互为主体、互为客体的关系

在历史上，个人与个人之间，由于利益的分野与对立，一部分人的发展是以牺牲另一部分人的发展为条件的，这里存在的是"一切人反对一切人的战争"。在新的历史条件下，在"真正的共同体"中，个人与个人之间的关系，具有完全不同的性质和状况。个人的存在由于消除了阶级属性，由于消除了为争夺有限的生活资源的竞争，每个人都有自己的个性，又都是发展的主体。他们的关系是平等、互动、互补、互助与合作的关系。在这里，个人

---

① 自然发生的"人的依赖关系"是人的最初存在形态；"以物的依赖关系为基础的人的独立性"是人的发展的第二形态；"建立在个人全面发展和他们共同的社会生产能力成为他们的社会财富这一基础上的自由个性"是第三个阶段。（参见袁玲红等《哈耶克的"真个人主义"理论探析》，《江西农业大学学报》2006年第1期。）

② 参见侯惠勤《马克思主义的指导是构建社会主义核心价值体系之根本》，《毛泽东邓小平理论研究》2007年第3期。

的发展不仅不以牺牲他人的发展为前提,而且是为他人的发展创造条件;他人的发展同样为个人的发展创造条件,也就是互为对方创造条件。①

3. 每个人与一切人的关系

"每个人"与"一切人"是两个不同的概念。前者是"个体",后者是"整体";前者是"现在",后者是"未来"。过去历史上的"虚假的集体",总是打着代表"全人类"、"一切人"的旗号,鼓吹"一切人的发展是个人发展的前提",是用一个抽象的、虚幻的前提,掩盖其真实的意图与行径。马克思与之相反,他强调每个人的发展是一切人发展的条件,阐明只有每个人都能自由发展,才可能有一切人的自由发展。这里前提是"每个人",而不是"一切人"。②

4. 一国之内的每个人同全世界范围内的每个人的关系

马克思指出,单个人随着自己的活动扩大为世界历史性的活动,越来越受到对他们来说是异己的力量的支配,受到日益扩大的、归根结底表现为世界市场的力量的支配,在历史已经转变为世界历史的背景下,各国人民的命运不可分割地联系在一起。一国范围内尽管有可能首先实现每个人的自由发展,也不能说已实现了每个人的自由发展,在全世界范围内还有可能存在着一部分人的发展以牺牲另一部分人的发展为条件的人的生存状态。而且,没有全人类的每个人的自由发展,一国范围内即使实现了每个人的自由发展,也是不可能巩固的,还不可能消除各国之间为争夺资源和霸权而展开的斗争。由以上这四重结构来看,《共产党宣言》的命题在总体上构成了一个彻底的集体主义的命题。③

马克思揭示了道德是社会存在的反映,是被经济关系决定的,道德的基础是利益。因此,个人与集体关系归根结底是个人利益与集体利益之间的关系。马克思主义在生产资料公有制的基础上,把个人与集体真正统一了起来。无产阶级处理个人与集体关系遵循集体主义的原则。集体主义作为共产主义道德原则,它的主要内容是:一是社会利益即最广大人民群众的根本利益高于一切,一切言论和行动以最广大人民群众的根本利益为出发点和归宿点;二是在保证社会利益或集体利益的前提下,把国家利益、集体利益同个

---

① 参见叶汝贤《每个人的自由发展是一切人的自由发展的条件》,《中国社会科学》2006年第3期。

② 同上。

③ 同上。

人利益结合起来，关心集体成员的个人利益；三是当上述三者利益发生矛盾时，个人利益必须服从集体利益和社会利益。这三个基本点是不可分割地、有机地联系在一起的。

集体主义道德原则是人类历史上最先进最高尚的道德原则，它真正解决了个人与集体之间的关系。社会集体利益高于个人利益，是共产主义道德原则最根本的直接的出发点。共产主义道德所讲的"集体利益"，也就是集体成员的公共利益，特别是共产主义事业全局和长远的根本利益。这个根本利益就是解放和发展社会生产力，建立以公有制经济关系为基础的社会制度，消灭阶级和一切不平等的社会差别。集体利益之所以高于个人利益，这是因为从工人阶级和一切其他的劳动者的解放条件说，无产阶级只有解放全人类，才能最后解放自己，只有解放整个阶级，才能使个人得到解放。另外，从满足劳动者个人利益来说，没有公共经济的巩固和发展，没有社会生产力的提高，劳动者个人利益就不能实现和发展。由此看来，社会集体利益是劳动人民个人利益的源泉和保障。因此，两者发生矛盾时，个人利益要服从集体利益，甚至为了捍卫集体利益，而不惜牺牲个人利益。在个人利益和社会集体利益不一致时，要自觉地无条件地服从于社会集体利益。在个人利益和社会集体利益不一致时，人们怎样处理二者的关系，不仅是对一个人有无高尚道德情操的重要考验，而且也是衡量一个社会道德水平高低的重要标志。剥削阶级及其统治下的社会，在个人利益与社会整体利益发生矛盾时，往往以牺牲社会整体利益来满足私人利益。集体主义原则则要求人们自觉地作出或多或少的自我牺牲，使个人利益无条件地服从社会整体的根本利益。

总之，集体主义原则科学地解决了个人利益与集体利益的关系问题，由此确立了它在人类道德发展史上的崇高地位。马克思主义集体主义原则超越了以往利益观上的狭隘性，指明了社会和个人道德完善的方向。

第三节 马克思与哈耶克社会主义观的分歧

哈耶克视阈中的"社会主义"不是马克思的科学社会主义，其实，哈耶克所说的苏东社会主义实践所采用的高度计划的方法意义上的社会主义已在西方世界寿终正寝。通往奴役之路的只是那种高度模式化的、僵硬的社会主义。马克思认为社会主义是一条通向"自由王国"的道路。在自由王国里，没有人剥削人的现象，没有劳动者与生产资料、劳动与政权和文化相分离的现象，个性的自由和全面发展将获得保障。在私有制条件下，私人所有者是生产资料的主人，财产的多寡是衡量经济自由的尺度。相反，在社会主义公有制条件下，社会财富的全民所有制成为劳动人民获得解放和自由的经济前提。

一　作为目标的社会主义与作为手段的社会主义

如前所述，哈耶克把社会主义的目标和手段剥离开来，他区分了作为目标的社会主义与作为手段的社会主义，将后者归为所谓集体主义。集体主义危害了哈耶克所称的自由。因为集体主义经济计划牺牲了个人选择的自由权力。在最好的情形下，计划使经济活动隶属于公平这个单一的社会目标。而事实上，由于不存在社会理性，事先就资源配置进行计划是不可能做到的。计划人为地造成的不平等，比自由市场所造成的不平等更难以忍受。

当然，他所批判的社会主义与马克思科学社会主义的内涵有着实质的区别。科学社会主义的创始人马克思对未来社会的基本特征做了初步的预测：一是生产力的巨大增长和高度发展是社会主义社会"绝对必须的实际前提"；二是消灭私有制，社会作为一个整体直接占有全部生产资料；三是实行计划经济，商品货币关系不复存在；四是产品归劳动者共享，在初级阶段实行"按劳分配"，高级阶段实行"按需分配"；五是阶级和国家逐步消亡，整个社会将过渡到自由人的联合体，最终实现每个人都得到自由全面发展的目标。我们能否抓住这五个特征的实质内涵成了正确理解科学社会主义理论的关键。不难看出，上述五个特征表明了马克思从社会主义的价值目标和实现这些价值目标的途径两个方面对未来的社会主义进行了设想，上述的前四个特征说的是实现社会主义的途径的问题，第五个特征说的是社会主义所追求的价值目标。在此，手段和目标构成一个有机的整体，手段是为目标服务的，而目标统摄手段，成为这个整体的中心或灵魂。因此，我们在理解什么是社会主义时，一不能把目标和手段割裂开来，单单从某一个方面来看待社会主义；二要看到目标的统摄地位，也就是说，社会主义作为人们对资本主义的一种批判结果，作为人们对未来社会的美好设想与追求，它的精神实质或者说它的超越性体现在其最终目标或最高价值追求，即使社会过渡到自由人的联合体，使每个人都得到自由全面的发展。因此，在评价为了实现这一目标所诉诸的手段是否合适时，一要看是否为目标服务，二要看是否科学，即是否符合实际。通俗地说，在马克思看来，社会主义的最终目标只能有一个——实现人类的解放与自由,但是,人们在选择实现这一目标的途径的时候,则要根据变化了的时代和国情酌情考虑,这样才能实现其科学性。马克思也多次明确地指出了这一点。马克思在阐述自己的学说时,反复强调要根据现实的运动对既定的理论作出必要的丰富、修正和发展。"我们只能在我们时代的条件下进行认识,而且这些条件达到什么程度,我们便认识到什么程度。"① 可见,马克思只是给人类的解放指明了方向,而并没有为某个国家具体规划社会主义的发展道路,更不是描绘未来社会的详细蓝图。那么,在随后的漫漫长途中,必然会遇到各种新情况、新问题,遇到难以预料的困难和风险,这就要求后来者继续探索,继续创新。并且,苏联东欧社会主义实践的失败和中国社会主义事业的蓬勃发展,也从正、反两个方面说明了不但要坚持科学社会主义理论,而且还要根据国情和变化了的实际发展社会主义理论。所谓发展科学社会主义理论,就是运用马克思主义的立场和方法,寻求符合各国实际的实现社会主义目标的方法。

显然,哈耶克把作为实现社会主义的价值目标的手段从社会主义这一整体中割裂开来,把仅仅作为手段而选择的制度看作是社会主义,这与强调目标与手段的有机统一的科学社会主义是截然不同的。科学社会主义没有固定的、一成不变的模式,科学社会主义是"一"与"多"的辩证统一,即科学社会主义的目标具有一致性——实现人类个体的解放和自由,而科学社会主义的手段却是多样性的,它既包括国与国之间在发展社会主义的过程中可以因地制宜地采取不同的方针政策,又包括同一个国家在社会主义实践的不同阶段应该因时制宜地采取不同的策略与方针。②

二 形式平等与事实平等

哈耶克对苏联模式社会主义方法的批判,不乏切中某些弊害之处。他虽然明言不与社会主义的目标相论争,但批判还是扩展到这上面来。哈耶克把自由这个社会主义的基本价值解构为平等,他指出,社会主义对自由的允诺,"实际上指的是,不同的人在选择余地上现存的巨大悬殊将被消除。因此,对这种新自由的要求,不过是对平均分配财富旧要求的代名词而已"③。

---

① 《马克思恩格斯选集》第 4 卷,人民出版社 1995 年版,第 337—338 页。
② 参见黄寿松《哈耶克的社会主义观》,《江淮论坛》2002 年第 3 期。
③ [英]哈耶克:《通往奴役之路》,王明毅、冯兴元等译,中国社会科学出版社 1997 年版,第 31 页。

这样一来，不仅社会主义的方法既错误又不可能，它的目标也成了问题；自由作为高于平等的价值，在自由主义那里得到了确当的理解。

哈耶克认为形式平等与事实平等不可兼得，因为人的天资生来就是不平等的，天资是不同的，也正因为如此，我们才需要自由。如果个人天生就大不相同，那么，最优的——或者说合乎自然的——社会就是人的多样性充分表现的社会。在自由的社会，人与人之间是平等的，就是说，国家将平等地对待他们。意思就是说，他们每个人都可以得到法律同等的保护，他们的身份是平等的，他们拥有同样多的自由权利。法律面前的平等，也就是说拥有形式平等。但事实上，这样的社会，必然又是物质上不平等的社会。因为人是不同的，每个人都可以自由发挥自己的才能、利用偶然的运气，而社会平等地对待每一个人，则他们各自所能得到的结果必然是不平等的……自由必然导致物质上的不平等。物质上的不平等是自然而然的。

哈耶克视物质上的事实不平等为理所当然，并且还为其唱赞歌，认为人的多样性和物质上的差距，推动了社会的进步。新知识及其好处只能逐渐地扩散，多数人的欲望通常总是由当时只能由少数人获得的东西所决定的。我们之所以会不断期望经济迅速发展，在很大程度上是由于财富的不平等，如果没有这种不平等，就不可能有经济的迅速发展。社会出现物质不平等的根源有两个：一个是人的天资的多样性，一个却正是法律面前人人平等。恰恰是在人们被平等对待的时候，人们天资上的多样性才能得到表现，表现之一就是物质财富的多寡不同。

平等观是社会主义和自由主义价值观分歧的重大焦点问题。社会主义是在批判社会不公、追求人人平等的思想基础上产生的。自从产生了私有制、阶级和国家以来，人类社会就分裂为统治者与被统治者、有产者与无产者，这种人剥削人、人奴役人的不平等状况日益强化。因此，作为反对、抨击这种对立状况的平均主义思想随之产生了。平均主义主张均分社会财富、实现人人平等。它在西方文艺复兴运动的后期逐步发展成空想社会主义。在资本主义社会的初期，空想社会主义进一步发展并与启蒙思想一道成为人民反对封建专制、追求政治民主、自由的思想工具。空想社会主义主张废除封建等级制度和私有制，它描绘了一幅人人平等、自由和生产资料公有制的理想社会蓝图。

马克思的科学社会主义是对空想社会主义的扬弃。在马克思看来，资本主义所宣扬的自由、平等、博爱的理想与资本主义的现实有巨大的鸿沟，资本主义社会中人们占有物质财富的巨大差距，使资本主义在法律面前人人平等的政治原则因缺乏经济基础而不可能真正实现。马克思认为，要使启蒙思想家（包括空想社会主义者）自由、平等的理想真正变成现实，就必须消灭资本主义私有制，即消灭不平等、奴役和阶级对抗的经济基础，用公有制取代私有制，使民主、自由立于坚实的经济基础之上。正如恩格斯指出的："资产者的平等（消灭阶级特权）完全不同于无产者的平等（消灭阶级本身）。如果超出后者的范围，即抽象地理解平等，那么平等就会变成荒谬。……可见，平等的观念本身是一种历史的产物，这个观念的形成，需要全部以往的历史，因此它不是自古以来就作为真理而存在的。"[1] "平等的观念，无论是以资产阶级的形式出现，还是以无产阶级的形式出现，本身都是一种历史的产物。"[2] 而超越资产阶级的形式上的平等观，实现真正事实上的平等，就必须消灭阶级，"无产阶级平等要求的实际内容都是消灭阶级的要求"[3]。这样，平等在马克思主义那里，就从一般的价值诉求，转变为彻底改造资本主义社会的共产主义革命，成为体现历史发展客观要求的实践形式。

　　平等虽然也是哈耶克最喜欢标榜的观念之一，但它所推崇的平等只是针对封建社会阶级特权的形式平等，即机会、程序等的平等。他不仅极力论证只有形式的平等是唯一可能的平等，而且将其视为唯一美好的平等。就是说，在哈耶克看来，事实平等既无可能，也无意义，除了导致抹杀个体差异和营造社会的懈怠之风，别无裨益。实际上，马克思主义决不否认个体之间的自然差别，但同样坚决认为现代社会人与人之间的巨大鸿沟本质上不是自然差别，而是社会差别。只有消灭阶级，才能为每一个人的自由全面发展提供其所需的社会条件，并为人与人之间的真正交往创造条件。所以，夸大个体的先天差异并使之在社会中得到充分体现，实际上就蕴涵着承认（或默认）等级差别的倾向。由于不触及消灭生产资料的私人占有，不消除资本主义商品生产的利润原则，真正的平等与资本主义社会的确是不能相容的。在马克思看来，平等问题其实就是一个要不要超越资本主义的问题。列宁也一针见血地指出："资本主义既有形式上的平等，又有经济上的不平等和随之而来的社会的不平等。"[4]

---

[1]《马克思恩格斯全集》第20卷，人民出版社1971年版，第671页。
[2]《马克思恩格斯选集》第3卷，人民出版社1995年版，第448页。
[3] 同上。
[4]《列宁全集》第38卷，人民出版社1986年版，第203页。

从形式平等进到事实平等也是一个相当漫长的过程。正如历史所显示的那样，超越资本主义、实现共产主义是一个相当漫长的历史过程。社会主义必须着手创造事实平等的条件，推进社会从形式上的平等向事实平等转变，但事实平等的完全实现，即共产主义的实现，我们却无法推断。止步于形式的平等绝不是社会主义，而试图一蹴而就的事实平等也只能是空想社会主义。社会主义价值观最具吸引力和最富特征的就是它以消灭阶级差别为追求目标，实现共同富裕，维护社会公平。牛津大学政治学家大卫·米勒（David Miller）说："社会主义者寻求报酬、地位、特权的平等分配……保证人与人之间的公正，使机会均等；它也致力于减小现有的社会分化。对社会平等的信仰是迄今为止社会主义最重要的特征。"①

平等不仅体现在政治法律上，而且体现在经济生活上，不仅体现在形式上，而且体现在实质上和结果上，这就是社会主义最具生命力的价值所在。因此，马克思的社会主义本质在于用公有制的经济基础确保政治民主自由的真正实现，换言之，即在资本主义政治民主的基础上，实现形式平等与事实平等的有机统一。②

三 共同富裕与市场经济

如前所述，哈耶克是一个忠实的自由市场经济支持者，他认为不受障碍的市场经济是社会资源有效配置的最优手段。哈耶克认为市场经济强调自由竞争，强调个人自由追求利润最大化。他认为，市场经济与旨在追求共同富裕的社会主义经济有着本质的不同，他认为后者强调中央权威集权，强调生产资料的国有，并由中央当权来支配。由此对其进行了彻底的否定，而对自由竞争的资本主义市场经济推崇备至。

共同富裕是社会主义的本质特征，没有共同富裕就不是社会主义；反过来，社会主义为共同富裕奠定了制度前提，没有社会主义就没有共同富裕。马克思、恩格斯指出："至今发生过的一切运动都是少数人的运动，或者都是为少数人谋利益的运动。无产阶级的运动是绝大多数人为绝大多数人谋利益的独立自主的运动。"③列宁更加鲜明地指出："只有社会主义才可能广泛

---

① 转引自俞可平主编《全球化时代的社会主义》，中央编译出版社1998年版，第6页。
② 参见侯惠勤《马克思主义的指导是构建社会主义核心价值体系之根本》，《毛泽东邓小平理论研究》2007年第3期。
③ 《马克思恩格斯全集》第4卷，人民出版社1958年版，第477页。

推行和真正支配根据科学原则进行的产品的社会生产和分配，以便使所有劳动者过最美好的、最幸福的生活。只有社会主义才能实现这一点。而且我们知道，社会主义一定会实现这一点，而马克思主义的全部困难和它的全部力量也就在于了解这个真理。"① 可以说，共同富裕就是在消灭剥削的基础上通过全面发展、逐渐消灭阶级差别的过程。因此，没有社会主义，没有人民民主专政的国家政权，没有公有制的主体地位，共同富裕无从谈起。尽管在社会主义制度建立前，共同富裕就是众多下层劳动者的追求，却无论如何只能是一种"虚无缥缈的幻想"。只有社会主义制度开始把共同富裕从梦想变为现实。②

共同富裕与市场经济相容吗？哈耶克以市场经济否定共同富裕和事实平等。当然，这里要区分我们正在建立和不断完善的是社会主义市场经济与西方已经实行了几百年的资本主义市场经济的差异。市场经济并不是可以超越一切社会制度的抽象经济手段，而是总要和一定的社会制度相结合，并体现该社会制度属性的具体经济形式。从价值观上说，社会主义市场经济必须体现社会主义价值观，批判和抵制拜金主义、享乐主义和极端个人主义，反对市场崇拜。事实证明，认为市场调节是全面的、万能的，认为市场经济自发形成的思想道德观念、尤其是自利的最大化必定是合理的，认为市场经济是永远不可超越的等观点，都是没有根据的。市场经济是有界限的，仅就经济领域而言我们也不可将其扩展至经济的所有方面，使之都进行市场化改革，更不用说将其扩展到经济以外的领域了；市场经济无法自动实现整个社会的公平、和谐，无论是以市场自发的伦理为内核的"道德经济"还是纯粹形式平等（即止步于机会和程序平等）的"法治经济"，最多只能保证微观交易的公平，即具体交换领域内的公平，但它们都无法实现整个社会的公平，无法防止私有财产权转化为对他人的奴役权，更无法防止两极分化和阶级对立；市场经济无法给个体生命提供安身立命的终极价值支撑，无法解决个人自我超越、全面发展的价值追求，更无法为共同理想和共同信念的形成奠定价值基础。

哈耶克认为，自由处置私有财产的市场经济制度才是自由的保障，脱离

---

① 《列宁全集》第34卷，人民出版社1985年版，第356页。
② 参见侯惠勤《马克思主义的指导是构建社会主义核心价值体系之根本》，《毛泽东邓小平理论研究》2007年第3期。

这一制度谈论自由，只能使自由沦为乌托邦式的幻想。哈耶克所谈论的经济自由，以既定不变的工作日为前提，是在经济世界以内的自由，而马克思所展望的，不仅是这一必然王国内的自由，更是建立在缩短工作日和共同富裕基础上的经济世界本身的扬弃。缩短工作日和共同富裕将为创造性实践的繁盛、为扬弃劳动的社会分工奠立真正的社会经济基础。自由意味着为每个人的存在确保一个自由的空间，而时间正是人的发展的空间。这一点自由主义者哈耶克大概是难以否认的，因为在他看来，"自由意味着始终存在着一个人按自己的决定和计划行事的可能性"①。而没有自由时间，这种可能性等于零。

哈耶克与马克思在共同富裕与市场经济上的分歧与他们的阶级立场不同有关。哈耶克是站在肯定资本主义市场经济立场上思考资本主义何以是合理的，社会主义何以是不合理的；马克思是站在批判资本主义的立场上思考资本主义为什么是不合理的，为什么是要消亡的，共同富裕的共产主义社会为什么是可能的。

总之，哈耶克的"社会主义"更多的是以苏东的社会主义实践为蓝本，是对苏联模式的高度概括。在历史上，统治阶级只有在一定的私有财产制度的基础上才可能长期维持其统治。苏联社会的官僚并不受这样一种财产制度的保护。前苏联社会主义政权的蜕化，表现在社会主义的目的与其实现手段相乖离。在马克思那里，联合起来的生产者的自治意味着国家和官僚的消亡，而"现实存在的社会主义"却使国家专政机器空前强化。马克思的科学社会主义揭示了人类社会历史和文化的发展趋势，这种趋势与生产的社会化、有效的民主、反对官僚主义畸形政权等因素有机地联系在一起。苏联社会主义的失败，不是马克思的科学社会主义理论的失败，而是背离了这一理论所导致的失败，经济和政治权力与人民相分离是苏联社会主义失败的根本原因，因为它背弃了民主、人权等社会主义的因素。事实上，在西欧，包括社会民主主义在内的中左政治势力在德、法、意、英等国取得了政权。西欧各国政府纷纷把降低失业率、降低低收入阶层的税收等谋求更多的社会平等的政策作为首要的施政纲领，而不是把追求经济效率放在首位。这表明在当代世界政治格局中，社会主义的平等、公正的价值观起着越来越重要的导向

---

① ［英］哈耶克：《自由秩序原理》（上），邓正来译，生活·读书·新知三联书店1997年版，第4页。

作用。中国特色的社会主义理论与实践取得了巨大的成功,社会主义事业在中国的蓬勃发展更是无可辩驳地说明了社会主义的前景光明。

第四节 社会主义与民主——转轨后的德国东部状况及反思①

1990 年德国大选时,当时的西德总理科尔发出豪言,东德与西德统一不会使任何人吃亏,要启动"重建东部"大计,承诺在 3—5 年内把东部建设成一片"花团锦簇的风景"。2005 年,德国统一 15 年后,当时的总理施罗德还将德国东部比作"没有黑手党的意大利南部",许多地方只能让人想到荒凉。2010 年 3 月,德国现任总理默克尔直言,20 年来德国"并没有实现真正的统一"②。路透社说,柏林墙倒塌后,东德人一度对自由市场经济充满期待,但 20 年过去后,他们发现并没有等来科尔承诺的"繁荣景象"。那么,20 年来,转轨后的德国东部走过了怎样的艰难之路?其经济、政治和社会状况究竟如何?国际金融危机过境给德国东部带来了哪些变化?重建究竟要多久?是本书关注的问题。

一 重建之路:风雨 20 载

两德的所谓"和平统一"给原东德人民带来的不是如德国宪法所规定的那样:各州享受经济同等繁荣,而是经济增长乏力,人才大量流失,失业率居高不下,社会问题层出不穷,人民实际生活水平大幅度下降,幸福感越来越低,付出的沉重代价远远超出事先的想象。

1. 经济领域:经济增长乏力

两德统一前,东德的经济部门集中在工业制造上,特别是机械工业、化学、汽车和精密仪器。东德有训练有素的劳动力和重要的出口部门:东欧和前苏联。在出口上,东德经济被称为是东欧的"发电站",莫斯科十分仰仗东德机械工业、化学以及电子产品的出口。东德加入了经互会,贸易伙伴主要是经互会成员,在 1981 年,大约占到 65%—70%,光是与苏联的交易就

---

① 谭扬芳:《转轨后的德国东部状况及反思》,《马克思主义研究》2011 年第 5 期。又见《世界社会主义研究动态》2011 年 2 月 11 日。

② 《默克尔说东西德根本没有实现真正的统一》,2010 年 3 月 23 日(http://www.dzwww.com/rollnews/guoji/201003/ t20100323_ 5910518. htm)。

达到了 35%。尽管缺乏自然资源，不得不靠进口大量原材料来发展工业，但东德还是很快就成了苏联式经济中最富有的国家，有最高的人均 GDP 和最高的生活标准。整个 70 年代，东德一直保持稳定的 3%—5% 的经济增长。在 80 年代，东德的经济持续稳步增长，保持了平均 4% 的较高速度，跃居世界工业国的第 10 位。

柏林墙倒塌之后特别是德国统一之后，德国对东部地区经济进行改造，主要对其国有企业进行私有化改造，将其纳入西德的经济秩序，向以私有制为基础的社会市场经济转轨。西德政府接管了信托集团，负责东德工业企业的私有化。信托集团承揽了 8000 个东德企业的资产和债务，用以出售给德国人或其他竞标者。其口号是"不惜一切代价搞私有化"。到 1994 年，信托集团解散时，它已经私有化了 14000 多个企业。在这个过程中，很多大的国有企业在私有化的过程中被完全关闭、倒闭，甚至是完全被铲平了。国有企业在私有化的主要方式有：大部分国有企业出卖给了德国西部的大企业主；部分国有企业由德国政府出面联合外国投资者购买；其余小部分归还给了原来的私人业主。到 1995 年，东德国有财产的 85% 都变成了西德人的私有财产，10% 被国外资金收购，只有 5% 才真正回到东德人民手上。①

东德经济私有化后，在最初几年，由于德国政府大量的资金投入，东部经济发展迅速，但很快便增长乏力，1997 年的增长甚至只有 1.7%，此后连续四年，低于德国平均增长水平。德国运输、建筑和城市发展部长沃尔夫冈·蒂芬泽在《德国统一》年度报告推出仪式上强调，经济快速增长是东部地区发展的前提，但在 2002—2007 年的五年间，东部地区的年均经济增长率仅为 1%，2005 年甚至出现停滞。德国东部的经济实力比想象的要弱。②一些工人做相同的工作，在东德挣的要比在西德少得多。③ 2006 年，拥有 1690 万人口的东部五个州，仍是德国最贫弱的地区，人均工资水平只有西部的 71%。④ 2007 年，东部工人的工资水平也比西部地区要低。2009 年，德国东部出口的减少对企业的销售额和订单获得数量造成了巨大的影响。以萨克

---

① 《前东德总理谈失去政权后的东德共产党党员生活》，2010 年 10 月 11 日。
② 《东部人才流向西部　德国东西部经济差 20 年》，2007 年 3 月 21 日《欧洲商业评论》ICXO. COM（http：//euro. icxo. com/htmlnews/2007/03/21/1023944. htm）。
③ 张楠：《德国统一 12 载差距犹存　原东德重建业已过半》，2002 年 3 月 11 日（http：//news. sohu. com/91/96/news148119691. shtml）。
④ 《东德成为改革榜样》（http：//www. ftchinese. com/story/001003333？page=1）。

森州为例，2009 年 2 月份企业总体上的销售额比去年同期减少 28%；订单获得数减少 43%。销售额和订单获得数量的减少又导致企业大幅度减少投资，进一步加剧了经济的下滑。① 目前，东部地区的生产率仅为西部的三分之二，东部五州前 100 家企业的营业额总和不敌一家西门子；而在德国企业 500 强中，仅有 19 家来自东部地区。

2. 政治领域：党员好像都是罪犯，知识精英受排挤，民众沦为二等公民

两德统一以后，德国从上到下建立西德模式的政权机构，全盘引进西德的政治和法律制度。一是撤销原东德的专区建制，改建为五个新州，以适应西德的联邦体制。二是派遣大量西部官员去东部接管政权，并逐步吸收部分原东德的"造反派"上台。据报道，西德联邦、各州及地方派去的各级官员总数约达 35000 人，他们在东部地区的各级政府部门掌握实权。三是把西部地区各主要政党延伸到东部，在那里成立了社民党、基民盟、自民党和绿党等组织。原东德的统一社会党解散后，出现了一个"民主社会主义党"，该党被认为是原统一社会党的"继承党"，因而一度受到其他党的排挤和打击。②

政治一体化是以原东德领导人集体离职为标志，开始实行同西德完全一样的资本主义社会体制。法律制度一体化为政治一体化打下了基础。在两德统一进程中签署的《建立货币、经济和社会联盟国家条约》和《关于实现国家统一的条约》构成统一后德国法律政治一体化的基本出发点。在此基础上，联邦政府在统一后的很短时间内，将西部地区的基本法、法律制度、政府机构机制扩大至东部地区，以此取代原东德的宪法、法律制度和政府机构。统一后，东部人无论是曾经的党员还是百姓都普遍感觉政治地位大幅度下降。

第一，党员好像都是罪犯。原本拥有 230 万名党员的德国统一社会党（1989 年 12 月更名为"民主社会主义党"，简称"民社党"）在两德统一后迅速减少至 20 万名。2005 年，民社党在德国国内还剩 7.1 万名党员，其中包括约 4400 名来自前西德地区的党员。无论党的名称如何修改，他们依然接受"东德共产党党员"的称呼。全体党员中，65 岁以上的老人占了近 6

---

① 金碚、原磊：《全球金融危机对德国经济的影响——德国金融危机救援行动的评析及对中国的启示》（一），《中国工业经济》2009 年第 7 期。
② 梅兆荣：《德国统一后东部地区的转轨情况》，《德国研究》2003 年第 3 期。

成。1990 年后，超过 10 万名的党员减员，多数是年老而自然死亡。

尽管两德统一是协议实现的，对前政府的政治行为似乎也不应追究个人责任。但实际情况是，德国统一之后，共产主义被视为反人类罪行，东德所有政治局委员全部被抓进监狱。其中，80 岁高龄癌症晚期的东德统一社会党总书记昂纳克受到了长达一年的密集审判，最后德国政府本着人道主义精神，准许奄奄一息的昂纳克前往智利生活。

1997 年，年满 60 岁的原东德统一社会党中央总书记克伦茨被柏林州法院判处了 6 年半的有期徒刑。多年来，克伦茨一直认为，他被宣布有罪是因为"胜者司法"所导致，是一种不公正的司法判决。唯独让他感到安慰的是，在他服刑期间，他收到大约 32000 封对他表示关心和同情的群众来信。此外，"红色军团"等德国宣传共产主义的组织均被定为恐怖组织，其成员纷纷抓进监狱。柏林墙的倒塌使东德广大共产主义者充分享受了坐监狱的自由。①

在德国统一 20 周年前夕，东德的最后一任民社党党首、现年 82 岁的莫德罗接受了《南方周末》记者的采访，回顾了失去权力的 20 年里他和其他一些老东德共产党党员们的生活。莫德罗指出："统一前，我跟西德外长谈过，不要清算东德政治人士，西德方面是同意的。"可结果呢，"好像我们是罪犯，还有一些对东德的高级政治人员的起诉，我自己也被起诉过，被判刑十个月监禁，是监外执行"②。莫德罗指出："由于政治原因，东德的高级官员被判刑后，退休金被削减很大一部分。但是西德从来没给那些老纳粹减过退休金。对我们来说，这不仅仅是钱的问题，这个决定意味着好像我们是罪犯一样。我们被取消了与普通公民同等的权利。最使我们感到沉痛的是，东西德合并之后，两边不是寻找共同的团结、共同的谅解，反而越来越强调我们的差异，并把这些作为一种政治游戏。这样对我们历史的描述是一种伪造。这也是我和我的老朋友在一起经常讨论的一件事情。"③

第二，知识精英受排挤。一般地说，东德所有的国家公务员都受到一系列考核，必须检查他们是否受到以前制度的马克思列宁主义意识形态的"污染"。即使是在经过考核之后，他们也需再经过一个试用期，才能重新成为

---

① 梅兆荣：《德国统一后东部地区的转轨情况》，《德国研究》2003 年第 3 期。
② 《失去权力后的老东德共产党党员们》，2010 年 10 月 8 日（http://history.news.qq.com/a/20101008/000652_1.htm）。
③ 同上。

公务人员。特别是从事教育、科研的,信仰马克思列宁主义的知识精英受到排挤。

东德原来实行从小学到中学的一贯制。统一后,这种学制必须按照西方的模式进行深刻的改革。取消马克思列宁主义教育,其教师被停职,委任通常来自西德的新教员讲授公民教育课。至于其他教员,也需要查清是否在政党和群众组织中担任某种职务,是否被怀疑违背国家法律准则。

首先,评估科学研究。统一前,东德科研人员的比例高于西德,有14万人,分布于2913个实验室或研究所。其中53%同产业有密切联系,通常隶属于大企业或工业联合体。有大约2万人属于前东德科学院。东德和西德统一条约第38款规定:前东德的国家研究机构将接受西德的科学委员会的评估。通过评估裁员,到1991年年底,东德科研人员数目减少了一半。

西德的教育部长要求改组科学院,强调必须"清除支配着研究方向的马克思列宁主义意识形态的影响,进行对于人员和研究计划都将有重大关系的结构改革"。西德负责组建评估委员会的波恩的科学委员会主席强调说:"评估对于东德的科学研究人员来说,关系到他们的生死存亡问题。"委员会的建议分为两种:一些研究所立即解散;一些研究所拆散重组,但即使是得到了完全肯定的评估,也得不到任何保障来维持其机构。一般建议研究人员到大学"另谋职位"。评估活动如在经济方面一样,是西德把自己的规范和模式推行到东德。当时的德国总统魏茨泽克坦承,"管理机构中的几乎所有职位由以'西方方式'思考的西部人占据着。(前东德)五个州的德国人不得不一天天适应这个统一化的过程"。许多研究机构没有经过审查就被解散了。据说理由是它们的干部中有许多"仍然太固执己见的人,以及德国统一社会党的正统派分子"①。

其次,清算人文科学。前东德科学院在人文科学方面有1720名研究人员。其中不到三分之一的人,即约500名研究人员,有某些机会在大学或高等院校中重新找到职业,550人提前退休,数目在500—700人的其余研究人员被解聘。在大学里,首先遭受打击的部门是马克思列宁主义系,其次是法律系、经济科学系、历史系、哲学系和教育科学系。清算的标准是看是否拥护"自由民主秩序和社会市场经济"。受清算的这些系,被指控为"意识形态上受到污染"。法国学者G.巴迪亚指出,有些主张或赞成"清洗"措施

---

① [法] G. 巴迪亚、阿劳:《"东德奇迹"论的破产》,《国外社会科学》1992年第1期。

的西德人，是希望排除可能的竞争者和获得空缺的位子。西德有相当多的国家级博士找不到职业。他们有充分的机会被选派到前东德的各个大学中去。①

莫德罗指出，统一后，东德教师在苏联或东德的大学的学历都得不到承认。② 由于知识精英受排挤，外加东部"新联邦州"财政普遍比西部老州拮据，教育也就很不景气。据说许多地方由于教师受排挤、工资不如西部，好教师都"走西口"去了。波兰等收入更低的转轨国家来了不少外籍教师，于是那里波兰老师教德国孩子就成了学校的常见景观，有人抱怨道："我们孩子讲的德语怎么有波兰口音？"③

最后，民众沦为二等公民。2009年，在柏林墙倒塌20周年纪念活动期间，据德国民社党发表的一份报告提到，统一20年来，歧视和偏见仍然是西部和东部人民的一大障碍。接近三分之二的东部人认为他们被当做二等公民看待，四分之三的东部人觉得和西部人相比他们处于劣势。④

3. 社会领域：人才大量外流，失业率居高不下

德国统一后，经济私有化、政治一体化带来的最大社会问题就是人才大量外流，失业率居高不下。这直接影响社会稳定。

第一，人才大量外流。自从1989年以来，约有430万的东部人离开东部。就在1990—1992年间，东德工厂就流失了230万工作岗位。统一之后，德国东部出现了一种"反工业化"现象，由于大量技术人才涌入西部，导致东部工业竞争力下降，大量工厂倒闭，经济状况进一步恶化。萨克森州是东部公认经济情况最好的地区，但德国媒体称，这里的年轻人或知识分子相继涌入西部找生计，以致狼群重返该地区。⑤ 由于政府进行了大量投资，东部的一些大城市如德累斯顿以及一些与西部发达地区毗邻的地方发展相对迅速，另一些地区则仍然缺乏凝聚力。除了德累斯顿、莱比锡、柏林等大城市，德国东部城市的基本现状是市容衰败。东部人口外流的速度一直很快，

---

① ［法］G. 巴迪亚、阿劳：《"东德奇迹"论的破产》，《国外社会科学》1992年第1期。
② 《前东德总理谈失去政权后的东德共产党党员生活》，2010年10月11日（http://news.ifeng.com/history/shijieshi/detail_ 2010_ 10/11/2743211_ 1. shtml）。
③ 秦晖：《还有多少墙需要拆掉？》，2009年11月18日（http://www.douban.com/group/topic/8707178/）。
④ 《调查显示半数德国人认为东西德尚未彻底统一》，2010年10月2日（http://news.qq.com/a/20101002/000635_ 1. htm）。
⑤ 《德东西部现"隐形"柏林墙》，2009年11月11日（http://news.ifeng.com/history/special/deguotongyi/200911/1111_ 8581_ 1431046. shtml）。

目前每年仍有超过6万人外流找工作。办公楼和居民楼空置率很高，经济和生活进一步受到影响，从而形成恶性循环。① 德国《明镜》周刊说，德国东部的一些城镇成了"空城"，它们被年轻的一代所抛弃。梅克伦堡—前波莫瑞州是德国"最穷"的州之一。该州经济以农业为主，但自 1989—2008 年务农人员已经由 20 万人缩减到不足 2 万人。德国财政部长施泰因布吕克坦言，"这些地区的一些村庄和小镇正在消失"②。2009 年常住人口为 1640 万，仍然未能恢复到 1991 年 1807 万人口的水平。年轻人带着梦想前往城市，城镇和乡村地区因此凋敝，几成空城。③

人才流失导致前东德地区的人口结构在这 20 年中严重失衡：年轻的高素质中青年劳动力流失严重，而就业竞争力薄弱的老弱妇孺却只能留在原地。

第二，失业率居高不下。1989 年原东德就业人数高达 980 万人，统一五年后尚有约 620 万人。1995 年 2 月登记的失业人数为 110 万人，失业率为 14.5%。更为严重的是，如果加上提前退休、改行培训、进修和安排临时工作等隐性失业人数 150 多万人，失业率可升至 35%，即大致每三个人中就有一个人失业或隐性失业。对许多已经失业的人来说，尤其是年纪较大的人，已无重返就业岗位的现实可能性。自 1997 年以来，德国东部的失业率一直保持在 15% 以上，有些地方甚至达到了 30%，是西部地区的两倍甚至更高，失业人数超过 160 万，平均每个家庭中至少有一名失业者。④ 1999 年，德国东部的失业率超过 17%。⑤ 2002 年，德国东部的失业率接近 20%。⑥ 2005 年，德国东部的失业率达到 18.4%，比东欧大部分国家的失业率都高。2006 年，德国东部失业率高达 19.5%。⑦ 2007 年，德国东部五个州（不含柏林）的失业率仍高达 15.2%，高于波兰和匈牙利等东欧国家。由于真正的大型工

---

① 《东西德间依然有道"柏林墙" 要拆掉还需很多时间》，2007 年 3 月 28 日（http://news.QQ.com）。

② 《经济观察：德国经济复苏难掩东西部差距》，2007 年 6 月 1 日（http://www.cnstock.com/zxbb/2007-06/01/content_2203332.htm）。

③ 《两德统一 20 周年：不迅速转型人就跑光了》，2010 年 9 月 30 日（http://news.qq.com/a/20100930/000946_1.htm）。

④ 《柏林墙不仅是砖垒的：华人亲身感受德国东西部差异》。

⑤ 达格马·阿隆德：《依然分裂的国家》，《华尔街日报》1999 年 9 月 27 日。

⑥ 张楠：《德国统一 12 载差距犹存 原东德重建业已过半》，2002 年 3 月 11 日（http://news.sohu.com/91/96/news148119691.shtml）。

⑦ 《东德成为改革榜样》（http://www.ftchinese.com/story/001003333?page=1）。

业很少，个别地区失业率高得惊人，如该州中部城市代明的失业率就高达30%。① 除去经济实力和收入的差距外，2009 年，东部的失业率为17%。②

德国东部地区的就业形势特别严峻。1992 年以来，西部地区一个空岗位对 6.7 个求职者，而东部地区则对 21.3 个求职者。东部地区救济金领取者一半以上为失业救济金领取者。根据统计资料，1990—1996 年，德国东部地区的就业总量约减少 160 万人。③ 尤为反常的是，即使经济增产，失业率不但不降，反而升高。这表明简单直接的反失业措施和低速增长已无法解决失业问题。

二　危机过境：社会主义思潮复兴

国际金融危机对德国的冲击是多方面的，对德国社会发展进程的消极影响也不容忽视。这主要体现为：失业率的上升加剧了社会不稳定；排斥东部人的情绪在西部蔓延；极右势力开始抬头；社会团结遭受严峻挑战。但是国际金融危机给东德人带来的并不都是坏事，德国政府表示，东部地区经济受金融危机影响相对较小。④ 东部人从"危"中看到"机"，社会主义思潮有所复兴。危机加深了他们对资本主义本质的认识，使他们重新发现马克思主义真理的价值，使他们更加怀念、向往社会主义。

1. 马克思主义重新受到推崇

据德国《世界报》、美国《华尔街日报》和《纽约时报》等媒体报道，由于遭遇金融危机以及投资失败，以 92 亿美元总资产在 2008 年《福布斯》杂志全球富豪榜上排名第 94 位的德国富豪阿道夫·默克勒，于 2009 年 1 月 5 日傍晚在德国南部城市乌尔姆市郊区撞火车自杀。虽然经济的衰退、生活的窘困给人们的物质生活带来巨大冲击，但一些自由主义幻梦破灭了的东德人因这场金融危机走进书店，重新捧起同胞马克思在 100 多年前撰写的经典著作《资本论》，以丰富精神世界，寻找新的希望。

---

① 《经济观察：德国经济复苏难掩东西部差距》，2007 年 6 月 1 日（http://www.cnstock.com/zxbb/2007-06/01/content_2203332.htm）。

② 《默克尔说东西德根本没有实现真正的统一》，2010 年 3 月 23 日（http://www.dzwww.com/rollnews/guoji/201003/t20100323_5910518.htm）。

③ 《德国东部地区的劳动力市场》（http://www.51labour.com/labour-law/show-15420.html）。

④ 《德国政府表示东部地区受金融危机影响相对较小》，2009 年 6 月 11 日（http://news.xinhuanet.com/fortune//2009-06/11/content_11526009.htm）。

德国财政部长施泰因布吕克承认,自己是马克思的"粉丝"。马克思家乡特里尔（Trier）的观光客也随着《资本论》的热销遽增,当地马克思纪念馆馆长伯威尔说,他多次听到游客在交谈时佩服地表示,"马克思的想法是对的"。德国新电影之父阿历山大·克鲁格甚至准备将《资本论》拍成电影。《资本论》在德国昔日很少有人问津,现在成为热销上榜书。位于德国东部的柏林卡尔—迪茨出版社专门出版学术著作。出版社经理约恩－许埃特伦普夫告诉路透社记者,2008 年前 9 个月,他们出版的《资本论》已卖出 1500 套,是 2007 年全年销量的 3 倍,更是 1990 年销量的 100 倍。

德国东部掀起的马克思热迅速传遍德国走向资本主义世界。在日本、欧洲其他各地的马克思主义著作销量都在上升。西方左翼及左翼学者注重重新发现马克思学说的真理价值。英国著名作家、记者弗朗西斯·惠恩,在 2009 年新出版的《马克思〈资本论〉传》中说："马克思并未被埋葬在柏林墙的瓦砾之下,他真正的重要性也许现在才刚开始。他可能会成为 21 世纪最具影响力的思想家。"① 加拿大多伦多约克大学政治学教授里欧·帕里奇在美国《外交》杂志发表文章说,马克思的《资本论》近来在全球热销,反映了这次经济危机导致许多资本主义信徒出现了意识形态的迷失。

为什么马克思主义重新受到推崇？其中一个原因是他在 150 年前就准确预言了当今资本主义全球化的出现及其后果——即这次金融海啸的发生；更重要的是,他还为此预留了解救的"药方"。法新社在报道 2008 年 11 月 20 日召开的第十次共产党工人党国际大会时这样评论：1989 年柏林墙被拆除和市场经济获胜之后,古老的马克思主义似乎已经被历史之风横扫一空；但如今一切都在改变,全世界共产党人在数年保持低调之后,如今又开始利用震撼资本主义的全球危机,让马克思主义重新受到推崇。②

2. 资本主义受到质疑

金融危机过后,加深了东部人对资本主义"自由"、"平等"的认识。统一初期,最使东德人兴高采烈的是从此获得了旅行自由。经过 20 年的实践,人们对"自由"和"平等"的认识发生了变化。民意测验表明,统一时约 45% 的东德人认为"自由高于平等",金融危机后,持此观念的只占

---

① 转引自李慎明《社会主义理论与实践若干问题的相关思考》,2010 年 11 月 15 日中国社会科学院青年中心学术报告。

② 同上。

25%，因为他们已切身体会到"自由"并不能给他们带来多少切实的好处。

在德国柏林，联邦总理府门前游行的市民打着"资本主义罪恶制度"，"资本主义赶快结束"等标语。路透社驻柏林记者埃里克·基施鲍姆认为，《资本论》重新畅销，折射出许多原东德民众对资本主义现状的广泛不满，而发端于美国、如今肆虐全球的金融危机强化了这种不满情绪。新近一份民意调查结果显示，52%的东德人对"自由市场经济"抱怀疑态度，43%的东德人对"资本主义"敬而远之。基施鲍姆对普通东德人的随机采访也证实了这种情绪。现年46岁的IT从业人员托马斯·皮费特来自东柏林。他告诉基施鲍姆，他上学时读过批判资本主义的课文，现在看来，"卡尔·马克思说得没错"。46岁的职员莫妮卡·韦伯说："我认为资本主义不是适合我们的制度，财富的分配完全不公平，我们正在见证这一切。"76岁的退休铁匠赫尔曼·海贝尔说："自由市场非常残忍。资本家总是希望压榨出更多、更多、再更多。"① 曾为柏林墙被推倒而欢呼雀跃的拉尔夫·武尔夫说："柏林墙倒塌几周后，我们就开始意识到自由市场经济到底意味着什么，意味着人性泯灭，剩下的只有猖獗的物质主义和无休止的榨取。"②

据路透社和法新社报道，前东德共产党末任总书记克伦茨最近公开断言："金融危机证明资本主义终将失败。"资本主义的吹鼓手把资本主义的自由吹到天上，克伦茨深有体会地说："没有就业机会的自由不是真正的自由。""我们通过此次金融危机和其他事件对资本主义有了更好的认识，而当今社会并非发展的最后阶段。"③

3. 更加怀念、向往社会主义

德国东部人对社会主义的怀念从柏林墙倒塌时就开始了。2003年，一部著名的德国电影《再见，列宁！》从侧面展现了随着柏林墙的倒塌，一部分东部人与日俱增的对东德社会主义的怀念。该片风靡世界，创造了德国电影的票房奇迹。

国际金融危机加深了德国东部人对资本主义宣扬的"自由、平等、繁

---

① 《自由市场太残酷〈资本论〉在德骤然热销》，http：//news.xinhuanet.com/world/2008-10/17/content_10207411.htm，2008年10月17日。

② 路透社：《金融海啸横扫全球 马克思精神遗产在东德复活》（http：//news.dayoo.com/world/57402/200810/21/57402_4291472.htm）。

③ 《前东德共产党总书记断言表示"金融危机证明资本主义终将失败"》，2009年10月13日（http：//www.maoflag.net/?action-viewthread-tid-593174）。

荣"的认识，使他们更加怀念、向往社会主义。克伦茨指出，人们纷纷引用哲学家马克思的观点来分析资本主义，金融危机使许多东德公民认识到，就某些方面而言，东德的生活状况更好。例如，东德社会主义时期人人有就业机会，人人享受从小学到大学的教育，妇女受到尊重，等等。因此，"许多东德民众都十分怀念那时的生活"①。有调查显示，43%的人表示比起资本主义，他们宁愿选择社会主义。东德街头一退休工人对记者埃里克·基施鲍姆说："在柏林墙倒塌之前，我过得相当不错，那时候没人担心钱，因为钱在那时候其实不算什么。你永远都不怕没有工作。"② 武尔夫说："在共产主义制度下，我们缺乏物质享受，但依然拥有很多东西。"③

据德国《焦点》周刊网站 2008 年 10 月 11 日报道，由德国东部很受欢迎的主流媒体《超级画报》和位于莱比锡的德国市场研究所共同完成的一项针对德国东部居民的民调，结果显示，近半数东德人向往社会主义经济体制，认为资本主义市场经济将导致"经营不善而破产"，而社会主义经济体制"有助于保护普通百姓免受金融危机或其他社会不公之害"④。这样的结果显然与目前席卷美欧的金融危机有关。虽然默克尔政府已保证为德国私人储蓄进行无限制担保，但仍有 42% 的受访者担心失去银行存款。该调查还显示，对于社会主义经济体制的向往在德国东部青少年中更为明显：18—29 岁受访者中有 51% 的人喜欢社会主义经济体制。在政治阵营方面，68% 的左党支持者赞同社会主义经济。⑤

柏林自由大学 2009 年 11 月曾做过一次调查，有 57% 的前东德人认为过去的社会主义生活比统一后的资本主义生活好很多，49% 的人认为前东德的生活有缺点，但优点还是主要的，手里的钱少，福利待遇很多，宁愿过过去的穷日子。⑥

---

① 《前东德共产党总书记断言表示"金融危机证明资本主义终将失败"》，2009 年 10 月 13 日（http：//www.maoflag.net/？action - viewthread - tid - 593174）。

② 路透社：《金融海啸横扫全球 马克思精神遗产在东德复活》（http：//news.dayoo.com/world/57402/200810/21/57402_ 4291472.htm）。

③ 同上。

④ "Mehrheit der Ostdeutschen gegen Marktwirtschaft"（http：//www.welt.de/politik/article2562267/Mehrheit - der - Ostdeutschen - gegen - Marktwirtschaft.html#vote_ 2562266 11.10.2008）。

⑤ 同上。

⑥ 《默克尔说东西德根本没有实现真正的统一》，2010 年 3 月 23 日（http：//www.dzwww.com/rollnews/guoji/201003/t20100323_ 5910518.htm）。

4. 左党成为德国第三大党使欧洲左翼力量增强

德国左党是 2007 年 6 月 16 日，由民主社会主义党（由原东德的执政党——德国统一社会党改组而成）和"选举替代——劳动与社会公正党"（WASG）合并而成的。在全球金融危机和经济衰退的背景下，2009 年，对于德国左党来说是个意义重大的"超级选举年"。尽管默克尔领导的联盟党与自由民主党在联邦大选中以微弱多数赢得胜利，组成中右联合政府，但左党的表现令人瞩目。它在联邦大选中成功获得了 11.9% 的选票，特别是在萨克森、萨尔、勃兰登堡州和图林根的选举中，左党分别获得 20.6%、21.5%、27.2% 和 27.4% 的选票。并在勃兰登堡州与社民党组成联合州政府，成为该地区第二大党。左党在联邦大选中和许多州与地方选举中的惊人表现，将深刻影响整个欧洲的左翼力量。

2009 年，欧盟 27 个国家中仅有 8 个由社民党或者左翼联盟领导的左翼政府，欧洲左翼力量被迫转为在野党。在严重的全球金融危机背景下，欧洲新左翼联盟——欧洲左翼党没有真正发挥自身的左翼批判和替代作用，在 2009 年的欧洲议会选举中只获得 34 个议席，比 2004 年的选举结果还减少了 7 席。然而，随着 2009 年 9 月 27 日，德国左党在联邦议会选举中获得成功，成为德国第三大党，极大地增强了欧洲左翼力量。葡萄牙左翼集团在 2009 年 9 月 27 日的国民议会选举中得票率增长了 3.47%，赢得了 9.85% 的选票和 16 个议席，创下了自成立以来的最佳成绩。2009 年 10 月 4 日，泛希腊社会主义运动在议会选举中赢得了 43.8% 的得票率和 160 个席位，共产党和左翼联盟的得票率分别为 7.5% 和 4.6%。这些选举成绩给欧洲左翼力量的发展带来了希望，鼓舞着欧洲左翼党在困境中继续探索和前进。[1]

三 无尽的承诺：重建究竟要多久？

重建东部是一项复杂的、艰难的系统工程。究竟需要多久？政治家有不同的承诺，专家与居民有不同的预测。

1. 政治家的承诺

第一，科尔承诺 3—5 年。20 年前，西德总理科尔承诺在 3—5 年内把东部建设成一片"花团锦簇的风景"。科尔向东德人民作出承诺时，万万没有

---

[1] 张莉：《全民党危机、政治机会与德国左翼党的前景》，《当代世界与社会主义》2010 年第 3 期。

想到其进程会像蜗牛爬行一样缓慢。在德国统一三年后的1993年,科尔在报告中认为德国面临"三大挑战",其一就是"完成内部统一",反映了重建东部相当艰难。

第二,施罗德承诺20年。德国统一十年后,德国政府在《2000年德国统一报告》中承认,德国的统一"还没有完成"。德国总理施罗德指出,德国建设东部和完成内在统一的任务还非常艰巨。他说:完成国家统一大业"道路才走完了一半"①。然而,施罗德总理无力制止东部日益严重的经济衰退趋势。慕尼黑经济研究所指出,德国东部已成为欧洲的"第二个意大利南部地区"。意大利的南部地区非常贫困,经过了几十年的努力仍然没能赶上意大利北部地区的经济水平。2005年,施罗德还将德国东部比作"没有黑手党的意大利南部",许多地方只能让人想到荒凉。

第三,默克尔承诺需要很长时间,真正统一是条未知的、新时代的路。2006年,德国统一日前,默克尔曾发表讲话,承认东部仍然存在诸多问题,拆掉无形的"柏林墙"需要很长时间。呼吁全体德国人共同承担起建设东部的任务。2007年,德国社会对是否还应继续征收团结税出现了不同意见,默克尔反对提前取消。她强调:"建设东部仍是德国联邦政府和西部老联邦州的一项重点任务。"② 2009年,面对国际金融危机,默克尔指出,"克服国际经济与金融危机或许是第一个德国东部与西部人共同面对的巨大挑战。没有相关的教科书,也没有规定好的教条,这是一条通往未知的、新时代的路,我们应当利用危机带给我们的机遇。如果我们能够将过去的对立抛到脑后,我们就能够做到这一点"③。2010年3月,默克尔直言,20年来德国"并没有实现真正的统一"④。

2. 专家与居民的预测

第一,经济学家预测,德国东部要赶上西部,仍需多年时间。他们分析说,目前德国东部地区尚缺乏支柱产业,导致东西部差距不仅没有缩小,反而有扩大趋势。按照目前计划,西部地区对东部的"团结"投资要维持到

---

① 《德国:统一十年仍待整合》,《光明日报》2000年10月14日。
② 《什么是团结税?》,2009年11月6日(http://news.ifeng.com/history/special/deguotongyi/200911/1106_8581_1424379.shtml)。
③ 《柏林墙倒塌20年后的东西部关系》,2009年11月5日(http://www.21voc.com/bencandy-3-71397-1.html)。
④ 《默克尔说东西德根本没有实现真正的统一》,2010年3月23日(http://www.dzwww.com/rollnews/guoji/201003/t20100323_5910518.htm)。

2019 年。英国《经济学家》杂志称,德国经济复苏的春风似乎绕过了东部,但该地区还有 12 年的时间来消弭差距,它们需要的是创造更多的"经济亮点"。

第二,社会学家预测,内在统一还需要一代人或更长时间。社会学家认为,东西德存在巨大差距主要原因是德国统一改变了原东德的社会和文化基础,不少东德人感到失去了自我特征。实现东西德人内在统一要比经济建设困难得多,这个进程更要有耐心,也许还需要一代人或更长时间。

第三,外交家预测,需要两代人的努力,才能实现真正统一。前中国驻德国大使梅兆荣认为,东西两部分经济发展水平的差距仍较大,东部地区预计需要 20—25 年时间才能赶上西部经济的发展水平。要使东西德真正实现"内在的融合",人们估计大约需要两代人的努力。①

第四,大多数东部居民认为,彻底解决东西部经济问题,至少还需要 10 年的时间。德国社会学家波拉克完成的一项对德国东部地区的调查结果表明,东部地区的居民普遍对东部的经济发展态势感到不满。根据调查,约 63% 的德国东部居民认为,德国东部地区的经济还没有融入德国经济的发展步伐,而政府要彻底解决东部地区的经济问题,至少还需要 10 年的时间。②

四 几点思考

德国东部的转轨历程和现状带给我们的思考是多方面的。笔者在此谈几点粗浅的看法,以求教于方家。

1. 经济私有化不是经济改革的良方

经济私有化后,东部经济增长乏力,足见经济私有化不是经济改革的良方,其没有达到提高经济效益、增强产品竞争力、建立合理的经济结构等目的。

第一,经济私有化没有达到提高经济效益的目的。③ 实践表明,德国东部地区不仅未能提高效益,整个经济迄今尚不具有依靠自身力量发展的能力,消费和生产之间仍存在很大缺口,仍然需要西部地区的资金转移。统一 20 年后的今天,德国东部的劳动生产率只相当于西部的 60%,东部地区占

---

① 梅兆荣:《德国统一后东部地区的转轨情况》,《德国研究》2003 年第 3 期。
② 《德东部居民不满本地经济发展状况》,2001 年 5 月 27 日(http://news.cqnews.net/gj/200105/t20010527_954853.htm)。
③ 白靖宸:《关于德国东部地区国有企业改造的评析》,《世界经济与政治》1996 年第 1 期。

全德人口总数的20%左右,而其国内生产总值占全德的尚不到7%。①

第二,经济私有化没有达到增强产品竞争力的目的。德国东部地区尚没有建立起具有广泛竞争能力的经营机制,产品竞争力不强。其原因可追溯到统一时,原东德马克与西德马克的兑换政策。② 其兑换率不是根据生产率确定,而是按照预期的生活费用来定的。原东德居民的工资、养老金和助学金以及房租等经常性开支均按1∶1的比价折算成西德马克支付的兑换政策受到广泛质疑,德国经济研究所的卡尔·布伦克(Karl Brenke)说:"从政治上看当时别无选择,从经济上看则是个灾难。"③ 原东德马克相应地升值300%—400%,其结果是东德的工资水平被置于了比它的实际生产力高得多的水平,东德企业产品的单位成本大幅度上升,但由于是统一货币,又不可能相应地提高价格来平衡。东部地区单位产品中所含的工资成本大大高于西部地区,这成为吸引外部投资的一大障碍。其后果是东德成为"资本"不愿光顾的地区。一些西德企业更愿意到人力成本更便宜的东欧,比如波兰或捷克进行投资。

第三,经济私有化没有达到建立合理的经济结构的目的。统一货币,放开物价和市场,德国西部地区和西欧国家商品畅通无阻地进入东部地区市场,东部地区商品在价格、包装等方面的竞争力差,使东部地区国有企业处于困难境地,国内市场遭到破坏,又未建立新市场,不能适应这一重大的结构性变化,其结果是1990年上半年就已下降的工业生产,下半年大幅度下降,只相当于1989年的三分之一,陷入深刻的结构性经济危机。④ 东部地区工业的两大支柱——机器制造业和电机工业的生产以惊人的速度在不断萎缩,采矿和能源工业已面临生存危机,整个东部地区出现了非工业化趋向,原来的工业主导型经济正在转向服务主导型经济。经济结构问题导致东西部

---

① 于福坚:《"同属一个民族"与无形的"柏林墙"——德意志国家意识的构建与面临的困境》,2009年12月4日(http://www.mzb.com.cn/html/report/111018-0.htm)。

② 根据两德签署的《关于建立货币、经济和社会联盟的条约》,自1990年7月1日起两个德国统一采用德国马克作为法定货币,联邦银行作为中央银行,在全德范围内行使发行货币权和管辖权。原东德马克在规定的期限内,按照商定的兑换率兑换西德马克后,就停止流通。原东德居民的工资、养老金和助学金以及房租等经常性开支均按1∶1的比价折算成西德马克支付。总共有4320亿东德马克以不同的转换率兑换成了西德马克。储蓄金额则根据储户的年龄从2000马克到6000马克分级兑换,高于这个数额的部分按2∶1的东西德马克比率兑换。最终的有效兑换率为1.83∶1。

③ 《西德马克来了——20年前的两德货币联盟》(http://www.deyinxiang.org/HTML/news/todaynews/2010/07/201007060104078446.shtml)。

④ 白靖宸:《关于德国东部地区国有企业改造的评析》,《世界经济与政治》1996年第1期。

差距某种程度上的长期存在。一方面，统一后绝大多数原东部企业被西部同行兼并，这使东部以中小型企业为主，缺少核心大型企业；另一方面，到东部投资的大企业只是在东部设立生产基地，研发、市场和管理等工作都是在西部的集团总部或者在国外进行，东部只是西部的"生产车间"。其后果是东部地区大部分企业都变成西部地区大公司的子公司或分支机构，严重缺乏研究与发展力量，使经济丧失了发展后劲。统一20年后，东部地区仍有严重的结构性问题：对基建的大量投资致使建筑业工人过度膨胀。①

马克思、恩格斯在《共产党宣言》中明确强调，共产党人"都强调所有制问题是运动的基本问题，不管这个问题的发展程度怎样"。结合东德经济私有化的教训，我们应该更加深刻地领会到为什么党在改革开放后反复强调必须坚持社会主义道路，坚持社会主义公有制为主体、多种所有制经济共同发展的基本经济制度的深远意义了。

2. 资本主义的"自由"、"平等"、"繁荣"不是普适的

德国统一前，大部分东部人向往西德所宣扬的"自由"、"平等"、"繁荣"的资本主义社会。可20年来，大多数东部人感觉沦为"二等公民"。其原因主要有：

第一，西部地区在经济上仍享有绝对权威。尽管东部人并未幻想在所有方面达到西部大多数人的生活水准，他们已经习惯在很多方面比不上熟悉西方制度的原西德公民。但在处理某些事情的过程中，如归还没收财产，常常产生明显的对立与冲突。这让东部人常常产生屈辱感。调查发现，德国东部地区的经济发展形势令东部人失望，虽然总体来说他们的生活优于其他东欧国家居民，但很多被调查者认为，在波兰、匈牙利、捷克或者爱沙尼亚等东欧国家，"人们生活质量的不断改善是通过自身的努力"，通过当地经济的发展获得的，而在德国东部地区，他们自己目前所达到的生活标准却在很大程度上是依靠西部的施舍。②

第二，西部地区在政治上仍享有绝对权威。私有化过程是由西德人来推行的，新的东德公司通常是西德公司的子公司，沿袭了西方的所有权和管理方式。银行介入企业变得稀松平常，法兰克福银行承接了前东德国家银行的

---

① 《两德统一20周年：不迅速转型人就跑光了》，2010年9月30日（http://news.qq.com/a/20100930/000946_1.htm）。

② 《德国东部居民对本地经济不满》，2001年5月28日（http://www.macrochina.com.cn/xs-fx/wbhj/20010528038606.shtml）。

资产,绝大多数东德公司也因此成了该银行的债务人。银行在新公司的董事会里安插他们的代表,直接或间接地通过有银行代表的西德公司控制和监管这些东德公司。虽然东部政权机构中任职的官员已呈混合趋势,中层官员中东部人约占半数,但高级官员仍以西部人为主,还没有达到"公正的平衡"。不少东德人内心深处感到自己是被西德人统治的"二等公民"。

此外,东德的高等教育一直是不错的,有一批知名的专家教授,统一之前,或许在某个国际学术会议上,东德的专家发言,西德的专家听授。统一以后,这位东德的专家恐怕要给这位名不见经传的西德专家打工,心理的落差是显而易见的。[1]

第三,妇女受到歧视。在东德时期强调妇女充分就业,认为这是男女平等的一个重要标志,但实行私有化后,东部地区失业最多的恰恰是女性。更可怕的是根据德国新的福利政策,55岁以下的女性如果失业超过一年,必须接受政府提供给她的任何工作,包括当"性工作者",否则她将失去失业救济金。政府要求职介中心同等对待求职的人,不管对方是要当牙科护士还是要当妓女。擅长处理失业问题的汉堡律师默奇西尔德-加维格称:"现在法律中没有做任何阻止女性成为性工作者的规定。新的法律认为当性工作者不再是不道德的事,所以拒绝此类工作将失去失业救济。"[2]

针对德国统一后,妇女地位低下,东德地区最有活力、经济增长率最高的萨克森—安哈尔特州州长沃尔夫冈·伯默尔(Wolfgang Bhmer)也不得不承认东德有很多经验值得借鉴,最值得借鉴的是当年东德妇女地位比较高。[3]

第四,思想观念和行为举止上存在着不少差异,常常导致相互之间的不理解甚至误解。中国前驻德国大使梅兆荣指出,西德是一个人与人之间充满竞争、你争我夺、相互倾轧的社会,在这种环境下生长的人从小就学会"争取"、"奋斗",惯于大言不惭地表明自己的观点和利益。而东部人由于受东德时期的制度和教育的影响,习惯于依赖集体,不敢或不善于直截了当地阐述自己的意图和要求。两部分人相处在一起,东德人往往认为西德人傲慢、

---

[1] 《前东德地区人民牢骚满腹》,2009年11月6日(http://news.ifeng.com/history/special/deguotongyi/200911/1106_8581_1424398.shtml)。

[2] 《这就是南方系吹捧的柏林墙倒塌后的"法治"德国》,2009年11月24日(http://www.wyzxsx.com/Article/Class20/200911/115709.html)。

[3] 《沃尔夫冈·伯默尔:不迅速转型,人就跑光了》,2010年9月30日(http://www.p5w.net/news/xwpl/201009/t3221960.htm)。

咄咄逼人、好为人师，而西德人则认为东德人缺乏个性，窝囊，连自己想干什么都说不清楚。① 特别是西部人以多年对东部的"输血式"援助加重了西部人的负担为由而产生的那种轻视东部人的态度更是让东部人无法忍受。

统一20年了，德国东西差距还无法消弭，足见资本主义宣扬的"自由"、"平等"、"繁荣"等普适观念不具有普适性。

3. 金融危机是社会主义之"机"

从所有制关系看，东德20年前已是资本主义社会，但是其人民一直有社会主义观念，金融危机后，其社会主义思潮有复兴之势。马克思、恩格斯在《共产党宣言》中指出："共产主义革命就是同传统的所有制关系实行最彻底的决裂；毫不奇怪，它在自己的发展过程中要同传统的观念实行最彻底的决裂。"实行两个"最彻底的决裂"，就是要彻底消灭私有制，彻底消灭私有观念。共产主义革命不仅要彻底消灭私有制，而且还要彻底消灭私有观念。这是因为，私有制是私有观念产生和存在的经济基础，而私有观念则是维护私有制的思想武器。资产阶级为了维护自己的阶级利益，必然要利用一切腐朽没落的意识形态维护其私有制。所以，只有彻底消灭私有制，彻底消灭私有观念和一切剥削阶级的意识形态，才能彻底消灭剥削制度。创造性地理解马克思的箴言，那就是只要东德人民社会主义之心不死，社会主义在东德迟早都有复兴的那一天。金融危机为此提供了大好机遇。正如邓小平指出的："一些国家出现严重曲折，社会主义好像被削弱了，但人民经受锻炼，从中吸取教训，将促使社会主义向着更加健康的方向发展。"而且事实也证明，东德人民经过对20年资本主义生活的体验，看清了资本主义的本质，从理论上，对社会主义的认识更加科学。这种科学的革命的理论，一经掌握群众，必将产生巨大的物质力量，必将对世界社会主义运动产生巨大的影响。

---

① 《访谈中国前驻德国大使梅兆荣》（http://book.qq.com/s/book/0/19/19558/58.shtml）。

第三篇
社会主义信仰论

第八章 走向科学发展的基本问题

第一节 发展哲学的前沿问题思考

发展哲学是基于发展实践，对发展的先在前提、内在本质、动力机制和价值取向等问题进行理论化、系统化研究的哲学学科。进入 21 世纪以来，全球化的进程大大加快，随之而来的发展问题也层出不穷。以发展哲学为方法论和价值观依托，对一系列重大发展实践进行反思，为发展问题的理论解决指明方向，显得尤为迫切。马克思认为，真正的哲学是"关于现实的人及其历史发展的科学"，是"政治变革的前导"[①]。当代世界发展实践所面对和必须解决的关于人及其历史发展的重大问题，实际上就是发展哲学所关注的前沿问题。

一 什么是发展——发展观的历史演进

顾名思义，"发展"是发展哲学的基本范畴和最重要的范畴。发展观是人们关于发展的根本观点和根本看法。自第二次世界大战以来，发展观经历了从发展客体论经发展主体论，再到发展主客体持续、协调发展论的历史转变。

发展客体论的主要理论形态是发展经济学。该理论认为，发展就是经济增长，一个国家的发展就是通过人力资源、自然资源、资本资源的高投入来扩大社会生产规模、实现经济总量的增长。以发展客体论为指导，人类创造了历史上前所未有的经济增长奇迹，但同时也引发了一系列复杂的社会问题，如环境污染、文化冲突、通胀失控、经济结构失调以及严重的分配不公和腐败现象，等等。发展客体论以物为中心，在主体—客体两极中指向客体一极，这不仅忽视了人作为现代化主体的能动性，而且忽视了经济发展与思

[①] 《马克思恩格斯文集》第 4 卷，人民出版社 2009 年版，第 267 页。

想、精神、宗教伦理、价值观、意识形态的相互作用。

发展主体论的主要理论形态是社会心理学。该理论认为，人的经济行为与其他行为一样，受其思想观念支配，受其社会心理驱使。强调发展是为人服务的，主张在注重经济增长的同时，应满足主体人的基本生存需要。佩雷菲特指出："贫穷国家赶上富裕国家是可能的。追赶，首先是思想上的追赶。"① 发展主体论在一定程度上克服了单一经济增长观的弊端，实现了现代化理论从以物为中心向以人为中心的根本观念的转变。但是，它重视的仅仅是人的低层次的基本生存需求，而忽视了人们精神文化方面以及实现自我价值方面的高层次需求，特别是在强调发展的主体地位的同时，过分轻视了环境对发展的制约作用。

发展主客体持续、协调发展观的理论形态呈多学科趋势。强调持续发展既指客体环境的持续发展，又指主体人的持续发展。强调协调发展既指人类的经济建设、社会建设与环境之间需要协调发展，又指人类代际之间的协调发展。科学发展观是发展主客体持续、协调发展观的最新形态。科学发展观就是对马克思主义关于人与世界的物质统一性以及人具有自觉意识和主观能动性的基本观点的继承和发展。以人为本的科学发展观，既强调了作为客体的自然界的优先性地位，包括作为主体的人在改造主客观世界的实践活动中所受到的自然、社会历史规律的制约与限制，又强调了在历史发展进程中人的主体性、能动性，突出了人是对自然界以及对人类自身认识与改造关系上的决定性力量。② 同时，更加注重发展的可持续性和科学性。

二 为什么发展——发展价值目标的哲学反思

从哲学层面上反思为什么发展的问题就是关于发展价值的问题。发展价值是指发展主体和发展客体之间一种特定的关系，即发展客体以自身的属性、结构满足主体的需要，特别是对主体的发展所具有的作用、影响和功效。发展价值表明人的实践活动中发展的目的性，要求发展要保证主体人需要和利益的满足。这种需要和满足既包括人的基本需要的满足，也包括高层次需要的满足，更强调人自身的现代化。

---

① ［法］阿兰·佩雷菲特：《论经济"奇迹"——法兰西学院教程》，中国发展出版社2001年版，第231页。

② 李慎明：《以人为本、科学发展与中国特色社会主义》，《科学社会主义》2007年第6期。

发展的价值目标追求是受发展观支配的。从历史上看，发展客体论指导下的发展价值追求往往以物为本，其片面性在于，只注重发挥物（即机器、设备和资本等"死劳动"）的有限效用，不知道人是生产力中最活跃、最革命的因素，人才是第一可宝贵的，因而不能充分调动最广大人民群众的积极性、主动性、创造性，不能充分发挥人这一"活劳动"的最大效用，也就不可能产生最大的经济效益和社会效益。在现实的社会经济生活中则表现为单一追求 GDP 的高指标，采用近乎杀鸡取卵、竭泽而渔的发展方式，不惜严重破坏生态环境和子孙后代的根本利益，以牺牲最广大人民群众的长远和整体利益为代价。

追求"以人为本"的科学发展价值目标，是"以最广大人民群众的利益为本"，而不是"以少数人利益为本"。因此，坚持以人为本，就要反对"重物轻人"、"GDP 崇拜"、"以资本为本"等不正常现象。坚持以人为本，就要把发展的尺度确立为人民需要满足的程度；把发展的目的聚焦在最大限度地满足人民群众的物质文化需要；把发展的终极目的指向实现人的自由和全面发展。这与我们党坚持以最广大人民群众的根本利益为基本出发点和归宿点的鲜明政治立场是一致的。

三 发展道路是什么——发展途径的重新思索

发展哲学指导下的发展的终极价值目标是实现人的自由和全面发展。要实现这个目标，必须有正确的途径。途径和目的是统一的。例如，与片面追求经济增长为目的相联系的发展道路是单纯工业化的价值增长途径，其选择的发展道路往往是非均衡和非持续发展的。当然，效仿西方发达国家早期现代化模式，以片面追求经济增长为目标，也曾指导第三世界国家在发展实践中取得一些成绩，巴西、伊朗和巴基斯坦在 20 世纪 60—70 年代都曾因经济增长较快而一度繁荣，但是单纯工业化道路往往是片面的，而且不具有发展的可持续性，正因为如此，上述国家在后来的发展中却纷纷跌入低谷。[①]

在科学发展观指导下，为实现人的自由和全面发展，我国选择了中国特色社会主义道路。这条道路是由诸多具体道路构成的总道路。党的十七大报告在论述各项工作时，提出了中国特色自主创新道路、中国特色新型工业化道路、中国特色农业现代化道路、中国特色城镇化道路、中国特色社会主义

---

① 任平：《21 世纪发展哲学：主题、模式与趋向》，《江海学刊》1998 年第 1 期。

政治发展道路、中国特色反腐倡廉道路等。这些具体道路，都需要我们在新的国际背景下、在新的实践中继续探索和发展，从而不断丰富和发展中国特色社会主义的发展道路。

中国特色社会主义发展道路是科学发展道路。科学发展的道路就是以人为本的道路，尊重人民主体地位，发挥人民首创精神，保障人民各项权益，促进人的全面发展；是全面协调可持续的发展道路，"全面"是科学发展观的方法论要求，是唯物辩证法和历史辩证法在当前中国发展阶段上的集中体现。辩证法本来就是"最完整深刻而无片面性弊病的关于发展的学说"①，在全面建设小康社会和建构社会主义和谐社会的今天，"全面"的方法论意义就显得更为突出。我们为之奋斗的目标也是全面的，即全面建设小康社会和人的全面发展；我们的发展实践也是全面的，即全面推进经济建设、政治建设、文化建设、社会建设四大建设。"协调"意味着促进现代化建设各个环节、各个方面相协调，促进生产关系与生产力、上层建筑与经济基础相协调。"协调"揭示了我国发展过程中必须特别关注和致力于解决的主要矛盾关系，这就是要求做到统筹兼顾：统筹城乡发展、区域发展、经济社会发展、人与自然和谐发展、国内发展和对外开放，统筹中央和地方关系，统筹个人利益和集体利益、局部利益和整体利益、当前利益和长远利益。"可持续"意味着实现经济社会永续发展，可持续是今天中国发展所追求的根本方式和必由之路，是对任何形式的短视行为的否定和拒斥。社会生产与社会生活构成的历史本质上是不可终止、不可割断的连续过程，正如马克思所言："不管生产过程的社会形式怎样，它必须是连续不断的，或者说，必须周而复始地经过同样一些阶段。"② 只是由于环境、资源等全球性问题的压力，使得当代不能不把这种认识更为自觉、更为强烈地加以表达而已。追求发展的理性与节制，主张需要和限制的平衡，兼顾代内和代际的公平，集中体现在"循环经济"和社会生产生态化的新思路上。因此，"可持续"不仅是生态平衡，也是人自身需要和发展的平衡。③

四 发展动力是什么——发展源泉的当代思考

关于发展学说的辩证法是以矛盾分析方法为核心审视发展，在普遍意

---

① 《列宁选集》第 2 卷，人民出版社 1995 年版，第 442 页。
② 《马克思恩格斯全集》第 23 卷，人民出版社 1972 年版，第 621 页。
③ 侯惠勤：《论科学发展观的重大意义》，《马克思主义研究》2006 年第 7 期。

上，揭示了发展的动力在于事物的内部矛盾以及事物之间的外部矛盾。其中对立统一规律揭示了事物发展的实质内容和根本动力。就社会发展而言，存在着交错综合的动力系统，生产力作为一种最活跃、最冲动的革命力量是社会发展的决定因素；生产力与生产关系、经济基础与上层建筑的矛盾运动是社会发展的根本动力；在阶级社会中，阶级斗争是推动社会发展的直接动力；科学技术是社会变革的重要力量。推动社会发展前进的是上述动力的合力。这种合力是由经济力、政治力、文化力的交互作用构成的。

经济力是社会发展的根本动力，但其本身也是由需要、劳动、生产力、生产关系等诸多要素构成的有结构、有层次的动力体系。其中需要是经济力的重要因素。生产力的发展是社会发展的根本动力。社会生产力的发展程度和水平，标志着解决人的需要与自然界的矛盾的程度以及人的多层次需要的满足程度。生产关系作为人们在生产过程中结成的人与人之间的关系，本质上是一种经济关系，是直接或间接地参与生产过程的社会个体和社会集团之间的利益关系。政治力是社会发展的重要动力。政治，特别是作为政治核心的国家权力、制度与结构设施，是上层建筑的集中表现，它是通过对于经济、社会的发展提供权威力、法制力、加速力和道德力来实现其动力作用的。文化力是社会发展的精神动力，文化对于社会发展的动力作用，是通过影响人的思维方式、价值观念和情感态度得以实现的。社会发展的宗旨归根结底是人自身的自由而全面的发展，所有方面的具体发展和变化都必须服从人的发展这一根本目标，而人的发展，即人的现代化，在最高的层次上体现为人的社会文化的转型。

发展哲学重视和关注现实的社会发展，这就要求人们务必从理论与实践相结合的角度引导人们开发和开拓推动人及其社会发展的动力。如果开发和开拓经济动力，发展哲学就应从哲学的高度，强调生产力与生产关系的辩证关系：生产力决定生产关系，生产关系反作用于生产力。在理论层面上，阐明生产关系促进生产力发展的条件：社会所采取的所有制形式与生产力水平相适应，所采取的分配方式必须全面考虑劳动力和其他生产要素在生产过程中的作用，使参与生产过程的人对生产的贡献率与社会在分配方面对于他的回报率相适应。在实践层面上，强调只有使人力资本、货币资本、物质资本以及其他生产要素实现最佳配置、有序流动和高效利用，才会充分调动人们的生产积极性，使物质生产、经济生活和社会生活充满活力。如果开发和开拓文化动力，则需要我们务必创新文化精神和文化模式。由此，发展哲学的任务在于以生活世界的内在变化为基础,引导人的自我启蒙、自我教化、自我提高和自我发展,从而使理性的、契约的、创造性的文化精神在生活世界的根基上生成,以作为现代中国社会各个活动层面的内在的运行机理。①

科学发展观主张发展的最终目标是为了人民的发展,而发展的基本依靠力量也是人民。强调依靠最广大人民的力量来谋求发展、一切发展依靠人民。这就明确了发展的主体和动力源泉问题,坚持了"人民群众是历史的创造者"这一马克思主义的基本观点和立场。科学发展观这一新时期的发展哲学,旨在从理论上引导广大人民群众真正认清自己的根本利益和人类社会发展的根本规律及其相互关系,从理论观念上武装人民群众,让人民群众从盲目发展的自在状态进入科学发展的自为状态。只要我们坚持发展哲学的实践性和发展性、坚持科学发展观,我们能够在中国社会主义现代化的发展道路上无往不胜,就能顺利实现党的一个又一个纲领,直至最终实现党的最高纲领。②

第二节 科学发展观对唯物史观的继承和发展③

2008年12月18日,在纪念党的十一届三中全会召开30周年大会上,胡锦涛总书记指出,30年来,我们在一个十几亿人口的发展中社会主义大国取得的摆脱贫困、加快现代化进程、巩固和发展社会主义的宝贵经验,闪耀着马克思主义的真理光芒,是唯物史观的胜利。显然,探讨科学发展观与唯物史观之间的理论渊源意义重大。

科学发展观是以胡锦涛为核心的中央领导集体立足社会主义初级阶段基本国情,在总结我国发展实践,借鉴国外发展经验的基础上,适应新的发展要求提出来的科学理论、指导方针和重大战略思想。贯彻科学发展观的理论依据是,社会也跟人一样,是一个有机整体,这是马克思主义创始人马克思、恩格斯在参加社会实践的过程中通过研究发现的新唯物史观。这种世界观认为人类社会从本质上讲是实践的、历史的,同时也是唯物的、辩证的。

---

① 衣俊卿:《社会发展与文化转型——关于发展哲学的核心问题的思考》,《哲学动态》2000年第3期。
② 李慎明:《以人为本、科学发展与中国特色社会主义》,《科学社会主义》2007年第6期。
③ 谭扬芳:《试论科学发展观对唯物史观的继承和发展》,《江南大学学报》(社会科学版) 2009年第4期。

后来他们通过进一步研究发现，这些特点不仅适用于人类社会，同样适用于无机界和有机界，具有最普遍的意义，整个世界都是普遍联系的并处于永恒的相互作用之中。

一 唯物史观关于发展的世界观和方法论的基本思想

恩格斯曾明确指出，唯物史观就是"关于现实的人及其历史发展的科学"①。列宁曾称唯物史观为"最完备最深刻最无片面性的关于发展的学说"②，并指出："这个方法把社会看作处在不断发展中的活的机体，要研究这个机体，就必须客观地分析组成该社会形态的生产关系，研究该社会形态的活动规律和发展规律。"③ 因此，在某种意义上，唯物史观就是以研究发展特别是经济社会发展为主题的理论体系。

1. 唯物史观关于发展的世界观的基本思想

在思维和存在的关系问题上，唯物史观坚持物质第一性、意识第二性的唯物主义观点。世界是以物质为本原的、普遍联系的有机整体。联系就是事物之间以及事物内部各个要素之间的相互影响、相互作用和相互制约的关系，亦即事物的内部矛盾和外部矛盾。事物的相互联系和相互作用构成了事物的运动、变化和发展。这里可以从四个层次理解唯物史观关于发展的学说：

第一，发展是特指事物的前进的、上升的、由低级向高级形态的辩证运动。事物的发展表现在量上是由少到多的运动；表现在质上是由落后到先进、不断推陈出新的创新运动。发展是人类社会的永恒主题。矛盾的普遍性决定了世界运动的永恒性和发展的无限性。因此，发展不仅是自然界的永恒主题，也是人类社会的永恒主题。发展的实质是新事物的产生和旧事物的灭亡。

第二，人类社会的发展是一个由客观规律所决定的自然历史过程。物质资料的生产是人类最基本的实践活动，是人类生存和社会发展的基础。正如恩格斯所言："世界不是既成事物的集合体，而是过程的集合体，其中各个似乎稳定的事物同它们在我们头脑中的思想映象即概念一样都处在生成和灭

---

① 《马克思恩格斯选集》第4卷，人民出版社1995年版，第241页。
② 《列宁选集》第2卷，人民出版社1995年版，第310页。
③ 《列宁选集》第1卷，人民出版社1995年版，第32页。

亡的不断变化中，在这种变化中，尽管有种种表面的偶然性，尽管有种种暂时的倒退，前进的发展终究会实现。"① "人们在自己生活的社会生产中发生一定的、必然的、不以他们的意志为转移的关系，即同他们的物质生产力的一定发展阶段相适合的生产关系。这些生产关系的总和构成社会的经济结构，即有法律的和政治的上层建筑竖立其上并有一定的社会意识形式与之相适应的现实基础。物质生活的生产方式制约着整个社会生活、政治生活和精神生活的过程。不是人们的意识决定人们的存在，相反，是人们的社会存在决定人们的意识。"②

　　第三，个人的全面发展，只有共产主义社会才能实现。唯物史观关于个人全面发展的理念是在著名的"三大社会形态"理论的框架内提出来的。在《1857—1858 年经济学手稿》中，马克思这样写道："人的依赖关系（起初完全是自然发生的），是最初的社会形态，在这种形态下，人的生产能力只是在狭窄的范围内和孤立的地点上发展着。以物的依赖性为基础的人的独立性，是第二大形态，在这种形态下，才形成普遍的社会物质变换，全面的关系，多方面的需求以及全面的能力的体系。建立在个人全面发展和他们共同的社会生产能力成为他们的社会财富这一基础上的自由个性，是第三个阶段。第二个阶段为第三个阶段创造条件。"③ 在这段重要的论述中，马克思以人的发展程度为依据，提出了人类社会发展进程的三个阶段学说。一是在以"人的依赖关系"为特征的传统社会里，个人不具备独立性，而要受群体的支配，个人只是群体的附属物。自然发生的"人的依赖关系"是人的最初存在形态。二是到了工业社会，与商品交换普遍相联系，个人从等级制度和人身依附中摆脱出来，成为独立的个体，却又形成对物—金钱的依赖关系。"以物的依赖关系"为基础的人的独立性是人的发展的第二阶段。三是只有在共产主义社会，既扬弃了人的依赖关系所造成的人的异化，又扬弃了对物的依赖关系所造成的物的异化后，人才成为真正自由的主体，成为全面发展的个人。建立在"个人全面发展和他们共同的社会生产能力成为他们的社会财富"这一基础上的自由个性是第三个阶段。但是必须明确，从价值观上看，"以物的依赖性为基础的人的独立性"的全部价值，就在于为"个人全

---

① 《马克思恩格斯选集》第 4 卷，人民出版社 1995 年版，第 244 页。
② 《马克思恩格斯选集》第 2 卷，人民出版社 1995 年版，第 32 页。
③ 《马克思恩格斯全集》中文第 1 版，第 46 卷（上），人民出版社 1979 年版，第 104 页。

面发展"创造条件。

第四，人的发展与人类社会形态的更替、演进是一个相互关联的统一历史过程。唯物史观强调了环境发展、人的活动发展与人本身的自我发展的一致性，并指出革命实践是这三者统一的物质基础。马克思说："一切人类生存的第一个前提也就是一切历史的第一个前提，这个前提就是：人们为了能够'创造历史'，必须能够生活。"[①] "全部社会生活在本质上是实践的。凡是把理论引向神秘主义的神秘东西，都能在人的实践中以及对这个实践的理解中得到合理的解决。"[②] 恩格斯在批判自然主义的历史观时曾经说过："自然主义的历史观（例如，德莱柏和其他一些自然科学家都或多或少有这种见解）是片面的，它认为只是自然界作用于人，只是自然条件到处在决定人的历史发展，它忘记了人也反作用于自然界，改变自然界，为自己创造新的生存条件。日耳曼民族移入时期的德意志'自然界'，现在只剩下很少很少了。地球的表面、气候、植物界、动物界以及人类本身都不断地变化，而且这一切都是由于人的活动，可是德意志自然界在这个时期中没有人的干预而发生的变化，实在是微乎其微的。"[③] 唯物史观认为，自然界是人的无机的身体，是人表现其内在本质力量的对象，人同自然的关系即是人和人的关系，所以，自然界是关于人的科学的直接对象；劳动尤其是工业劳动，"是一本打开了的关于人的本质力量的书"，是"人的本质力量的公开的展示"，因此，"通过工业形成的自然界，是真正的、人类学的自然界"，而自然科学通过工业日益在实践上进入人的生活，改造人的生活，并为人的解放做准备"[④]；社会历史无非是人的活动创造和人的本性不断改变而已，是个人本质力量的发展史，是"自然界成为人这一过程的一个现实部分"，是"人的真正的自然史"，因而，"人也有自己的产生活动即历史"[⑤]。共产主义是人的解放的必然环节和社会形式，其基本原则是每个人自由而全面地发展；更为重要的是，马克思总是从"物"的东西的深层和背后，力图揭示出"人"的内容，从物和物的经济关系中揭示出人和人的社会关系和价值关系，从财富的"物"的形式中揭示出"人"的形式——人的能力。

---

① 《马克思恩格斯全集》第3卷，人民出版社1960年版，第31页。
② 《马克思恩格斯选集》第1卷，人民出版社1995年版，第56页。
③ 恩格斯：《自然辩证法》，人民出版社1971年版，第209页。
④ 《马克思恩格斯全集》第42卷，人民出版社1979年版，第129页。
⑤ 同上书，第167页。

2. 唯物史观关于发展的方法论的基本思想

唯物史观在历史观上贯彻了唯物辩证的观点。它既承认社会历史也是一种物质运动，具有不以人的意志为转移的客观规律，同时也认为社会历史是由人创造的，人的意志对社会历史具有能动作用。要求人们辩证地看待物质和意识的关系，充分发挥人的能动作用。唯物史观认为："社会的物质生产力发展到一定阶段，便同它们一直在其中运动的现存生产关系或财产关系发生矛盾。于是这些关系便由生产力的发展形式变成生产力的桎梏。那时社会革命的时代就到来了。随着经济基础的变更，全部庞大的上层建筑也或慢或快地发生变革。"① 生产力和生产关系、经济基础和上层建筑所构成的社会基本矛盾运动，推动社会形态由低级到高级不断演进和更替。"人们在发展其生产力时，即在生活时，也发展着一定的相互关系；这些关系的性质必然随着这些生产力的改变和发展而改变。"②

唯物史观的一个重要特征是，认为"经济因素"是历史发展过程中的"最终的"、"决定性因素"，但同时又承认，"经济因素"并"不是唯一的决定性因素"。恩格斯指出："如果有人在这里加以歪曲，说经济因素是唯一的决定性因素，那末他就把这个命题变成毫无内容的、抽象的、荒诞无稽的空话。经济状况是基础，但是对历史斗争的进程发生影响并且在许多情况下主要是决定着这一斗争形式的，还有上层建筑的各种因素。"③ "政治、法律、哲学、宗教、文学等的发展是以经济发展为基础的。但是，它们又都互相影响并对经济基础发生影响。并不是只有经济状况才是原因，才是积极的，而其余一切都不过是消极的结果。这是在归根到底不断为自己开辟道路的经济必然性的基础上的互相作用。"④ 由此可见，政治观念、历史传统、宗教、法律、哲学等在适应于某种经济状况下一旦形成，便会演化出自己的逻辑，而且对经济基础发生反作用；"整个伟大的发展过程是在相互作用的形式中进行的（虽然相互作用的力量很不平衡，其中经济运动是更有力得多的、最原始的、最有决定性的），这里没有任何绝对的东西，一切都是相对的"⑤。某种观念一旦形成，就会演化出它自身的逻辑，并获得独立的发展，进而对产

---

① 《马克思恩格斯选集》第2卷，人民出版社1995年版，第33页。
② 《马克思恩格斯选集》第4卷，人民出版社1995年版，第536页。
③ 同上书，第696页。
④ 同上书，第732页。
⑤ 同上书，第705页。

生出它的因素起反作用。此外，经济上落后的国家可以先于经济发达国家过渡到社会主义的事实，说明了经济因素在社会生活中的决定作用并非绝对的和唯一的。总之，唯物史观是"把历史当做一个十分复杂并充满矛盾但毕竟是有规律的统一过程来研究的"[①]。任何片面强调某一因素的做法都是不足取的。

总之，唯物史观关于发展的世界观和方法论的基本观点，在广义上，揭示了自然界、人类社会和思维发展的最一般规律，赋予人们研究发展问题以科学的世界观和方法论指导；在狭义上，对人类经济社会发展的目的、本质、内涵、途径作出了合规律性与合目的性相统一的阐释。它反映着马克思主义发展观的基本精神，是科学发展观的哲学基础。

二　科学发展观是唯物史观关于发展的世界观和方法论的集中体现

科学发展观是当代中国共产党人从唯物史观的角度对发展问题进行的深入思考，是关于发展的意义、目的、手段、方法、内涵和标准的总体性看法和基本观点。它既坚持了唯物史观关于经济社会发展的一般规律，又体现出鲜明的中国特色，实现了坚持马克思主义基本原理与推进马克思主义中国化的高度统一。

唯物的发展观要求人们在实际工作中必须实事求是，一切从实际出发。科学发展观立足于我国仍处于并将长期处于社会主义初级阶段的基本国情，致力于解决以人民日益增长的物质文化需要同落后的社会生产之间的矛盾为社会主要矛盾的一系列矛盾。科学发展的唯物性要求我们不是要脱离实际、急于求成，而是要坚持把社会主义初级阶段的基本国情作为推进改革、谋划发展的根本依据。我们必须始终保持清醒头脑，立足社会主义初级阶段这个最大的实际，科学分析我国全面参与经济全球化的新机遇新挑战，全面认识工业化、信息化、城镇化、市场化、国际化深入发展的新形势新任务，深刻把握我国发展中面临的新课题新矛盾，更加自觉地走科学发展道路，奋力开拓中国特色社会主义更为广阔的发展前景。

从唯物史观的世界观意义上讲，贯彻落实科学发展观，必须重视以下现状：我国人口多、底子薄，发展很不平衡；我们在推进改革开放和社会主义现代化建设中所面临的任务的艰巨性和繁重性是世所罕见；我们在改革发展

[①]《列宁全集》第21卷，人民出版社1959年版，第39页。

中所面临的矛盾和问题的规模和复杂性是世所罕见；我们在前进中所面对的困难和风险也是世所罕见。

从唯物史观的方法论意义上看，贯彻落实科学发展观，就必须善于从千头万绪、纷繁复杂的事物和事物的普遍联系中抓住主要矛盾和矛盾的主要方面，同时又必须善于统筹协调、把握平衡，在事物的普遍发展中形成有利于突破主要矛盾和矛盾主要方面的合力，不断提高驾驭复杂局面、解决复杂问题的能力，不断推动经济社会向前发展。只有妥善解决以人民日益增长的物质文化需要同落后的社会生产之间的矛盾为社会主要矛盾的一系列矛盾，才能战胜世所罕见的困难和风险。

唯物史观的世界观和方法论是辩证地统一在实践中的，发展就是关于事物矛盾的辩证运动。唯物史观认为，社会是人类以自然界为依托组成的人的社会。它是在人类实践的基础上相互作用构成的有机整体，因此，发展必须以人为本、全面协调可持续地进行。同时指出，发展观是否科学，关键看承认不承认事物的内在矛盾是事物运动、发展的源泉；承认不承认事物的运动、发展不仅有量变，而且有渐进过程的中断、飞跃、质变；科学发展观的规律不仅适用于人类社会，同时适用于自然界、人类认识与思维。科学发展观是以唯物史观关于发展的世界观和方法论为哲学基础的。科学发展观是指如何使我们的社会、我们的现代化建设更理性、更科学地向前发展。它是一种关于社会发展的正确的根本观点、根本看法，是关于人类社会、特别是当代人类社会，尤其是实施赶超战略进行现代化建设的后发国家发展的本质与规律等问题的理论体系。其要点是，以人为本，全面、协调、可持续地发展。其中以人为本是推行科学发展观的目的所在；促进经济与社会、人与自然等方面全面发展，是贯彻科学发展观的基本原则；保证社会各个方面协调发展，是落实科学发展观的内在要求；实现可持续发展，是坚持科学发展观的重要方针。[①]

三 科学发展观对唯物史观的发展和创新

科学发展观是与时俱进的重大战略思想，党的十六大报告对与时俱进的内涵作出了明确规定："与时俱进，就是党的全部理论和工作要体现时代性，把握规律性，富于创造性。"这里还应该补充一点，那就是要符合人性发展

---

① 参见易杰雄《列宁论作为科学发展观的唯物辩证法》，《教学与研究》2007年第5期。

要求。

1. 科学发展观体现了鲜明的时代性

唯物史观是时代精神的精华，是人类文明活的灵魂。体现时代性，就是要反映时代精神。问题是时代的口号。所谓体现时代精神，就是要抓住具有普遍性和长期性且人们共同关注的问题，普遍性的问题从空间上体现时代精神，长期性的问题从时间上体现时代精神，人们共同关注的问题，是从认识主体方面体现时代精神。一般来讲，凡是具有普遍性和长期性且人们共同关注的问题，大都是时代精神的反映。当今，我国各地都普遍意识到分配不公，这实际上反映了社会主义市场经济在注重效率时，忽略了公平的时代精神。回答具有普遍性和长期性且人们共同关注的问题，是唯物史观发展的一条重要历史经验。19世纪40—50年代，随着资本主义社会矛盾日益尖锐化，争取人类解放的无产阶级革命运动蓬勃兴起，资本主义社会的发展规律和趋势、资产阶级的历史作用及其命运、无产阶级的神圣使命与革命道路、无产阶级政党与无产阶级专政等重大理论和现实问题历史地呈现出来。作为世界无产阶级革命的导师，马克思、恩格斯敏锐地捕捉到并创造性地回答了这些问题，系统阐明了唯物史观的基本原理，为无产阶级改造世界提供了强大的理论武器。

科学发展观的鲜明时代性从内容上体现在它回答了具有普遍性和长期性且人们共同关注的问题。科学发展观继续回答了"什么是社会主义、怎样建设社会主义"，"建设什么样的党、怎样建设党"的问题，创造性地回答了"实现什么样的发展、怎样发展"等重大理论和实际问题。不仅如此，科学发展观还要致力于解决以人民日益增长的物质文化需要同落后的社会生产之间的矛盾为社会主要矛盾的一系列矛盾，如经济实力显著增强与生产力总体水平不高、自主创新能力不强的矛盾；社会主义市场经济体制初步建立与影响发展的体制机制障碍依然存在，改革攻坚面临深层次问题的矛盾；人民生活总体上达到小康水平与收入分配差距拉大趋势还未根本扭转之间的矛盾；城市协调发展取得显著成绩与农业基础薄弱、农村发展滞后的局面尚未改变，缩小城乡、区域发展差距和促进经济社会协调发展任务艰巨之间的矛盾；社会主义民主政治不断发展、依法治国基本方略扎实贯彻与民主法制建设与扩大人民民主和经济社会发展的要求还不完全适应，政治体制改革需要继续深化之间的矛盾；社会主义文化更加繁荣与人民精神文化需求日趋旺盛之间的矛盾；社会活力显著增强与社会结构、社会组织形式、社会利益格局发生深刻变化，社会建设和管理面临诸多新课题之间的矛盾；对外开放日益扩大与面临的国际竞争日趋激烈，发达国家在经济科技上占优势的压力长期存在，可以预见和难以预见的风险增多，统筹国内发展和对外开放要求更高之间的矛盾。

科学发展观的鲜明时代性从形式上体现在它不断推进马克思主义中国化，坚持并丰富党的基本理论、基本路线、基本纲领、基本经验。一是它自我批判、自我超越和自我完善，从而主动与时俱进。正如恩格斯所说的：随着实践和科学的发展，唯物主义会不断改变自己的形式。批判、超越以前片面、错误和不合时宜的思想观念和思维方式，比如，彻底批判"以阶级斗争为纲"的错误理论和实践，超越片面发展观，提出全面协调可持续发展观。二是研究主题、研究重点与研究方法的转移。也就是随着时代、历史、实践的发展，不断调整和改变研究的主题、重点和方法。科学发展观的第一要义是发展，核心是以人为本，基本要求是全面协调可持续，根本方法是统筹兼顾。三是通过理论创新形成新的理论形态，使中国特色社会主义理论体系趋于完善。在新的发展阶段继续全面建设小康社会、发展中国特色社会主义，必须坚持以邓小平理论和"三个代表"重要思想为指导，深入贯彻落实科学发展观。中国特色社会主义理论体系，就是包括邓小平理论、"三个代表"重要思想以及科学发展观等重大战略思想在内的科学理论体系。

科学发展观的鲜明时代性从实践上体现在使实践反映时代精神，达到时代所要求的水平，形成新的实践形态。社会主义建设时期，我国的主要矛盾是人民群众日益增长的物质文化的需要同落后的社会生产之间的矛盾。这一矛盾决定当前我党执政实践的首要任务就是大力发展生产力，增强综合国力，提高人民生活水平，也就是追求发展。随着时代的发展，片面追求经济增长的发展观及其发展模式使社会发展付出了沉重代价。在这种发展观及其发展模式中，经济增长是首要的，人的能力的发展、自由个性的形成、道德和文化素养的提高是次要的，甚至往往成为被牺牲的对象。这种发展观及其发展模式的长期流行，虽然有历史的原因，在现代已经不合时宜了，但它所导致的严重代价已经清楚地说明了这一点。邓小平曾语重心长地讲，经济发展了，结果贪污腐败横行，又有什么意义？片面追求 GDP 导致生态环境恶化，因此，在新时期新形势下，深入贯彻落实科学发展观，要求我们积极构建社会主义和谐社会。社会和谐是中国特色社会主义的本质属性。科学发展和社会和谐是内在统一的。没有科学发展就没有社会和谐，没有社会和谐也难以实现科学发展。构建社会主义和谐社会是贯穿中国特色社会主义事业全过程的长期历史任务,是在发展的基础上正确处理各种社会矛盾的历史过程和社会结果。要通过发展增加社会物质财富、不断改善人民生活,又要通过发展保障社会公平正义、不断促进社会和谐。实现社会公平正义是中国共产党人的一贯主张,是发展中国特色社会主义的重大任务。要按照民主法治、公平正义、诚信友爱、充满活力、安定有序、人与自然和谐相处的总要求和共同建设、共同享有的原则,着力解决人民最关心、最直接、最现实的利益问题,努力形成全体人民各尽其能、各得其所而又和谐相处的局面,为发展提供良好社会环境。

2. 科学发展观是尊重历史规律的发展观

规律是事物以及事物之间固有的、必然的、本质的联系。马克思曾把规律看成是"事物之间的这种内在的和必然的联系"[①]。规律性都是以常规性、重复性、全局性的问题和现象表现出来的。凡是经常、重复、全局出现的问题和现象,大都反映着其深层背后的规律。经常、重复和全局出现的腐败现象,表明产生腐败现象的一个规律:没有制约的权力必然产生腐败。列宁指出:"世界是物质的有规律的运动,我们的认识既是自然界的最高产物,就只能反映这个规律性。"[②]

唯物史观把千百万人的现实生活的生产和再生产作为历史的基本内容和思维关注的中心,从而发现在历史中存在大量的经济的重复性,并据此提出了历史规律理论。恩格斯在《在马克思墓前的讲话》中指出:"正像达尔文发现有机界的发展规律一样,马克思发现了人类历史的发展规律。"[③] 马克思认为,应用于自然科学的重复性方法同样可以适用于社会历史领域——当然不是现成地完全照搬。可以把不同的历史单位(民族、地区、国家等)看做各自相对独立发展的系统,通过比较就能发现其中的重复性和常规性。但是这一方法必须同哲学方法论相结合,即同历史唯物主义的基本方法相结合。社会现象由于人的意识的参与,确实千变万化、错综复杂,很难找到完全精确的重复的事物,许多哲学家和历史学家正是在这里走进了死胡同。马克思则从社会生活的各个领域中划分出经济领域,从一切社会关系中找出生产关

[①] 《马克思恩格斯全集》第25卷,人民出版社1974年版,第371页。
[②] 《列宁选集》第2卷,人民出版社1995年版,第170页。
[③] 《马克思恩格斯选集》第3卷,人民出版社1995年版,第776页。

系来，并把这种物质的社会关系当作决定其余一切关系的基本的原始的关系。这样，就无须从历史事件，而是从历史的社会关系方面去寻找重复性，从而"使人有可能把主观主义者认为不能应用到社会学上来的重复性这个一般科学标准，应用到这些关系上来。……就有可能看出重复性和常规性，把各国制度概括为社会形态这个基本概念"①。同时，"只有把社会关系归结于生产关系，把生产关系归结于生产力的水平，才能有可靠的根据把社会形态的发展看作自然历史过程"②。

科学发展观是尊重历史规律的发展观。科学发展观强调，改革开放伟大事业，是在以毛泽东同志为核心的党的第一代中央领导集体创立毛泽东思想，带领全党全国各族人民建立新中国、取得社会主义革命和建设伟大成就以及艰辛探索社会主义建设规律取得宝贵经验的基础上进行的。要创新发展理念、转变发展方式、破解发展难题，提高发展质量和效益，实现又好又快发展，其前提就是要着力把握发展规律。为了适应国内外形势的新变化，顺应各族人民过上更好生活的新期待，我们必须把握经济社会发展趋势和规律。要从制度上更好发挥市场在资源配置中的基础性作用，形成有利于科学发展的宏观调控体系，我们必须要深化对社会主义市场经济规律的认识。要协调区域发展存在的不平衡，突破行政区划界限，形成若干带动力强、联系紧密的经济圈和经济带，我们必须要遵循市场经济规律。要调整改革军队体制编制和政策制度，必须符合现代军队建设规律。要繁荣和发展军事科学，必须深入研究新的历史条件下建军治军特点规律。在全党开展深入学习实践科学发展观活动，坚持用发展着的马克思主义指导客观世界和主观世界的改造，要提高运用科学理论分析和解决实际问题能力，必须进一步把握共产党执政规律、社会主义建设规律、人类社会发展规律。

总之，科学发展观强调，"探索社会主义建设规律"，"把握经济社会发展趋势和规律"，"深化对社会主义市场经济规律的认识"，"遵循市场经济规律"，等等，无不证明科学发展观是尊重历史规律的发展观。

3. 科学发展观的核心是"以人为本"符合人性发展要求的发展观

唯物史观承认，人的意见确实起作用，但只是在它符合历史客观进程时才起作用。其内在的原因是人的实践活动虽然是有目的性的活动，人的活动

---

① 《列宁选集》第1卷，人民出版社1995年版，第8页。
② 同上书，第9页。

目的的建构不仅要服从人本身的生存和发展的客观要求，而且要服从外部对象的客观尺度。人的活动目的的实现只有通过感性的物质活动本身才有可能。活动目的一旦通过实践活动得以对象化或物化，它也就从观念形态变成了实在的形态，具有客观的性质。

符合人性发展要求。唯物史观对商品经济社会中普遍存在的异化现象进行了深入的批判，但这并不妨碍同时承认，唯有在第二大社会形态，即以商品经济为主导的社会形态中，个人之间的"全面的关系"和与个人的多方面的需求相适应的"全面的能力"才会形成起来，从而为第三大社会形态中"个人全面发展"奠定基础。过去一段时间，我们反对讲人性论，认为人性论是资产阶级的专利。近代资产阶级人性论确实具有历史的局限性，它用一般的人性维护资产阶级的"人性"和掩盖个人的个性，用资产阶级的"人性"压制了无产阶级的"人性"；它设计出了一套使个人服从工作规则的标准体系，但忽视了人本身的内在精神世界。然而，资本主义社会也具有进步的一面，那就是它不断根据和反映人性发展的要求进行社会体系创新，由此取得了很大成就。改革开放以来，我们逐步认识到了人性问题的重要性，提出要分析和研究现实的人性，并在某些方面强调要符合人性发展和人性化的要求。然而，把符合人性发展要求作为一种理论和工作的原则、思路，还没有明确确立起来。其实，符合人性发展要求，也就是不断根据人对自身利益、生存、发展的需求进行实践。这是人在选择过程中必须坚持、遵循的一种价值取向和价值维度。因而，我们既强调理论和工作要把握规律性，又强调理论和工作要符合人性发展的要求。

为了使实践符合人性发展的要求，科学发展观强调必须坚持以人为本。全心全意为人民服务是党的根本宗旨，党的一切奋斗和工作都是为了造福人民。要始终把实现好、维护好、发展好最广大人民的根本利益作为党和国家一切工作的出发点和落脚点，尊重人民主体地位，发挥人民首创精神，保障人民各项权益，走共同富裕道路，促进人的全面发展，做到发展为了人民、发展依靠人民、发展成果由人民共享。学习贯彻科学发展观，理论界已展开了符合人性发展要求的多层次的探索：一是沿着马克思的"三大社会形态"的理论和经济学研究的思路，从"能力"的层面上，深入探索了人的全面发展问题；二是沿着广义教育学和社会主义精神文明建设的思路，从"素质"的层面上，全面探索了人的思想道德素质和科学文化素质的同步发展问题；三是沿着主体间性和可持续性发展的思路，从"公共理性"的层面上，既创造性地探索了人民群众在推进政治体制改革，发展社会主义民主政治，健全社会主义法制，充分行使民主选举、民主决策、民主监督等方面的权利，又创造性地探索了经济发展与人口、资源、环境之间的关系，以重建人和自然之间的和谐状态。

4. 科学发展观富于创新性

科学发展观是在唯物史观指导下，继承党的三代领导人毛泽东、邓小平、江泽民关于发展的重要思想基础上的理论创新。科学发展观的创新性体现在：

第一，具有开创意义。我们在推进改革开放和社会主义现代化建设中所面临的任务的艰巨性和繁重性是世所罕见；我们在改革发展中所面临的矛盾和问题的规模和复杂性是世所罕见；我们在前进中所面对的困难和风险也是世所罕见。因此，为解决世所罕见的任务和化解世所罕见的矛盾而形成的理论，理应具有开创意义。

第二，科学发展观对前人提出的命题、观点加以补充、充分说明、论证和发挥，补充、丰富和发展前人的观点，把前人的实践推到一个新的发展阶段和水平。党的三代领导人毛泽东、邓小平、江泽民关于发展的思想内容十分丰富，但还没有形成系统的发展理论。科学发展观有更明确的理论主题和更丰富的理论内涵。"什么是发展、为什么发展、为谁发展以及如何发展"是科学发展观的理论主题，对这一中心问题的准确把握和正确回答，确立了科学发展观的理论核心，形成了科学发展观的丰富内涵。科学发展观明确回答了"什么是发展"这一基本问题，从正面强调了发展的目标就是要实现经济与社会各个方面的协调全面发展以及人的全面发展，否定了单纯的经济增长的片面发展观。在"发展才是硬道理"、"发展是执政兴国的第一要务"的基础上，科学发展观创造性地回答了"为什么发展"这一关乎社会主义前途命运的重大问题，从正面阐述了发展的重要意义，因为"发展是第一要义"，发展对于全面建设小康社会、加快推进社会主义现代化，具有决定性意义。从"三个有利于"标准、"三个代表"到"以人为本"的核心发展理念，科学发展观创造性回答了"为谁发展"这一关乎社会主义发展的价值取向问题。从正面论述了发展的主体是谁的问题，尊重人民主体地位，发挥人民首创精神，保障人民各项权益，走共同富裕道路，促进人的全面发展，做到发展为了人民、发展依靠人民、发展成果由人民共享。从以经济建设为中心、正确处理好改革发展稳定的关系，到统筹兼顾，实现全面、协调、可持续发展，科学发展观第一次全面系统地论述了"如何发展"这一关系社会主义建设全局的重大问题，其精神实质就是努力实现我国经济社会又好又快地发展。科学发展观除了提出人本发展、协调发展、全面发展、可持续发展的理念，还蕴涵了和谐发展与和平发展的全新理念。

总之，科学发展观是唯物史观关于发展的世界观和方法论的集中体现，是同马克思列宁主义、毛泽东思想、邓小平理论和"三个代表"重要思想一脉相承的，同时，科学发展观体现了时代性，符合规律性，符合人性发展是与时俱进的创新理论体系，对我国经济社会发展有着重要的指导意义。因此，发展中国特色社会主义，我们必须坚持和贯彻执行科学发展观。

第三节　中国特色社会主义发展目标的科学内涵

中国特色社会主义道路的发展目标，就是建设富强民主文明和谐的社会主义现代化国家。早在20世纪50年代，毛泽东同志就提出，要调动一切积极因素，把我国建设成强大的社会主义国家。改革开放初期，邓小平同志从我国基本国情出发，设计了分三步走基本实现现代化的战略目标。党的十五大对第三步战略目标提出了"小三步走"的发展规划，即通过到2010年、2020年和2050年三个发展阶段，基本实现现代化，建设富强民主文明的社会主义现代化国家。党的十七大提出了实现全面建设小康社会奋斗目标的新要求，同时把促进和谐作为现代化建设的重要内容，明确提出要建设富强民主文明和谐的社会主义现代化国家。

一　从"高度文明民主"到"富强民主文明"

以邓小平同志为核心的党的第二代中央领导集体对发展目标的认识经历了从把我国建设成为高度文明、高度民主的社会主义国家到把我国建设成为富强、民主、文明的社会主义现代化国家而奋斗的过程。

1. 把我国建设成为高度文明、高度民主的社会主义国家

在1982年召开的党的十二大上，以邓小平同志为核心的党的第二代中央领导集体明确提出全面开创社会主义现代化建设的新局面，并鲜明地指出中国共产党在新的历史时期的总任务是：团结全国各族人民，自力更生，艰苦奋斗，逐步实现工业、农业、国防和科学技术现代化，把我国建设成为高度文明、高度民主的社会主义国家。并强调大力推进社会主义物质文明和精

神文明建设，继续健全社会主义民主和法制，认真整顿党的作风和组织，争取实现国家财政经济状况的根本好转，实现社会风气的根本好转，实现党风的根本好转。"两个文明建设一起抓"成为建设社会主义的一个重大战略方针。十二大把在建设高度物质文明的同时，努力建设以共产主义思想为核心的高度的社会主义精神文明，作为建设社会主义的战略方针提出来，又把建设高度的社会主义民主，作为建设社会主义物质文明和精神文明的保证，作为我们的一个根本目标和根本任务提出来，完全切合我国当时的实际，并具有深远的意义。怎样全面认识社会主义的特征，社会主义国家应该如何正确认识和处理经济和政治的关系，如何正确认识和处理物质文明建设和精神文明建设的关系，这是社会主义在实践中没有完全解决的一个重要问题，也是我们党在社会主义革命和建设中力求解决而又没有很好解决的一个重要问题。在党的十一届三中全会总结了历史经验之后，我们党对这个问题的认识有了很大的进步，达到了一个新的科学高度。

第一，建设高度文明的社会主义国家。与高度民主相对应的高度文明，显然在这里是指物质文明和精神文明。要建设高度文明的国家，一方面，要求我们必须把全党工作的重心放在经济建设上，从实际出发，毫不动摇地坚持以经济建设为中心，坚持党的十一届三中全会以来的一系列正确政策，促进经济建设的巨大发展，建设高度的物质文明，建设富强的社会主义国家；另一方面，社会主义社会是向着未来共产主义高级阶段的目标不断前进的，这个进程不能仅仅依靠物质财富的增长，还必须依靠人们共产主义思想觉悟的不断提高。如果忽视在共产主义思想体系指导下在全社会建设社会主义精神文明这个伟大任务，如果听任资本主义腐朽思想作风和封建主义残余影响侵蚀我们的党和人民，我们的现代化建设就不能保证社会主义的方向。因此，我们既要致力于物质文明建设，又要致力于社会主义精神文明建设，既要坚持社会主义现阶段的经济政策，又要坚持共产主义的思想教育，要善于把共产主义的远大理想同完成当前的斗争任务，同做好自己担负的具体工作紧密地联系起来。

第二，建设高度民主的社会主义国家。为了保证社会主义的物质文明和精神文明建设，党的十二大还提出要努力建设高度的社会主义民主，把社会主义民主扩展到政治生活、经济生活、文化生活和社会生活的各个方面去，并且把社会主义民主的建设同社会主义法制的建设紧密地结合起来，使社会主义民主制度化、法律化。这是我们党的无产阶级性质和我们国家的社会主义性质所决定的一项根本任务。社会主义事业是全体人民的事业。只有建设高度的社会主义民主，使我们各项事业的发展符合人民的意志和利益，使人民增强主人翁责任感，充分发挥主动性和积极性，才能开创社会主义现代化事业的新局面。

2. 把我国建设成为富强、民主、文明的社会主义现代化国家

党的十三大报告全面阐述了社会主义初级阶段理论，提出党在社会主义初级阶段的基本路线，就是领导和团结全国各族人民，以经济建设为中心，坚持四项基本原则，坚持改革开放，自力更生，艰苦创业，为把我国建设成为富强、民主、文明的社会主义现代化国家而奋斗。其中的发展目标就是建设富强、民主、文明的社会主义现代化国家。

第一，建设富强、民主、文明的社会主义现代化国家的首要任务是发展生产力。党的十三大报告所阐述的社会主义初级阶段理论其突出特点就是把发展社会生产力作为在社会主义初级阶段所要解决的重大历史课题，发展生产力就是要实现工业化和生产的商品化、社会化、现代化。社会主义社会的根本任务是发展生产力。在初级阶段，为了摆脱贫穷和落后，尤其要把发展生产力作为全部工作的重心。是否有利于发展生产力，应当成为我们考虑一切问题的出发点和检验一切工作的根本标准。必须始终不渝地发扬艰苦奋斗精神，勤俭建国，勤俭办一切事业。

第二，建设富强、民主、文明的社会主义现代化国家必须坚持改革开放。社会主义是在改革中前进的社会。党的十三大指出，在初级阶段，特别在当前时期，由于长期形成的僵化体制严重束缚着生产力的发展，改革更成为迫切的历史要求。改革是社会主义生产关系和上层建筑的自我完善，是推进一切工作的动力。建设富强、民主、文明的社会主义现代化国家还必须坚持对外开放。当代国际经济关系越来越密切，任何国家都不可能在封闭状态下求得发展。在落后基础上建设社会主义，尤其要发展对外经济技术交流和合作，努力吸收世界文明成果，逐步缩小同发达国家的差距。闭关自守只能越来越落后。

第三，建设富强、民主、文明的社会主义现代化国家必须有步骤分阶段进行。我国的经济建设，肩负着既要着重推进传统产业革命，又要迎头赶上世界新技术革命的双重任务。完成这个任务，必须经过长期的有步骤分阶段的努力奋斗。党的十一届三中全会以后，我国经济建设的战略部署大体分三步走。第一步，实现国民生产总值比1980年翻一番，解决人民的温饱问题。

这个任务已经基本实现。第二步，到 20 世纪末，使国民生产总值再增长一倍，人民生活达到小康水平，这个任务也已经基本实现。第三步，到 21 世纪中叶，人均国民生产总值达到中等发达国家水平，人民生活比较富裕，基本实现现代化。然后，在这个基础上继续前进。

总之，党的十三大所阐释的"富强、民主、文明"的社会主义道路发展目标，不但是中国特色社会主义发展的阶段性成果，更体现了中国特色社会主义事业发展的进一步要求。从两个文明建设到"富强民主文明"的正式提出，集中反映了以邓小平为核心的党的第二代领导集体对中国特色社会主义道路发展目标的新认识。

二 "富强民主文明"的发展目标的坚持与发展

在党的十四大报告中，江泽民同志从九个方面对建设有中国特色社会主义理论进行了概括。其中关于社会主义发展道路、发展阶段、根本任务、发展动力等的论述，鲜明地体现了对党的十三大提出的"富强、民主、文明"发展目标的坚持与发展。

1. 抓住机遇，加快发展，建设富强的社会主义现代化中国

以江泽民同志为核心的党的第三代中央领导集体在总结党的十一届三中全会以来中国在建设社会主义中的成功经验的基础上，继续强调社会主义的本质是解放生产力，发展生产力，消灭剥削，消除两极分化，最终达到共同富裕。强调现阶段我国社会的主要矛盾是人民日益增长的物质文化需要同落后的社会生产之间的矛盾，必须把发展生产力摆在首要位置，以经济建设为中心，推动社会全面进步。继续坚持"三个有利于"作为判断各方面工作的是非得失的标准，归根结底，要以是否有利于发展社会主义社会的生产力，是否有利于增强社会主义国家的综合国力，是否有利于提高人民的生活水平为标准。为把 20 世纪 90 年代中国特色社会主义的伟大事业推向前进，党的十四大报告提出了集中精力把经济建设搞上去的要求。

第一，我国经济能不能加快发展，不仅是重大的经济问题，而且是重大的政治问题。原因在于：我国近代的历史和当今世界的现实都清楚表明，经济落后就会非常被动，就会受制于人。当前国际竞争的实质是以经济和科技实力为基础的综合国力较量。世界上许多国家特别是我们周边的一些国家和地区都在加快发展。如果我国经济发展慢了，社会主义制度的巩固和国家的长治久安都会遇到极大困难。

第二，加快发展，要保证质量。以江泽民同志为核心的党的第三代中央领导集体号召全党全国人民，必须紧紧抓住有利时机，加快发展，有条件能搞快一些的就快一些，只要是质量高、效益好、适应国内外市场需求变化的，就应当鼓励发展。要真抓实干，大胆而又细致地工作，齐心协力办好几件大事，走出一条既有较高速度又有较好效益的国民经济发展路子。要坚持从实际出发，注意量力而行，搞好综合平衡。要杜绝一讲加快发展，就一哄而起，走到过去那种忽视效益，片面追求产值，争相攀比，盲目上新项目、一味扩大基建规模的老路上去。

2. 积极推进政治体制改革，建设社会主义民主政治

以江泽民同志为核心的党的第三代中央领导集体在围绕经济建设这个中心开展工作的同时，积极推进政治体制改革，加强社会主义民主法制建设，为建设民主的社会主义现代化中国而努力奋斗。党的十五大报告明确提指，建设有中国特色社会主义的政治，就是在中国共产党领导下，在人民当家做主的基础上，依法治国，发展社会主义民主政治。这就要坚持和完善工人阶级领导的、以工农联盟为基础的人民民主专政；坚持和完善人民代表大会制度和共产党领导的多党合作、政治协商制度以及民族区域自治制度；发展民主，健全法制，建设社会主义法治国家。实现社会安定，政府廉洁高效，全国各族人民团结和睦，生动活泼的政治局面。

第一，政治体制改革的目标是建设有中国特色的社会主义民主政治。积极推进政治体制改革，必须同经济体制改革和经济发展相适应，必须按照民主化和法制化紧密结合的要求来进行，绝不是搞西方的多党制和议会制。我国宪法规定，中华人民共和国国家机构实行民主集中制的原则。这是我们的一项根本制度。人民民主是社会主义的本质要求和内在属性。没有民主和法制就没有社会主义，就没有社会主义的现代化。我们应当在发展社会主义民主、健全社会主义法制方面取得明显进展，以巩固和发展稳定的社会政治环境，保证经济建设和改革开放的顺利进行。

第二，发展民主必须同健全法制紧密结合，实行依法治国。依法治国，就是广大人民群众在党的领导下，依照宪法和法律规定，通过各种途径和形式管理国家事务，管理经济文化事业，管理社会事务，保证国家各项工作都依法进行，逐步实现社会主义民主的制度化、法律化，使这种制度和法律不因领导人的改变而改变，不因领导人看法和注意力的改变而改变。依法治国，是党领导人民治理国家的基本方略，是发展社会主义市场经济的客观需

要，是社会文明进步的重要标志，是国家长治久安的重要保障。党领导人民制定宪法和法律，并在宪法和法律范围内活动。依法治国把坚持党的领导、发扬人民民主和严格依法办事统一起来，从制度和法律上保证党的基本路线和基本方针的贯彻实施，保证党始终发挥总揽全局、协调各方的领导核心作用。

3. 加强文化建设，把社会主义文明程度提高到新水平

改革开放和现代化建设，有力地推动着我国人民解放思想、开阔眼界、面向世界、走向未来，焕发出自强不息、奋力拼搏的精神，同时也对精神文明建设提出了更高要求。物质文明和精神文明都搞好，才是有中国特色的社会主义。精神文明建设必须紧紧围绕经济建设这个中心，为经济建设和改革开放提供强大的精神动力和智力支持。江泽民同志在党的十五大报告中明确指出，建设有中国特色社会主义的文化，就是以马克思主义为指导，以培育有理想、有道德、有文化、有纪律的公民为目标，发展面向现代化、面向世界、面向未来的，民族的科学的大众的社会主义文化。这就要坚持用邓小平理论武装全党，教育人民；努力提高全民族的思想道德素质和教育科学文化水平；坚持为人民服务、为社会主义服务的方向和百花齐放、百家争鸣的方针，重在建设，繁荣学术和文艺。建设立足于中国现实、继承历史文化优秀传统、吸取外国文化有益成果的社会主义精神文明。

第一，有中国特色社会主义的文化与社会主义精神文明有内容的一致性。文化相对于经济、政治而言，精神文明相对于物质文明而言，只有经济、政治、文化协调发展，只有两个文明都搞好，才是有中国特色的社会主义。

第二，文化事业重在建设。应当高度重视理论建设，保障学术自由，注重理论联系实际，创造性地开展研究，繁荣哲学社会科学，坚持和发展马克思主义。加强理论队伍建设，重视中青年理论工作者的培养和提高。坚持"为人民服务、为社会主义服务"的方向和"百花齐放，百家争鸣"的方针。积极推进文化体制改革，完善文化事业的有关经济政策，繁荣社会主义文化。要重视社会效益，鼓励创作内容健康向上特别是讴歌改革开放和现代化建设的具有艺术魅力的精神产品。加强新闻、出版、广播、电视和文学艺术等方面的工作。发挥思想政治工作的优势，激发广大群众投身社会主义建设的积极性。

第三，营造良好的文化环境，是提高社会文明程度、推进改革开放和现

代化建设的重要条件。要深入持久地开展群众性精神文明创建活动，大力倡导社会公德、职业道德和家庭美德。一手抓繁荣，一手抓管理，促进文化市场健康发展。加强文化基础设施建设。重视科学、历史、文化的遗产和革命文物的保护。积极推进卫生体育事业的改革和发展。提倡健康文明的生活方式，不断提高群众精神文化生活的质量。

以江泽民同志为核心的党的第三代中央领导集体，从中国特色社会主义初级阶段的实际出发，以初级阶段的基本路线为目标，进一步制定了党在初级阶段的基本纲领，把促进经济、政治、文化协调发展和人的全面发展联系起来，从而深化了对发展目标的认识。

三 "富强民主文明和谐"发展目标的全面阐释

2004年9月，党的十六届四中全会通过的《中共中央关于加强党的执政能力建设的决定》明确提出了构建社会主义和谐社会的战略任务，从而把中国特色社会主义事业的总体布局由经济、政治、文化"三位一体"发展到经济建设、政治建设、文化建设和社会建设"四位一体"。与此相应，发展目标由"富强民主文明"扩展为"富强民主文明和谐"。这是中国特色社会主义事业发展的必然结果和要求，体现了我们党解放思想、实事求是、与时俱进的理论品质，同时也体现了我们党一切从实际出发、切实维护和实现最广大人民的根本利益的先进性。

1. 发展目标的现实基础

党的十六大以来，以胡锦涛同志为总书记的党中央新的领导集体，面对复杂多变的国际环境和艰巨繁重的改革发展任务，带领全国各族人民，高举邓小平理论和"三个代表"重要思想伟大旗帜，战胜各种困难和风险，开创了中国特色社会主义事业新局面，为实现"富强民主文明和谐"的发展目标打下了坚实的基础。

第一，经济实力大幅度提升，向建设富强中国的发展目标迈出了坚实的一步。党的十六大以来，我国经济实力大幅度提升。经济保持平稳快速发展，国内生产总值连续六年保持年均增长10%以上，经济效益明显提高，财政收入连年显著增加，物价基本稳定。社会主义新农村建设扎实推进，区域发展协调性增强。创新型国家建设进展良好，自主创新能力较大提高。能源、交通、通信等基础设施和重点工程建设成效显著。载人航天飞行成功实现。能源资源节约和生态环境保护取得新进展。"十五"计划胜利完成，

"十一五"规划进展顺利。与此同时,改革开放取得重大突破。农村综合改革逐步深化,农业税、牧业税、特产税全部取消,支农惠农政策不断加强。国有资产管理体制、国有企业和金融、财税、投资、价格、科技等领域改革取得重大进展。非公有制经济进一步发展。市场体系不断健全,宏观调控继续改善,政府职能加快转变。进出口总额大幅度增加,实施"走出去"战略迈出坚实步伐,开放型经济进入新阶段。经济发展带来的直接好处是人民生活得到显著改善。

第二,政治体制改革稳步推进,民主法制建设取得新进展。人民代表大会制度、中国共产党领导的多党合作和政治协商制度、民族区域自治制度不断完善,基层民主活力增强。人权事业健康发展。爱国统一战线发展壮大。中国特色社会主义法律体系基本形成,依法治国基本方略切实贯彻。行政管理体制、司法体制改革不断深化。

第三,文化建设开创新局面,社会的文明程度进一步提高。具体体现在:社会主义核心价值体系建设扎实推进,马克思主义理论研究和建设工程成效明显。思想道德建设广泛开展,全社会文明程度进一步提高。文化体制改革取得重要进展,文化事业和文化产业快速发展,人民精神文化生活更加丰富。全民健身和竞技体育取得新成绩。

第四,社会建设全面展开,建设和谐社会有了良好开端。其具体表现是:各级各类教育迅速发展,农村免费义务教育全面实现。就业规模日益扩大。社会保障体系建设进一步加强。抗击非典取得重大胜利,公共卫生体系和基本医疗服务不断健全,人民健康水平不断提高。社会管理逐步完善,社会大局稳定,人民安居乐业。

2. 向发展目标迈进的时代要求

党的十七大提出了实现全面建设小康社会奋斗目标的新要求,同时把促进和谐作为现代化建设的重要内容,明确提出要建设富强民主文明和谐的社会主义现代化国家。坚持这一发展目标,要求我们不断解放和发展生产力,不断提升全社会的文明水平,促进人的全面发展,加快向发展目标靠近。在新世纪新阶段,我们要加快向"富强民主文明和谐"的发展目标迈进,这既是广大人民群众的迫切要求,也是我国当前发展的阶段性特征决定的。

第一,建设富强的社会主义现代化国家的任务依然艰巨。党的十一届三中全会以后,特别是党的十六大以来,党中央带领全党全国人民在向建设富强的中国奋斗的过程中取得了巨大成绩,经济实力显著增强,社会主义市场经济体制初步建立，人民生活总体上达到小康水平，协调发展取得显著成绩，等等。但是要建设富强的社会主义现代化国家，还必须面对以下艰巨的问题：生产力水平总体上还不高，自主创新能力还不强，长期形成的结构性矛盾和粗放型增长方式尚未根本改变；影响发展的体制机制障碍依然存在，改革攻坚面临深层次矛盾和问题；收入分配差距拉大趋势还未根本扭转，城乡贫困人口和低收入人口还有相当数量，统筹兼顾各方面利益难度加大；农业基础薄弱、农村发展滞后的局面尚未改变，缩小城乡、区域发展差距和促进经济社会协调发展任务艰巨。

第二，建设民主的社会主义现代化国家任务依然艰巨。尽管在政治建设方面我们已经取得社会主义民主政治不断发展、依法治国基本方略扎实贯彻、政治体制改革稳步推进等方面的喜人成绩，但是还存在着民主法制建设与扩大人民民主和经济社会发展的要求还不完全适应，政治体制改革需要继续深化的问题。民主法制建设与扩大人民民主不完全适应，表现为：随着现代化事业和时代的进步、发展，人民的民主渴求日益扩大，参政议政的意识和愿望不断提升，改善民生的需求更为迫切，而我们这些方面的立法仍然滞后，人权立法、社会保障立法，有关教育、医疗卫生、就业、收入、居住、社保、社会公共安全等方面的立法不够完备，或者缺乏可操作性和可执行力。民主法制建设与经济社会发展的要求不完全适应，表现在：有关社会主义市场经济的法律体系还不够完善。全面建设小康社会的新要求必然对法制建设提出新要求，要求我们加快立法速度，提高立法质量。"两个不完全适应"不仅仅存在于立法方面，也存在于执法和司法领域。党的十七大报告在分析过去五年工作中的问题和差距时，指出劳动就业、社会保障、收入分配、教育卫生、居民住房、安全生产、司法和社会治安等方面关系群众切身利益的问题仍然较多。

第三，社会主义现代化国家的文明程度还需要继续提高。面对新世纪新阶段，人民精神文化需求日趋旺盛，人们思想活动的独立性、选择性、多变性、差异性明显增强，对发展社会主义先进文化提出了更高要求。要求加强和改进思想政治工作，注重人文关怀和心理疏导，培育公民良好心态和健全人格。要求引导人们正确对待自己、他人和社会，正确对待困难挫折和荣辱，塑造自尊自信理性平和积极向上的社会心态。要求在尊重差异中扩大社会认同，在包容多样中增进思想共识，引导人们自觉地履行法律义务、社会责任、家庭责任。在全社会形成知荣辱、讲正气、促和谐、互爱互助、见义勇为的社会风尚。要求营造和谐的思想舆论氛围。

第四，建设和谐的社会主义现代化国家面临诸多新课题。尽管社会活力显著增强，社会建设全面展开，但同时社会结构、社会组织形式、社会利益格局发生深刻变化，社会建设和管理面临诸多新课题。主要是城乡、区域、经济社会发展仍然不平衡；农业稳定发展和农民持续增收难度加大；劳动就业、社会保障、收入分配、教育卫生、居民住房、安全生产、司法和社会治安等方面关系群众切身利益的问题仍然较多，部分低收入群众生活比较困难。

3. 实现发展目标的战略步骤

党的十六大详细制定了用 20 年时间全面建设小康社会的战略决策：要在 21 世纪头 20 年，集中力量，全面建设惠及十几亿人口的更高水平的小康社会，使经济更加发展、民主更加健全、科教更加进步、文化更加繁荣、社会更加和谐、人民生活更加殷实。这是实现现代化建设第三步战略目标必经的承上启下的发展阶段，也是完善社会主义市场经济体制和扩大对外开放的关键阶段。经过这个阶段的建设，再继续奋斗几十年，到 21 世纪中叶基本实现现代化，把我国建设成富强、民主、文明的社会主义国家。

以胡锦涛同志为总书记的党中央以邓小平理论和"三个代表"重要思想为指导，全面把握我国发展的阶段性特征，深刻分析影响我国社会和谐的突出矛盾和问题，创造性地提出了构建社会主义和谐社会。党的十六届六中全会上审议通过了《中共中央关于构建社会主义和谐社会若干重大问题的决定》，明确提出当前和今后一个时期构建社会主义和谐社会的指导思想、目标任务、工作原则和重大部署，是指导我们构建社会主义和谐社会的纲领性文件。

第一，深化了建设和谐的现代化国家的认识和实践。对构建和谐社会有一个不断探索、不断深化的过程。2002 年 11 月，党的十六大报告在阐述全面建设小康社会的目标时，提出了实现社会更加和谐的要求。党的十六大以来，我们根据国际国内形势发生的新变化，全面分析我国发展面临的机遇和挑战，深化对社会和谐在中国特色社会主义事业中重要地位和重要作用的认识。2004 年 9 月，党的十六届四中全会明确提出了构建社会主义和谐社会的重大战略任务，把提高构建社会主义和谐社会的能力确定为加强党的执政能力建设的重要内容，并提出了构建社会主义和谐社会的基本要求。2005 年 2 月，胡锦涛同志提出了构建民主法治、公平正义、诚信友爱、充满活力、安定有序、人与自然和谐相处的社会主义和谐社会的总目标。2005年10月，党的十六届五中全会把构建社会主义和谐社会确定为贯彻落实科学发展观必须抓好的一项重大任务，并提出了工作要求和政策措施。

第二，制定了构建社会主义和谐社会的主要目标和主要任务，这就是：到2020年，社会主义民主法制更加完善，依法治国基本方略得到全面落实，人民的权益得到切实尊重和保障；城乡、区域发展差距扩大的趋势逐步扭转，合理有序的收入分配格局基本形成，家庭财产普遍增加，人民过上更加富足的生活；社会就业比较充分，覆盖城乡居民的社会保障体系基本建立；基本公共服务体系更加完备，政府管理和服务水平有较大提高；全民族的思想道德素质、科学文化素质和健康素质明显提高，良好道德风尚、和谐人际关系进一步形成；全社会创造活力显著增强，创新型国家基本建成；社会管理体系更加完善，社会秩序良好；资源利用效率显著提高，生态环境明显好转；实现全面建设惠及十几亿人口的更高水平的小康社会的目标，努力形成全体人民各尽其能、各得其所而又和谐相处的局面。

中国特色社会主义事业"四位一体"的发展目标，是随着我国社会主义现代化建设实践的发展而不断深化和完善的，是中国共产党三代中央领导集体和以胡锦涛同志为总书记的党中央共同探索的结果，是我们党集体智慧的结晶。

深刻把握中国特色社会主义道路的科学内涵，要求我们既坚持科学社会主义的基本原则，又根据我国实际和时代特征赋予其鲜明的中国特色。不断解放和发展生产力，争取到2020年全面建设小康社会目标实现之时，把我国建设成为工业化基本实现、综合国力显著增强、国内市场总体规模位居世界前列的国家；成为人民富裕程度普遍提高、生活质量明显改善、生态环境良好的国家；成为人民享有更加充分民主权利、具有更高文明素质和精神追求的国家；成为各方面制度更加完善、社会更加充满活力而又安定团结的国家；成为对外更加开放、更加具有亲和力、为人类文明作出更大贡献的国家。

第九章 中国改革开放新起点

第一节 新的历史起点上中国改革必须牢记基本国情[①]

国情是一个国家在一定社会历史时期内客观存在的社会经济发展总体状况，包括国家内部的自然环境资源、经济、政治和社会文化生活等各个方面的基本状况和结构关系，以及国家和外部国际环境的基本联系，反映了这个国家当时所处的社会发展阶段。最基本的国情是当前社会的性质及其所处历史阶段。中国改革是立足于基本国情的改革，在新的历史起点上的中国改革，准确把握基本国情，是明确我国所处历史方位、科学确定基本路线、准确规划总体布局、正确提出改革目标的基本立足点。党的十七大报告强调："我国取得了举世瞩目的发展成就，从生产力到生产关系、从经济基础到上层建筑都发生了意义深远的重大变化，但我国仍处于并将长期处于社会主义初级阶段的基本国情没有变，人民日益增长的物质文化需要同落后的社会生产之间的矛盾这一社会主要矛盾没有变。当前我国发展的阶段性特征，是社会主义初级阶段基本国情在新世纪新阶段的具体表现。"[②] 社会主义初级阶段基本国情论是指导中国改革的理论前提。这一基本国情论经历了艰难的形成、发展与深化过程。从邓小平提出我国还处于社会主义初级阶段的科学论断，到江泽民再次强调我国还处在并将长期处在社会主义初级阶段，指出了把握这一基本国情的极端重要性，论述了社会主义初级阶段的主要特征和发

[①] 谭扬芳：《新的历史起点上中国改革必须牢记基本国情》，《淮阴师范学院学报》（哲学社会科学版）2010年第5期。

[②] 胡锦涛：《高举中国特色社会主义伟大旗帜 为夺取全面建设小康社会新胜利而奋斗》，人民出版社2007年版，第14页。

展进程、主要矛盾和根本任务，提出了党在社会主义初级阶段的基本纲领，到胡锦涛在全面建设小康社会和推动科学发展、促进社会和谐的进程中，强调在新的历史起点上的中国改革，必须牢记社会主义初级阶段的基本国情。

一　基本国情观的形成过程及基本内涵

党的十一届三中全会以来，以邓小平为核心的党的第二代领导集体在逐步认识和正确把握当代中国的基本国情的基础上，作出了我国现在处于社会主义初级阶段的科学论断，为中国改革奠定了重要的理论基础。正确认识我国社会现在所处的历史阶段，是我们制定和执行正确的改革路线和政策的根本依据。

1. 社会主义初级阶段论的形成过程

社会主义初级阶段基本国情论的形成大致经历了如下几步：

第一，在党的十一届六中全会上，社会主义初级阶段概念初步提出。1981年6月27日至29日，中共中央召开了十一届六中全会，全会审议并通过了《关于建国以来党的若干历史问题的决议》，《决议》指出："尽管我们的社会主义制度还是处于初级的阶段，但是毫无疑问，我国已经建立了社会主义制度，进入了社会主义社会，任何否认这个基本事实的观点都是错误的。……当然，我们的社会主义制度由比较不完善到比较完善，必然要经历一个长久的过程。"[1]

第二，党的十二大，社会主义初级阶段理论进一步发展。1982年9月，党的十二大政治报告再次提出了社会主义初级阶段的问题，报告指出："我国的社会主义社会现在还处在初级发展阶段，物质文明还不发达。"[2] 报告从物质文明还不发达和加强精神文明建设的迫切需要两个方面加强对社会主义初级阶段的认识，在理论上把经济不发达作为社会主义初级阶段的基本特征。1984年10月，党的十二届三中全会提出了商品经济不发达是我国社会主义初级阶段的重要经济特征。

第三，党的十三大，社会主义初级阶段理论得到了完整系统的阐述。在党的十三大召开前夕，邓小平指出："我们党的十三大要阐述中国社会主义处在一个什么阶段，就是处在初级阶段，是初级阶段的社会主义。社会主义

---

[1] 《三中全会以来重要文献选编》（上），人民出版社1982年版，第838页。
[2] 《中国共产党第十二次全国代表大会文件汇编》，人民出版社1982年版，第29页。

本身是共产主义的初级阶段,而我们中国又处在社会主义的初级阶段,就是不发达的阶段。一切都要从这个实际出发,根据这个实际来制定规划。"① 在这一思想指导下,党的十三大系统论述了社会主义初级阶段理论,并以此为根据明确概括和全面阐述了党的基本路线。党的十三大报告强调指出,在中国这样落后的东方大国建设社会主义,是马克思主义发展史上的新课题。我们面对的情况,既不是马克思主义创始人设想的在资本主义高度发展的基础上建设社会主义,也不完全同于其他社会主义国家。照搬书本不行,照搬外国也不行,必须从国情出发,把马克思主义基本原理同中国实际结合起来,在实践中开辟有中国特色的社会主义道路。党的十三大报告作出了我国目前处于社会主义初级阶段的科学论断,系统地阐述了初级阶段的基本含义、基本特征、根本任务、指导方针等,形成了社会主义初级阶段基本国情观。

2. 社会主义初级阶段论的基本内涵

以邓小平为核心的党的第二代领导集体有关社会主义初级阶段基本国情论的内容十分丰富,基本内涵如下:

第一,明确了社会主义初级阶段包含的目前我国的社会性质及其所处社会发展阶段两层含义:一是我国社会已经是社会主义社会,我们必须坚持而不能离开社会主义。二是我国的社会主义社会还处在初级阶段,我们必须从这个实际出发,而不能超越这个阶段。我国社会主义的初级阶段不是泛指任何国家进入社会主义都会经历的起始阶段,而是特指我国在生产力落后、商品经济不发达条件下建设社会主义必然要经历的特定阶段。我国从50年代生产资料私有制的社会主义改造基本完成,到社会主义现代化的基本实现,至少需要上百年时间,都属于社会主义初级阶段。这个阶段,既不同于社会主义经济基础尚未奠定的过渡时期,又不同于已经实现社会主义现代化的阶段。这个阶段是逐步缩小同世界先进水平的差距,在社会主义基础上实现中华民族伟大复兴的历史阶段。

第二,分析了社会主义初级阶段的主要矛盾和主要任务。我国社会主义初级阶段的主要矛盾,是人民日益增长的物质文化需要同落后的社会生产之间的矛盾。为了解决现阶段的主要矛盾,就必须大力发展商品经济,提高劳动生产率,逐步实现工业、农业、国防和科学技术的现代化,并且为此而改革生产关系和上层建筑中不适应生产力发展的部分。为了满足人们日益增长

---

① 《邓小平文选》第3卷,人民出版社1993年版,第252页。

的物质文化需要，党的工作重心、主要任务必须大力发展社会生产，坚持改革与开放的政策，引进国外先进的管理经验和竞争机制，提高生产力水平和广大人民的生活水准。

第三，回答了"什么是社会主义、怎样建设社会主义"这个具有普遍性和长期性且人们共同关注的时代问题。以邓小平为核心的党的第二代领导集体坚持科学社会主义理论和实践的基本成果，立足社会主义初级阶段的基本国情，抓住"什么是社会主义、怎样建设社会主义"这个根本问题，深刻地揭示社会主义的本质，把对社会主义的认识提高到新的科学水平。

二 坚持与发展基本国情观的历史必然性

以江泽民同志为核心的党的第三代中央领导集体带领全党全国各族人民继承、发展并成功地把改革开放伟大事业推向了 21 世纪。胡锦涛在十七大报告中曾对此壮举给予高度评价："从十三届四中全会到十六大，受命于重大历史关头的党的第三代中央领导集体，高举邓小平理论伟大旗帜，坚持改革开放、与时俱进，在国内外政治风波、经济风险等严峻考验面前，依靠党和人民，捍卫中国特色社会主义，创建社会主义市场经济新体制，开创全面开放新局面，推进党的建设新的伟大工程，创立'三个代表'重要思想，继续引领改革开放的航船沿着正确方向破浪前进。"①

1. 坚持基本国情观的历史必然性

20 世纪 80 年代末 90 年代初，国内发生严重政治风波，东欧剧变、苏联解体，世界社会主义出现严重曲折，我国社会主义事业的发展面临空前的困难和压力。在这个决定党和国家前途命运的重大历史关头，我们党召开了具有重大历史意义的十三届四中全会，形成了以江泽民同志为核心的中央领导集体。受命于危急之时、肩负继往开来历史重任的江泽民同志明确指出："党的十一届三中全会以来的路线和基本政策没有变，必须继续贯彻执行。在这个最基本的问题上，我要十分明确地讲两句话：一句是坚定不移，毫不动摇；一句是全面执行，一以贯之。"② 以江泽民同志为核心的党的第三代中央领导集体，紧紧依靠全党、全军、全国各族人民，立足社会主义初级阶段

---

① 胡锦涛：《高举中国特色社会主义伟大旗帜　为夺取全面建设小康社会新胜利而奋斗》，人民出版社 2007 年版，第 11 页。

② 《江泽民文选》第 1 卷，人民出版社 2006 年版，第 57 页。

的基本国情，旗帜鲜明地坚持四项基本原则，维护国家的独立、尊严、安全和稳定，毫不动摇地坚持经济建设这个中心，坚持改革开放，捍卫了中国特色社会主义伟大事业，打开了我国改革开放和社会主义现代化建设的新局面。那么，江泽民判断我国依然处在社会主义初级阶段的依据是什么？

第一，生产力落后。江泽民指出，我国进入社会主义的时候，就生产力发展水平来说，还远远落后于发达国家，"这就决定了必须在社会主义条件下经历一个相当长的初级阶段，去实现工业化和经济的社会化、市场化、现代化。这是不可逾越的阶段"①。

第二，社会主义制度还不完善。一是社会主义经济制度不完善。在所有制结构上，十三大初步提出"公有制为主体"突破了单一的所有制结构，十四大明确了"以公有制包括全民所有制和集体所有制经济为主体，个体经济、私营经济、外资经济为补充，多种经济成分长期共同发展，不同经济成分还可以自愿实行多种形式的联合经营。……在分配制度上，以按劳分配为主体，其他分配方式为补充，兼顾效率与公平"②。但这些制度还未达到完善的程度。二是与社会主义制度结合在一起的社会主义市场经济体制还不完善。我国经济体制改革确定什么样的目标模式，是关系整个社会主义现代化建设全局的一个重大问题。这个问题的核心，是正确认识和处理计划与市场的关系。邓小平的南方谈话指出，计划经济不等于社会主义，资本主义也有计划；市场经济不等于资本主义，社会主义也有市场。计划和市场都是经济手段。计划多一点还是市场多一点，不是社会主义与资本主义的本质区别。这个精辟论断，从根本上解除了把计划经济和市场经济看做属于社会基本制度范畴的思想束缚，使我们在计划与市场关系问题上的认识有了新的重大突破。尽管如此，我国的社会主义市场经济体制依然不完善、不成熟。三是社会主义民主法制还不够健全。我国在新中国成立后长期忽视民主法制建设，"文化大革命"期间已有的民主法制又遭到严重破坏。十一届三中全会后，民主法制建设不断加强，但尚未达到健全的程度。

第三，封建主义、资本主义腐朽思想和小生产习惯势力在社会上还有广泛影响。中国是一个封建社会历史很长的国家，在半殖民地半封建社会中又有了资本主义一定程度的发展。在封建社会中，小生产（即个体生产）是社

---

① 《江泽民文选》第2卷，人民出版社2006年版，第14页。
② 《江泽民文选》第1卷，人民出版社2006年版，第227页。

会生产的唯一形式。在半殖民地半封建社会中，小生产也是社会生产的主要形式。因此，封建主义、资本主义的腐朽思想和小生产的习惯势力，必然在社会上还有广泛的影响。

江泽民的这些论述，从生产力和生产关系、经济基础和上层建筑各方面揭示了当前我国社会主义的"不发达"状况，从而深刻地说明了我国社会主义社会仍然处在初级阶段的历史必然性。

2. 基本国情观内涵的发展

1992年10月，江泽民总书记在党的十四大报告中，重申了我国还处在社会主义初级阶段的科学论断，进一步论述了十三大报告中关于社会主义初级阶段理论的一些基本内容，从九个方面概括了邓小平建设有中国特色社会主义理论的主要内容，第一次明确提出我国经济体制改革的目标是建立社会主义市场经济体制，并对建立社会主义市场经济体制有关的一系列理论和政策作了深入的探讨。江泽民总书记在中共第十五次全国代表大会上的报告中，又重申了社会主义初级阶段理论，为其增添了许多新内容，将其提到了一个新的高度。

第一，从政治、经济、文化、制度等九大方面全面论述了社会主义初级阶段的国情现状和历史任务。江泽民指出："社会主义初级阶段，是逐步摆脱不发达状态，基本实现社会主义现代化的历史阶段；是由农业人口占很大比重、主要依靠手工劳动的农业国，逐步转变为非农业人口占多数、包含现代农业和现代服务业的工业化国家的历史阶段；是由自然经济半自然经济占很大比重，逐步转变为经济市场化程度较高的历史阶段；是由文盲半文盲人口占很大比重、科技教育文化落后，逐步转变为科技教育文化比较发达的历史阶段；是由贫困人口占很大比重、人民生活水平比较低，逐步转变为全体人民比较富裕的历史阶段；……是逐步缩小同世界先进水平的差距，在社会主义基础上实现中华民族伟大复兴的历史阶段。"[1] 与十三大报告突出强调发展生产力要求不同，十五大的新阐述，既强调经济建设的要求，又凸显提高人民生活水平的要求；既提出要建立和完善比较成熟的充满活力的社会主义市场经济体制，又提出要建设社会主义民主政治和其他方面的体制；既提出要建设社会主义物质文明，又提出要建设社会主义精神文明；既强调要缩小地区差距，又强调要缩小同世界先进水平的差距。也就是说，江泽民从经

---

[1] 《江泽民文选》第2卷，人民出版社2006年版，第14—15页。

济、政治和文化各方面更全面更深刻地揭示了初级阶段的历史任务。

第二，创造性地回答了"建设什么样的党、怎样建设党"这个具有普遍性和长期性且人们共同关注的时代问题。十三届四中全会以来，以江泽民为核心的党的第三代领导集体，科学判断我们党所处的社会主义初级阶段的历史方位，围绕建设中国特色社会主义这个主题，集中全党智慧，以马克思主义的巨大理论勇气进行理论创新，逐步形成了"三个代表"重要思想这一系统的科学理论。这一科学理论在建设中国特色社会主义的思想路线、发展道路、发展阶段和发展战略、根本任务、发展动力、依靠力量、国际战略、领导力量和根本目的等重大问题上取得了丰硕成果，用一系列紧密联系、相互贯通的新思想、新观点、新论断，进一步回答了什么是社会主义、怎样建设社会主义的问题，创造性地回答了建设什么样的党、怎样建设党的问题。

三　新的历史起点上的中国改革必须坚持与发展基本国情观

面对改革开放 30 年来，特别是十六大以来，以胡锦涛同志为总书记的党中央带领全国各族人民，高举邓小平理论和"三个代表"重要思想伟大旗帜，在面对复杂多变的国际环境下，战胜各种困难和风险，完成艰巨繁重的改革发展任务，开创了中国特色社会主义事业新局面，开拓了马克思主义中国化新境界。在新的历史起点上，中国改革必须继续坚持与发展基本国情观。

1. 继续坚持基本国情观的历史必然性

面对改革开放 30 年来，特别是十六大以来的成绩，国外有的人开始宣扬"中国威胁论"，国内也有人开始沾沾自喜，胡锦涛在十七大报告中强调，在看到成绩的同时，也要清醒认识到，我们的工作与人民的期待还有不少差距，前进中还面临不少困难和问题，这些差距、困难和问题就是判断我们依然处在并将长期处在社会主义初级阶段的依据，具体说来：

第一，经济增长的资源环境代价过大。中国首部环境绿皮书——《2005年：中国的环境危局与突围》指出，空气污染使慢性呼吸道疾病成为导致死亡的主要疾病，其造成的污染和经济成本约占中国 GDP 的 3%—8%，达到 1280 亿元，相当于广东和上海 GDP 的总和。

第二，城乡、区域、经济社会发展仍然不平衡。2008 年城镇居民人均可支配收入 15781 元，农村居民人均纯收入仅 4761 元，前者是后者的 3.02 倍；

东中西部地区在国民生产总值中人均 GDP 的比重差距不断扩大；经济高速发展，社会发展滞后，联合国发展署 2003 年各国社会发展数据显示，中国社会发展指数排在 104 位。

第三，扩大农业稳定发展和农民持续增收难度加大。特别是在世界金融危机的影响下，农产品的价格全面下行；优势农产品出口受阻，乡镇企业和农产品加工业发展困难加大；有关旱涝灾情对中国粮食生产的影响也给农民增收带来不利影响。

第四，劳动就业、社会保障、收入分配、教育卫生、居民住房、安全生产、司法和社会治安等方面关系群众切身利益的问题仍然较多，部分低收入群众生活比较困难。究其原因在于：科技投入不足，我国财政性教育经费支出占 GDP 的比重长期低于 4%；文化事业发展相对滞后，文化基础设施投入少，满足不了人民群众的需求；政府对卫生领域的投入在世界卫生组织给 191 个成员国 2000 年卫生绩效评估排序中，中国排第 144 位；社会公共福利投入不足，1995—2005 年，我国民政事业支出只占国家年均财政支出的 1.59%，民政事业设施建设投入只占国家年均基础设施建设经费投入的 0.17%。

此外，思想道德建设有待加强；党的执政能力同新形势新任务不完全适应，对改革发展稳定一些重大实际问题的调查研究不够深入；一些基层党组织软弱涣散；少数党员干部作风不正，形式主义、官僚主义问题比较突出，奢侈浪费、消极腐败现象仍然比较严重。我们要高度重视这些问题，继续认真加以解决。

上述这些情况表明，经过新中国成立以来特别是改革开放以来的不懈努力，我国取得了举世瞩目的发展成就，从生产力到生产关系、从经济基础到上层建筑都发生了意义深远的重大变化，但我国仍处于并将长期处于社会主义初级阶段的基本国情没有变，人民日益增长的物质文化需要同落后的社会生产之间的矛盾这一社会主要矛盾没有变。

2. 基本国情观内涵的深化

以胡锦涛同志为总书记的党中央对社会主义初级阶段基本国情论基本内涵的深化体现在创造性地回答了"实现什么样的发展、怎样发展"这个具有普遍性和长期性且人们共同关注的时代问题。十六大以来，以胡锦涛为核心的党中央在继续回答了"什么是社会主义、怎样建设社会主义"，"建设什么样的党、怎样建设党"的问题，创造性地回答了"实现什么样的发展、怎样发展"等重大理论和实际问题，立足于中国特色社会主义基本国情基础上，创立了科学发展观。

科学发展观的第一要义是发展，核心是以人为本，基本要求是全面协调可持续，根本方法是统筹兼顾。科学发展观通过理论创新形成新的理论形态，使中国特色社会主义理论体系趋于完善。在新的发展阶段继续全面建设小康社会、发展中国特色社会主义，必须坚持以邓小平理论和"三个代表"重要思想为指导，深入贯彻落实科学发展观。

贯彻落实科学发展观，要致力于解决以人民日益增长的物质文化需要同落后的社会生产之间的矛盾为社会主要矛盾的一系列矛盾，如经济实力显著增强与生产力总体水平不高、自主创新能力不强的矛盾；社会主义市场经济体制初步建立与影响发展的体制机制障碍依然存在，改革攻坚面临深层次问题的矛盾；人民生活总体上达到小康水平与收入分配差距拉大趋势还未根本扭转之间的矛盾，等等。中国特色社会主义理论体系，就是包括邓小平理论、"三个代表"重要思想以及科学发展观等重大战略思想在内的科学理论体系。

3. 继续强调基本国情观的重要意义

胡锦涛多次强调把握基本国情的重要意义。

第一，必须牢记社会主义初级阶段基本国情。2007年6月25日，胡锦涛在中央党校省部级干部进修班上的讲话中号召"全党同志特别是党的高级干部，必须牢记社会主义初级阶段基本国情"。这种必要性体现在：一是只有牢记社会主义初级阶段基本国情，才能认清全面建设小康社会、实现我国基本现代化、巩固和发展社会主义制度的重要性、长期性、艰巨性；二是只有牢记社会主义初级阶段基本国情，才能增强聚精会神搞建设、一心一意谋发展的坚定性；三是只有牢记社会主义初级阶段基本国情，才能提高想问题、办事情决不可脱离实际的自觉性；四是只有牢记社会主义初级阶段基本国情，才能清醒而又顽强地为实现党的历史使命而扎实奋斗、不懈奋斗；五是只有牢记社会主义初级阶段基本国情，才能继续深化对中国特色社会主义的研究和探索，努力使新的历史起点上的中国改革道路越走越宽广。

第二，要坚持把认清社会主义初级阶段基本国情作为推进改革、谋划发展的根本依据。在十七大报告中，胡锦涛从正反两方面再次强调把握基本国情的重要意义。他指出："强调认清社会主义初级阶段基本国情，不是要妄自菲薄、自甘落后，也不是要脱离实际、急于求成，而是要坚持把它作为推进改革、谋划发展的根本依据。"① 这里，胡锦涛强调，认清社会主义初级阶段基本国情，要防止两种片面理解：一方面，认为反正还在初级阶段，社会主义制度不如资本主义制度，就妄自菲薄，自甘落后；另一方面，认为还是初级阶段，为了赶英超美，就脱离实际、急于求成。认清社会主义初级阶段基本国情的重要意义在于要坚持把它作为推进改革、谋划发展的根本依据。其正确态度是要充分认识到我国实行的是社会主义制度，这一制度本身有与资本主义制度相比的优越性，要充分认识到我国的生产力还比较落后。我们必须始终保持清醒头脑，立足社会主义初级阶段这个最大的实际，增强中国改革的紧迫感、使命感和责任感。

总之，认清我国仍处于并将长期处于社会主义初级阶段这个基本国情，是我们科学分析我国全面参与经济全球化的新机遇新挑战，全面认识工业化、信息化、城镇化、市场化、国际化深入发展的新形势新任务，深刻把握在新的历史起点上，中国改革面临的新课题新矛盾，更加自觉地走科学发展道路，奋力开拓中国改革的基本前提。

第二节　中国特色社会主义公平与效率关系的反思②

30 年来，中国改革开放在经济方面所取得的辉煌成就为保障社会公平提供了强大的物质基础。人民的温饱问题已经解决，生活水平普遍提高，绝对贫困人口大幅度下降，教育普及程度显著提高。这些都得益于中国特色的社会主义市场经济，在社会分配方面，实行"效率优先，兼顾公平"的原则。但是在市场经济环境中，收入分配的差距在迅速扩大，同时带来种种不公正的社会现象。因此，为了从理论与实践统一的高度根本解决这一问题，实现中国特色社会主义公平与效率的有机统一，我们有必要先从社会公平失衡现状进行探讨。

一　现状分析：社会公平失衡

当代中国经济起飞的大势已成，不可逆转，而社会公平的失衡问题却日

---

① 胡锦涛：《高举中国特色社会主义伟大旗帜　为夺取全面建设小康社会新胜利而奋斗》，人民出版社 2007 年版，第 14—15 页。
② 谭扬芳：《改革开放 30 年：中国特色社会主义公平与效率关系的反思》，《探索》2009 年第 1 期。

益凸显，不可忽视。社会公平失衡问题主要体现在贫富差距日益扩大。改革开放以来，从"要允许一部分人先富起来"开始，中国经济发展的高速度为世人瞩目。然而，改革开放在打破平均主义大锅饭的同时，又出现了收入差距持续拉大的问题。收入差距的扩大导致了显著的社会贫富差距，占中国人口10%的贫困人口，只占有存款总额的3%，且呈下降趋势，而占总人口10%的最高收入者却占有存款总额的40%，且呈上升趋势。2006年，我国的基尼系数已上升到0.496，大大超过了贫富差距的国际警戒线。[①]

社会公平的失衡问题尤其集中表现在以下四个层面的贫富差距：

1. 城乡差距日益扩大

与其他国家在工业化发展中期相比，我国的城乡差距问题在世界上是比较严重的。[②] 目前，我国的城乡差距仍在扩大，国家发改委发布的《2006年中国居民收入分配年度报告》显示，2005年，各地区的"城乡收入差"比上一年扩大500元以上，全国农村居民人均可支配收入不及城镇居民的三分之一。[③]

2. 地区差距日益加剧

改革开放以来，东部沿海地区获得了快速的发展，从而急剧拉大了与中、西部居民的收入差距。特别是农村居民纯收入区域差异明显。上海农村居民人均纯收入是全国平均水平的2.53倍，而贵州只有全国平均水平的59.7%。[④] 由于东西部经济发展差距的迅速拉大，东西部地区人民群众的收入水平、富裕程度和消费结构也存在着明显的差距。现在，已达到小康水平或者富裕程度很高的县市，绝大多数集中在东部沿海地区，农民年人均纯收入达到5000元以上的县市越来越多，而年人均纯收入在500元以下的贫困县却全部分布在西部的广大地区。

3. 各阶层收入出现明显差距，并有进一步扩大的趋势

改革开放30年来，我国已经从一个平均主义盛行的国家，转变为收入差距超过了国际上中等不平等程度的国家，利益格局的分化和转型，明显地

[①] 国际上通常把基尼系数0.4作为收入差距的警戒线。

[②] 据国际劳工组织发表的1995年36个国家的资料表明，我国当时城乡人均收入比超过了2，而绝大多数国家的城乡人均收入比都小于1.6。

[③] 中共中央宣传部理论局：《理论热点面对面》，学习出版社、人民出版社2007年版，第114页。

[④] 王姮、汪三贵：《教育对中国农村地区收入差距的影响分析》，《农业技术经济》2006年第2期，第3页。

产生了一个高收入层、中等收入层和低收入层。我国现在的问题是，低收入层太大，中等收入层还太小，而高收入层集中的财富过多。社会上的高收入层较多地占有了社会上其他各阶层的收入。① 各阶层的收入差距还在进一步扩大，2005年，高收入层人均工资水平是低收入层人均工资水平的4.88倍。②

4. 干部群众收入差距不断拉大

这不仅表现在公务员的收入不断增加，更多地表现在企业，特别是国有大型企业的干部和工人的奖金分配的差距越来越大。国企高管薪水与普通职工差距过大、高管自定薪酬等问题受到社会各界的普遍关注。有的央企高管的年收入与普通职工的差距高达几百万元，专家呼吁建立起公平的国企薪酬体系。以中国神华为例，去年该公司16位高管的年薪为2404万元，平均每人150.25万元。广东省《2006年省情调查报告》显示，当前广东国有企业薪酬管理总体上处于无序和失控状态，有的企业以强调"经营者个人贡献"为由自定高薪酬，有的企业实行"股权激励"，高管几年间获得几千万元甚至近亿元报酬，企业却出现严重亏损。

二 政策回顾：从"效率优先，兼顾公平"走向"效率公平，有机统一"

面对中国日益严重的公平失衡问题，我们该如何确立发展目标，是继续重点强调"效率优先，兼顾公平"，鼓励一部人先富起来，还是更加强调"效率公平的有机结合"，重点转向促进共同富裕？为了正确回答这个问题，我们有必要回顾公平与效率关系问题在中国改革开放不同时期对它的政策定位。从"效率优先，兼顾公平"走向"效率公平，有机统一"的重大政策创新经历了三个阶段：

1. "效率优先，兼顾公平"，更加注重效率

改革开放初期，为了打破平均主义"大锅饭"的低效率局面，邓小平首倡"让一部分人先富起来，最终走向共同富裕"的大政策，本意是希望这样的分配政策，既要有利于善于经营的企业和诚实劳动的个人先富起来，合理拉开收入差距，又要防止贫富悬殊，坚持共同富裕的方向，实际上是采取非均衡发展战略，优先强调"效率"。这一发展战略从公平效率的关系在以下

---

① 郑杭生：《社会公平与社会分层》，《江苏社会科学》2001年第3期，第33页。
② 中共中央宣传部理论局：《理论热点面对面》，学习出版社、人民出版社2007年版，第114页。

各次党的会议报告中的定位得到体现：十三大报告中的提法是"在促进效率提高的前提下体现社会公平"。十四大报告的提法是"在分配制度上，以按劳分配为主体，其他分配方式为补充，兼顾效率与公平"。十四届三中全会首次提出"效率优先，兼顾公平的收入分配制度"。十五大再次提出"坚持效率优先、兼顾公平"。

应当说，这一大政策在改革开放头十几年间取得了巨大成效，确实使一部分地区、单位、个人迅速摆脱了贫困，开始富裕起来。"效率优先，兼顾公平"大政策在实践中演变为首先强调提高效率，发展生产力，把一部分人先富起来摆在首位；至于社会公平，则摆在适当照顾的从属地位，次要地位，能兼顾多少算多少，兼顾不到就算了。

随着改革的深入，邓小平晚年思考得最多的就是怎样从一部分人先富，走向共同富裕。分配公平问题是他晚年最担忧的问题之一。他在和邓垦的一次谈话时说："十二亿人口怎样实现富裕，富裕起来以后财富怎样分配，这都是大问题。……解决这个问题比解决发展起来的问题还困难。……要利用各种手段、各种方法、各种方案来解决这个问题。……分配不公，会导致两极分化，到一定时候问题就会出来。这个问题要解决。过去我们讲先发展起来，现在看，发展起来以后的问题不比不发展时少。"①

2. "效率优先，兼顾公平"，更加强调公平

进入新世纪以来，经济在继续保持快速增长的同时，收入分配差距过度拉大，人们更加关注社会公平。十六大报告虽然坚持"效率优先、兼顾公平"的提法。但强调"再分配注重公平"，强调"规范分配秩序，合理调节少数垄断性行业的过高收入，取缔非法收入。以共同富裕为目标，扩大中等收入者比重，提高低收入者收入水平"②。

3. 更加注重社会公平，不提"效率优先，兼顾公平"

从十六届五中全会公报开始，不再提"效率优先，兼顾公平"，而是从完善分配制度角度提出了"更加注重社会公平"，该会审议通过的《"十一五"规划》强调"注重社会公平，特别要关注就业机会和分配过程的公平，加大调节收入分配的力度，强化对分配结果的监管"。十七大报告强调"初次分配和再分配都要处理好效率和公平的关系，再分配更加注重公平"，"要

---

① 《邓小平年谱（1975—1997）》，中央文献出版社2004年版，第1364页。
② 《十六大报告辅导读本》，人民出版社2002年版，第25页。

把提高效率同促进社会公平结合起来"。

从以上的历史回顾可以看出,每一阶段关于分配原则的提法及所强调的重点,都是坚持马克思主义公平效率有机统一观的中国共产党,为了顺应和促进当时中国经济社会发展,力求正确认识和处理效率与公平的关系的智慧结晶。马克思主义公平效率有机统一观在中国改革开放的伟大实践中的发展过程,实质上就是中国共产党对效率与公平问题认识的与时俱进的深化和发展过程。

三 理论反思:公平与效率辩证统一

社会经济资源的配置效率是人类经济活动追求的目标,而经济主体在社会生产中的起点、机会、过程和结果的公平,也是人类活动追求的目标。[1] 马克思主义认为,公平、效率都是历史范畴,随着历史条件的改变而发展变化。效率体现了人与自然之间的关系,是生产力水平高低的指示器;公平体现了人与人之间的关系,是生产关系和谐与否的晴雨表。二者是历史的、具体的、辩证统一的。

1. 公平与效率的关系是具体的、历史的

马克思在实现了哲学世界观的革命变革的同时,也就真正变革了传统的公平观。传统的社会主义把公平理解为在享有财富上的平等,即事实上的平等,而传统的自由主义则把公平解释为程序性、规则性的概念,即规范性意义的"平等",两者尽管大相径庭,却都把公平视为超历史的道德范畴。马克思主义把公平问题纳入了历史观的视野,把它归结为特定阶级的解放诉求,因此,无产阶级的平等要求必定与消灭阶级和私有制、与超越资本主义和实现每一个人的自由全面发展相联系。[2] "平等的观念,无论以资产阶级的形式出现,还是以无产阶级的形式出现,本身都是一种历史的产物","无产阶级平等要求的实际内容都是消灭阶级的要求"。[3]

马克思、恩格斯把实现在高度发达的经济基础之上消灭一切非正义的社会现象,追求全人类的彻底解放,实现人类社会真正意义上的社会公正,作为首要价值和基本目标。要实现社会公正,就必须解决公正的最重要的问

---

[1] 程恩富:《公平与效率交互同向论》,《经济纵横》2005 年第 12 期。
[2] 侯惠勤:《马克思主义公平观的实践意义》,《马克思主义研究》2005 年第 4 期。
[3] 《马克思恩格斯选集》第 3 卷,人民出版社 1995 年版,第 448 页。

题——平等自由，平等是最重要的公正。马克思、恩格斯非常重视人的平等自由问题，并将之置于极为重要的位置，认为这是社会发展过程中所要解决的核心问题。"一个社会的一切成员，都应当有平等的政治地位和社会地位。"① 马克思主义认为，在资本主义社会，资本家和工人之间的经济关系是不公平的，所谓"平等的权利"，也是相对的，而且按其实质来说，它仍然是"被限制在一个资产阶级的框框里"的资产阶级权利。

以马克思主义公平效率观为指导，中国特色社会主义公平效率有机统一观同样是具体的、历史的。我们应该从生产力与生产关系、经济基础与上层建筑的矛盾运动中去考察分配领域中的公平问题，确立社会公平的判断标准。在具体领域，"效益优先"原则应贯穿于发展生产领域，"公平优先"则是收入分配领域应该首先强调的。一方面，在生产领域，应该强调"效率优先"、"兼顾速度"，这就是要把质量、效益、效率放在第一位，把投入、数量、速度放在适当地位，不是主要靠拼投入、增数量来实现粗放式的经济增长，而是要实现集约型的经济增长——把质量、效益、效率作为经济增长的最主要因素。这是符合党转变经济增长方式的方针要求的。也正如邓小平同志所强调的，只要是讲效益，讲质量，就不必担心发展会出大问题。所以，"效率优先"原则应该始终贯穿于发展生产过程。另一方面，"公平优先"原则是收入分配领域应该首先强调的。十七大报告强调的"初次分配和再分配都要处理好效率和公平的关系"，那种认为初次分配可以讲"效率优先"，再分配再讲注重公平的观点在实践中不攻自破。往往是初次分配不公带来的社会问题更加严重，垄断行业和非垄断行业的畸高畸低的个人收入，就是初次分配没强调社会公平问题，有些部门、企业高管人员与普通职工的畸高畸低收入同样属于初次分配问题，一些外资、内资工厂，把工人（特别是民工）工资压得那么低，而且多年不怎么涨，过量剥削剩余价值也是初次分配的问题。初次分配不强调社会公平会带来经济秩序的混乱，显然，仅通过财税等再分配杠杆来调节分配不公问题远远不够，必须重视初次分配中的社会不公问题，将"公平优先"原则贯穿整个分配领域。②

2. 公平与效率的关系是辩证统一的

马克思主义认为，社会发展首先是生产力的发展和经济效率的提高，由

---

① 《马克思恩格斯选集》第 3 卷，人民出版社 1995 年版，第 444 页。
② 刘国光：《进一步重视社会公平问题》，《中国经贸导刊》2005 年第 8 期。

此决定生产关系的演变和社会公平的实现。在生产力发展水平较低的条件下，不能超越历史阶段而盲目提高公平程度，否则会阻碍生产力的发展；反之，当生产力发展到一定水平，生产关系得不到及时变革或调整，社会分配差距过大，也会阻碍生产力的发展。但是效率与公平的关系不是一种简单的反比例关系，那种认为在一定范围内扩大收入分配差距有利于提高效率，缩小收入分配差距不利于提高效率的观点是片面的。事实证明，二者应当是辩证的统一的关系。收入分配差距过大和过小都不利于提高效率。马克思在阐述未来社会的产品分配原则时，主张在社会主义社会应当实行按劳分配的原则，马克思批判了机会主义的拉萨尔派的"公平的分配"和"公平的权利"的观点。

以马克思主义公平效率观为指导，中国特色社会主义公平效率的关系同样是辩证统一的。在宏观层面，应强调效率与公平的有机统一，"不存在孰先孰后的问题"[1]，二者不是此消彼长的替代关系，也不是优先与兼顾的主次关系。效率与公平的有机结合，以提高效率保证社会公平，以社会公平促进提高效率，这才是合规律性与合目的性的统一。一方面，生产力是推动社会进步的根本动力，任何社会特别是社会主义社会不应该靠牺牲"效率"也就是生产力的发展，来谋求所谓的公平。另一方面，生产关系对生产力会产生巨大的反作用，任何社会特别是社会主义社会更不应该靠牺牲"公平"也就是生产关系的和谐发展，来谋求所谓的效率。在各种经济活动中，人们不能违背效率与公平的发展规律，否则会受到它的惩罚，但人们可以认识和掌握这一规律，并用来指导经济实践。例如，十六届五中全会以来，把"效率优先，兼顾公平"的分配原则淡出中央文件的主要原因之一就是"效率优先，兼顾公平"，意味着把经济效率摆在第一位，把社会公平放在第二位，这同"注重社会公平"、"促进社会公平和正义"、"更加注重社会公平"理论上不自洽。没有效率就没有公平，同理，没有公平，一时存在的效率，也难以持久。

四　实践创新：更加突出四大公平

根据十七大报告精神，实现中国特色社会主义公平效率有机统一，必须加快推进以实现社会公正为主题的四大公平——教育公平、就业机会公平、

---

[1] 程恩富：《公平与效率交互同向论》，《经济纵横》2005 年第 12 期。

分配公平和保障公平。

1. 办人民满意的教育，努力实现教育公平

教育是民族振兴的脊梁，教育公平是社会公平的重要基础。要实现教育公平，在全面贯彻党的教育方针的前提下，一是要加大财政对教育投入，规范教育收费，扶持贫困地区、民族地区教育，健全学生资助制度，保障经济困难家庭、进城务工人员子女平等接受义务教育。二是要优化教育结构，促进义务教育均衡发展，加快普及高中阶段教育，大力发展职业教育，提高高等教育质量。三是要加强教师队伍建设，重点提高农村教师素质。鼓励优秀的大学毕业生到西部、到基层、到农村进行教育扶贫。

2. 完善就业机制，尽量实现就业机会公平

就业是民生之本，就业机会公平是走向社会公平的关键。充分就业应当是社会的优先目标。实现充分就业，对于实现社会公正具有重要的意义。获得一种职业，对于劳动者来说，就意味着拥有了相对稳定的经济收入，意味着能够进行一些必要的平等的社会活动。充分就业对于一个社会来说，是消除贫困问题、缓解贫富差距扩大问题的必要条件。

金融危机的到来，使本已经积重难返的大学生就业问题变得更加严峻。据国家人事部统计资料显示：2009 年全国高校毕业生超过 560 万，近两年沉积的未就业的高校毕业生约有 480 万人，2009 年需就业的大学生高达千万人。一边是更多的毕业生需要就业，另一边却是工作岗位减少、大量员工失业的现状。要通过充分就业，实现就业公平，政府必须大力实施扩大就业的发展战略，促进以创业带动就业。要使这一战略得到落实，我们必须要实施、建立、健全、完善相关的政策，一是要坚持实施积极的就业政策，加强政府引导，完善市场就业机制，扩大就业规模，改善就业结构。二是要建立统一规范的人力资源市场，形成城乡劳动者平等就业的制度，保持群体间的流动通畅，并保证流动的制度化与公平性。三是要完善支持大学生自主创业、自谋职业政策，加强就业观念教育，使更多大学生成为创业者。

3. 缩小收入分配差距，争取实现分配公平

处理好收入分配关系，协调收入分配的过大差距，实现贫富和谐，关键是解决好弱势阶层的过低收入和贫困状况。要扭转收入分配差距，我们一定要防止用平均主义的方式来解决贫富差距过大的现象。我们要大力推进社会经济的发展，在发展中解决贫富差距过大的问题。只有以高度发达的生产力为基础，一个社会才能具备相应的社会经济资源，才能为缓解贫富差距扩大

问题提供必要的条件和途径。有了必要的物质条件，通过增加城乡居民收入来争取实现分配公平，我们必须深化收入分配制度改革，一是要坚持和完善按劳分配为主体、多种分配方式并存的分配制度，健全劳动、资本、技术、管理等生产要素按贡献参与分配的制度，初次分配和再分配都要处理好效率和公平的关系，再分配更加注重公平。二是要逐步提高居民收入在国民收入分配中的比重，提高劳动报酬在初次分配中的比重，着力提高低收入者收入，逐步提高扶贫标准和最低工资标准，建立企业职工工资正常增长机制和支付保障机制。三是要创造条件让更多群众拥有财产性收入，保护合法收入，调节过高收入，取缔非法收入，逐步扭转收入分配差距扩大趋势。

4. 推进社会保障体系建设，力争实现保障公平

社会保障的目标，是立足于社会公正和社会安全的角度，通过社会救助、养老保险、医疗保险、生育保险、工伤保险、失业保险、社会福利以及社会优抚等多个方面来实现社会公正和社会安全，确保每个人有一个合理的生活水平。实现保障公平，建立覆盖城乡居民的社会保障体系，保障人民基本生活。一是要以社会保险、社会救助、社会福利为基础，以基本养老、基本医疗、最低生活保障制度为重点，以慈善事业、商业保险为补充，加快完善社会保障体系。二是全面推进医疗保险制度和养老保险制度，前者包括城镇职工基本医疗保险、城镇居民基本医疗保险、新型农村合作医疗制度建设，后者包括促进企业、机关、事业单位基本养老保险制度改革，探索建立农村养老保险制度。三是逐步提高保障水平，包括完善城乡居民最低生活保障制度，健全廉租住房制度，加快解决城市低收入家庭住房困难。

总之，十七大确立的中国特色社会主义小康社会的目标，未来的中国社会应当既是一个富裕、文明的社会，又是一个公正的社会。这就要求我们在注重经济建设的同时，应当注重社会公正问题，注重缓解贫富差距扩大的问题，防止两极分化。在经济体制转轨过程中出现收入差距，在总体上是经济市场化进程中的必然现象，它与旧体制下普遍贫穷低效的平均主义相比，是一种社会进步。我们应该看到，在某些方面存在严重问题，绝不是全局的，更不是"对抗性"的矛盾。防止用平均主义的方式来解决贫富差距过大的现象。实现中国特色社会主义公平与效率的有机统一，是个漫长的历史过程。我们必须以马克思主义的公平与效率统一观为指导，根据十七大报告精神，在实现教育公平、就业机会公平、分配公平、保障公平等方面更加强调公平与效率的有机统一。

第十章 改革新起点上的新开放观

在当代国际金融危机的世界历史背景下,"中国模式创新"的时代课题比以往更加凸显出来。我国的对内改革与对外开放都站在一个新起点上,呼唤科学发展的新战略、解放思想的新观念。在这个新起点上,笔者欣喜地读到了《七大资源匮乏呼唤加快经济发展方式转变》、《转变对外经济发展方式须实现"五个提升"》等新论述,深受启迪。在这里,尝试探讨改革新起点上的新开放观的源头活水、内外契机和新的生长点。

第一节 新开放观的四大源头活水

以毛泽东同志为核心的党的第一代中央领导集体创立毛泽东思想,带领全党全国各族人民建立新中国,取得社会主义革命和建设伟大成就,以及艰辛探索社会主义建设规律取得了宝贵经验,为我国的开放事业打下了基础。新民主主义革命的胜利、社会主义基本制度的建立,为当代中国开放奠定了根本政治前提和制度基础。以邓小平同志为核心的党的第二代领导集体,在时代主题转换的新的历史条件下,既继承了毛泽东的开放思想和开放事业,又发展了毛泽东的开放思想,并把中国的开放事业推向一个新的阶段。以江泽民同志为核心的党的第三代中央领导集体,带领全党全国各族人民把中国的开放事业成功推向了 21 世纪。以胡锦涛同志为总书记的党中央带领全党全国人民坚定不移地把中国的开放事业继续推向前进。毛泽东思想、邓小平理论、"三个代表"重要思想、科学发展观中的开放观是新开放观的四大源头活水。

一 第一大源头活水——毛泽东思想中的自主开放观

毛泽东的对外开放思想是我们党极其宝贵的思想理论遗产,改革新起点上的对外开放，必须深刻理解和把握毛泽东在处理对外开放问题时所提出的正确的思想原则及其精神实质。

1. 以"独立自主、自力更生"为开放的基点

毛泽东对外开放思想的重要基点是"独立自主、自力更生"，其精髓是任何一个党、一个国家要领导本国的革命和建设取得胜利，都离不开国际的支持和援助，但主要的还是要依靠本国最广大人民群众的力量，把立足点放在自己力量的基点上，这样才能使革命和建设事业立于不败之地。新中国成立后，毛泽东在《第二个五年计划》的批示中指出，希望有外援，但又不主要依靠外援，外援是第二位的，以自力更生为主、争取外援为辅；破除迷信，打倒向靠大国富国乞讨过日子的奴隶思想，独立自主地发展农业、工业、技术和文化事业。显然，在毛泽东看来，我们的对外开放只能是独立自主、自力更生基础上的对外开放。如果离开了这个基点搞对外开放，无异于是向大国强国乞讨的奴隶。

2. 以坚持"维护国家主权和安全"为开放的原则

毛泽东主张同一切国家包括资本主义国家进行交往，但强调必须"站在我们的民族立场"来考虑问题。毛泽东认为，没有独立地位和损害国家利益的对外开放只能是殖民地式的被迫的对外开放，必须"站在我们的民族立场"上，欢迎外国投资与技术合作。他指出：为了建设，毫无疑问，我们需要外国资本，特别是在交通运输和工业方面。但是，早先租界林立的时代已经过去，今后谁想在中国做生意，谁就不应该忘记，只有在双方——中国人和外国人都感到满意的基础上才能进行。毛泽东对外开放思想与实践的鲜明特征就是在坚决维护国家主权和安全的同时，实行对外开放，利用外资优势来发展中国的经济。①

3. 学习与创新相结合，贵在创新是开放的目的

毛泽东强调通过对外开放，学习、吸收外国的先进文明成果，发展、创新并逐步赶超世界先进水平，而落脚点则在于中国必须走独立自主的创新发展道路。一是学习要有选择性，必须学习外国先进的东西，学习对本民族发展有用的东西。一方面，毛泽东指出，要学习人家的长处，并善于与人家合作，绝不是惧外。他提倡向一切国家、一切民族学习，即使是带头对我国进

---

① 孙海：《论毛泽东对外开放的五大思想原则及其当代价值》，《毛泽东思想研究》2009 年第 6 期。

行经济封锁的美帝国主义者,毛泽东也希望同它建立正常的政治经济交往关系。另一方面,毛泽东强调,我们要学习有利于本民族发展的东西,同时要保住本民族的特点,我们应加强民族自尊心和自信心,而不是排外。二是学习要有创新性,必须在学习的基础上进行创新和发展。毛泽东同志指出:"必须有分析有批判地学,不能盲目地学,不能一切照抄,机械搬用。他们的短处、缺点,当然不要学。"① 他还警告:"照抄是很危险的,成功的经验,在这个国家是成功的,但在另一个国家如果不同本国的情况相结合而一模一样地照搬就会导向失败。"② "我们不能走世界各国技术发展的老路,跟在别人后面一步一步地爬行。"③ 批判吸收外国文化的目的,是为了创造出具有中国民族风格,人民大众喜闻乐见而又生动活泼的新文化。毛泽东指出:"应该学习外国的长处,来整理中国的,创造出中国自己的有独特的民族风格的东西。"④ 1956年8月,毛泽东在同音乐工作者的一次讲话中,还明确而具体地谈到科技、医学、艺术的创新问题。他鼓励科技工作者用近代外国科学知识和科学方法来整理中国的科学遗产,作出独创性的努力,直到形成中国自己的学派;他号召医务工作者中西医结合,创造祖国统一的新医学、新药学;他要求艺术工作者学习外国艺术的基本原理和基本技巧,创造出新的具有独特民族形式和民族风格的艺术来。学习应与独创相结合,创新是学习的出发点和归宿。

　　毛泽东对向外国学习的具体途径也做了可贵的设想和实践。他指出,要多形式地对外开放,并确定向外国学习的具体途径:派人到国外学习;把外国人请进来;欢迎外国资本投资;发展双边贸易;引进先进技术和设备;国际援助;多边外交;等等。

　　毛泽东是新中国开放事业的开拓者和奠基人,他为中国的对外开放事业进行了长期的艰辛的探索,取得了巨大的理论成果,对中国开放事业发展作出了巨大贡献。毛泽东对外开放观的思想原则对我国新时期的对外开放具有重要的方法论意义。

---

① 《毛泽东文集》第7卷,人民出版社1999年版,第41页。
② 同上书,第64页。
③ 《毛泽东文集》第8卷,人民出版社1999年版,第341页。
④ 《毛泽东文集》第7卷,人民出版社1999年版,第83页。

二　第二大源头活水——邓小平理论中的安全开放观

邓小平继承并发展了毛泽东思想中的独立自主原则，把独立自主与对外开放有机地结合了起来，形成了"独立自主，全面开放，重点突出"的对外开放原则。

1. 提出"坚持独立自主，不打牌，不结盟，不称霸"的原则

邓小平指出："中国的事情要按照中国的情况来办，独立自主，自力更生，无论过去、现在和将来，都是我们的立足点。"[①] 中国这样的社会主义大国，不能依靠别人进行建设，不靠自己不行，主要是靠自己，这叫独立自主。邓小平在新的国际形势下指出"中国不打美国牌，也不打苏联牌，中国也不允许别人打中国牌"[②]。针对广大发展中国家所提倡和参加的不结盟运动，邓小平提出了"不结盟"的对外政策方针。为处理好各国政党之间的关系，邓小平提出了不称霸，中国共产党在与别国政党之间发展关系时遵循"独立自主，完全平等，互相尊重，互不干涉内部事务"的原则，这是独立自主原则在党际关系上的重大发展。

2. 继续强调"国家的主权、国家的安全要始终放在第一位"[③]

这就是说对外开放，以不损害国家的主权和国家的安全并能发展自己为标准。这就是对外开放的度，也是对外开放的标准。"我们是爱国主义者，决不容忍中国的民族尊严和民族利益受到任何侵犯。"[④]"中国决不依附于任何大国或者国家集团，决不屈服于任何大国的压力。"[⑤] 我们要增强中国人民自己的民族自信心和自豪感，以祖国利益为重。我们不能照搬西方资本主义国家的做法，更不能丢掉我们社会主义制度的优越性。中国要搞现代化，绝不能搞自由化，在实行对外开放政策的同时，要刹住自由化之风，在扩大对外交流的同时，要抵制外来的腐朽思想。面对风云突变的国际形势，邓小平强调要抓住机遇，发展自己，把经济搞上去，并斩钉截铁地表示，现在我们要抵住这股逆流，旗帜鲜明地坚持社会主义，防止和平演变。

---

① 《邓小平文选》第 3 卷，人民出版社 1993 年版，第 3 页。
② 同上书，第 57 页。
③ 同上书，第 348 页。
④ 《十二大以来重要文献选编》上，人民出版社 1986 年版，第 39 页。
⑤ 同上。

3. 全面开放，重点突出

邓小平继承了毛泽东的不平衡思维，形成了"全面开放、重点突出"的对外开放特点。在对外开放的顺序上，毛泽东主张先问过姓"资"还是姓"社"，主张首先同社会主义国家和人民做生意，其次同资本主义国家做生意，把开放的大门首先朝着苏联等社会主义国家打开。邓小平则不同，他以发展生产力为对外开放的最终目标，在开放的顺序上，考虑的不是姓"资"姓"社"的问题，而是生产力发展水平的问题。邓小平主张对外开放以西方发达国家为主，以引进西方国家的资金、技术、设备、管理经验和人才为主。①

三 第三大源头活水——"三个代表"重要思想中的双向开放观

以江泽民同志为核心的党的第三代中央领导集体，在国内外政治风波、经济风险等严峻考验面前，依靠党和人民，创立"三个代表"重要思想，提出了进一步扩大对外开放，更多更好地利用国外资金、资源、技术和管理经验，以及坚持"引进来"和"走出去"相结合，全面提高对外开放水平。

1. 对外开放的地域要扩大，形成多层次、多渠道、全方位开放的格局

在党的十五大报告中，江泽民指出："完善全方位、多层次、宽领域的对外开放格局，发展开放型经济，增强国际竞争力，促进经济结构优化和国民经济素质提高。"② 完善开放格局的具体措施有：保持原有经济特区"三不变"（决心不变、政策不变、地位不变）；以上海浦东开发开放为龙头，进一步开放长江沿岸城市；加快开放西部地区；进一步拓宽对外开放的领域。

2. 坚持"引进来"和"走出去"相结合的双向开放观，全面提高对外开放水平

为适应经济全球化和加入世贸组织的新形势，在更大范围、更广领域和更高层次上参与国际经济技术合作和竞争，充分利用国际国内两个市场，优化资源配置，拓宽发展空间，以开放促改革、促发展。2000年2月25日，江泽民在广东考察工作时，在充分肯定了"引进来"所取得的巨大成绩的基础上强调了"走出去"的重大意义，他说："我国加入世贸组织后，将会为

---

① 卢昌军：《邓小平毛泽东对外开放思想比较研究》，《中国期刊网》2009年第4期。
② 《江泽民文选》第2卷，人民出版社2006年版，第26页。

我们实施这一战略带来更多的机遇。必须不失时机地'走出去',让我们的企业到国际经济舞台上去施展身手。这个战略实施好了,对增强我国经济发展的动力和后劲,促进我国的长远发展,具有极为重大的意义。"① 江泽民在党的十六大报告中指出:"坚持'引进来'和'走出去'相结合,全面提高对外开放水平。"② 江泽民不但坚持和继承了邓小平在"引进来"的同时也要"走出去"的思想,还赋予了"走出去"更加丰富的内涵,丰富了对外开放思想的内容。

第一,进一步扩大商品和服务贸易。实施市场多元化战略,发挥我国的比较优势,巩固传统市场,开拓新兴市场,努力扩大出口。坚持以质取胜,提高出口商品和服务的竞争力。优化进口结构,着重引进先进技术和关键设备。深化对外经贸体制改革,推进外贸主体多元化,完善有关税收制度和贸易融资机制。

第二,进一步吸引外商直接投资,提高利用外资的质量和水平。逐步推进服务领域开放。通过多种方式利用中长期国外投资,把利用外资与国内经济结构调整、国有企业改组改造结合起来,鼓励跨国公司投资农业、制造业和高新技术产业。大力引进海外各类专业人才和智力。改善投资环境,对外商投资实行国民待遇,提高法规和政策透明度。实施"走出去"战略是对外开放新阶段的重大举措。鼓励和支持有比较优势的各种所有制企业对外投资,带动商品和劳务出口,形成一批有实力的跨国企业和著名品牌。积极参与区域经济交流和合作。

3. 要十分注意维护国家经济安全

对外开放是把"双刃剑",利用得好,促进国内发展,开放无度,会危害国家安全。在党的十六大报告中,江泽民强调,"始终把国家的主权和安全放在第一位"③;"在扩大对外开放中,要十分注意维护国家经济安全"④。所谓国家经济安全是指国家的经济发展、经济利益处于一种不受威胁的状态。具体来说,一是切实维护国家经济安全,必须始终高度重视并抓紧解决好粮食安全。作为一个人口众多的发展中大国,吃饭问题始终是头等大事。二是在改革开放的同时,应该保持自身合理的经济结构。保护民族工业健康

---

① 《江泽民论有中国特色社会主义(专题摘编)》,中央文献出版社2002年版,第194页。
② 《江泽民文选》第3卷,人民出版社2006年版,第551页。
③ 同上书,第535页。
④ 同上书,第552页。

发展。我们必须尽快提高我国经济尤其是国有经济的科技含量、企业素质和生产技术水平，增强企业的国际竞争力。① 三是要增强防范和抵御经济风险的能力。江泽民明确指出："经济安全应该包括金融安全……要健全和加强金融监管，要保持外债的适度规模和合理结构，开放资本市场和金融服务要量力而行，逐步推进。"②

总之，在毛泽东思想中的自主开放观、邓小平理论中的安全开放观和"三个代表"重要思想中的双向开放观等开放理论指导下，中国的开放事业取得了巨大成绩。但是在自新中国成立的近半个世纪中，我们的开放实践依然是一种被动式开放，一种粗放式开放，一种以吸收为主的开放。

四　第四大源头活水——科学发展观中的科学开放观

党的十六大以来，以胡锦涛同志为总书记的党中央带领全党全国人民，以毛泽东思想、邓小平理论和"三个代表"重要思想为指导，顺应国内外形势发展变化，抓住重要战略机遇期，创立科学发展观，在全面建设小康社会实践中坚定不移地把中国的开放事业继续推向前进。胡锦涛在十七大报告中把对外开放作为新时期最鲜明的特点之一。从沿海到沿江沿边，从东部到中西部，对外开放的大门毅然决然地打开了。这场历史上从未有过的大开放，使我国逐步走向全方位开放。开放事业成绩卓著，进出口总额大幅度增长，实施走出去战略迈出坚实步伐，开放型经济进入新阶段。以胡锦涛同志为总书记的党中央适时提出了"拓展对外开放广度和深度，提高开放型经济水平"的科学开放观。

2007年9月28日下午，胡锦涛主持中共中央政治局第四十四次集体学习时强调："在新的历史起点上继续扩大对外开放，必须围绕实现全面建设小康社会的宏伟目标，统筹国内发展和对外开放，坚持'引进来'和'走出去'相结合，在坚持扩大内需方针的同时，坚持互利共赢的开放战略，拓展对外开放的广度和深度，增强参与经济全球化和维护国家经济安全的能力，形成参与国际经济合作和竞争新优势，全面提高开放型经济水平。"③ 在党的十七大报告中又强调，拓展对外开放的广度和深度，提高开放型经济水

---

① 卢昌军：《邓小平毛泽东对外开放思想比较研究》，《中国期刊网》2009年第4期。
② 《江泽民文选》第2卷，人民出版社2006年版，第80页。
③ 胡锦涛：《坚定不移地实行对外开放的基本国策形成参与国际合作和竞争新优势》，《人民日报》2007年9月30日第1版。

平。坚持对外开放的基本国策,把"引进来"和"走出去"更好结合起来,扩大开放领域,优化开放结构,提高开放质量,完善内外联动、互利共赢、安全高效的开放型经济体系,形成经济全球化条件下参与国际经济合作和竞争新优势。拓展对外开放的广度和深度,提高开放质量,提高开放型经济水平的科学开放观具体包括以下五点:

第一,深化沿海开放,加快内地开放,提升沿边开放,实现对内对外开放相互促进。

第二,加快转变外贸增长方式,立足以质取胜,调整进出口结构,促进加工贸易转型升级,大力发展服务贸易。

第三,提高利用外资的效率。创新利用外资方式,优化利用外资结构,发挥利用外资在推动自主创新、产业升级、区域协调发展等方面的积极作用。

第四,深入实施"走出去"战略,积极开展国际能源资源互利合作。实施自由贸易区战略,加强双边多边经贸合作。创新对外投资和合作方式,支持企业在研发、生产、销售等方面开展国际化经营,加快培育我国的跨国公司和国际知名品牌。

第五,注重防范国际经济风险,采取综合措施促进国际收支基本平衡。

2010年2月4日,胡锦涛在省部级干部落实科学发展观研讨班上的讲话中再次强调:"加快推进对外经济发展方式转变,坚持对外开放的基本国策,坚持互利共赢的开放战略,统筹好国内发展和对外开放,加快调整出口贸易结构,加快调整进口贸易结构,加快提高利用外资质量和水平,加快实施'走出去'战略,不断提高开放型经济水平。"[1] 把"加快推进对外经济发展方式转变"作为党中央加快经济发展方式转变八项重点工作之一。

第二节 对外开放走向新阶段的内外契机[2]

中国的对外开放战略在推动中国经济社会快速发展的同时,由于受到传统粗放型开放模式的影响,不可避免地带来某些负面效应,引发了一些经济

---

[1] 胡锦涛:《在省部级干部落实科学发展观研讨班上讲话》(http://cpc.people.com.cn/GB/64093/64094/10924748.html)。

[2] 谭扬芳:《改革新起点上新开放观的内外契机和生长点》,《毛泽东邓小平理论研究》2010年第10期。

社会矛盾，日益呈现出无法持续的发展困境。特别是在国际金融危机影响下，对外开放领域累积的一系列矛盾与问题逐渐显现，日益成为制约中国经济长期可持续发展的一大障碍。探讨对外开放走向新阶段的内外契机是创新开放观的必要前提。

一　内在契机——原有发展方式引起资源匮乏、可持续发展难以为继

面对改革开放 30 年来特别是党的十六大以来的成绩，国外有的人开始宣扬"中国威胁论"，国内也有人开始沾沾自喜，2010 年 6 月 7 日，胡锦涛同志在中国科学院第十五次院士大会、中国工程院第十次院士大会上的讲话中强调："我们必须清醒地看到，尽管我国经济总量已列世界前茅，但生产力水平总体上还不高，产业结构不合理，城乡、区域发展不平衡，长期形成的结构性矛盾和粗放型增长方式尚未根本改变，工业化、城镇化快速发展同能源资源和生态环境的矛盾日趋突出，影响科学发展的体制机制障碍依然存在。"[①] 因此，这些矛盾和障碍成了我们创新开放观的内在契机。具体说来：

1. 经济增长的资源环境代价过大，可持续性发展难以为继

一是土地资源。改革开放 30 年来，全国耕地净减少了 2 亿亩左右。二是政府性投入资源。截至 2009 年 10 月底，我国城乡居民存款共有 25 万多亿元。这一资源在今后将明显减少或受到限制。三是物质资源。曾经的一些掠夺性开采导致粮食、石油、水、矿产等各种战略性资源将出现短缺。来自农业部的数据显示，我国大豆的对外依存度高达 70%，经济贸易全球化对农业和粮食发展的冲击越来越大。2009 年的《能源蓝皮书》指出，到 2019 年，我国原油的对外依存度将达到 64.5%。水环境状况严峻。我国人均水资源拥有量只及世界平均水平的 1/4。矿产资源短缺。目前，我国已有 2/3 的国有骨干矿山进入中后期。我国煤炭进出口的形势也在发生巨变，2009 年首次由煤炭出口大国一跃成为煤炭的净进口国。四是环境资源。全国七大水系竟有一半河段存在严重污染问题。污染物排放量大，江河湖海污染严重。全国 75% 的湖泊出现了不同程度的富营养化。五是国际国内市场资源。我国的 GDP 由国际市场中的外贸、国内市场中的基础设施投资和城乡居民消费三个

[①] 胡锦涛：《在中国科学院第十五次院士大会、中国工程院第十次院士大会上的讲话》（http://cpc.people.com.cn/GB/64093/64094/11807063.html）。

部分组成。国外劳动密集型产品的市场,中国可以占领的已经基本占领,再继续高速增长的潜力有限。国内市场中基础设施投资,难以长期维持在近年来的40%以上的高水平。国内市场中城乡居民消费长期相对不足,这一直是我国经济上最大的隐忧。六是劳动力资源。改革开放30年来,丰裕廉价的劳动力支撑了我国商品在海外市场的竞争力。但我国目前未富却已进入准老龄社会。到2015年,生产年龄(15—64岁)人员将明显减少,我国的廉价劳动力将不复存在。按照现有的经济增长方式,届时我国商品在海外市场的竞争力将明显下降。七是外资资源。由于以上六个资源充裕,加上我国各项政策到位,外资进入我国后,其利益能够得到保证,中国吸引外资水平继续提升,连续17年居发展中国家首位。如果三年五年、十年八年之后,上述六个资源都有明显萎缩或受到限制,赚钱难度加大,外资这第七个资源也就可能逐渐乃至大量减少。[1]

2. 城乡、区域、经济社会发展仍然不平衡

主要的不平衡是收入分配结构不合理,财富分配两极分化。社会总收入过多地流向占人口比例很少的强势利益集团阶层,过少地流向占人口比例很大的普通劳动者。有钱人的基本消费早已经满足,他们有钱但已经不想再继续增加基本消费;没钱人的基本消费远没有满足,他们想继续增加消费但是却没有钱。2009年城镇居民家庭人均总收入18858元,农村居民家庭人均总收入5153元,前者是后者的3.65倍;[2] 东中西部地区在国民生产总值中人均GDP的比重差距不断扩大;经济高速发展,社会发展相对滞后,联合国发展署2003年各国社会发展数据显示,中国社会发展指数排在世界第104位。据香港《文汇报》2010年7月16日报道,"盖洛普世界民意调查"显示,全球最幸福国家排名公布,在被调查的155个国家中,中国排第125位。[3]

3. 扩大农业稳定发展和农民持续增收难度加大

特别是在世界金融危机的影响下,农产品的价格全面下行;优势农产品出口受阻,乡镇企业和农产品加工业发展困难加大;有关旱涝灾情对中国粮食生产的影响也给农民增收带来不利影响。

---

[1] 李慎明:《七大资源匮乏呼唤加快经济发展方式转变》,《红旗文稿》2010年第10期。

[2] 《2009年城镇居民家庭人均总收入18858元》(http://www.ce.cn/macro/more/201001/21/t20100121_20840786.shtml)。

[3] 《全球最幸福国家排名公布 中国排第125位》(http://news.163.com/10/0716/07/6BMS29NU000146BD.html)。

上述这些情况表明，我国仍处于并将长期处于社会主义初级阶段的基本国情没有变，人民日益增长的物质文化需要同落后的社会生产之间的矛盾这一社会主要矛盾没有变。因此，应高度重视加速经济发展方式的转变，创新中国特色社会主义开放观。

二　外在契机——国际金融危机提出的三大挑战

国际金融危机正在严重冲击世界各国，其中包括最为强势的经济体。金融危机的影响突出表现为经济增速急剧下滑，失业急速增长，贫富分化进一步加剧。国际金融危机发生以来，我国全面实施并不断丰富完善应对国际金融危机冲击的一揽子计划和政策措施，2009 年中国经济增长 8.7%，为地区和世界经济复苏作出了自己的贡献。2010 年，中国经济继续保持平稳较快发展势头，一季度经济增长 11.9%。中国始终重视增长的可持续性，把财政赤字控制在占国内生产总值3%的范围之内。在应对国际金融危机冲击的过程中，中国各项扩大内需政策取得明显成效，2009 年在货物出口总额减少 16%的情况下，社会消费品零售总额实际增长近 17%，全社会固定资产投资增长约 30%，经常项目顺差占国内生产总值的比重降至 6.1%。2010 年以来，中国贸易顺差继续大幅度减少，经常项目收支加快趋向平衡，经济协调发展良好势头进一步增强。[1]

尽管如此，但是我们不能忽视以下情况：在世界经济发展放缓、美国金融危机恶化、国际大宗商品价格高涨、国内经济增长减速、主要行业投资率下降等不利因素影响下，外贸领域出现了一些新问题与新情况。

1. 国际金融危机对我国出口增长的影响

2009 年，我国外贸遭遇了同比 17%的下滑。据海关的最新数据，2010 年 1 月份我国出口总额为 1094.8 亿美元，同比增长 21%，这已是连续第二个月出现的同比增长，去年 12 月月度出口额是 1307.2 亿美元，增长 17.7%。此前，商务部部长陈德铭也公开表示过，虽然 2010 年出口将结束大幅度下滑的局面，但要再现前 5 年年均增长 25%的势头几乎不可能，恢复到 2008 年水平可能需要两三年甚至更长时间。[2] 各种风险给 2010 年的外贸

---

[1]《胡锦涛出席 G20 领导人第四次峰会并发表讲话》（http://www.chinanews.com.cn/gn/news/2010/06-27/2365583.shtml）。

[2]《德国统计数据印证：2009 年中国出口全球第一》（http://cq.qq.com/a/20100210/000157.htm）。

形势增加了诸多不确定因素。近期外贸的连续增长是在过去一段时间持续下降后的恢复性增长，主要是以进口商品补库存为特征的回升。陈德铭分析，由于全球的投资没有明显回升，国际上主要国家的失业率仍然很高，居民消费模式可能需要一个调整的过程，所以在今年上半年，乃至今年全年，外需不会有明显反弹。

2. 国际金融危机严重压缩企业利润

国际金融危机对我国出口导向型经济带来冲击，部分出口导向型企业面临着资金回收困难、订单减少的风险，尤其是美元、欧元贬值会给中国的出口商造成巨大的成本压力，企业利润严重缩水。从 2009 年 12 月底开始，因希腊主权债务危机，导致欧元不断下跌。2010 年 5 月，欧元/美元跌幅达到 7.5%，创自 2009 年来最大的单月跌幅。6 月 2 日，欧元兑人民币汇率达到 1：8.3528。到目前为止，人民币对其累计升值幅度已达 15% 左右。欧洲或许会因欧元贬值拉动出口因此获益，然而，人民币因其贬值导致的被动升值，却令中国出口企业遭受严峻考验。欧盟是中国最主要的出口市场、最重要的贸易伙伴之一，占中国贸易规模的 16%。随着欧元的贬值，中国出口企业在继国际金融危机之后，再次遭受重大冲击。例如，在浙江，一家大型玻璃纤维企业在此轮欧元贬值的风波中，受伤很严重。该公司第一季度向欧洲出口了 7 万多吨玻璃纤维，每吨在 90 欧元左右，如果欧元不贬值的话，他们能够换得 990 万元人民币，而如今只能换得 760 万元左右的人民币。一个季度少 230 万元，一年就将损失 920 万元。对于利润非常薄的劳动密集型企业而言，这样的汇率变化加上反倾销关税，让他们感觉有些吃不消。[①]

3. 国际金融危机导致贸易保护主义抬头，恶化了外贸环境

中国商务部副部长钟山在"二〇〇九中国开放经济高层论坛"上指出，2009 年中国贸易摩擦创历史最高，中国是贸易保护主义的最大受害国，去年中国遭受到各种贸易保护主义的案子有 116 个，涉及金额达 127 亿美元，两者皆比 2008 年翻了一番。[②] 2010 年，各经济复苏乏力，贸易保护主义不断蔓延，目前各国纷纷表示要扩大出口来促使经济增长，我国与发达经济体之间的贸易摩擦将进一步增加。业内人士预测，2010 年存在着"反倾销和

---

① 《欧元贬值：外贸企业利润缩水 进口企业生意火爆》（http://info.biz.hc360.com/2010/06/071021115907-2.shtml）。

② 《2009 年中国贸易摩擦创历史最高》（http://www.immots.com/html/information/view_114.html）。

反补贴诉讼案件大幅增加"的"肥沃土壤"。

鉴于国际金融危机深层次影响的严重性和复杂性，2010 年 6 月 27 日，胡锦涛在多伦多 G20 峰会上提出"把加快转变经济发展方式作为贯彻落实科学发展观的重要目标和战略举措，重点加快调整国民收入分配结构、城乡结构、区域结构、产业结构，加快推进科技创新，加快建设现代农业、生态文明、文化产业、社会保障体系，努力推动经济社会协调发展"①。

总之，我国以投资和出口为导向的发展模式一方面面临环境和资源的巨大压力，另一方面因民生领域欠账不少，又造成内需不振，越来越难以维持中国经济高速发展。国际金融危机成为"逼迫"中国创新开放观的一个外在契机。表面看来，金融危机冲击是出口产业，但实质上，它冲击的是传统的粗放型经济增长方式。2010 年 2 月 4 日，胡锦涛在省部级干部落实科学发展观研讨班上讲话时指出："国际金融危机使我国转变经济发展方式问题更加凸显出来，国际金融危机对我国经济的冲击表面上是对经济增长速度的冲击，实质上是对经济发展方式的冲击。综合判断国际国内经济形势，转变经济发展方式已刻不容缓。"② 内外结合，促进加快转变发展方式，呼唤创新开放观。

第三节　新开放观的五个生长点③

在对外开放新的历史阶段，我们迫切需要以科学发展观为指导，创新开放观，把握五大生长点，在更高水平上实现对外开放的科学发展。

一　巧妙处理质量关系，从以量为主的粗放式开放，走向以质为主的精益型开放

唯物辩证法认为，事物的发展要经过量变和质变的过程。量变是质变的必要准备，质变是量变的必然结果。量变与质变的辩证关系是我们正确认识对外开放中的质量关系的理论武器。

---

① 《胡锦涛出席 G20 领导人第四次峰会并发表讲话》（http：//www.chinanews.com.cn/gn/news/2010/06 - 27/2365583.shtml）。

② 胡锦涛：《在省部级干部落实科学发展观研讨班上讲话》（http：//cpc.people.com.cn/GB/64093/64094/10924748.html）。

③ 谭扬芳：《积极培育对外开放新的增长点》，《人民日报》2010 年 12 月 3 日理论版头条。

利用外资是我国改革开放基本国策的重要组成部分，是对外开放的核心内容。截至 2010 年 3 月，外商对华投资累计设立企业近 69 万家，实际使用外资超过 1 万亿美元，中国连续 17 年位居发展中国家首位。2010 年一季度中国实际使用外资金额 234.43 亿美元，同比增长 7.65%，1—3 月全国新批设立外商投资企业 5459 家，同比增长 19.87%。[1] 通过积极、合理、有效地引进外资，我国的综合国际竞争力得到了较大的提高，维护和保障我国经济安全的实力得以不断巩固和增强。但是我们也为大量利用外资付出了巨大的成本。例如，土地成本。尽管国家明令禁止以压低地价为手段招商，但一些地方政府为达到引资目的，仍不惜以低于成本价格甚至无偿出让工业用地来吸引外资，致使引资"门槛一降再降、成本一减再减、空间一让再让"[2]。

早在 1995 年 4 月，我国曾提出利用外资的新标准，既要注重吸引外资的"量"，又要重视利用外资的"质"。总的要求是利用外资的总量要适当，外资的投向结构要合理，要"借得巧，用得巧，还得起"。而实际执行起来却走了样，利用外资的结构不合理加速了我国产业结构的畸形发展。外资在我国各产业间分布是不平衡的，所占比重最大的是第二产业，特别是其中的工业制造业，外资占 FDI 总额的比例，1998—2003 年始终保持在 56% 以上，以至接近 70% 的水平。由于 FDI 在我国各部门的分布非均衡性，即片面地较多地投放于工业部门，特别是因随着外资的投入而引进先进技术和管理经验的作用，使工业部门的效率大大高于整个国民经济的平均水平，从而使我国产业结构原来的不均衡状态不仅没有改善，在某些方面还加剧了非均衡的畸形发展。[3]

鉴于大量引进外资给我国经济生活带来的负面影响，在改革新起点上，我们必须从以量为主的粗放式开放，走向以质为主的精益型开放，加快转变外贸增长方式。优化对外开放结构和布局。要提高利用外资质量，创新利用外资方式，优化利用外资结构，发挥利用外资在推动自主创新、产业升级、区域协调发展等方面的积极作用。要积极引进先进技术、管理经验和高素质

---

[1] 王希：《解读中国"外资新政"的台前幕后》（http://www.cs.com.cn/xwzx/03/201004/t20100428_2411745.htm）。

[2] 程恩富：《转变对外经济发展方式须实现"五个提升"》，《光明日报》2008 年 7 月 22 日第 10 版。

[3] 吴国华：《关于利用外资与国家经济安全问题的思考》（http://www.lcswdx.sd.cn/n7360c132.aspx）。

人才，加强对外资的产业和区域投向引导，做好引进技术的消化吸收和创新提高，扩大高新技术产业和先进制造业对外开放。

二　巧妙处理内外关系，从满足外需为主，走向扩大内需为主

内因是事物的内在矛盾，外因是事物之间的相互作用和相互影响。内因是事物发展的根本原因、第一位的原因。因为它是事物发展的自身的内在根据，归根结底决定着事物发展方向、速度以及外因作用的效果大小，外因通过内因而起作用。对外开放的实质是在承认内因是事物变化的根据的基础上，创造、选择和合理地利用有利于中国革命和社会主义建设的外部条件，促进社会主义建设事业的发展。毛泽东在《论十大关系》中指出，在中国和外国的关系问题上，要学习一切民族、一切国家的长处，包括资本主义国家先进的科学技术和科学管理方法，要反对不加分析地一概排斥或一概照搬。

如前所述，国内市场中城乡居民消费长期相对不足。这一直是我国经济上最大的隐忧。要排除这个隐忧，我们必须巧妙处理内外关系，从满足外需为主，走向扩大内需为主。加快转变经济发展方式，推动产业结构优化升级。这是关系国民经济全局紧迫而重大的战略任务。要坚持走中国特色新兴工业化道路，坚持扩大国内需求特别是消费需求的方针，促进经济增长。为此，必须实现三个转变：一是由主要依靠投资、出口拉动经济增长向依靠消费、投资、出口协调拉动经济增长转变；二是由主要依靠第二产业带动经济增长向依靠第一、第二、第三产业协同带动经济增长转变；三是由主要依靠增加物质资源消耗拉动经济增长向主要依靠科技进步、劳动者素质提高、管理创新拉动经济增长转变。

扩大内需的具体措施主要有：加快建设保障性安居工程；加快农村基础设施建设；加快铁路、公路和机场等重大基础设施建设；加快医疗卫生、文化教育事业发展；加强生态环境建设；加快自主创新和结构调整；提高城乡居民收入，例如，提高粮食最低收购价格，提高农资综合直补、良种补贴、农机具补贴等标准，增加农民收入。提高低收入群体等社保对象待遇水平，增加城市和农村低保补助，继续提高企业退休人员基本养老金水平和优抚对象生活补助标准。

三　巧妙处理开放性与主体性的关系，更好地借助开放性，增强主体性

马克思、恩格斯在《共产党宣言》中指出："过去那种地方的和民族的

自给自足和闭关自守状态，被各民族的各方面的互相往来和各方面的互相依赖所代替了。物质生产是如此，精神的生产也是如此，各民族的精神产品成了公共的财产。民族的片面性和局限日益成为不可能。"① 这里，他们阐述了随着社会化大生产的发展，各国、各地区自给自足和闭关自守的经济被互相往来和互相依赖的经济所代替，世界经济打破国界走向一体的客观规律。如果说对外开放是遵循这一客观规律，体现人类活动的合规律性的话，那么，坚决维护国家主权和安全则体现了主体性。在对外交往中坚定不移地维护包括国家主权和安全在内的国家利益，这是从世界上第一个社会主义国家的创立者列宁开始就已经确立的一项基本原则。毛泽东继承并发展了列宁的这一基本思想，坚决主张同一切国家包括资本主义国家进行交往时，必须站在我们的民族立场来考虑问题。

马克思和恩格斯指出："既然正确理解的利益是整个道德的基础，那就必须使个别人的私人利益符合全人类的利益。""凡是民族作为民族所做的事情，都是他们为人类社会而做的事情，他们的全部价值仅仅在于：每个民族都为其他民族完成了人类从中经历了自己发展的一个主要的使命。"② 因此，每个民族为自己的民族利益、国家利益而努力奋斗，同时也就是为全人类的利益作出了贡献，促进了具有世界历史性的全人类利益的发展。这里关键性的原则是，在追求本民族、本国利益的过程中，不能损害别的民族和别的国家的利益，不能损害全人类的共同利益，而应当是和平、合作，共同发展。

在新的历史时期，巧妙处理开放性与主体性的关系，更好地借助开放性，增强主体性，坚持对外开放与承担国际责任的有机结合。

1. 中国将始终不渝奉行互利共赢的开放战略

我们将继续以自己的发展促进地区和世界共同发展，扩大同各方利益的会合点，在实现本国发展的同时兼顾对方特别是发展中国家的正当关切。我们将继续按照通行的国际经贸规则，扩大市场准入，依法保护合作者权益。我们支持完善国际贸易和金融体制，推进贸易和投资自由化便利化，通过磋商协作妥善处理经贸摩擦。中国绝不做损人利己、以邻为壑的事情。

2. 扎实促进互利共赢，维护和完善全球经贸体系，主动承担与我国发展水平和能力相适应的国际责任

---

① 《马克思恩格斯选集》第1卷，人民出版社1995年版，第276页。
② 《马克思恩格斯全集》第42卷，人民出版社1979年版，第257页。

力所能及地加大对发展中国家的援助和支持,妥善处理产品质量、气候变化、生态环境、知识产权等问题,维护企业合法权益和国家利益。在国际事务中,中国通过各种方式和渠道向发展中国家提供援助,支持国际社会帮助发展中国家增强自主发展能力、改善民生,缩小南北差距。例如,国际金融危机发生以来,我们向国际货币基金组织增资 500 亿美元,明确要求将资金优先用于最不发达国家。我们向非洲国家提供 100 亿美元优惠贷款,免除非洲重债穷国和最不发达国家债务,逐步给予非洲同中国建交的最不发达国家 95% 的产品免关税待遇。又例如,在 2009 年的哥本哈根气候峰会上,我国政府始终与众多发展中国家联手合作,针对发达国家的碳攻势,积极应对,既展示了负责任的大国形象,为气候会议取得的成果作出了重要贡献,又开展了有理、有节、有利的斗争,捍卫了国家利益,妥善处理了全人类利益与国家利益的关系。

3. 切实维护国家经济安全,注重防范国际经济风险

采取综合措施促进国际收支基本平衡,完善维护国家经济安全的法律法规,构建有效的国家经济安全体制机制,增强国家经济安全监测和预警、危机反应和应对的能力,依法保护我国海外资产和人员安全。

4. 我们作为一个负责任的发展中大国,应该在国际规则的创造中有所作为

要加强与其他发展中国家的相互合作,建立和完善发展中国家的协调机制。

四 巧妙处理"引进来"与"走出去"的关系,在"引进来"的基础上,更好地"走出去"

"走出去"战略又称国际化经营战略,是指中国企业充分利用国内外"两个市场、两种资源",通过对外直接投资、对外工程承包、对外劳务合作等形式积极参与国际竞争与合作,实现我国经济可持续发展的现代化强国战略。实施"走出去"战略是提升国际竞争力、规避贸易壁垒、扩大就业、改善民生的需要。

在新的历史时期,扩大开放领域,优化开放结构,提高开放质量,完善内外联动、互利共赢、安全高效的开放型经济体系,形成经济全球化条件下参与国际经济合作和竞争新优势。要实现这个目标,我国必须坚持对外开放的基本国策,巧妙处理"引进来"与"走出去"的关系,在"引进来"的

基础上，更好地"走出去"。

1. 在扩大对外开放的过程中，我们应大力实施"走出去"战略

注重"引进来"与"走出去"相结合，推进境外经贸园区、境外资源基地的建设，不断完善政策、金融和信保、人才、预警监测、法律体系，加强引导和支持，营造良好的"走出去"环境，促进"走出去"战略深入实施。

2. 深入实施"走出去"战略，要积极开展国际能源资源互利合作，实施自由贸易区战略，加强双边多边经贸合作

要从我国经济发展的战略需要出发，支持有条件的企业按照国际通行规则对外直接投资和跨国经营，例如，支持有实力的企业"走出去"发展，通过海外建厂、并购等方式到世界上去闯荡，实现跨国经营。完善对境外投资的协调机制和风险管理，健全对外投资服务体系，办好境外经济贸易合作区，支持当地发展经济、改善民生。

五　巧妙处理开放引进与自主创新的关系，以开放引进促进自主创新

学习与创新相结合是对外开放与独立自主相统一的必然要求。进一步扩大对外开放必须坚持毛泽东思想中的"学创结合、重在创新"的思想原则。在新的历史时期，巧妙处理开放引进与自主创新的关系，以开放引进促进自主创新，建设创新型国家。

1. 把以开放引进促进自主创新作为国家发展战略的核心，作为提高综合国力的关键

其战略意义体现在：一是把增强自主创新能力作为对外开放的战略基点，走出中国特色自主创新道路，推动科学技术的跨越式发展。二是把增强自主创新能力作为调整产业结构、转变经济增长方式的中心环节，建设资源节约型、环境友好型社会，推动国民经济又好又快发展。三是把增强自主创新能力作为国家战略，贯穿到现代化建设各个方面，激发全民族创新精神，培养高水平创新人才，形成有利于自主创新的体制机制，大力推进理论创新、制度创新和科技创新，以不断提高我国独立自主、自力更生的能力，并努力建设自主创新型国家。只有这样，才能把我国进一步科学发展的主动权牢牢掌握在中国人民自己的手中。

2. 要坚持走以开放引进促进中国特色自主创新道路，把增强自主创新能力贯彻到现代化建设各个方面

认真落实国家中长期科学和技术发展规划纲要,加大对自主创新投入,着力突破制约经济社会发展的关键技术。加快建设国家创新体系,支持基础研究、前沿技术研究、社会公益性技术研究。加快建立以企业为主体、市场为导向、产学研相结合的技术创新体系,引导和支持创新要素向企业集聚,促进科技成果向现实生产力转化。深化科技管理体制改革,优化科技资源配置,完善鼓励技术创新和科技成果产业化的法制保障、政策体系、激励机制、市场环境。实施知识产权战略,充分利用国际科技资源。进一步营造鼓励创新的环境,培养造就世界一流科学家和科技领军人才,使创新智慧竞相迸发、创新人才大量涌现。

3. 发挥利用外资在推动自主创新、产业升级、区域协调发展等方面的积极作用

创新对外投资和合作方式,支持企业在研发、生产、销售等方面开展国际化经营,加快培育我国的跨国公司和国际知名品牌。必须大力倡导自主研发和自主发展的科学道路,应在结合比较优势与竞争优势的基础上,大力发展控股、控技(尤其是核心技术)、"控牌(尤其是名牌)和控标(技术标准)"的"四控型"民族企业集团和民族跨国公司,突出培育和发挥知识产权优势,早日真正打造出中国的世界工厂而非世界加工厂,从而尽快完成从贸易大国向贸易强国和经济大国向经济强国的转型。

总之,这里讲的新开放观,是科学发展观的题中应有之义,是科学发展观在对外经济发展方式上的具体应用。这里讲的新开放观,本质上仍然是中国特色社会主义开放观,是中国特色社会主义理论体系在今天对外开放问题上的实际应用。这里讲的新开放观,要求我们进一步解放思想,站在中国开放新起点上,面对新问题、迎接新挑战、争取新发展!

第十一章　互联网与社会主义的历史命运

当今时代，互联网已成为组织群众、动员群众的沃土，现在研究互联网本身就是研究这个时代的重要特征。互联网不仅是技术、是媒体，更是政治；不仅是器物、是产业，更是意识形态。如同一张无边无际的网，联通群众，联通世界，联通未来。正如胡锦涛总书记所说，对于互联网新媒体，我们未知的领域远远大于已知。

第一节　互联网对马克思主义的传播与发展的利弊分析

互联网给马克思主义的传播与发展带来机遇的同时，也带来了挑战，特别是国际互联网的发展为西方发达国家的意识形态扩张大开方便之门，使马克思主义在意识形态领域中的主导地位受到冲击，加大了社会主义国家维护文化安全的难度。

一　互联网给马克思主义的传播与发展带来了机遇

1. 网络信息环境下的马克思主义大众化受众和传播者广泛

第一，网络增加了马克思主义大众化传播对象。

网络信息的及时性、广泛性、自由性和开放性等特征，吸引着越来越多的公众走进网络世界。网络消除了社会交往中的技术障碍，使人们的沟通手段从语音走向数据，从单一走向多样，从平面走向立体。网络既能传递声音、文字，又能传递数据、视频，促进了马克思主义大众化形式的多元化、形象化，使其成为一种愉悦的事情。另外，随着市场经济的建立和发展，人们的自主意识、主体性精神大大增强，由此所带来的自主选择能力也大大提高。而网络与人们以前使用的媒体最大的区别就是，它能根据人们的意图自主地进行信息的采集、存储、加工、处理，人们可以自主选择中国特色社会主义理论体系，马克思主义基本原理，或者其他方面的马克思主义研究进行了解和学习。这种自由度的扩大也吸引了更多公众、尤其是年轻群体成为马克思主义大众化的积极受众。

第二，网络扩大了马克思主义大众化传播主体。

"在大众传播史上第一次你将体验不必是有大资本的个人就能接触广大的视听群。因特网络把所有人都变成了出版发行人。这是革命性的转变。"[①] 网络环境的去中心化、去权威化，为人们提供了平等交流的机会和平台，"话语权"不再只是掌握在大人物、权威、名人、领导的手中，公众能够更主动更深层次地参与到马克思主义大众化中。网络为人们提供了平等交流信息思想的空间，便于人们就马克思主义大众化沟通思想、交换意见，有助于构建一个平等、民主的马克思主义大众化交流和传播模式。这样，网络环境下的马克思主义大众化不再是一个被动的过程，而是一个网民积极参与的过程，人们可以发布信息，传统的单向传播模式将被双向互动的传播模式所取代。

2. 网络信息环境下的马克思主义大众化效果更加明显

第一，网络环境下马克思主义大众化的传播效率高。网络传播拥有与传统媒体完全不同的海量性和即时性的特点。因特网将全世界的计算机相互连接起来，从而形成了一个巨大无比的数据库，不受传统的时空局限。在非网络时代，大部分信息主要由人工处理，速度相对缓慢，在网络条件下，传播载体是光纤通信线路，光纤传递数字信号的速度为每秒30万公里，瞬间可达世界上任何地方，从而在技术环节上保证了网络传播的即时特点。网络在传播信息方面速度快、共享性强、覆盖面广，凭借其极快的传播速度，可以在很短的时间内将党和国家的最新理论成果传播给受众，人们可以随时地迅速了解新情况。以网络为媒体进行马克思主义大众化，就必定能极大地提高马克思主义大众化的传播速度，进而提高马克思主义大众化传播效率。

第二，网络环境下马克思主义大众化的系统性高。网络环境是一个跨地域的体系，这个体系能够把众多的社会领域连接成一个整体，使之呈现出系统性。马克思主义大众化是各个部门及成员的共同职责，要使他们能更好地发挥作用，使马克思主义大众化产生良好的效果，就必须形成合力。在非网络条件下，由于这些传播主体在不同的场所、以不同的方式存在着，彼此之

[①] 《守住电视的"公信力"》，《新闻窗》2007年第4期。

间在马克思主义大众化的过程中，往往不易相互联系和配合，容易导致传播能力分散、减弱，甚至有时还会抵消。而借助于网络就能做到在不同时间、不同地点作用于同一对象，在马克思主义大众化过程中实现齐抓共管，使政府机关、学校、社会、社区、家庭便利地交流信息、沟通情况、配合联动，从而使马克思主义大众化产生一种规模性效应。网络环境的这种关联性，大大增强了马克思主义大众化的整体性、协调性，推动了马克思主义大众化。

3. 网络信息环境下的马克思主义大众化更加国际化

第一，网络打破地域的界限，具有极为广泛的传播面。网络的非地域性使网络传播不受时空的限制，全球信息可以共享，让地球变成了地球村。世界电信会议1999年的宣传口号就是"把世界连接起来"。在网络条件下，国际互联网将世界上最主要的信息数据库和千万台计算机联成一张立体交叉并有交互作用的信息网络，"它以其强大的触角延伸到世界各主要国家和地区，构成一个信息网络地球"，"一网打尽全世界"。网络实现了世界范围内的网络互联和信息资源共享。在国际互联网下，因时空间隔引起的传播障碍几乎不存在。马克思主义大众化可以站在更高的角度对全世界进行马克思主义理论的传播和交流，可以将传播对象拓展到全世界范围内。

第二，网络使世界范围内的马克思主义大众化传播和交流变得极为便利。乔治·梅森大学公关政策教授弗朗西斯·福山说："当今的全球化与100年前是迥然不同的。它是由技术，特别是廉价的通信技术所推动的。这种技术使国界除了无法阻挡金融资本的流动之外，也无力阻挡思想、文化和图像的渗透。虽然金融全球化可能仅仅影响到为数有限的国家里的少数精英，但是思想和信息的全球化却触及了世界上最偏远地方的村庄和靠狩猎采集为生的部落。"我们应当借鉴西方发达国家在意识形态传播过程中利用网络媒体进行各种对外渗透的实例，以及相应形成的最新的传播理论和技术，从实际操作层面使得马克思主义大众化的国际化程度更高。

国际互联网作为第三次技术革命的重要产物，促进了人类生产力、生产关系、人类思维方式，特别是思想交流方式的极大变革。

其一，互联网的发展加速了经济全球化，加剧了资本主义基本矛盾，创造着资本主义自我否定的条件。资本通过高性能的信息通信网络在全球各个角落迅速流动，在全球性市场上实现周转和循环，力图寻找最大的收益，实现最大限度的增殖。由货币、股票、债权市场的全球化所整合的全球资本市场，既推动了资本的国际大循环又促进了全球经济的紧密联系，这就是资本及其再生产过程的全球化。而经济的全球化通过加速资本主义各种矛盾的激化而创造了资本主义自我否定的条件：发达国家与新兴工业化国家内部各阶层收入差距的扩大；发达国家社会福利和保险的倒退；全球范围内失业现象的加剧；财富分配的不合理和世界范围内贫富两极分化；金融投机造成的世界经济动荡；新积累制度条件下的疯狂掠夺，等等。

其二，互联网作为先进的传播手段，为国际范围内的马克思主义传播和交流提供了平台。网络信息的及时性、广泛性、自由性和开放性等特征吸引着越来越多的公众走进网络世界，从而增加了马克思主义的传播对象，提高了传播效率和接受效果，也使人们易于乐于甚至是痴迷于吸取马克思主义思想，例如，马克思主义互联网档案馆（http://www.marxists.org/archive）包含45种语言的马克思主义著作，其中包括超过53000份文件和29 GB的数据，提供100%的免费下载，据统计，2010年1月，获得点击19082458，访客达到1331582，下载14384809份文件。

其三，互联网的发展给组织动员群众提供了便利，使国外左翼活动有"回暖"趋势。互联网以最简单、最便捷的方式，就能够轻而易举地组织聚集起广大群众。网络在组织80%零散的个体方面的强大力量被称为"长尾理论"，在互联网时代，那些常常容易被忽视的"小人物"、非主流人群，开始被发动、组织起来。近年来，通过手机短信、E-mail、QQ、Facebook 等各种互联网工具，全球左翼吸引着庞大的非主流人群。其活动呈复兴态势，拉美左翼崛起现象引起世人瞩目。欧洲新左翼近年来的"一路飘红"现象颇值得关注。自2007年年底以来，法国运输业、教育以及公共领域行业举行了多次声势浩大的大罢工，参加人数达500万人，旨在反对萨科齐政府及新自由主义政策；2008年五一节期间，德国汉堡和柏林地区举行大规模的新左翼游行，反对新纳粹主义、种族主义、反全球化、反八国峰会，其声势完全压倒了右翼新纳粹；2009年1月，德国左翼党数万人集会举行纪念国际工人运动领袖罗莎·卢森堡和卡尔·李卜克内西的活动；2009年9月，"欧洲社会论坛"在瑞典马尔默举行，其主题是：另一个欧洲的开始！与会人数多达13000人，会议期间也举行了口号为"另一个欧洲、另一个世界"的游行。2008年10月，意大利左翼政党发起了250万人参加的大规模反政府示威游行，抗议政府削减教育开支。2009年3月底至4月初，在伦敦八国峰会前后，社会抗议活动更是达到近年来的高潮。

其四，互联网的发展给交往普遍化提供了技术手段，使"全世界无产者联合起来"有了潜在的可能。就互联网作为一种技术而言,它为不同民族、不同政治经济文化、不同社会意识形态、不同社会阶层的人提供了一个普遍交往的平台。有了这个平台,马克思、恩格斯在《共产党宣言》中所预言的"各民族精神产品成了公共的财产"① 将变成现实。互联网的发展带来的全球政治、文化、军事、科技、信息等领域全方位的普遍交往和联系,为在全球范围内实现社会主义创造了条件。

其五,互联网的发展促进了民主的进步,而后者正是马克思主义政治文明的核心。在网络时代,电子政务的发生与民主化意识的扩散和媒介的迅速参与紧密相连,增加了公众参与政治的积极性。网络作为一种公众参与的交互平台,一方面,大大提高了人们的参政议政能力。政府上网工程提高了民主参与的能力和民主监督的力度;民众的参与又扩大了政府制定政策的民主基础,这个作用是相互的。另一方面,网络作为一种公众参与的交互平台,大大提高了政治的透明度。马克思在《〈政治经济学批判〉导言》中曾对人类的文明体系作过经典的论述,指出文明的结构应分为三个部分,即物质文明、政治文明和精神文明。政治文明是人类文明在政治实践活动中形成的成果,表现为人类社会政治生活的进步状态,它的核心内容是民主发展的积极成果。

其六,互联网的发展为人的自由全面发展创造了有利条件。互联网技术的广泛应用,使社会生产将进入一个新的阶段,在这一阶段里,生产者仅仅成为生产过程的监督者和调节者,他们的直接劳动时间被减少到最低限度,这就为生产者的自由全面发展创造了条件。

马克思、恩格斯曾经明确指出:"代替那存在着阶级和阶级对立的资产阶级旧社会的,将是这样一个联合体,在那里,每个人的自由发展是一切人的自由发展的条件。"② 整个社会发展必须以人的自由而全面发展为目的。互联网为人们自由地上网、开展各种活动提供了前所未有的空间与自由度。信息交往主体的互动性和自由性进一步增强。网络信息的交流,往往不是单维线性的,网民之间交流的途径和目的都是双向、多向、多维的,这就增强了信息传播的民主性和自由度。在网络空间,人们平等、自由地发表意见,人的主观能动性大大增强。人们独立自主地支配自己的上网活动,从中提升主

---

① 《马克思恩格斯选集》第 1 卷,人民出版社 1995 年版,第 276 页。
② 同上书,第 294 页。

体人格，张扬主体能力，唤醒主体意识，确认主体地位。而人的这些发展又是推进社会发展的基本条件。

二 互联网给马克思主义的传播与发展带来了挑战

据最新统计，全球网站数量已经达到2.34亿家，网民总量已经达到17.3亿。互联网的迅猛发展给国外马克思主义思潮的传播和发展带来了如下挑战：

第一，国际互联网的发展为资本主义无时空限制地对剩余价值的榨取提供了便利条件，给资本主义的发展注入了新的活力，使社会主义在取得对于资本主义的优势并最终战胜资本主义的斗争中面临更为严峻的考验。

第二，国际互联网的发展促进了资本所有者阶级在世界范围内的数量增长和力量联合。这种联合力量的形成，无疑给无产阶级实现一国到多国到全世界社会主义革命的胜利造成了新的困难。

第三，国际互联网的发展有利于"文化帝国主义"的扩张，给国外马克思主义思潮的传播带来困难。处于世界新闻领域垄断地位的美英新闻界与处于全球商业文化统治地位的美英大众文化，利用美国人在计算机、网络、卫星等方面最先进的技术纷纷上网，如同猛虎添翼。美国ABC、CNN、PBS、MSNBC等大的广播公司已经上网开播新闻。CNN的网络版CNNINTERAETIVE是世界上最忙的新闻网址之一，每天有近千万的用户访问。而全球传播马克思主义思潮的权威网站马克思主义互联网档案馆（marxists.org），拥有马克思主义迄今最完整的数据库，其流量排名仅为33964位。

第四，国际互联网的发展为西方发达国家的意识形态扩张大开方便之门，使马克思主义在意识形态领域中的主导地位受到冲击，加大了社会主义国家维护文化安全的难度。国际互联网的发展为西方发达国家的意识形态扩张开辟了一条几乎无法设立闸门的畅行无阻的信息通道。社会主义国家信息海关的把关人对进境信息的控制力被极大地削弱。面对这种状况，如果社会主义国家不采取相应的措施，任凭西方发达国家的信息、文化从中心向边缘单向地扩散，这无疑对马克思主义主流文化的生存是个严峻的威胁。

三 互联网条件下马克思主义的传播与发展的对策思考

进入互联网时代，马克思主义如何抓住机遇，利用好互联网这一有效工具掌握群众，壮大力量，实现自身的发展和繁荣。这是一个重大的理论和现实问题，值得我们认真研究和深入探索。

第一，建设马克思主义传播的网络平台，壮大马克思主义宣传的网络阵地。要加强马克思主义网站的建设和宣传，使更多的人了解网站、关注网站。要进一步增强把网络作为马克思主义传播的新渠道、新手段的机遇意识和主动意识。

第二，深化马克思主义的科学内涵，吸收新的科技成果、新的文化观念，不断推进马克思主义的当代化。

第三，抵御文化入侵和意识形态渗透，维护马克思主义在意识形态领域的主导地位。网络虽然既不姓社也不姓资，但两种制度之间的斗争会不断地复杂化。资本主义希望按照资产阶级的意志推动经济全球化，向全球资本主义化方向发展的西方资本主义强国，将利用经济全球化进程中各国之间的相互依赖，同时以跨国资本的控制、文化帝国主义的扩张和霸权主义为手段，保持对世界社会主义的压制和进攻。互联网是以美国为中心，西方掌握核心技术的信息传播方式。全球顶级域名服务器只有13台，而其中10台就在美国；互联网上90%的信息是英语信息，中文信息仅占1%。这种网络霸权常常意味着文化霸权。强势文化和网络霸权的冲击容易使网络文化交流失去平等交互，变成单向渗透。这种利用互联网实施的"文化侵略"会危及民族文化的承袭与发展，甚至会动摇社会主义国家政权的根基。

当前，意识形态领域的斗争日趋复杂，超越制度差异和意识形态分歧的全球性问题凸显。网络文化作为一种信息传播的途径，大大促进了国际文化交流，但西方国家利用其信息资源优势，在意识形态领域进行渗透。社会主义只有以经济建设为中心，大力发展科技，大力发展社会生产力，在经济全球化竞争中增强实力，发展技术，构建自己的信息化关键技术，支撑起文化宣传的平台，缩小"数字鸿沟"，才能增强西方国家意识形态渗透的抵御力。

发展各具民族特色的网络文化，抵御"网上文化霸权"。弘扬民族文化，重视培育、引导新的网络价值观；加强宣传力度，改善宣传艺术，有效引导网络文化向健康向上的方向发展。这里面隐含的信息不仅仅是商家的利益之争，还包括知识产权之争。而发展民族的游戏产业、挖掘传统文化中的智慧和精华是游戏产业自强的基础。

培育新型的网络论坛，努力营造网上马克思主义阵地。因特网上的斗争是虚拟性的斗争，它往往集中表现为意识形态的斗争。针对反社会主义的种种挑战，根本之道乃是建立和壮大马克思主义思想阵地。只有建立和壮大马克思主义阵地,才能适应意识形态斗争主动出击的需要,才能唤起网民正确对待理论上的大是大非问题,提高自觉维护科学的价值观和道德观的责任感,才能彻底扭转我们目前在网上意识形态斗争中的被动局面。

第四,壮大马克思主义研究队伍,提高研究人员驾驭现代科技的能力,加强研究者之间的沟通与交流。

我们的应对之策如下:

其一,加强社会主义国家对国际互联网的控制。互联网具有两面性,作为发端于资本主义强国——美国的互联网,社会主义国家更需要加强对互联网的控制。一方面,抵制资本主义国家的负面影响。加强对网络的控制和监管,避免资本主义世界的腐朽思想在社会主义国家的网上流行,以此来毒害社会主义国家的人民,瓦解社会主义国家的基础。另一方面,学习资本主义国家的先进经验。对资本主义国家的先进经验,展开正确的宣传,让社会主义国家的人民主动学习资本主义国家的先进经验,由此来推动社会主义国家的发展。

其二,加强世界社会主义思潮的沟通与交流。尽管世界范围内社会主义国家寥寥无几,但在资本主义世界内部,剖析资本主义制度的矛盾、研究社会主义运动的大有人在。一方面,社会主义国家需要通过互联网了解资本主义国家有哪些机构在研究资本主义制度,有哪些机构在研究社会主义制度。通过互联网加强沟通与交流,这既是社会主义国家人民学习资本主义国家先进经验的机会,也是资本主义国家人民了解社会主义制度的机会。通过种种沟通和交流,促进世界范围内人们对社会主义制度和资本主义制度的认识,求同存异,推动世界社会主义运动的发展。

其三,发展壮大社会主义国家的实力。当今世界社会主义运动还处在低潮时期,社会主义运动的发展最根本的是靠社会主义国家实力的发展壮大。现存的社会主义国家只有自身实力足够强大,才能够展示社会主义制度的优越性,吸引资本主义国家人民。一方面,需要通过互联网展示社会主义国家的建设成果,以此来展示社会主义制度的优越性。另一方面,需要通过互联网介绍社会主义国家的建设经验,为资本主义世界的人民建设自己的国家提供经验的交流和支撑。

总的来说,社会主义国家需要加强国内的网络控制和监管,加强世界社会主义运动的沟通与交流,寄希望于世界资本主义国家的人民,当然最根本的是需要发展壮大社会主义国家的实力。

第二节　高度关注网络媒体在群体性事件中的影响[①]

2011年2月19日，胡锦涛在省部级主要领导干部社会管理及其创新专题研讨班开班式上发表题为《扎扎实实提高社会管理科学化水平，建设中国特色社会主义社会管理体系》的重要讲话。就当前要重点抓好的工作提出八点意见。[②] 其中第二条强调："进一步加强和完善党和政府主导的维护群众权益机制，形成科学有效的利益协调机制、诉求表达机制、矛盾调处机制、权益保障机制，统筹协调各方面利益关系，加强社会矛盾源头治理，妥善处理人民内部矛盾，坚决纠正损害群众利益的不正之风，切实维护群众合法权益。"构建社会主义和谐社会是贯穿中国特色社会主义事业全过程的长期历史任务，是在发展的基础上正确处理各种社会矛盾的历史过程和社会结果。近年来突发的群体性事件，是当前人民内部矛盾的集中表现，也是当前我国社会存在不和谐因素的重要原因。群体性事件频发的原因众说纷纭，但普遍认为，民意表达不畅通是重要原因之一。网络正在成为信息传输最重要的渠道和舆论媒介，其影响力日益广泛和深远。中国互联网络信息中心发布的统计报告显示，截至2010年6月底，中国网民规模达到了4.2亿，互联网普及率攀升至31.8%；手机网民规模为2.77亿。网络在作为处理群体性事件中

[①] 谭扬芳：《高度关注网络媒体在群体性事件中的影响》，《红旗文稿》2011年第8期。

[②] 第一，进一步加强和完善社会管理格局，切实加强党的领导，强化政府社会管理职能，强化各类企事业单位社会管理和服务职责，引导各类社会组织加强自身建设、增强服务社会能力，支持人民团体参与社会管理和公共服务，发挥群众参与社会管理的基础作用。第二，进一步加强和完善党和政府主导的维护群众权益机制，形成科学有效的利益协调机制、诉求表达机制、矛盾调处机制、权益保障机制，统筹协调各方面利益关系，加强社会矛盾源头治理，妥善处理人民内部矛盾，坚决纠正损害群众利益的不正之风，切实维护群众合法权益。第三，进一步加强和完善流动人口和特殊人群管理和服务，建立覆盖全国人口的国家人口基础信息库，建立健全实有人口动态管理机制，完善特殊人群管理和服务政策。第四，进一步加强和完善基层社会管理和服务体系，把人力、财力、物力更多投到基层，努力夯实基层组织、壮大基层力量、整合基层资源、强化基础工作，强化城乡社区自治和服务功能，健全新型社区管理和服务体制。第五，进一步加强和完善公共安全体系，健全食品药品安全监管机制，建立健全安全生产监管体制，完善社会治安防控体系，完善应急管理体制。第六，进一步加强和完善非公有制经济组织、社会组织管理，明确非公有制经济组织管理和服务员工的社会责任，推动社会组织健康有序发展。第七，进一步加强和完善信息网络管理，提高对虚拟社会的管理水平，健全网上舆论引导机制。第八，进一步加强和完善思想道德建设，持之以恒加强社会主义精神文明建设，加强社会主义核心价值体系建设，增强全社会的法制意识，深入开展精神文明创建活动，增强社会诚信。见《省部级领导社会研讨班开班胡锦涛提出8点意见》（http://news.xinhuanet.com/politics/2011-02/19/c_121100198.htm）。

社会矛盾的重要传播手段的同时，也容易带来负面效应。我们必须采取有效措施，利用网络传播为正确处理新时期人民内部矛盾服务，构建和谐社会。

一　群体性事件：人民内部矛盾的集中表现

近年来突发的群体性事件，是当前人民内部矛盾的集中表现，也是当前我国社会存在不和谐因素的重要原因。新时期群体性事件呈现如下特点：

1. 数量增多，规模扩大

2000年以来，中国频繁发生因人民内部矛盾引发的上访、集会、请愿、游行、示威、罢工等群体性事件，数量多、人数多、规模大，据统计资料显示，从1993年到2003年间，我国群体性事件数量由1万起增加到6万起，参与人数也由约73万人增加到约307万人。2007年已经超过8万起。2008—2009年更是群体性事件频发时期，有学者把这个时期称为"群体性事件发生及引人关注的第一个浪尖"[①]。

中国不同地区接连发生严重的警民冲突与群体性事件，而且涉及面越来越广。2008年最突出的例子是"3·14"拉萨打砸抢烧事件；"6·28"贵州瓮安事件；"7·19"云南孟连事件；"11·3"重庆出租车罢运事件；"11·17"甘肃陇南事件；"12·25"广东东莞劳资纠纷事件等。2009年最突出的是"3·28"海南东方事件；"6·15"江西南康事件；"6·17"湖北石首事件；"7·24"吉林通钢事件；"7·30"湖南浏阳事件；"8·3"福建泉州事件；"10·30"甘肃兰州事件；"11·4"重庆罢工事件；"11·27"贵阳暴力拆迁事件等。这些群体性事件规模都较大，有的一次参与人数达万人以上，严重影响社会稳定，有的冲击、围攻县级以上党政军机关和要害部门，打、砸、抢、烧乡镇以上党、政、军机关。

2. 群体性事件的参与者身份多样化

参与人员比较复杂、广泛，扩大到多行业、多系统、多地区。有国有企业的下岗失业职工、私营企业和外资企业的权益受损职工、失地农民、农民工、房屋被拆迁居民、库区移民、下岗的军转干部、出租车司机、环境污染受害者，等等。参与者不只是有老工人、老教师、老战士、老干部，甚至连青年学生也卷入其中。例如，在"6·28"瓮安事件中，其导火索是一名14

[①] 周忠伟：《2008—2009年中国群体性事件分析》，《中国人民公安大学学报》（社会科学版）2010年第3期。

岁女生的落水死亡，为其申冤的队伍最初成员主要也是学生，参与打砸抢烧行动中更不乏众多青少年，其中涉案学生达110名之多。

3. 群体性事件的破坏性加剧

近年来群体性事件暴力性、破坏性逐渐增长，出现激化现象，对抗程度加剧。群体性事件的组织者和参加者出于"大闹大解决，小闹小解决"的心理，希望通过扩大事态，引起上级党委、政府的重视而达到解决问题的目的，越来越多地采取各种极端或违法行为发泄不满情绪，围攻冲击基层党政机关、阻断交通、扣押人质，个别地方发生破坏公共设施、打砸乡镇政府和县政府的局部骚乱。参与人员对抗性特征突出，有的甚至已发生大规模的打、砸、抢、烧等违法犯罪行为。瓮安、石首事件就是新世纪群体性事件中的两个标志性事件，原因就在于它的破坏性大大加剧。

4. 利用互联网组织的群体性事件增加，群体性事件的社会影响日益扩大

随着信息传播渠道的多样化和便捷化，单个群体性事件的社会影响日益扩大，具体群体性事件的示范效应引发连锁反应的可能越来越大。除了以广场街头的聚众上访闹事的形式出现，在现实世界里持械聚斗酿成严重后果的群体性事件之外，在互联网这个虚拟的无边世界里，还有另一种形式的群体性事件值得关注。就拿2009年来的"云南躲猫猫事件"、"习水嫖宿幼女案"、"邓玉娇案"等案例来说，其所引发的网络舆情漩涡已经将相关部门悉数卷入，网民的激愤表达和群起攻击让当地政府部门深陷公信力危机。

5. 原因复杂

群体性事件产生的原因是复杂的、多方面的，其中既有社会环境和社会政策等宏观方面的原因，也有个体与群体心理等微观方面的因素。群体性事件的产生是社会变迁过程中多种因素综合作用的结果，是各种社会矛盾的综合反映，是各种利益冲突的集中体现。其深层次原因是某些方面的改革失度，导致了社会分配不公、贫富差距拉大、失业严重、腐败现象蔓延以及不同社会群体和阶层的利益意识不断被唤醒和强化与部分群众法制观念淡薄并存。利益诉求表达机制不畅通是其体制原因。其导火索往往是人民群众的切身利益被侵害，诸如由于土地征用补偿、征地后劳动力的就业和安置等相关政策不落实、不配套，或者房屋被拆迁的征用补偿太低，影响了村民的切身利益。境内外反共、反社会主义的敌对势力同"民运"、"法轮功"、"东突"、"藏独"、"疆独"、"台独"等敌对势力进一步勾结合流为群体性事件的恶化推波助澜。

二　网络媒体在群体性事件中的作为

根据创新与普及理论，新事物的普及一旦超过 20% 即表示其已经由新事物成为主流。我国网民的总数已经达到人口总数的 31.8%。网络的发展已经明显表现出主流应用的特点，正深入我国人民生活的各个部分。网络媒体是理想的新闻传播工具，网络媒体具有即时性、互动性、自由开放型、信息海量等优势。正是网络媒体的这些特点决定了它可以在处理群体性事件中有所作为。

1. 网络媒体传播的即时性为预警群体性事件提供了便利

互联网的信息传播具有即时性的特点，这就使得互联网在处理突发事件中具有得天独厚的优势。这里的时效性主要体现在预警突发事件和减少危机灾害等方面具有重要作用。群体性事件虽然具有突发性，但其背后的矛盾往往有一个酝酿、发酵的过程。如果能通过网络媒体及时发现、疏导、解决，很可能避免群体性事件带来的巨大灾难。例如，2008 年 "11·4" 重庆罢工事件，事实上，早在此前近一个星期，"11 月 3 日要罢运"的消息，就已通过传单、网络、短信等形式，在各个出租车公司的承包车主和司机之间迅速传开。网络已经非常及时地把罢工的"苗头"反映出来，为事件恶化前政府积极处理问题、引导舆论赢得了宝贵的时间。[1] 网络媒体的预警作用使我们可以及时发现社会问题，主动预防群体性事件。毛泽东指出："'凡事预则立，不预则废'，没有事先的计划和准备，就不能获得战争的胜利。"[2] 其中的道理对于预警群体性事件依然适用。

2. 网络媒体传播的自由开放型、信息海量等特点为满足民众了解事实真相的信息需求提供了便利。互联网为人们自由地上网、开展各种活动提供了前所未有的空间与自由度。随着电脑的普及和技术的发展，"网民"可以迅速充分地了解群体性事件的产生与进展，不受印刷、运输、发行等因素限制的互联网，利用文字、声音和图像的有效结合，加强了信息传播的速度与广度。例如，在 "6·17" 湖北石首事件中，据不完全统计，事件发生后的约 80 个小时内，百度贴吧的"石首吧"中出现了近 500 个与此案有关的主帖；在用手机发布和浏览信息的"微博客"网站上，仅一名网友"实时直播"

---

[1] 张志恒：《网络在群体性事件中的积极作用》，《新闻爱好者》2009 年第 7 期（下半月）。
[2] 《毛泽东选集》第 2 卷，人民出版社 1991 年版，第 495 页。

的石首事件消息约140条；在一些播客网站，出现了不止一段网友用手机拍摄的酒店起火和警民冲突的视频。① 美国传播学家梅尔文·德弗勒提出著名的媒介依赖论，他指出："当社会环境出现情况不明、有威胁性或迅速变化时，个人和群体的媒介依赖关系便更为强烈。"② 群体性事件的不确定性与威胁性，容易引发民众的恐慌。在群体性事件发生的过程中，公众对信息的需求往往更加迫切，急于知道事件的真相、事态的发展和解决过程。网络媒介的自由开放型、信息海量等特点，契合了群体性事件中受众迫切希望获取大量信息的心理需求。

3. 网络媒体传播的互动性为政府及时引导舆论提供了便利

在网络媒体中，信息交往主体的互动性和自由性进一步增强。网络信息的交流，往往不是单维线性的，网民之间交流的途径和目的都是双向、多向、多维的，这就为政府及时引导舆论提供了便利。群体性事件发生后，政府通过网络引导舆论所达到的效果是其他媒体无法替代的，除了网络社区、博客和各种聊天工具在草根阶层中的广泛影响力，网络新闻将会有更加积极有效的表现。据《中国互联网络发展状况统计报告》中的调查结果，截至2010年6月底，有78.5%的网民使用网络新闻。可见，网络新闻是网民获取信息的主渠道，同时网络新闻与传统媒体新闻相比有多向互动的特点，每条新闻都会有网友的跟帖，可以很客观地反映舆论走向。在群体性事件中，网络新闻在尊重一般新闻规律的基础上根据舆论走向适时介入引导，以推动正面舆论，引导中间舆论，化解负面舆论，这就给网络新闻的"议程设置"功能提供了很大的发挥空间。而"议程设置"虽然不能决定人们对群体性事件的具体看法，但可以通过提供信息和安排相关的议题来有效地左右人们关注哪些事实和意见及他们谈论的先后顺序。政府通过网络引导舆论可能无法影响人们怎么想，却可以影响人们去想什么。

三 网络媒体在群体性事件中可能带来的负面效应

网络散播的相关信息和鼓噪行为何以引发联动型的群体性事件？互联网以最简单、最便捷的方式，就能够轻而易举地组织聚集起广大群众。网络在

---

① 孙珠峰：《互联网时代妥善处理群体性事件研究——以石首事件为例》，《辽宁行政学院学报》2010年第3期。
② ［美］梅尔文·德弗勒等：《大众传播学绪论》，新华出版社1990年版，第353页。

组织80%零散的个体方面的强大力量被称为"长尾理论",在互联网时代,那些常常容易被忽视的"小人物"、非主流人群,开始被发动、组织起来。近年来,通过手机短信、E-mail、QQ、Facebook、博客等各种互联网工具,网络媒体吸引着庞大的非主流人群。网络媒体对群体性事件的负面影响表现在网络媒体容易成为群体性事件事态蔓延的"助燃剂";利用网络制造矛盾,网络媒体成了事件的"导火索";网络信息同步交流,密集互动,会迅速产生"蝴蝶效应"。网络媒体在成为舆论的集散地的同时,很可能成为群体性事件的策源地,群体性事件一旦在网上恶意传播,很可能使事态恶化,难以控制。

1. 网络媒体传播的虚拟性、隐蔽性等特点,使得网民很容易突破地域限制聚集起来,不需要传统媒体的审查和批准就可以毫无顾忌地"畅所欲言",有的甚至是"胡说八道"散布谣言,形成群体性事件的网上策源地

例如,在厦门反对PX(二甲苯)项目游行活动中,厦门市民通过手机短信、网络呼吁民众关注厦门海沧PX化工项目,号召市民反对PX项目,并组织集体行动,甚至还采用短信与网络相结合的方式,在博客上进行了游行活动的全程现场报道。① 再如,2009年6月26日广东省韶关市一家玩具厂部分新疆籍员工与该厂其他员工发生冲突,数百人参与斗殴,致使120人受伤,其中新疆籍员工89人,两名新疆籍员工经抢救无效死亡。可就在韶关群体事件发生前的6月16日,韶关家园网"市民心声"栏目有网民发了题为《旭日真垃圾》的帖子称:在韶关旭日玩具厂里"6个新疆的男孩强奸了2个无辜少女"。此帖在短时间内被转载到了许多网站,造成恶劣的社会影响。正是这则后来查为虚假的网络消息,引发了韶关群体事件。

2. 网络媒体传播的速度快、范围广、影响大,增加了群体性事件的控制难度

传播学的奠基人之一,美国社会心理学家库尔特·卢因认为,在群体传播过程中存在着一些"把关人",只有符合群体规范或把关人价值标准的信息内容才能进入传播的管道。与传统媒体相比,网络媒体传播的速度快、范围广、影响大与缺乏"把关人"直接相关。由于没有人"把关",网络传播很难遵循新闻信息的客观属性、专业标准和市场标准以及某一媒介组织的立场和方针。在冲突萌芽和聚集的初期,一些地方的基层党委政府对社会矛盾

---

① 彭知辉:《论群体性事件与网络舆情》,《上海公安高等专科学校学报》2008年第2期。

普遍表现出"体制性迟钝"——反应迟钝,判断失误,处理失当,导致"小事拖大,大事拖炸"。面对网络媒体传播的速度快、范围广、影响大,这种紧要关头的"失语"必然丧失引导舆论的主动权,看似避免承担责任的风险,实际却陷入被动,增加了平息事态的难度。

3. 网络媒体传播群体性事件的扩散性、渗透性、非理性等特点,易于推动群体性事件恶性发展

网民之间交流传播极为便利,并瞬间影响着现实生活,一旦形成风暴舆情,影响的范围将十分宽广,甚至产生国际影响,使群体性事件恶性发展。当前的群体性事件已由自发松散型向组织型方向发展,事件的聚散进退直接受指挥者和骨干分子的控制和影响。尤其是一些参与人数多、持续时间长、规模较大的群体性事件往往事先经过周密策划、目的明确、行动统一,组织程度明显提高,甚至出现跨地区、跨行业的串联活动。由于网络信息没有空间障碍,各种信息得到迅速的扩散,在网络上,一个普通人就可能做到一呼百万应。任何一件事只要在网络上公布,立刻就可以传遍全球。某些一般性的群体性事件,被中外敌对势力利用网络进行插手,制造谣言,混淆视听,就可能成为关注焦点,产生传播加速度,形成网络蝴蝶效应,使群体性事件发展成为带有政治色彩的、反社会性的活动。又由于网民身份构成的复杂,不同职业的群体在相关问题上的立场和感受会有差异,从而使得一些网上对群体性事件的评价往往不能正确地反映民意,甚至演化为一种"多数人暴力",在群体网民激扬的场域中丧失基本的理性。网络蝴蝶效应使群体性事件朝着规模更大、危害更加严重的方向发生变异。[①] 例如,在"6·28"贵州瓮安事件中,事件发生后不到1小时,现场的视频、照片就出现在互联网上,随即大量小道消息、谣言在论坛、博客里传播,为事态恶化推波助澜。

四 提高对虚拟社会的管理水平,健全网上舆论引导机制

胡锦涛在省部级干部开班式讲话中强调指出,"进一步加强和完善信息网络管理,提高对虚拟社会的管理水平,健全网上舆论引导机制"[②]。网络传播在群体性事件中是把"双刃剑",既有积极作用,处理不当,又容易产生

[①] 徐乃龙:《群体性事件中网络媒体的负面影响及其对策》,《江苏警官学院学报》2003 年第 6 期。

[②] 《省部级领导社会研讨班开班胡锦涛提出 8 点意见》(http://news.xinhuanet.com/politics/2011-02/19/c_121100198.htm)。

负面效应。我们应采取有力措施克服不利因素，利用网络媒体为预防、化解群体性事件服务，构建和谐社会。

1. 弘扬主旋律，加强马克思主义网上阵地建设

马克思主义理论也需要传播途径，毛泽东曾指出传播的重要性，他说："一个新的社会制度的诞生，总是要伴随一场大喊大叫的，这就是宣传新制度的优越性，批判旧制度的落后性。"① 他还指出："报纸的作用和力量，就在它能使党的纲领路线，方针政策，工作任务和工作方法，最迅速最广泛地同群众见面。"② 鉴于媒介的极端重要性，建国后不久，在党的领导下，很快就在全国形成了以《人民日报》、新华通讯社、中央人民广播电台为核心的、全国规模的、集中统一的思想理论传播网络。这一传播网络在日后的社会主义建设和改革开放历程中，承担着宣传群众、教育群众、动员群众和组织群众的职能，为马克思主义理论走向民间、成为劳动人民改造世界的思想武器等发挥了不可替代的作用。随着时代的发展，互联网络技术兴起后，由于其独特的优势，已成为世界各国政府和执政党主流意识形态传播的主阵地，成为意识形态争夺战的新战场。从总体上讲，我国无论是在技术手段还是传播规模上都落后于西方发达国家。

第一，建设马克思主义传播的网络平台，壮大马克思主义宣传的网络阵地。进一步加强马克思主义网站的建设和宣传，增强把网络作为马克思主义传播的新渠道、新手段的机遇意识和主动意识，使更多的人了解并关注马克思主义网站。加强网络的思想理论资源建设。现有国内许多新闻和理论网站，如人民网、新华网、中国共产党新闻网、党建研究网等都设置有"经典文献"、"党的文件汇编"网页等，为人们随时查阅大量理论文献提供了极为便利的条件，很受欢迎。但是一般性的理论宣传和理论分析越来越难以满足他们的愿望，迫切要求我们的思想宣传阵地在"新、精、深"上下功夫。例如，人民网强国论坛就设置了一些国内著名专家、知名学者的个人网页，将他们的理论观点录入其中，定期不定期让他们在网上同网民"见面"，回答大家普遍关心的问题；他们也可以随时进入网页，将自己的所思所想及时在网上发表。再如，胶东在线网站是烟台市也是北方地市级唯一一家经过国务院办公室批准从事互联网信息服务的网站。2003 年，网站创办的"网上

---

① 《毛泽东文集》第 6 卷，人民出版社 1999 年版，第 460 页。
② 《毛泽东选集》第 4 卷，人民出版社 1991 年版，第 1318 页。

民声"栏目,在推进阳光政务建设、密切党群干群关系、化解社会矛盾、维护社会稳定等方面发挥了积极作用。"网上民声"开创了网络媒体协调社会功能的新模式,是党的执政能力在互联网的具体体现,是中国互联网一道亮丽的景观,值得全社会关注与推广。又如,新华网在新华评论栏目,针对社会上存在的容易诱导人们思想误区的思想理论热点问题,设置专门的辩驳性网页,邀请理论专家、学者到网站做客,从学理上予以透彻阐释,分析其要害所在,为大家释疑解惑。

第二,抵御文化入侵和意识形态渗透,维护马克思主义在意识形态领域的主导地位。当前,全球顶级域名服务器只有13台,而其中10台就在美国;互联网上90%的信息是英语信息,中文信息仅占1%。这种网络霸权同时也意味着文化霸权,文化交流也演变成单向渗透。社会主义国家必须大力发展网络信息化的关键技术,发展各具民族特色的网络文化,有效抵御西方国家意识形态的渗透。江泽民同志曾强调指出:"互联网已经成为思想政治工作一个新的重要阵地。国内外敌对势力正竭力利用它同我们党和政府争夺群众、争夺青年。我们要研究其特点,采取有力措施应对这种挑战。"[①] 中国互联网络信息中心发布的统计报告显示,截至2010年6月底,学生群体在整体网民中的占比仍远远高于其他群体,接近1/3的网民为学生。人均周上网时长达到19.8个小时。加强马克思主义主流意识形态网上阵地建设显得尤其重要。

2. 综合治理,从法律、道德、技术方面采取可行办法

第一,推进相关网络法规的建立。网络是一个公开的,又被人称作虚拟的社会,但它是通过一个个网站来传播的,使用者也是通过一台台计算机来浏览的,那么使用人和上传人都是社会人,并不是虚拟的,而人的行为是肯定要受到法律的保护和制约的。一个成熟的法治国家,群体性事件总能通过法律的途径圆满解决,而真正实现以法律的途径有效而公正地化解群体性事件。网络立法是净化网络空间,减少网络情绪型负面舆论的有效保障。

其一,完善法律制度,做到有法可依。2000年以来,我国相继颁布了《全国人民代表大会常务委员会关于维护互联网安全的决定》、《互联网信息服务管理办法》、《互联网站从事登载新闻业务管理暂行规定》、《互联网电子公告服务管理规定》、《关于审理涉及计算机网络著作权纠纷案件适用法律

[①] 《江泽民文选》第3卷,人民出版社2006年版,第94页。

若干问题的解释》等一系列法律、法规和规章。2002年8月1日，我国正式实施《互联网出版管理暂行规定》，以进一步加强互联网出版的监督管理，规范互联网出版工作，明确互联网出版机构的权利和义务，促进我国互联网出版事业健康、有序地发展。这一系列法规使我国的互联网信息传播有法可依、有章可循，也为网络政治舆论传播的监督管理提供了法律依据。但是仍然需要完善法律法规，特别是需要尽快出台社会保险法。社会保险有利于解决人们的后顾之忧，减少群体性事件发生的群众基础。修订1989年出台的集会游行示威法，该法明确规定公民行使相关权利的程序，彻底根治规则、程序缺失之痛。

　　国外的做法给了我们很好的启示，美国参议院于1995年6月通过了《传播净化法案》。新加坡网络管理严格而务实。根据新加坡广播法的相关要求，新加坡三大电信服务供应商负有屏蔽特定网站的义务。政府有权要求供应商删除网站中宣扬色情、暴力及种族仇视等内容的言论。若供应商不能履行义务，将会被罚款或被暂时吊销营业执照。此外，政府还鼓励供应商开发推广"家庭上网系统"，帮助用户过滤掉不合适的内容。英国力争疏而不漏，在网络管理方面的主要做法是立法保障和行业自律，并辅之以政府指导。这样看似不严，但在博客、BBS等网络空间尽情畅游的网民如果利用网络干违法的事情，一定会受到查处。通过实名制培养网民自律意识，韩国政府于2005年10月决定逐步推行网络实名制，并发布和修改《促进信息化基本法》、《信息通信基本保护法》等法规，为网络实名制提供法律依据。[①]

　　其二，加强法律宣传，增强法治意识。现阶段，公民法治意识的欠缺，使其遇到矛盾冲突时更易选择以群体性事件的方式解决。因此，加强法律宣传，增强法治意识，至关重要。要掌握宣传技巧，向群众宣传和其切身利益密切相关的法律法规，要加强对弱势群体的宣传，力求催醒公民意识和公民权利的觉醒。注重培养公民自身的法治意识，提高法律素养，真正理解法律，用法律武器维护自身权利，也通过法律途径尊重他人、尊重社会。例如，2000年颁布的《互联网信息服务管理办法》第十五条就规定："互联网信息服务提供者不得制作、复制、发布、传播含有下列内容的信息：（一）反对宪法所确定的基本原则的；（二）危害国家安全，泄露国家秘密，颠覆国家

[①] 徐晓明、徐从卫：《网络舆情应对及引导机制的反思与重构》（http://www.yfzs.gov.cn/gb/info/QXFZ/LHFZ/lltt/2010-05/31/1038456112.html）。

政权，破坏国家统一的；（三）损害国家荣誉和利益的；（四）煽动民族仇恨、民族歧视，破坏民族团结的；（五）破坏国家宗教政策，宣扬邪教和封建迷信的；（六）散布谣言，扰乱社会秩序，破坏社会稳定的……"要是这些法规深入人心，在决定参与群体性事件时，群众就会有所畏惧。

第二，网络环境中的道德自律。由于网络传播的特点，运用法律规范时会遇到一系列的难题。对于属于超链接范围的国外网站以及属于人际传播范畴的电子邮件、私人聊天室及聊天工具来说，法律规范就存在一定的困难。例如，由于传播过程中的匿名性、高度自由和自主等造成的取证难，跨地域甚至是跨国传播带来的适用法律、起诉地点确定、判断标准等难题。从目前来讲，法律规范在互联网的监管过程中效率不是很高，因此有必要加强互联网的伦理道德教育。

其一，提高网民的媒介素养教育。一般来说，网络接入单位或用户在享有网络通讯权、隐私权、裁决权和访问权的同时，在政治性信息的传播中应承担以下义务：应遵守国家法律、法规，严格执行国家保密制度，并对所提供的信息内容负责；不利用互联网从事危害国家安全、泄露国家秘密等犯罪活动；不利用互联网查阅、复制、制造和传播危害国家安全的信息；不散布政治谣言、反动言论；发现政治舆论传播活动中有违反国家法律法规的行为，应向相关网站或主管机关报告等。再者，从目前网民的构成特点上看，相当一部分是青少年，他们的可塑性非常强。在当前的学校教育中应开展网络伦理道德教育，内容包括网络行为应该坚持社会主义原则、无害善良原则、公正原则等，使网民在互联网上能够像在现实社会中那样有基本的行为准则，把接受腐朽落后的思想观念、政治观点的可能性降到最低。[①]

其二，加强网络媒体的道德自律。一方面，要强化网络媒体的社会责任感。网络作为第四媒体同样承担着很多的社会责任和使命，而随着网络普及面的迅速扩大，可以说它的责任也变得更大更艰巨。其中在2003年12月8日由新浪、搜狐、网易等国内主要商业网站与30多家互联网新闻信息服务单位所共同签署的《互联网新闻信息服务自律公约》在整个网络世界中作出了表率。另一方面，要提高网络媒体从业人员的素质。网络从业人员应该以谦逊、负责的心态来处理群体事件。我们必须摒弃那些为了商业利益、点击量而去故意制造社会话题的丑陋行为，同时，面对各种互联网言论、信息，

[①] 陈潮杰：《国内网络政治舆论传播的特征与引导研究》，《中国期刊网》2005年第4期。

我们需要做到谨慎监管、积极应对、还原真实。作为担负整个国家和社会责任的职业传媒人，必须要有扎实的新闻传播知识，要有高度的新闻敏感，要注重新闻价值的挖掘，要讲求报道原则，要注重传播效果，还要有一个时刻保持清醒的政治头脑。①

第三，大力依托技术手段进行调控。网络的发展与技术的更新密不可分。网络间信息的传输就好比电流一般，需要从一端传送到另一端。为了更好地传送信息我们可以从源头上进行技术控制，这样就可以达到"一夫当关，万夫莫开"的效果。常用的网络技术手段包括对IP地址的监测、跟踪、封杀；网管的全天候值班监测，对负面消息进行及时清除；运用智能型软件进行敏感词组的自动过滤；对论坛发帖的延时审查及发布；对国外敏感网站的浏览限制；部分重要论坛实行实名认证制度等。一是信息过滤技术的应用，目前网络上通用的是信息过滤手段。即先制定一个包含有害信息或诽谤、侮辱他人词汇的"黑名单"，如若网民的发言中出现一个或几个黑名单中的词汇，帖子就会被拒绝，无法在网页上出现。另外，论坛中还会采取人工过滤的方式，那就是前面所提到的论坛管理员或版主对不良帖子的删除。通常情况下单机会采用过滤软件进行信息过滤，比如护花使者、网络爸爸等，还可以申请由网络运营商所提供的绿色上网服务。网络之间通常是通过防火墙来进行安全维护，在局域网和广域网之间竖起一道屏障，除了按规则进行屏蔽外，还阻断来自外部网络的入侵和攻击，比如说电脑黑客和病毒的入侵，同时还可以对上网的详细情况进行监控和记录，有利于控制、加强网络的过滤和安全。二是依托网络舆论监测机构跟踪监测，任何事情的产生、发展都要有一个过程，只要我们留心观察一定会发现种种迹象，再加以认真的分析总结，相信可以制定出相应的应对策略，这样就可以做到防患于未然。在网上进行舆论调查是非常有必要的，这要依托网络舆论监测机构。建立一个敏感字词高频监测统计分析系统，由系统自动搜取网站或论坛中的高频敏感词，再提取这些敏感词出现的记录，从而获取高频率发言者的ID。再由专业人员对这些高频词和使用用户资源进行分析，以此发现问题，对舆论进行预测并制定出相应的调控策略。与此同时，可以将高频词和用户的资源建立档案保存，以便日后的查证分析，总结规律。②

---

① 赵淑岩：《网络暴力现象及其引导和调控研究》，《中国期刊网》2009年第5期。
② 同上。

3. 实事求是、走群众路线，发挥群众参与虚拟社会管理的基础作用

2011年2月，胡锦涛在省部级干部开班式讲话中强调指出，"引导各类社会组织加强自身建设、增强服务社会能力，支持人民团体参与社会管理和公共服务，发挥群众参与社会管理的基础作用"①。

显然，这里的参与社会管理也包括参与虚拟社会的管理。胡锦涛指出，社会管理要搞好，必须加快推进以保障和改善民生为重点的社会建设。要把保障和改善民生作为加快转变经济发展方式的根本出发点和落脚点，使发展成果更好惠及全体人民。

群体性事件大多涉及的是人民内部矛盾。毛泽东多次讲过，什么叫正确解决人民内部矛盾？就是要坚持实事求是和走群众路线。归根结底就是群众路线四个字。我们的领导干部只有站在人民群众的立场上，深入实际，走群众路线，想群众之所想，急群众之所急，才能找到正确解决人民内部矛盾的方法和对策。那么，什么是人民群众最关心、最直接、最现实的利益问题？干部群众最关心的热点，比如"一大二难三高"。即收入分配差距大，说真话难、反腐败难，教育收费高、看病收费高、买房价格高等问题，就属于这方面的问题，只有解决了这些问题，给人民群众以感受真切的权益，才能从根本上减少群体性事件的发生。② 一些人民内部矛盾之所以久拖而不能解决，以致发展到对抗、冲突，最根本的是领导脱离实际、脱离群众，不关心群众的利益，有的严重地损害群众利益，甚至不顾群众的死活。例如，在"7·19"云南孟连事件中，胶农利益诉求长期得不到解决，增收致富的美好愿望被一些坏人利用，导致胶农长期以来对橡胶公司的积怨逐步转化为对基层干部、基层党委政府的积怨，最终集中爆发引起冲突。群众利益诉求反映机制不健全，群众没有地方讲话，反映的情况得不到处理，是这起冲突事件带给广大领导干部的一个重要教训。正确处理群体性事件中的人民内部矛盾，建设和谐社会，关键在各级领导真正做到立党为公、执政为民、实事求是、走群众路线。

4. 提高党员干部处理群体性事件的能力

干部要以容忍、务实的态度来面对网络群体性事件。我们不妨把网络当

---

① 《省部级领导干部研讨班开班胡锦涛提出8点意见》（http: //news. xinhuanet. com/politics/2011－02/19/c_ 121100198. htm）。

② 李慎明：《构建社会主义和谐社会需要深入学习研究的十个问题》，《前线》2007年第1期。

作民意"堰塞湖"的泄洪区，即便是网络带给群体性事件的负面影响也并非什么洪水猛兽，它只是民众在现实生活中焦虑情绪无法得到有效消解的产物，如果我们处理得好，反而可以通过网络这一泄洪区，让网络成为社会矛盾的"减压阀"。当然，仅有态度还远远不够，我们必须提高党员干部处理群体性事件的能力。

第一，通过关注网络舆情，提高敏锐发现群体性事件苗头的能力。《第26次中国互联网络发展状况统计报告》显示，我国网民年龄结构继续向成熟化发展，30岁以上各年龄段网民占比攀升至41%。同时，网民学历结构呈低端化变动趋势。初中和小学以下学历网民增速超过整体网民。这种情况说明网络舆情反映的大多是基层老百姓的心声。在实际工作中，我们通过网络及时了解群众关注的热点问题、难点问题，了解群众想什么、盼什么，急需解决什么。及时分析和预测可能发生的问题和纠纷，只有这样才能有的放矢，保持掌握反映群众问题的敏感性，做到及早发现苗头，准确掌握动向，及时将事态处置在萌芽状态。

第二，引导网络舆情，提高掌握处理群体性事件主动权的能力。在处理群体性事件过程中，一些干部常抱着"隐瞒事实真相，能拖则拖"的态度，任由事态扩大激化，最后陷于被动。为此，我们要发挥网络媒体的阐释功能，及时公开信息，正确引导舆论。江泽民同志曾说过："舆论导向正确，是党和人民之福；舆论导向错误，是党和人民之祸。"[①] 舆论引导被认为是社会控制的重要利器，在社会稳定和发展上发挥着重要作用。在各种舆论里，群体性事件舆论表现最强烈、对社会冲击危害最大，容易引起社会的普遍关注。政府和媒体都要建立起信息公开机制，保持信息渠道的畅通，及时、公开、透明地向公众公布有关群体性事件的真实信息。有真相才有信任。近几年发生的"瓮安事件"、"石首事件"等群体性事件几乎都与信息的发布、传递、接受的方式有关。网络媒体应做到动静结合、快速出击、随机应变等。随着突发事件的延续，网络媒体应尽快主动地提供全面的事件进展情况。面对突发群体性事件，政府和主流新闻媒体仅仅发布信息还不够，还必须迅速了解和把握网上各种新型信息载体的脉搏，迅速回应公众疑问，如果在突发事件和敏感问题上缺席、失语、妄语，甚至想要遏制网上的"众声喧哗"，则既不能缓和事态、化解矛盾，也不符合十七大提出的保障人民知情

[①] 《江泽民文选》第1卷，人民出版社2006年版，第564页。

权、参与权、表达权、监督权的精神。反面例子是,在"6·17"湖北石首事件中,表面上是由于群众"不明真相"所致,实质上是因为地方政府没有及时公开真相,使其公信力降低。中间的数十个小时,是决定事态发展的黄金时间。然而,地方政府却在处理时缺席、失语、妄语,甚至想要遏制网上的"众声喧哗",导致一起简单的案件经过一两天的"发酵"之后,引发了一连串的多米诺骨牌效应,最终引发了一场群体性事件。[1] 信息公开滞后教训深刻!

第三,区分不同性质的矛盾,提高有针对性地处理群体性事件的能力。群体性事件所反映的矛盾主要是:城乡、区域、经济社会发展很不平衡,人口资源环境压力加大;就业、社会保障、收入分配、教育、医疗、住房、安全生产、社会治安等方面关系群众切身利益的问题比较突出;体制机制尚不完善,民主法制还不健全;一些社会成员诚信缺失、道德失范,一些领导干部的素质、能力和作风与新形势新任务的要求还不适应;一些领域的腐败现象仍然比较严重;敌对势力的渗透破坏活动危及国家安全和社会稳定。上述六个矛盾和问题中,前四个矛盾是人民内部矛盾,第五个矛盾是人民内部矛盾与敌我矛盾的交叉,而第六个矛盾是敌我矛盾。构建社会主义和谐社会的总题目是正确处理人民内部矛盾,但也不可忽视敌我矛盾;在处理群体性事件的过程中,要特别注意正确区分与处理两类不同性质的矛盾。[2] 提高有针对性处理群体性事件的能力。

总之,群体性事件的发生有复杂的社会背景,不是单凭网络媒体能够彻底解决的。就网络媒体而言,很有必要建立畅通有效的长效协商机制,上情下达,减少民众和官方之间在信息上的堵塞和误解。要根本解决人民群众最关心、最直接、最现实的利益问题,必须毫不动摇地坚持党的"以经济建设为中心、坚持四项基本原则和改革开放"这一基本路线,就是要坚决贯彻以胡锦涛同志为总书记的党中央提出的全面贯彻科学发展观等一系列重大战略思想,在党的领导下,搞好社会主义经济、政治、文化和社会这四位一体的建设。在党的建设领域,始终坚持党的性质、宗旨、指导思想和纲领不动摇,切实加强党的先进性建设。在经济领域,坚持公有制为主体、多种所有

---

[1] 袁浩:《近年来群体性事件典型案例扫描》(http://www.12371.gov.cn/show.aspx?id=33832&cid=468)。

[2] 李慎明:《构建社会主义和谐社会需要深入学习研究的十个问题》,《前线》2007年第1期。

制经济共同发展的社会主义初级阶段的基本经济制度；坚持按劳分配为主体、多种分配方式并存的基本分配制度。在政治领域，真正实现坚持党的领导、人民当家做主与依法治国相统一。在文化领域，坚持马克思主义在意识形态领域的指导地位，反对各种腐朽思想文化，繁荣和发展社会主义先进文化。在社会领域，真正落实民主法治、公平正义、诚信友爱、充满活力、安定有序、人与自然和谐相处的要求，构建和谐社会。

第三节　互联网企业海外上市的利弊分析[①]

本节从中国互联网企业纷纷海外上市的现象入手，分析了外资控制中国互联网的现状、原因和未来，提出高度关注境内互联网纷纷海外上市对我国意识形态和文化安全的潜在威胁。

一　互联网企业纷纷海外上市

根据《互联网周刊》报道，自1999年7月以来，中国互联网已掀起五波海外上市潮。第一波从1999年到2003年，其代表企业有中华网、新浪、网易、搜狐。1999年7月，科技股与互联网股带动了纳斯达克市场狂飙，第一只中国互联网概念股中华网登陆纳斯达克时，发售时超额认购十几倍，发行价20美元，开盘即飙升至60美元，全日涨幅200%，为随后中国概念网络股的接踵而至起了示范作用。2000年3月，纳斯达克指数见顶，中国三大门户网站新浪、网易与搜狐陆续进军美国资本市场，但当时网络股泡沫已到最疯狂的时候，三大门户网股价一度破发。与中华网的风光相比，新浪、网易与搜狐上市在当时已经被称为流血上市。2002年第二季度，网易首次实现净赢利，网游概念成为随后几年上市潮流，网易股票开始领涨纳斯达克，并成为当年纳斯达克表现最优异的股票。丁磊也凭借网易股票的上涨成为中国大陆首富。

第二波从2004年到2005年，其代表企业有盛大、腾讯、百度。2003年12月，互联网泡沫的恐惧逐渐散去之后，携程网的上市再次撩起了中国互联

[①] 谭扬芳：《互联网企业海外上市的利弊分析》，《红旗文稿》2011年第14期。《互联网企业纷纷海外上市对我国意识形态和文化安全的潜在威胁》，《世界社会主义研究动态》2011年6月20日。

网公司的上市梦。携程上市首日涨幅达88.6%，上市公开募集4370万美元。2004年，空中网在美国纳斯达克挂牌上市，SP业务上市成为当年热潮。腾讯、盛大、艺龙、空中网、第九城市、金融界、掌上灵通、前程无忧等不约而同地启动了海外上市的步伐，其中，盛大上市之后，市值超越了当时韩国网络游戏公司NCSOFT，一举成为全球最大的网络游戏股。2005年8月5日，百度在美国纳斯达克上市（股票代码：BIDU），其上市当日，即成为该年度全球资本市场上最为耀眼的新星，通过数年来的市场表现，其优异的业绩与值得依赖的回报，使之成为中国企业价值的代表，傲然屹立于全球资本市场。2005年，这一轮高潮之后，潮起潮落的互联网世界又进入了低迷期。

第三波热潮出现在2007年，其代表企业有阿里巴巴、巨人。2007年11月6日，阿里巴巴在香港上市，B2B成为全球热议的话题，网络股进入了电子商务时代，上市首日，阿里巴巴就以大涨192%的成绩笑傲江湖。同年，巨人、完美世界携手进军美国市场。网络股又见涨潮，百度股价冲破300美元大关，成为中国概念股在纳斯达克第一家迈入百亿美元市值规模的公司。这一波上市浪潮的一个里程碑意义在于，中国互联网企业百亿美元市值企业的出现。

第四波热潮出现在2010年，其代表企业有麦考林、当当网、优酷。2010年下半年，中国概念股再次掀起上市狂潮。电子商务与视频网站成为主流，优酷登陆美国，电子商务网站包括麦考林与当当网，同时垂直门户网站搜房与易车网也在美国上市。有业内人士认为，这一次上市浪潮的主要特点是以电子商务、包括视频在内的新服务为代表的多元业务模式。2010年10月26日，麦考林登陆纳斯达克，被誉为"中国B2C第一股"。紧随麦考林之后，12月8日，当当网携手优酷网同步登陆美国纽交所，股价更成攀比之势，强势上涨。当当网首日上涨87%，跻身2010年全美IPO首日涨幅榜前5名。而业绩仍然亏损的优酷网股价表现却并不逊色，首日大涨161%，成为自2005年百度上市以来，在全美所有IPO中首日涨幅最高的公司。同年上市的中国网络股还包括易车、搜房和斯凯。

第五波热潮出现在2011年，其代表企业有奇虎360、人人网、网秦、世纪佳缘、凤凰新媒体。2011年3月30日，中国领先的互联网安全软件与互联网服务公司奇虎360（NYSE：QIHU）在美国纽约证券交易所挂牌上市，首日开盘价为27美元。据估算，其市值约为32.4亿美元。据知情人士透露，奇虎360的首次公开募股（Initial public offerings，简称IPO）总计获得

40 倍超额认购，为今年中国内地企业在美国最成功的 IPO 交易之一。①

2011 年 5 月 4 日，中国最大的实名制社交网络（Social Network Site，简称 SNS）人人网（NYSE：RENN）在美国纽约证券交易所成功上市，开盘价为 19.5 美元。据估算，其市值约为 74.82 亿美元，超越了搜狐、分众、优酷、网易、携程、新浪，成为在美国上市的中国互联网市值第三的公司，仅次于腾讯和百度。

2011 年 5 月 5 日，中国领先的移动安全服务提供商网秦登陆美国纽约证券交易所，开盘价为 11.5 美元。据估算，网秦的市值达到 4.68 亿美元。与其他互联网企业不同的是，网秦是第一家赴美上市的中国移动互联网企业。

2011 年 5 月 11 日，中国最大的在线婚恋交友服务商世纪佳缘在美国纳斯达克挂牌上市，首日开盘价 11 美元。据估算，世纪佳缘市值为 3.29 亿美元。

2011 年 5 月 12 日，发端于香港中文电视网络的融合互联网、无线网和网络电视三大网络平台的凤凰新媒体（"FENG"）在美国成功登陆纽交所，发行价为 11 美元。据估算，凤凰新媒体市值为 8.49 亿美元。这是我国新媒体赴美上市第一股。

此外，土豆网、迅雷、开心网已聘请美国银行、证券公司帮助推进其赴美上市计划，预计这些公司也将在今年排队上市。而阿里巴巴集团旗下的淘宝网和中国最大的团购网站拉手网均有可能在年底上市。

奇虎 360、人人网、网秦等国内互联网企业近期扎堆在美国上市，掀起 1999—2011 年互联网企业第五波海外上市潮。这再次引发人们对中国互联网企业为何集体海外上市的思考。

二　外资控制中国互联网

早在 2009 年 6 月，中国电子商务 B2B 研究中心就发布了《中国互联网外资控制调查报告》。报告指出，过去 10 年，外资在促进中国互联网普及的同时，也逐步从资本层面控制了中国互联网产业各个领域。外资控制的范围已经不再局限于国内大型互联网企业，而是全面投向有一定市场地位和影响力的成长性网站、门户网站、搜索引擎、WEB2.0 博客、论坛等，涵盖了所有网络模式。外资控制中国互联网大致分为三种形式：第一种是互联网企业

---

① http：//baike.baidu.com/view/1458023.htm。

本身就是外资直接投资控制的，如境外网站以中文版形式在中国落地或寻找代理人；第二种是通过各种途径运作互联网企业在国外上市；第三种则是境外风险投资相中中国互联网企业，这在尚未上市企业中极为普遍。

2010 年，全年有十多家互联网企业在美 IPO，其中当当网和优酷网同一天登陆纽交所，双双暴涨，优酷以 161.25% 的涨幅创下了美国 IPO 市场 5 年以来的首日涨幅之最。去年 8 月到 12 月，几乎每月都有国内互联网企业赴美上市的消息，且市场表现惹眼，除当当网和优酷网外，9 月份上市的搜房和 10 月份上市的蓝汛，上市首日均以暴涨收盘，11 月份上市的易车网虽在开盘日只是微涨，但几日后股价也有上涨 16% 左右的表现。百度、搜狐、网易、如家等互联网老股的表现并不逊色丝毫。根据纳斯达克市场数据，百度位居去年该市表现最佳科技公司之首，股价全年上涨 150% 左右，由 2010 年年初每股 40 美元左右，冲至年底每股达 100 美元左右，中国.com 公司全面开花。

从门户、搜索引擎、电子商务、博客到论坛，境外资本，特别是美国互联网资本几乎已控制整个中国互联网产业。仅全世界最大的信息技术出版、研究、会展与风险投资公司美国国际数据集团（International Data Group，简称 IDG）参与投资的中国互联网企业就有 20 余家，许多项目是中国互联网各个领域的领头羊，包括当当网、金蝶软件、携程网等。

三 互联网纷纷海外上市的原因

中国互联网络信息中心（CNNIC）发布的《第 27 次中国互联网络发展状况统计报告》显示，截至 2010 年 12 月底，我国网民规模达到 4.57 亿，最引人注目的是，网络购物用户年增长 48.6%，是用户增长最快的应用，预示着更多的经济活动步入互联网时代。① 显然，互联网成了先进生产力的代名词。互联网这种中国最先进的生产力，为什么会被美国整体吸引走？业内人士认为，互联网企业选择海外上市的原因比较复杂。

1. 海外上市门槛低，国内存在制度缺陷

清科创投投资总监董占斌表示，海外上市的条件相比国内要宽松。在纳斯达克上市，公司成立的时间没有限制，赢利要求也较低，对互联网公司具

---

① 《中国网民规模达 4.57 亿 网速仍低于全球平均水平》（http://www.chinanews.com/it/2011/01-19/2796311.shtml）。

有很强的吸引力，而且不少已经在海外上市的中国互联网公司表现不俗，起到了示范作用。信达（上海）律师事务所合伙人萧海龙表示，海外上市只要进行了充分的信息披露且有人愿意出价购买，一般都能上市，周期较短，半年左右就够，而且上市结果比较容易预见，确定性较高，这也是有外资创投参与的企业更倾向于选择海外上市的原因。①

我国 H 股的创始人之一刘鸿儒认为，从我国资本市场自身的角度看，制度建设存在严重缺陷。一是 IPO 审核时间长、不可预测。二是发行上市门槛高、层次不够。三是再融资制度条件苛刻、不符合中小企业特点。由于国内股票市场融资制度远远落后于海外主要市场，融资效率缺失，因此国内企业纷纷赴海外上市，逃避国内金融压抑。

有学者从我国的生产关系不适应生产力的角度分析了互联网企业海外 IPO 的原因，从投资角度总结互联网这种生产力具有的六大特点：不确定性，不像传统的资源型企业、大型企业；轻资产，主要表现为无形的本事与头脑；低负债率的财务特征；股权复杂；赢利不靠固定资产或净资产，而靠智力资产；失败率高。而我们的生产关系和投资体制，显然不适应这种生产力发展的需要，其表现在：要求连续三年赢利，排除了不确定性投资；缺乏无形资产评估；针对特殊财务结构，没有可比较的市盈率；不擅长判断新商业模式的前景。②

将中美上市规则的差异上升到我们的生产关系和投资体制不适应这种生产力发展需要的高度，笔者对此分析持保留意见。

2. 海外上市有利于互联网企业的发展

有业内人士认为，海外上市，除了上市门槛低和市场环境方面的优势外，同时海外上市还可以给企业带来许多资金以外的，有助于企业更好发展的有利条件。一是进一步完善公司治理结构，国内企业海外上市后，外资股东依照公司的章程来保护自身的利益，要求上市企业履行公司承诺的义务，及时准确地披露信息，有助于企业借鉴上市国企业先进的管理经验，提高自己的管理水平；二是提升企业的国际知名度，海外上市能为企业带来丰富的国际合作资源，也可以通过吸引高质量的投资者来提高企业本身的信誉度，

---

① 《互联网公司海外上市并非只因门槛低》（http://finance.stockstar.com/MS2011022500002763.shtml）。

② 《中国互联网为什么集体投向美国怀抱》（http://tech.xinmin.cn/2011/05/07/10608018.html）。

国际知名度的提升和来自各方面的合作机会为企业提供了走向长期发展的契机。例如，2005年，百度的成功上市吸引了无数国内外媒体关注的目光，这不仅给企业带来了资本，同时大大提升了百度在搜索引擎界的声望。美国的谷歌（google）公司一直引领着全球及中国的搜索引擎市场，但在《2005年中国搜索引擎市场年度报告》中显示，"搜索引擎用户最常使用的搜索引擎网站"市场份额发生了很大的变化，百度由2004年的33.1%提升到2005年的56.6%，显然，百度的成功与其海外上市提升了全球知名度有关。①

3. 金融危机后，海外交易所频频抛出橄榄枝

为吸引优质的上市资源，世界各大交易所都不同程度地对中国互联网企业上市门槛和规则进行调整，使上市变得容易，这也是海外上市热潮出现的重要原因。比如美国纳斯达克、韩国和中国香港都有创业板，他们专门吸收有发展前景的中小企业上市，而且要求条件较低，上市步骤简化，效率非常高。例如纳斯达克中国首席代表徐光勋在"资本市场高峰论坛"上介绍该市场具有灵活性和多选择性："从纳斯达克的上市角度不仅仅是欧洲，如果你想去中东上市的话，也可以去。此外，纳斯达克下面目前有三个板块，有九个上市标准，从上市的角度你可以自己去挑一下。"②

为什么中国已成为全球最大的IPO资源地，原因在于中国是全球经济最稳定、发展速度最快的国家，因此，世界各大交易所看好中国，加大招商引资力度。崇德投资Renaissance Capital分析师马特·泽瑞安（Matt Therian）这样概括这一现象："欧美企业的前景并不明朗，但许多中国企业的IPO有着更好的收益率，所以中国的任何东西都得以溢价。投资者倾慕有加，渴望增长。"③ 由于中国互联网企业比传统行业企业更能引起海外投资者的关注，加上盛大、网易、百度等企业在海外上市的成功案例，海外成了国内互联网企业最心仪的资本市场，从而使海外上市热潮难退。

四　互联网企业泡沫即将破裂还是迎来新一轮大发展？

随着中国互联网企业在今年5月成为美国资本市场的热词，与此同时，

---

① 王宛秋等：《海外上市对我国企业发展的影响》，《北京工业大学学报》（社会科学版）2007年第4期。

② 《争夺中国上市资源海外交易所竞相伸出橄榄枝》（http://finance.stockstar.com/SS2008101430178814.shtml）。

③ 吴勇毅：《中国概念股掀起"海外上市"高潮》，《上海信息化》2011年第1期。

质疑声也不绝于耳。

质疑一：又一次互联网泡沫破灭前的狂欢？

有业内人士认为，眼前这一波浪潮，是又一次互联网泡沫破灭前的狂欢。其主要理由是人人网和网秦严格讲都属于带"病"上市。

人人网上市前，其申报的 F-1 文件的修正文件中，审计委员会主席和拟任独立董事 Derek Palaschuk 的名字悄悄消失，这个小变化被细心的媒体捕捉到，因为此人正是东南融通的财务总监（Chief Financial Officer，简称 CFO）。4 月 26 日，美股"扒粪工"（Citron Research）发布了对东南融通（NYSE：LFT）的研究报告，指出这家上市公司的诸多可疑之处，东南融通股价随即跳水。人人公司还修正截至 2010 年年末的"月度独立登录用户数"，从 2400 万调高至 2600 万，这意味着其最新季度的用户增长率调低。对于这一修改，人人公司解释是"工作疏忽"。谁会相信这是打字打错造成的结果呢？一家问题公司的 CFO 担任审计委员会主席，是否又是个巧合？①

人人网股价是否被高估？是否暗含投资风险？国内有分析师称，人人网股价被高估；国外的路透社也发文表示，投资人人网面临信息模糊、政府监管、同类公司竞争、知识产权纠纷和财务控制共五大风险。因此，业内人士担心，这股热潮是否在吹大中国互联网泡沫？②

网秦成为中国第一家成功上市的移动互联网服务企业。也有人质疑其亏损上市和央视"3·15"晚会曝光。2008—2010 年连续三年，网秦的净亏损分别为 360 万美元、515 万美元和 983 万美元，虽然赔钱却能上市。今年遭央视"3·15"晚会曝光，其侵害消费者权益有"七宗罪"：强制订阅扣费，捆绑流氓软件，更新有假，退订吸费，伪装骗费，自研病毒，充值陷阱。

虽然质疑之声不绝于报端，但恐惧终究不敌贪婪。中国互联网公司信誉笼罩在危机疑云下，即使出现了依靠模仿起家、数据修正、审计委员会主席辞职、企业缺乏稳定的赢利模式，侵害消费者权益、恶性竞争不断的丑闻，人人网、网秦依然顺利上市。

"华尔街教父"格雷厄姆曾说过，IPO（Initial public offerings）其实也可以是"Imaginary Profits Only（只是幻想中的利润）"的缩写。③

---

① 《谁在追捧人人》（http：//tech.163.com/11/0506/14/73CLLBFV000945SO.html）。
② 同上。
③ 《互联网泡沫风险不容忽视》（http：//it.sohu.com/20110506/n280499798.shtml）。

业内人士指出，一个不容忽视的现象是，中国互联网公司赴美上市，资本是背后强大推手。境外私募股权投资（PE）基金、新募人民币基金对项目的争夺，令公司估值水涨船高。这一方面说明当前美国经济处于低迷状态，资本在美国难以寻找好的投资机会，转而瞄准了容易产生泡沫的中国互联网行业。而这些资本达到自己的逐利目标后，就会迅速抽身走人，使得泡沫迅速破灭，将风险留给上市公司。一定程度上说，国际资本把中国互联网公司当作了炒作的对象，当作了自己逐利的工具。另一个现象更加应该引起注意，中国互联网公司赴美上市主承销商基本都是国际投行：摩根士丹利、德意志银行和瑞信集团、高盛公司等。国际投行和国际资本结合在一起，把中国互联网企业当作了一桌盛宴在分享。大肆炒作概念，吹大泡沫，无限放大风险。①

2011年5月13日，中国互联网企业股在美国股市普遍下跌的情况证实了以上担忧。易车网大跌14.77%；凤凰新媒体大跌11.19%；软通动力下跌6.38%；百度跌5.01%；搜房网跌5.00%；分众传媒跌4.84%；盛大网络跌4.47%。②

有学者指出，上市是一种高风险的负债行为，不少中国互联网企业显然还没有学会如何驾驭风险。③ 因此，企业是否已经具备了完善的商业构架，是否已经有了清晰的赢利模式，是否已经掌控了足够支撑企业发展的市场，是否已经摆脱了依靠模仿和抄袭生存的尴尬境地，这些都是管理层必须思考的问题。

质疑二：美国金融资本将带来中国互联网企业新一轮大发展？

由于对美国自身的复苏缺乏耐心和信心，美国投资者近期似乎热衷于将中国概念神化，言必及人口数量、网民比例、城市化和中产阶级，人人公司等中国公司正好迎合了这样的心理需要。在概念很好，热钱很多的国际金融危机大背景下，中国故事和互联网新故事交织着在华尔街上演。地域的概念和科技的概念，在中国互联网企业上如此完美地结合到了一起。汹涌美元的现状加上货币又面临收紧的预期，这一切，构筑了当下中国互联网美国上市热潮。

---

① 同上。
② 《中国概念股周五普跌　凤凰新媒体IPO第2日跌11%》（http：//www.jmnews.com.cn/c/2011/05/14/04/c_6416662.shtml）。
③ 诸葛晓岚：《海外上市　只有东风》，《中外管理》2011年第1期。

有分析人士指出，本轮热潮有基本的产业因素保障，预示着互联网新一轮大发展已经展开。其理由是：一是这是一个正和游戏而非零和或者负和的游戏。中国互联网在美上市企业，作为一个整体是赢利的，且赢利增速不小。这意味着：不像荷兰的郁金香或者上次互联网泡沫"市梦率"的疯狂，这一轮游戏的本质是一个估值问题。虽然注定会有一大批输家，但最终的问题不会那么严重。二是有助于中国互联网产业发展的基础设施已经基本就位。这是与上一轮科技泡沫关键性的不同。在电子商务领域，电子支付已经有相当的发展，物流领域已经积聚了数百亿元的投资，在线消费已经成为某种习惯，互联网与其他产业发展已经有相当程度的融合。产业链既然已经相对完整，而这一次的玩家，其实也有根本性的不同。就譬如争议非常大的人人网，其在中国 SNS 中，占据了相当的份额。抑或 360，其用户群数量已经到了一个相当的高度。从发展阶段说，当下的发展，更像一个寡头时代的开始。由此，美国金融资本塑造的中国互联网企业的狂热开始展开。在这机会窗口打开之际，中国互联网泡沫有充分的理由可以来得更加猛烈一些。[1]

五　互联网企业海外上市对我国意识形态和文化安全的潜在威胁

1. 中国互联网企业在美国轻松上市，需要防止经济被政治企图所裹挟

中国互联网企业纷纷"投怀送抱"式地进入美国，容易轻松被拉拢和利用。文化产业的国际化，以及文化产业在世界贸易中的比重激增，促使资本主义文化渗透和扩张与经济利益紧密地结合起来。政治是经济的集中体现，西方发达国家千方百计地通过意识形态渗透分化、瓦解中国等发展中国家的抵抗力和权力边界，必须防止这种经济热之后的挑战中国"意识形态安全"的图谋。

一旦互联网被外资控制，要控制其中传播的内容，要掌握意识形态主动权，难度明显增大。有位资深网络编辑说过这样一句话："互联网上所有项目的竞争，到最终都会变成背后运营团队的竞争。"[2] 那么，背后运营团队之间的竞争就是投资人之间的竞争。俗话说，"端了人家的碗，就要由人管"。我国互联网企业大都控制在美国投资者手中，企业员工听谁的还真是个问

---

[1] 邹卫国：《互联网泡沫的理由》（http://www.eeo.com.cn/comment/shelun/2011/05/07/200805.shtml）。

[2] http://gaoyonghua.blog.hexun.com/63845207_d.html。

题。难怪搜狐掌门人张朝阳曾语出惊人地称:"到美国上市是中国互联网集体的悲哀,跟着华尔街的指挥棒东奔西跑,结果把网民给忘了。"① 因此,美国基金会投资、资助、扶持我国互联网企业在美IPO,其背后不可能没有政治目的,事实上,互联网这种先进的生产力早已沦为美国推行霸权主义的政治工具。

2. 冷战后,国际安全越来越凸显为综合安全,以"文化"、"民族精神"、"软实力"为表征内容的"意识形态安全"越来越显示出极其重要的地位。"我国当前有'四大安全问题',即经济安全特别是金融安全,社会安全特别是就业与分配问题,周边安全和意识形态安全值得我们高度重视。从一定意义上讲,意识形态安全决定前三个安全。"② 虽然军事安全仍然占有十分重要的地位,但是,经济安全、意识形态安全等对于整个国家安全的作用越来越突出。近年来,西方敌对势力不断加大对我国的意识形态攻势,实行"西化"、"分化"战略,企图使中国成为第二个前苏联。在这样的背景下,我们必须高度关注"意识形态安全"。中国经济高度发展,在世界中取得了第二的领先强势地位,但是文化软实力却影响较弱,呈现出一手硬一手软的困境。以胡锦涛同志为总书记的党中央高度重视文化软实力建设,强调加强网络文化建设,胡总书记指出:"要提高网络文化产品和服务的供给能力,提高网络文化产业的规模化、专业化水平,把博大精深的中华文化作为网络文化的重要源泉,推动中国优秀文化产品的数字化、网络化,加强高品位文化信息的传播,努力形成一批具有中国气派、体现时代精神、品位高雅的网络文化品牌,推动网络文化发挥滋润心灵、陶冶情操、愉悦身心的作用。"③ 要贯彻落实胡总书记关于网络文化建设和管理的指示精神,抵制美国文化对我们青年人刻苦耐劳精神的腐蚀,我们必须想方设法把互联网这个先进的生产力牢牢掌握在自己手中。而我们却让以青年大学生群体为主要服务对象的实名制社交网站人人网和中国领先的移动安全服务提供商网秦等重要的网络资源被美资控制了。只要美国是互联网的技术主导者和资本控制者,我们绝不能奢望,互联网对我国的文化软实力建设发挥出多大实质性作用,

---

① 《张朝阳后悔上市 称赴美上市是中国互联网的悲哀》(http://blog.sina.com.cn/s/blog_4af4a807010006qs.html)。
② 李慎明:《全球化背景下的中国国际战略》,人民出版社2011年版,第5页。
③ 《2010年度中国互联网站品牌栏目推荐发布会》(http://www.chinadaily.com.cn/hqpl/zggc/2011-02-26/content_1869625.html)。

相反，美国会不断以批评中国的互联网监管"很严厉"为由，不断制造外交摩擦。

3. 国际关系格局的最终态势是权力争端与较量的结果，高度警惕美国大张旗鼓地输出在线软实力。权力包括"有形力量"（领土、人口、军事力量、经济力量等）和"无形力量"（文化的辐射力、政治制度的优越性、民族精神等）等。在某种意义上，软权力比硬权力的作用更大。美国中情局对付中国的《十条戒令》中，只有最后一条是关于军事这种硬实力的。冷战后，美国在继续推行政治霸权主义、军事霸权主义、经济霸权主义的同时，又将触角伸向思想文化领域，企图通过文化霸权主义建立由美国的文化、价值观和政治哲学主导的世界政治、经济"新秩序"。在互联网时代，国际政治已经从地域空间、外太空扩展到网络空间，国家主权也从领土、领空扩展到"信息边疆"。如何控制网络和信息主权并在网络中保持主导话语权成为各国外交的重要议题。作为互联网发源地和网络应用最发达的国家，选择"网络外交"，美国找到了对它最有利的战场。因此，通过互联网这个"无形的、最民主"的方式在全球推进所谓的民主，确保其价值观念的安全成为美国国家安全战略的重头戏。

其实，"互联网外交"对希拉里本人并不陌生，她丈夫克林顿早在2005年9月10日在"西湖论剑上"与阿里巴巴总裁马云的对话中就引用别人的话说："没有克林顿作出的巨大贡献就没有雅虎，没有新浪，没有搜狐"，克林顿认为，自从柏林墙倒塌、苏联解体以后，世界三大趋势的第一大趋势就是互联网的崛起，这已经超过了经济的意义。[①] 甚至在2008年希拉里的竞选中，她还宣称，当选总统后，将仰赖其丈夫克林顿担任国际巡回大使，可不幸的是却传出了克林顿基金会接受阿里巴巴政治献金的丑闻。在竞选时，奥巴马和希拉里都曾经利用推特（Twitter）进行宣传造势，结果奥巴马获得了15万的支持者，而希拉里只有6000人。他们的区别在于，奥巴马的团队及时给每一个支持者进行了回复，即使或许只有寥寥几句话，却让支持者感受到了奥巴马的存在，感受到了尊重，因此获得了更多人的支持；而希拉里却没有给她的支持者任何回复，仅仅把Twitter当成了单一的宣传平台。奥巴马"夺去"了希拉里的总统之位，让她领教到了互联网的威力。希拉里是聪明

[①] 《克林顿与马云对话：继续寻找互联网应用》（http://tech.sina.com.cn/i/2005-09-10/1326716820.shtml）。

人,知道从哪里跌倒就从哪里爬起来,被任命为国务卿后,将公共外交作为整个国务院工作的增长点,而在公共外交中,互联网占了大头。

据星岛环球网报道,2月15日,美国国务卿希拉里发表了第二次关于"互联网自由"的演说,将其2010年第一次"互联网自由"演说提出的概念做了更细化的阐述,不但将"连接网络的自由"上升到了与美国宪法提及的四大自由相提并论的高度,而且宣布将和非政府组织、公司推动美国政府官方版"翻墙"软件的开发。并且将这一概念纳入了美国外交政策框架。近期事态表明,美国的互联网外交已经由口头上的言辞转向具体实施的阶段。希拉里的两次"互联网自由"演说,反映了美国因应互联网时代世界变化作出的长远战略考量。难怪英国《卫报》称伊朗危机为"推特(twitter)危机";美国《时代》杂志则称伊朗危机是twitter的"重要时刻";连美国国防部长盖茨都说twitter是"美国的重要战略资产"。《纽约时报》2011年6月12日披露,奥巴马政府正在全球范围内开展一项浩大的通信工程,试图在海外部署一整套"影子"(shadow)网络和移动电话系统。它可以在短时间内架设自动网络和电话通信系统,用于帮助一些国家的反对派在网络和通信被查禁时得以用通信工具与外界进行自由沟通。同时,美国政府将付出极大努力在国外架设并保护该系统。[①]

希拉里的互联网自由主义,并不在于推动全球范围内的"互联网自由",其核心实质是通过推动"互联网自由"来强化网络世界的美国主导,进而在网络世界拓展美国的国家利益。正如美国的国务院所提出的那样,界定并强调"互联网自由",是为了让美国在全球信息空间免受传统主权概念的束缚。这说明,"互联网自由"的核心在于扩张美国主权的应用范围,拓展美国的国家利益,是一种网络信息空间的"圈地运动"。[②] 在线软实力较量背后深藏的经济、政治斗争,可能是西方国家"遏制"、"封锁"、"演变"发展中国家,建立更加有利于其独霸的政治经济利益格局的险恶计划,我们不得不防!

[①]《美政府积极推进互联网外交,推销影子互联网》(http://www.enet.com.cn/article/2011/0613/A20110613872897.shtml)。

[②]《互联网自由:希拉里式的单边主义》(http://news.xinhuanet.com/world/2011-03/14/c_121184569.htm)。

参考文献

（一）中文部分

1. 《马克思恩格斯全集》第6卷，人民出版社1961年版。
2. 《马克思恩格斯全集》第19卷，人民出版社1963年版。
3. 《马克思恩格斯全集》第20卷，人民出版社1972年版。
4. 《马克思恩格斯全集》第25卷，人民出版社1974年版。
5. 《马克思恩格斯全集》第30卷，人民出版社1975年版。
6. 《马克思恩格斯全集》第42卷，人民出版社1979年版。
7. 《马克思恩格斯全集》第46卷，人民出版社1980年版。
8. 《马克思恩格斯选集》第1—4卷，人民出版社1995年版。
9. 《资本论》第1、3卷，人民出版社1975年版。
10. 《列宁全集》第23卷，人民出版社1958年版。
11. 《列宁全集》第34卷，人民出版社1985年版。
12. 《列宁全集》第38卷，人民出版社1986年版。
13. 《毛泽东著作选读》下册，人民出版社1986年版。
14. 《毛泽东选集》第2卷，人民出版社1991年版。
15. 《邓小平文选》第2卷，人民出版社1994年版。
16. 《邓小平年谱》（1975—1997），中央文献出版社2004年版。
17. ［英］哈耶克：《个人主义与经济秩序》，北京经济学院出版社1989年版。
18. ［英］哈耶克：《通往奴役之路》，中国社会科学出版社1997年版。
19. ［英］哈耶克：《自由宪章》，中国社会科学出版社1998年版。
20. ［英］哈耶克：《致命的自负》，中国社会科学出版社2000年版。
21. ［英］哈耶克：《经济、科学与政治》，江苏人民出版社2000年版。
22. ［英］哈耶克：《哈耶克论文集》，首都经济贸易大学出版社2001

年版。

23. ［英］哈耶克：《法律、立法与自由》，中国大百科全书出版社 2002 年版。

24. ［英］哈耶克：《资本主义与历史学家》，吉林人民出版社 2003 年版。

25. ［英］哈耶克：《知识分子为什么反对市场》，吉林人民出版社 2003 年版。

26. ［英］格尔哈德·帕普克：《知识、自由与秩序：哈耶克思想论集》，中国社会科学出版社 2001 年版。

27. ［英］安德鲁·甘布尔：《自由的铁笼：哈耶克传》，江苏人民出版社 2002 年版。

28. ［英］波普尔：《开放社会及其敌人》第 1 卷、第 2 卷，陆衡等译，中国社会科学出版社 1999 年版。

29. ［英］波普尔：《猜测与反驳》，傅季重等译，上海译文出版社 2001 年版。

30. ［英］波普尔：《历史决定论的贫困》，杜汝楫等译，华夏出版社 1987 年版。

31. ［英］波普尔：《无穷的探索》，邱仁宗、段娟译，福建人民出版社 1984 年版。

32. ［英］吉登斯：《现代性的后果》，译林出版社 2000 年版。

33. ［英］伯林：《自由论》，译林出版社 2003 年版。

34. ［古希腊］亚里士多德：《政治学》，商务印书馆 1965 年版。

35. ［美］熊彼特：《从马克思到凯恩斯》，韩宏等译，江苏人民出版社 1999 年版。

36. ［美］罗尔斯：《正义论》，中国社会科学出版社 1988 年版。

37. ［美］罗尔斯：《政治自由主义》，译林出版社 2000 年版。

38. ［美］阿兰·埃本斯坦：《哈耶克传》，中国社会科学出版社 2003 年版。

39. ［美］詹姆斯·布坎南：《财产与自由》，中国社会科学出版社 2002 年版。

40. ［美］拉齐恩·萨丽等：《哈耶克与古典自由主义》，贵州人民出版社 2003 年版。

41. ［美］约翰·凯克斯：《反对自由主义》，江苏人民出版社 2003 年版。

42. ［美］诺姆·乔姆斯基：《新自由主义和全球秩序》，江苏人民出版社 2000 年版。

43. ［美］塞缪尔·亨廷顿：《文明的冲突与世界秩序的重建》，新华出版社 1999 年版。

44. ［美］伊曼努尔·华勒斯坦：《自由主义的终结》，社会科学文献出版社 2002 年版。

45. ［美］乔·萨·拖利：《民主新论》，东方出版社 1993 年版。

46. ［美］约翰·贝拉米·福斯特：《马克思的生态学》，高等教育出版社 2006 年版。

47. ［美］哈威尔·E. 杰克逊等编著：《金融监管》，吴志攀等译，中国政法大学出版社 2003 年版。

48. ［英］特里·伊格尔顿：《马克思为什么是对的》，新星出版社 2011 年版。

49. ［英］安德鲁·格林：《新自由主义时代的社会民主主义》，重庆出版社 2010 年版。

50. ［德］马克斯·韦伯：《社会科学方法论》，中央编译出版社 2002 年版。

51. ［德］黑格尔：《历史哲学》，生活·读书·新知三联书店 1956 年版。

52. ［德］克伦茨：《89 年的秋天》，孙劲松译，中共中央党校出版社 2005 年版。

53. ［日］中谷岩：《资本主义为什么自我崩溃？》，郑萍译，社会科学文献出版社 2010 年版。

54. ［荷兰］斯宾诺莎：《伦理学》，商务印书馆 1958 年版。

55. ［匈］卢卡奇：《历史和阶级意识》，商务印书馆 1972 年版。

56. 刘国光：《中国经济运行与发展》，广东经济出版社 2001 年版。

57. 袁贵仁：《袁贵仁自选集》，学习出版社 2007 年版。

58. 王伟光：《利益论》，中国社会科学出版社 2010 年版。

59. 王伟光：《王伟光论文辑》，中共中央党校出版社 2010 年版。

60. 王伟光：《科学发展观基本问题》，人民出版社 2007 年版。

61. 王伟光：《效率·公平·和谐——论新时期人民内部矛盾与社会主义和谐社会》，人民出版社 2006 年版。

62. 李慎明、陈之骅：《居安思危——苏共亡党二十年的思考》，社会科学文献出版社 2011 年版。

63. 李慎明：《全球化背景下的中国国际战略》，人民出版社 2011 年版。

64. 李慎明：《全球化背景下的中国大党建》，人民出版社 2010 年版。

65. 李慎明：《李慎明自选集》，学习出版社 2007 年版。

66. 朱佳木：《当代中国与它的发展道路》，当代中国出版社 2010 年版。

67. 朱佳木：《国史研究撷英——纪念当代中国研究所建所 20 周年论文集》，当代中国出版社 2010 年版。

68. 衣俊卿：《西方马克思主义概论》，北京大学出版社 2008 年版。

69. 衣俊卿：《现代性焦虑与文化批判》，黑龙江大学出版社 2007 年版。

70. 何秉孟：《金融改革与经济安全》，社会科学文献出版社 2007 年版。

71. 何秉孟：《新自由主义评析》，社会科学文献出版社 2004 年版。

72. 程恩富：《程恩富选集》，中国社会科学出版社 2010 年版。

73. 程恩富：《马克思主义与新中国六十年》，中国社会科学出版社 2010 年版。

74. 程恩富：《马克思主义经济学与应用经济学创新》，经济管理出版社 2009 年版。

75. 靳辉明：《马克思主义若干重大问题研究》，社会科学文献出版社 2011 年版。

76. 靳辉明：《当代资本主义新论》，四川人民出版社 2005 年版。

77. 李崇富：《马克思主义若干重大问题研究》，社会科学文献出版社 2011 年版。

78. 李崇富：《李崇富选集》，中国社会科学出版社 2010 年版。

79. 李崇富：《历史唯物主义与改革开放 30 年》（主编之一），云南人民出版社 2010 年版。

80. 李崇富：《科学发展观与历史唯物主义》，人民出版社 2006 年版。

81. 侯惠勤：《马克思主义中国化理论创新 30 年（1978—2008）》，中国社会科学出版社 2008 年版。

82. 侯惠勤：《马克思的意识形态批判与当代中国》，中国社会科学出版社 2010 年版。

83. 张国祚：《中国文化软实力研究报告》，中国社会科学出版社2011年版。
84. 周溯源：《学与思的足音》，中国社会科学出版社2011年版。
85. 张祖英：《马克思主义理论研究》，中国社会科学出版社2010年版。
86. 李慎明、程恩富、夏春涛：《党的建设与中国特色社会主义》，社会科学文献出版社2011年版。
87. 王东：《时代精神与马克思主义哲学创新》，人民出版社2011年版。
88. 王东：《马克思学新奠基》，北京大学出版社2006年版。
89. 鲁品越：《深层生成论：自然科学的新哲学境界》，人民出版社2011年版。
90. 赵智奎：《改革开放30年思想史》，人民出版社2008年版。
91. 胡乐明、张建伟、朱富强：《真实世界的经济学》，当代中国出版社2002年版。
92. 刘淑春：《当代俄罗斯政党》，中央编译出版社2006年版。
93. 罗文东：《中国特色社会主义文化理念论》，中国法制出版社2003年版。
94. 李伟：《毛泽东与中国社会改造》，中央文献出版社2006年版。
95. 辛向阳：《中国特色社会主义道路研究》，河北人民出版社2011年版。
96. 邓正来：《规则·秩序·无知》，生活·读书·新知三联书店2004年版。
97. 邓正来：《自由主义社会理论》，山东人民出版社2003年版。
98. 周辅成：《从文艺复兴到十九世纪资产阶级哲学家政治思想家有关人道主义人性论言论选辑》，商务印书馆1973年版。
99. 靳玉英：《自由主义的旗手》，河北大学出版社2001年版。
100. 何信全：《哈耶克自由理论研究》，北京大学出版社2004年版。
101. 谭力文：《伦敦学派》，武汉出版社1995年版。
102. 汪丁丁：《自由与秩序》，中国社会科学出版社2002年版。
103. 傅殷才：《新保守主义经济学》，中国经济出版社1994年版。
104. 易杰雄：《欧洲文明的历程》，华夏出版社2000年版。
105. 刘书林：《论民主社会主义思潮》，高等教育出版社2004年版。
106. 韩震：《重建理性主义信念》，北京出版社1997年版。

107. 马捷莎:《毛泽东邓小平哲学思想比较研究》,北京师范大学出版社 1997 年版。

108. 李惠斌等:《当代西方社会主义研究》,社会科学文献出版社 2006 年版。

109. 邹广文:《当代文化哲学》,人民出版社 2007 年版。

110. 李延明:《李延明文集》,台海出版社 2005 年版。

111. 张吉明:《社会主义道德建设的理论与实践》,党建读物出版社 2006 年版。

112. 余斌:《经济学的童话》,东方出版社 2008 年版。

113. 金民卿:《文化全球化与中国大众文化》,人民出版社 2004 年版。

114. 吕薇洲:《市场社会主义与社会主义市场经济——模式·比较·借鉴》,研究出版社 2005 年版。

115. 冯颜利:《全球发展的公正性:问题与解答》,中国社会科学出版社 2008 年版。

116. 郑一明、潘金娥:《中越马克思主义理论创新比较研究》,社会科学文献出版社 2011 年版。

117. 贾江华:《当代中国国际战略之衍变》,新华出版社 2009 年版。

118. 戴立兴:《中国共产党执政考量》,中央编译出版社 2009 年版。

119. 贾可卿:《分配正义论纲》,人民出版社 2010 年版。

120. 王佳菲:《解开经济危机的底牌》,新华出版社 2010 年版。

121. 谭扬芳:《波普尔历史哲学述评》,安徽大学出版社 2007 年版。

122. 谭扬芳:《〈通往奴役之路〉评析——哈耶克社会主义批判之批判》,安徽大学出版社 2009 年版。

(二) 外文部分

1. Friedrich Hayek, *Prices and Production*, London: Routledge, 1931.

2. Friedrich Hayek, *Collectivist Economic Planning: Critical Studies 2. on the Possibility of Socialism*, London: Routledge, 1935.

3. Friedrich Hayek, *The Pure Theory of Capital*, London: Macmillan, 1941.

4. Friedrich Hayek, *The Road to Serfdom*, London: Routledge, 1944.

5. Friedrich Hayek, *Individualism and Economic Order*, London: Routledge, 1948.

6. Friedrich Hayek, *The Counter Revolution o/Science*, Glencoe: Free Press, 1952.

7. Friedrich Hayek, *The Sensory Order: An Inquiry into the Foundations of Theoretical Psychology*, London: Routledge, 1952.

8. Friedrich Hayek, *Capitalism and the Historians*, London: Routledge, 1954.

9. Friedrich Hayek, *The Constitution of Liberty*, London: Routledge, 1960.

10. Friedrich Hayek, *Studies in Philosophy, Politics, and Economics*, London: Routledge, 1967.

11. Friedrich Hayek, Law, "Legislation, and Liberty: A New Statement of the Liberal Principles of Justice and Political Economy", *London: Routledge*, Vol. 1: Rules and Order (1973); Vol. 2: The Mirage of Social Justice1976; Vol. 3: The Political Order of ü Free People (1979).

12. Friedrich Hayek, *New Studies in Philosophy, Politic、Economics and the History of Idea*, London: Routledge, 1978.

13. Friedrich Hayek, "Collected Works", *London: Routledge*, Vol. 1: The Fatal Conceit: The Errors of Social (1988); Vol. 3: The Trend of Economic (1991); Vol. 4: The Fortunes of Liberalism (1992).

14. Friedrich Hayek, *Hayek on Hayek*, ed. S. Kresge and I. Wenar, London: Routledge, 1994.

15. Karl R. Popper, *The Logic of Scientic Discovery*, Hutchinson of London, 1968.

16. Karl R. Popper, *Conjectures and Refutations*, London, 1963.

17. Karl R. Popper, Objective Knowledge – an Evolutionary, Approach, Oxford, 1972.

18. Karl R. Popper, Problems of scientific. Revolution, R. Harre (ed.) London, 1975.

19. Karl R. Popper, Replies to My Critics, Schilpp, P. A. (ed.): The Phjlosophy of Karl Poopper, 1974.

20. Karl R. Popper, *The Logic of Scientific Philosophy*, California, 1954.

21. J. Ortega Gasser, *Invertebrate Spain.* New Yoak, 1937.

22. F. Schnabel, Deutsche Geschiehte im neunzehnten Jahrhundert, II

Freiburg, 1933.

23. J. F. Stephen, Liberty, Equality, Fraternity. London, 1873.

24. L. von Mises, Human Action, mew Haven: Yale University Press, 1949.

25. K. R. Popper, "Prediction and Prophecy and Their Significance for Social Theory", Proceedings of the 10th International Congress of Philosophy, I, Amsterdam, 1948.

26. Sir John Culpepper, An Exact Collection of All the Remonstrances, etc. London, 1643.

27. On Liberty, ed. R. B. McCallum, Oxford, 1946.

28. Walter Lippmann, An Inquiry into the Principles of the Good Society, Boston, 1937.

29. Vgl. Der Koulitionsvertrag zwischen der SPD and Bundnis /dieGrunen. In; Doliumentation von Parlament Nr. 42/43 , Vom 21/28. 2002. Hier insbesonder Kap. III. Aufbau Ost.

30. Vgl. Michael Sauge u. a. : Lastesel der Nation – Warum es sich nicht immer weniger lohntzu arbeiten. In: Der Spiegel 39/2003, vom 22. 9. 2003.

31. Erik Olin Wright, *class、Class, Crisis and the State*, London: New Left Books, 1978; Verso paperbacks, 1979.

32. Erik Olin Wright, *Class Structure and Income Determination*, New York: Academic Press, 1979.

33. Erik Olin Wright, Classes (London: Verso, 1985). Spanish translation, 1994.

34. Erik Olin Wright, The Debate on Classes (London: Verso, 1990).

35. Erik Olin Wright, Reconstructing Marxism: essays on Explanation and the Theory of History (with Elliott Sober and Andrew Levine), Verso, 1992 (Portuguese translation, 1993).

36. Erik Olin Wright, *Interrogating Inequality*, London: Verso, 1994 (Spsnish translation, 2010).

37. Erik Olin Wright, *Class Counts: Comparative Studies in Class Analysis* (Cambridge University Press, 1997).

38. Erik Olin Wright, *Class Counts: student edition*, Cambridge University

Press, 2000.

39. Erik Olin Wright, Deepening Democracy: institutional innovations in empowered participatory governance (with Archon Fung), Verso, 2003. (Spanish Translation, National University of Colombia Press, 2003).

后　记

这本小书可以说是我十余年来学习研究的心得体会。站在坚持和发展马克思主义理论立场上，分析资本主义危机的根源、后果及其解决之道，从方法论、认识论等角度批判波普尔、哈耶克等新自由主义主要代表人物的理论，在此基础上，回应其对马克思主义理论，特别是对科学社会主义理论的挑战，同时进一步阐发马克思主义的相关理论，为发展科学社会主义理论和发展马克思主义时代观尽应有之力。在互联网等信息技术高度发展的世界历史背景下，分析互联网条件下马克思主义传播与发展的新走势，展望社会主义的美好前景是我主持的国家社科基金和社会科学院重大国情调研课题所要集中研究的问题。

已经在《人民日报》、《马克思主义研究》、《红旗文稿》、《马克思主义与现实》、《学术界》、《北京市行政学院学报》、《四川大学学报》、《安徽大学学报》、《甘肃社会科学》、《探索》等刊物公开发表的与本书内容密切相关的前期成果 15 篇，我已在文中注明。之所以想急于现在出版，是想把它献给我父亲周年祭，以此告慰天堂中的父亲：女儿不孝，没能给您送终，但是女儿铭记并践行您的口头禅："年轻人干好工作比什么都重要！"

感谢参考文献中的所有作者！是你们的研究给了我坚实的基础。如果引用有疏漏处，请批评指正并海涵。特别是部分参考文献的作者是我的领导、老师和同事，有的不但给了我理论指导，而且在工作上给我以鼓励和帮助。正是这种无私的鼓励和帮助成为我从事研究工作的不竭动力。

感谢我的妈妈！我的爱人！我的女儿！我知道那首《在那遥远的小山村》已不能安慰白发鬓鬓老母亲那思女的心，因为太久没有去吻干她脸上思女的泪花。我知道爱人那句"长相知，勿相疑"仿佛是专门为包容痴迷办公室写作而潦草家务的妻子准备的托辞。我知道女儿误认为我不识字意味着我在教育孩子问题上缺席太多。

最后感谢田文编辑的辛苦工作！

谭扬芳

2011 年中秋于西方马克思主义研究室